新疆葡萄与葡萄酒产业
导航分析报告

乌鲁木齐思路联华信息科技有限公司　组织编写

知识产权出版社
全国百佳图书出版单位
—北京—

图书在版编目（CIP）数据

新疆葡萄与葡萄酒产业导航分析报告／乌鲁木齐思路联华信息科技有限公司组织编写. —北京：知识产权出版社，2024.4

ISBN 978-7-5130-9328-6

Ⅰ. ①新… Ⅱ. ①乌… Ⅲ. ①葡萄-产业发展-研究报告-新疆②葡萄酒-酿酒工业-产业发展-研究报告-新疆 Ⅳ. ①F326.13②F426.82

中国国家版本馆 CIP 数据核字（2024）第 055185 号

内容提要

本书以全景模式揭示葡萄与葡萄酒产业概况及发展的基本方向，研究产业结构调整规律、龙头企业技术和产品转型模式、产业重要技术演进方向、市场需求热点方向等，以此确定新疆葡萄酒产业发展的目标和方向；从专利导航产业发展的角度出发，以近景模式聚焦新疆酿酒葡萄种植、葡萄酒产业的产业现状、产业基础和竞争地位等，明确其在产业结构的基本定位，为后续制定科学合理的专利导航路径提供依据；在明确了新疆酿酒葡萄种植及葡萄酒产业目标和定位后，通过远景模式绘制新疆葡萄种植及葡萄酒产业发展导航路线，为新疆酿酒葡萄种植及葡萄酒产业发展提供产业布局结构优化路径及技术创新、企业培育、人才培育和引进路线等方面的具体方案。

本书适合葡萄种植及葡萄酒产业领域的管理者和相关技术人员阅读参考。

责任编辑：彭喜英　　　　　　　　责任印制：孙婷婷

新疆葡萄与葡萄酒产业导航分析报告

XINJIANG PUTAO YU PUTAOJIU CHANYE DAOHANG FENXI BAOGAO

乌鲁木齐思路联华信息科技有限公司　组织编写

出版发行：知识产权出版社 有限责任公司	网　　址：http://www.ipph.cn
电　话：010-82004826	http://www.laichushu.com
社　址：北京市海淀区气象路 50 号院	邮　编：100081
责编电话：010-82000860 转 8539	责编邮箱：laichushu@cnipr.com
发行电话：010-82000860 转 8101	发行传真：010-82000893
印　刷：北京中献拓方科技发展有限公司	经　销：新华书店、各大网上书店及相关专业书店
开　本：720mm×1000mm　1/16	印　张：24.5
版　次：2024 年 4 月第 1 版	印　次：2024 年 4 月第 1 次印刷
字　数：388 千字	定　价：128.00 元

ISBN 978-7-5130-9328-6

本书编委会

主　编：杨连勇　张　园　陈　莉　邵　媛

副主编：郁彩琴　周龙龙　杨莎莎　古　田　周伟权
　　　　曲金丽　侯　伟　王　琪

顾　问：朱　新　多里坤·阿吾提　鹿　毅　夏　黎
　　　　刘山玖　杨红梅　聂　强　张　稳　赵斐斐
　　　　潘维强　张明国

参　编：张锐利　史　媛　张山青　耿文娟　王国太
　　　　马秋洁　徐万里　黄湘来　曹　燕　孙　琪
　　　　艾加肯·吐尔逊江　王丹燕　李　占　杨淑华
　　　　张志东　姜晓璐　马　媛　许真真　杨　丽
　　　　成　娟　戴　毅　何成娣　闫　论　张永刚

本书分析方法及数据来源

　　本书的专利分析建立在中国国家知识产权局提供的专利文献数据及北京合享智慧科技有限公司所提供的专利数据分析系统的基础上，结合行业内技术标准、行业信息等相关数据，各关键领域的定量及计量分析结合了领域专家的行业经验及实务判断。具体研究内容包括专利技术整体态势分析、全球和中国专利申请量分布状况、主要申请人、发明人专利申请状况、重要专利分析、专利摘要信息等多个方面。通过对本产业各技术分支的专利分析，多角度、多方位地展现产业专利全景态势。

　　本书所使用的数据分析工具及全球专利数据主要来源于合享智慧（Incopat）专利检索与分析平台，其数据每周更新，包含多个国家和地区的发明专利、部分国家的实用新型专利和外观设计专利。其中代表性国家和地区专利组织机构包括中国、美国、欧洲、世界知识产权组织、日本、韩国、挪威和全球法律专利数据库。

前　言

　　专利导航区域产业发展规划分析研究以专利信息分析为基础，将专利信息与技术、产品、企业、市场等产业要素深度融合，研究专利在产业发展过程的关联度、影响力和控制力，通过对专利信息的深入挖掘和分析，揭示产业技术发展趋势、产品创新和市场竞争态势等，从而为产业有针对性地转型和升级提供思路和方法，引导和支撑产业科学规划和合理运行。

　　新疆是我国最早栽培葡萄的地区和葡萄酒的发源地，自然条件得天独厚，种植的酿酒葡萄品质优良，已成为我国酿酒葡萄种植和葡萄酒酿造大省，对我国葡萄酒产业的发展发挥了巨大作用，具有不可替代的地位。加快新疆葡萄酒产业发展，是全面贯彻落实社会稳定和长治久安的总目标，落实自治区"1+3+3+改革开放"工作部署的具体要求，有利于促进新疆土地资源的有效利用、改善农村生态环境、助力贫困地区脱贫攻坚、满足和扩大居民消费需求；有利于推进第一、二、三产业融合发展，更好发挥在带动相关产业发展、扩大就业、促进农民增收、优化产业结构等方面的重要作用。因此，为了科学评估相关领域科技和经济项目的价值与风险，为新疆葡萄酒产业在新产品研发、知识产权战略制定和市场竞争等方面提供借鉴，关注葡萄酒产业关键技术创新，通过调研国内外相关技术的专利布局，分析现有技术发展水平、研究热点、技术空白点、研发趋势和知识产权风险，为新疆维吾尔自治区政府有效制定本地区葡萄酒产业发展规划，科学评估相关领域科技和经济项目的价值与风险提供参考，同时也为新疆葡萄酒产业的技术研发、知识产权战略制定和市场竞争提供借鉴，特制定本报告。本报告由新疆维吾尔自治区市场监督管理局指导，新疆大学、新疆农业大学、新疆酿酒工业协会、新疆葡萄酒协会作为顾问单位，乌鲁木齐思路联华信息科技有限公司承担具体编写工作。

本研究报告分以下三部分：

首先，以全景模式揭示产业概况及发展的基本方向，研究产业转移中的产业结构调整规律、龙头企业技术和产品转型模式、产业重要技术演进方向、市场需求热点方向等，以此确定新疆葡萄酒产业发展的目标和方向。其次，从专利导航产业发展的角度出发，以近景模式聚焦新疆酿酒葡萄种植、葡萄酒产业的产业现状、产业基础和竞争地位等，明确其在产业结构中的基本定位，为后续制定科学合理的专利导航路径提供依据。最后，在明确了新疆酿酒葡萄种植及葡萄酒产业目标和定位后，通过远景模式绘制新疆葡萄种植及葡萄酒产业发展导航路线，为新疆酿酒葡萄种植及葡萄酒产业发展提供产业布局结构优化路径，以及技术创新、企业培育、人才培育和引进路线等方面的具体路线方案。

本报告编写历时一年，在此，要感谢新疆维吾尔自治区市场监督管理局领导，新疆大学、新疆农业大学、新疆酿酒工业协会、新疆葡萄酒协会技术专家在分析报告编写过程中的大力支持。我们相信，本报告能够为新疆葡萄酒产业在技术发展、技术创新、人才引进、高价值专利培育、国际市场开拓、国际知识产权纠纷处理等方面提供一定的引导作用，对企业研发实力和市场竞争力的提高起到一定的促进作用。当然，由于产业技术前沿领域发展较快，本书编写委员会研究水平所限，本报告中难免存在疏漏、偏差之处，敬请各位领导、专家和广大读者不吝批评指正！

目 录

第三部分　葡萄种植产业专利导航

第四部分　葡萄酒产业专利导航

第一部分

项目背景及导航需求

第 1 章

行业调研

1.1 项目研究背景及研究目的

1.1.1 项目背景

随着科学技术的迅猛发展和经济全球化，国际知识产权制度的协调、变革与发展进入了一个空前活跃的阶段，强化知识产权保护已经成为一种世界性的潮流。世界已开始步入知识经济时代，国际经济竞争已由传统的以货物贸易竞争为主转化为以技术竞争为主，专利资源已经成为国家产业发展的战略性资源和影响国际竞争力的核心要素。以专利权为主的无形资产已经成为世界主要跨国公司的核心资产和市场竞争力的关键，也是维护经济安全和国家利益的战略性资源。特别是我国加入世界贸易组织后，保护专利工作已不再是停留在口头上的热门话题，而成为现实的挑战，知识产权在我国经济、科技和贸易中的地位得到了历史性的提升。当前，我国经济发展进入新常态，产业发展进入调整结构、转型升级、提质增效的攻坚期，必须加快实施创新驱动发展战略、以知识产权构筑产业核心竞争力。为实施知识产权战略和创新驱动发展战略，有效运用专利制度提升产业创新驱动发展能力，加快调整产业结构和产业创新，提高产业整体素质和竞争力，我国提出了"专利导航"这一先驱性理念。事实上，在出现专利导航之前，就已经出现了"专利信息利用"和"专利战略制定"等利用专利指导产业和企业发展方向的项目，专利导航不但将这些项目内容囊括其中，

还涵盖了制定产业规划、协同运用和专利运营。

专利导航是在宏观决策、产业规划、企业经营和创新活动中以专利数据为核心，深度融合各类数据资源，全景式分析区域发展定位、产业竞争格局、企业经营决策和技术创新方向，服务创新资源有效配置，提高决策精准度和科学性的新型专利信息应用模式。

专利导航聚焦产业发展，通过发挥专利信息对产业发展决策的引导力以及专利制度对产业创新资源的配置力，不断提高产业发展规划、产业运行决策的科学化程度和创新资源的利用效率，推动产业布局和结构更加科学合理、创新资源向产业发展的关键技术领域聚集，使产业形成较强的竞争优势，推动产业价值链的竞争地位不断改善。专利导航是产业决策的新方法，是运用专利制度的信息功能和专利分析技术系统引导产业发展的有效工具。开展专利导航可以发挥专利信息分析对产业运行决策的引导作用，发挥专利制度对产业创新资源的配置作用，提高产业创新效率和水平，防范和规避产业知识产权风险，强化产业竞争力的专利支撑，提升产业创新驱动发展能力。专利导航作为提高产业决策科学化水平的新举措，亟待推广并逐步在产业经济发展的全过程中发挥新作用。

为此，国家知识产权局出台了一系列政策，为专利导航工作的开展奠定了基础。2012 年，国家知识产权局启动了专利导航探索试点工作专题研究。这项决定对于充分发挥知识产权引领作用，推动创新驱动发展具有深远意义，标志着中国特色知识产权制度的理论和实践在专利信息运用方面进入新的发展阶段，开启了知识产权与经济发展深度融合的新征程。2013 年 4 月，国家知识产权局印发《关于实施专利导航试点工程的通知》（国知发管字〔2013〕27 号），实施专利导航试点工程，首次正式提出"专利导航"是以专利信息资源利用和专利分析为基础，把专利运用嵌入产业技术创新、产品创新、组织创新和商业模式创新，引导和支撑产业科学发展的探索性工作。2015 年，国家知识产权局办公室印发《关于推广实施产业规划类专利导航项目的通知》（国知办发管字〔2015〕18 号），产业规划类专利导航项目是专利导航产业发展工作的重要载体，实施产业规划类专利导航项目是建立专利导航产业发展工作机制的重要体现，对有效发挥专利信息导航作用、支撑产业创新发展具有重要意义。2016 年，在国家知识产权局组织编制、国家标准化管理委员会批准的国家标准《科研组织知识产权管理规范》（GB/T 33250—2016）和《高等学校知识产权管理规范》（GB/T 33251—2016）中，将专利导航定义为：专利导航是在科技研发、产业规划和专利运营等活动中，通过利用专利信息等数据资源，分析产业发展格局和技术创新方向，明晰产业发展和技术研发路径，提高决策科学性的一种模式。2018 年，国家知识产权局办公室印发了《关于开展 2018 年专利导航项目备案工作的通知》（国知办函管字〔2018〕372 号），在深化党和国家机构改革中，专利导航被确定为重新组建后国家知识产权局的工作职责，全面整合了专利导航试点工程、重大经济科技活动知识产权分析评议试点工作、知识产权区域布局试点工作等内容。2020 年国务院办公厅将"以产业数据、专利数据为基础的新兴产业专利导航决策机制"认定为第三批支持创新改革举措，要求国家知识产权局与国家发展和改革委员会、科技部共同指导推广。2021 年 6 月，用于指导规范专利导航工作的《专利导航指南》（GB/T 39551—2020）系列国家标准正式实施。2021 年 7 月 6 日，国家知识产权局办公室印发了《关于加强专利导航工作的通知》（国知办发运字〔2021〕30 号），明确提出要加大专利导航投入，完善管理机制，促进专利导航成果的运用。《中国制造 2025》提出要"加强制造业重点领域关键核心技术知识产权储备，构建产业化导向的专利组合和战略布局"，离不开专利导航的前端引领。《国务院关于积极推进"互联网+"行动的指导意见》提出"加强融合领域关键环节专利导航，引导企业加强知识产权战略储备与布局"的明确要求，将专利导航作为改革创新的重要举措。

新疆维吾尔自治区知识产权局被列为 2012 年全国重大经济科技活动知识产权试点培育单位。2019 年 4 月 1 日，新疆维吾尔自治区工业和信息化厅、发展和改革委员会和农业农村厅《关于印发〈新疆维吾尔自治区葡萄酒产业发展规划（2019—2025 年）〉的通知》，提出紧抓"丝绸之路"经济带核心区建设、实施乡村振兴战略、大力发展旅游产业等重大机遇，充分发挥资源和区位优势，以提升产业竞争力为核心，以原料基地化标准化建设为重点，以推进产业融合发展为方向，以创新驱动为引领，大力推动产品质量标准控制和品牌建设，不断提升产业化发展水平和产业惠民水平，把葡萄酒产业打造成为具有较强国际影响力和竞争力的特色优势产业，使新疆成为"丝绸之路经济带"优质、高端葡萄酒的核心产区。2020 年，乌鲁木齐市人民政府印发《关于印发〈乌鲁木齐市知识产权运营服务体系建设实施方案〉的通知》（乌政办发〔2020〕159号），明确了运用专利导航方法，通过产业数据和专利数据融合分析，健全专利导航决策产业发展机制。2021年，新疆维吾尔自治区《关于印发〈新疆维吾尔自治区葡萄酒产业"十四五"发展规划〉的通知》（新政发〔2021〕42号），提出"进一步用好国家引导和扶持政策，促进新疆葡萄酒产业提质增效，提升整体规模和市场占有率，推动产业高质量发展，早日把葡萄酒产业打造成新疆特色优势产业"。

1.1.2　研究背景

　　葡萄酒是世界上最古老的饮料之一，距今已有6000多年的历史。中国古诗"葡萄美酒夜光杯"就是对葡萄酒的高度赞誉；在西方国家，葡萄酒更是早已成为家庭生活中必不可少的饮品。

　　葡萄酒是一种世界性的饮料酒，其生产量和消费量均居世界饮料酒的第二位，是主要的发展酒种之一。它是采用新鲜葡萄或葡萄汁，经过发酵获得的饮品，含有人体所需的多种有机和无机的营养物质，如氨基酸、矿物质元素（包括微量元素）和维生素等。在适量饮用的条件下，还具有防治心血管病，改善人体健康的功能，是世界通畅型酒种之一。其特有的色泽、饮酒器具及品酒环境，使得饮用葡萄酒超出了葡萄酒本身的理化性质和感官功能，带给消费者更多的情感、艺术、文化及品位的溢出效应。因其品味高雅且具有酒精度低、营养高的特点，是益脑健身的保健饮料，越来越受到消费者的喜爱。随着人们健康意识的增强和人类文明的不断提高，这种集营养性、功能性、文化品位于一体的饮料使人们乐于接受和消费，具有较强的产品竞争力。

　　葡萄酒是以葡萄为原料的轻工业产品，葡萄根系发达、耐干旱、耐贫瘠、适应性强，不仅能防风固沙，减少水土流失，还能够盘活贫瘠土地资源和闲置的土地资源，具有改善生态环境的作用。同时，发展葡萄酒产业，不仅能有效地提高产区农业的组织化程度，而且可调整农业结构，增加农民收入，具有显著的生态、经济、社会效益。葡萄酒产业关联度高，它将农业、轻工业等产业以产品深加工的方式链接起来，具有集第一、第二、第三产业于一体的特色。发展葡萄酒产业，首先能推动酿酒葡萄种植业和葡萄酒业的发展；其次带动葡萄酒原辅料、制药、机械设备、制瓶业、印刷业、包装业、运输业、旅游业等相关产业的发展；最后可带动与葡萄种植相关的农业生产资料和农业机械化的生产。因此，葡萄酒产业在国际经济中占有重要的地位。

新疆作为我国最早栽培葡萄的地区和葡萄酒发源地，自然条件得天独厚，种植的酿酒葡萄品质优良，是我国酿酒葡萄种植和葡萄酒酿造大区，在中国葡萄酒产业发展中发挥着重要作用，具有不可替代的地位。加快新疆葡萄酒产业发展，是全面贯彻落实新时代党的重要战略，特别是社会稳定和长治久安总目标的现实选择，是全面贯彻落实自治区党委大力发展新疆十大产业决策部署的具体举措，也是在国际、国内经济深度调整形势下自治区主动优化产业结构、积极拓展新产业空间的有效途径。新疆做优做强葡萄酒产业，对于充分发挥新疆酿酒葡萄资源和产业发展形成的坚实基础等优势，主动优化调整产业结构，积极发展特色产业，以及在实施乡村振兴战略中促进土地资源特别是耕地资源的有效利用，着力改善生态环境和促进绿色发展等方面，都具有重大现实意义；对于构建以国内大循环为主体、国内国际双循环相互促进的新发展格局，扩大国内消费和促进消费升级，以及带动新疆特色优势产业共建"一带一路"倡议和服务国家对外交流交往等方面，同样具有重大而深远的意义。

1.1.3　研究目的

本研究的目的在于：通过产业规划类专利导航项目，围绕产业发展与产业布局需要，紧扣产业分析和专利分析两条主线，对葡萄酒产业进行系统分析，将专利信息与产业现状、发展趋势、政策环境、市场竞争等信息深度融合，明晰产业发展方向，找准区域产业定位，指出优化产业创新资源配置的具体路径。新疆葡萄与葡萄酒产业专利导航分析报告在产业分析的基础上完成，并且按照《产业规划类专利导航项目实施导则》的要求，包括产业发展方向导航、区域产业发展定位和区域产业发展路径导航三个模块。

产业发展方向导航模块以全景模式揭示葡萄酒产业发展的整体趋势与基本方向，以专利对葡萄酒产业发展的控制力为依据，分析全球葡萄酒产业发展与专利布局的互动关系，可包括葡萄酒产业技术发展历程、全球葡萄酒产业转移趋势、产业链结构、产业链中的主要企业、产品市场竞争等与专利布局的互动关系；寻找全球葡萄酒产业链中较强专利控制力的各类主体，可对专利数据与各类主体市场活动数据进行关联分析；通过分析全球范围内具有较强专利控制力主体的相关活动，判断产业发展方向，包括协同创新、专利布局、专利运用和保护，预测产业结构调整方向、技术发展重点方向和市场需求热点方向，为葡萄酒产业发展指明方向。

区域产业发展定位以近景模式聚焦区域产业在全球和我国产业链的基本定位，该模块立足区域产业现状，以专利信息对比分析为基础，将区域产业的技术、人才、企业等要素资源在全球和我国产业链中进行定位，明确区域产业发展定位，并从宏观和微观两个层面揭示区域产业中存在的结构布局、企业培育、技术发展、人才储备等方面的问题。

区域产业发展路径导航模块以远景模式指出区域产业创新发展的具体路径，基于产业发展方向和新疆葡萄酒产业的发展定位，提出新疆葡萄酒产业结构优化的目标，并围绕该目标发现、发掘本区域内有较强实力或较大发展潜力的企业或其他创新主体、创新人才或人才团队，作为支持和培育对象；发现、发掘其他区域具有带动性或填补性的企业或其他创新主体以及具有引领性或填补性创新人才或人才团队，作为引进或合作对象；从强化优势、跟踪赶超、填补空白、规避风险等角度分析技术发展的突破口和路径；发现、发掘其他区域对新疆葡萄酒产业发展必不可少的技术及其所有者，作为技术引进、获得许可或未来协同创新的合作对象；结合新疆葡萄酒产业专利布局结构，提出专利布局及专利运营的主要目标及路径。区域产业发展路径建议，包括但不限于：产业布局结构优化路径、企业整合及引进培育路径、技术引进及协同创新路径、人才培育及引进合作路径、专利协同运用和市场运营路径等。

本专利导航分析报告以葡萄酒产业为对象，以专利信息分析为主要手段，以专利数据为主、以学术和市场数据为辅，对葡萄酒产业的创新发展进行导向分析，从产业、创新基础和专利布局多维度分析，全景式揭示全球以及中国葡萄酒的整体发展态势，近景聚焦新疆葡萄酒产业在全球及中国的整体发展定位，为新疆葡萄酒产业提供科学合理的专利导航路径具体工作内容，帮助葡萄酒生产企业了解影响葡萄酒酿造的重点技术在全球、中国和新疆的发展趋势、专利分布和专利风险状况，挖掘国内外葡萄酒产业重点技术行业创新热点和竞争对手情况，为葡萄酒产业的发展提供参考性建议，为企业的技术研发、专利布局、技术成果应用、市场竞争提供有价值的参考信息。

1.1.4　项目方案

本项目主要分为项目背景及导航需求、项目信息采集和数据处理、葡萄酒产业专利导航分析、区域葡萄酒产业发展定位分析和区域葡萄酒产业发展路径导航分析五个部分。

1.1.4.1　项目背景及导航需要

调研葡萄酒产业与相关技术领域，了解葡萄酒产业发展环境、酿酒葡萄种植及葡萄酒产业全球的产业现状及发展趋势，掌握葡萄酒产业链结构，产业规模、产业布局、产业增长情况及葡萄酒关键生产技术，调研葡萄原料基地建设情况，资源优势和独特生态条件、优良酿酒葡萄品种、栽培技术、葡萄质量控制，了解产品结构、酒种多样化及葡萄酒产业链的延伸等方面，了解中国及新疆葡萄酒产业在全球及全国的位置，充分调研葡萄酒重点技术现状及发展方向，为后续专利导航分析深入分析、专利布局建议提供背景支持。

1.1.4.2　项目信息采集和数据处理

了解葡萄酒产业相关的技术状况和发展方向，提取关键词，关键词的同义词、相关概念、缩写词、翻译词等，重点专利权人，技术领域的相关技术分类号等，构建检索式，利用中外权威专利数据库分别检索上述相关技术领域内的全球专利，为后面的专利导航分析提供有力的技术支持。

1.1.4.3　葡萄酒产业专利导航分析

葡萄酒产业专利导航从植物新品种、专利、商标及地理标志等知识产权领域对酿酒葡萄选育及种植技术、葡萄酒酿造原辅料及处理技术、酿酒葡萄原辅料及处理技术、葡萄酒品质安全控制及副产物的综合利用和葡萄酒销售及文化旅游开发这五个技术领域进行分析，通过产业技术发展历程、全球产业转移趋势、产业链结构、产业链中主要企业、产品市场竞争等与专利布局的互动关系，找出全球产业链中具有较强专利控制力的各类主体，对专利数据与各类主体活动数据进行关联分析，通过分析全球范围内具有较强专利控制力主体的相关活动，判断产业发展方向，包括协同创新、专

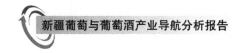

利布局、专利运用和保护。

1.1.4.4　区域葡萄酒产业发展定位分析

分析新疆葡萄酒产业发展历史和现状，通过将新疆的产业情况与全球及我国产业发展总体情况进行对比，判断出新疆葡萄酒产业定位，包括分析产业结构、产业集群、市场竞争、龙头或骨干企业、主要产品、关键技术研发，人才储备等内容。

1.1.4.5　区域葡萄酒产业发展路径导航分析

根据葡萄酒产业的发展方向和区域葡萄酒产业的发展定位，提出新疆葡萄酒产业结构优化的目标，根据结构优化目标，支持和培养具有较强实力和发展潜力的企业、创新人才及团队；引进或合作其他区域具有引领性或填补性的企业、创新人才及团队；从强化优势、跟踪赶超、填补空白、规避风险等角度分析技术发展的突破口和路径，发现、发掘其他区域对新疆葡萄酒产业必不可少的技术及其所有者，作为技术引进、获得许可或未来协同创新的合作对象；结合新疆葡萄酒产业专利布局结构，提出专利布局及专利运营的主要目标和路径。

1.2　葡萄酒行业简介

1.2.1　葡萄酒的发展史与文化

葡萄种植最早起源于美索不达米亚平原，公元前 6000 年，埃及和腓尼基有葡萄种植；公元前 3000 到公元前 2000 年，葡萄种植和酿酒传入希腊；公元前 1000 年，传入意大利、西西里和北非；公元前 500 年，传入西班牙、葡萄牙和法国南部；随着罗马帝国的扩张传入北欧。根据考古学发现，人类在 8000 年前就开始人工种植栽培葡萄，最少 6000 年前开始酿造葡萄酒。

中世纪以后，随着天主教的广泛影响，《圣经》中至少有 521 次提到葡萄酒及葡萄园，葡萄酒作为耶稣止血的象征，是天主教祭祀活动中的必需品，葡萄酒的影响力进一步扩大。

近代以来，法国伟大的生物学家路易斯·巴斯德在甜菜根汁的发酵液中经过多次观察和试验发现酵母菌和乳酸菌，通过高温杀菌解决了甜菜根汁发酵变质的问题，而将巴氏杀菌法应用到葡萄酒酿造，同样可以杀灭葡萄酒里面的杂菌，防止变酸，进一步提升了葡萄酒的口感。

1.2.2　葡萄酒的定义与分类

葡萄酒是以鲜葡萄或葡萄汁为原料，经过全部或部分发酵酿造而成，且酒精含量介于 10% ~ 15% 的酒精饮品。葡萄酒是一种国际性的健康饮品，占世界饮料酒的第二位，也是世界上进出口贸易中大宗物资之一，是主要的发展酒种，在商品中的地位越来越高。葡萄酒产品种类繁多，产品风格各异，有各种不同的分类方法。

1.2.2.1　按酒中二氧化碳含量（以压力表示）和加工工艺来分类

按加工工艺葡萄酒可分为：平静葡萄酒、起泡葡萄酒和特种葡萄酒。起泡葡萄酒按酒中二氧化碳含量（以压力表示）可分为：低泡葡萄酒和高泡葡萄酒。特种葡萄酒按其特殊加工方法可分为：利口葡萄酒、葡萄汽酒、冰葡萄酒、贵腐葡萄酒、产膜葡萄酒、加香葡萄酒、低醇葡萄酒、无醇葡萄酒和山葡萄酒等。

（1）平静葡萄酒（不含二氧化碳）：在 20℃ 时，二氧化碳压力小于 0.05MPa（约 0.5bar，$1bar = 1×10^5 Pa$）的葡萄酒为平静酒。按酒中的含糖量和总酸又可将平静葡萄酒分为以下几种：

①干葡萄酒：含糖量应小于或等于 4 克/升，或者当总糖与总酸（以酒石酸计）的差值小于或等于 2 克/升时，含糖量最高为 9 克/升的葡萄酒。这种酒感觉不出甜味，微酸爽口，具有柔和、协调、细腻的果香与酒香，按酒色可分为干白、干红、干桃红葡萄酒。

②半干葡萄酒：含糖量为 4.1 ~ 12.0 克/升，或者总糖与总酸的差值按干酒方法确定，含糖量最高为 18 克/升的葡萄酒。

③半甜葡萄酒：含糖量为 12.1 ~ 45.0 克/升的葡萄酒，饮用时稍有甜味。

④甜葡萄酒：含糖量大于 45 克/升的葡萄酒，具有甘甜、醇厚适口的酒香与果香，其酒精含量一般在 15% 左右，含量高的可达 16% ~ 20%，亦称为浓甜葡萄酒。

（2）起泡葡萄酒：在 20℃ 时，二氧化碳压力等于或大于 0.05MPa 的葡萄酒为起泡葡萄酒。起泡葡萄酒又可分为以下几种：

① 当二氧化碳压力在 0.05~0.25MPa 时，称为低起泡葡萄酒（或葡萄汽酒）。

② 当二氧化碳压力等于或大于 0.35MPa（瓶容量小于 0.25 升，二氧化碳压力等于或大于 0.3MPa）时，称为高起泡葡萄酒。按其含还原糖量又可分为以下几种：

a. 天然起泡葡萄酒：含还原糖量小于或等于 12 克/升的起泡葡萄酒。

b. 绝干起泡葡萄酒：含还原糖量大于天然酒，最高到 17 克/升的起泡葡萄酒。

c. 干起泡葡萄酒：含还原糖量大于绝干酒，最高到 32 克/升的起泡葡萄酒。

d. 半干起泡葡萄酒：含还原糖量大于干酒，最高到 50 克/升的起泡葡萄酒。

e. 甜起泡葡萄酒：含还原糖量大于 50 克/升的起泡葡萄酒。

③ 当二氧化碳全部来源于葡萄原酒经密闭于（瓶或发酵罐中）自然发酵产生时，称为起泡葡萄酒。当二氧化碳是由人工加入时，称为加气起泡葡萄酒（或汽酒）。

（3）特种葡萄酒：根据国际葡萄与葡萄酒组织的规定，特种葡萄酒的原料为鲜葡萄、葡萄汁或葡萄酒。按特种工艺加工制作的葡萄酒，在其生产过程中或以后经过某些处理，其特性不仅来源于葡萄本身，而且决定于所采用的生产技术。特种葡萄酒可分为以下几种：

① 利口葡萄酒（也称加强葡萄酒）：在发酵后的原酒中添加白兰地或食用蒸馏酒精或葡萄酒精以及葡萄汁、浓缩葡萄汁、含焦糖葡萄酒等，酒精含量为 15%~22%（V/V）的葡萄酒。中国浓甜葡萄酒大部分采用此法生产。

② 加香葡萄酒（也称添香葡萄酒）：以葡萄酒为酒基浸泡芳香植物（或添加芳香植物的浸出液）再经调配制成的，酒精含量为 11%~24%（V/V）的葡萄酒。其典型代表酒为味美思，或者添加药材制成的滋补型葡萄酒。除上述两类外，还包括其他类型的特种酒。

③ 葡萄汽酒：酒中所含二氧化碳是部分或全部人工添加的，具有同起泡葡萄酒类似物理特性的葡萄酒。

④ 冰葡萄酒：将葡萄推迟采收，当气温低于-7℃，使葡萄在树枝上保持一定时间，结冰，采收，在结冰状态下压榨、发酵，酿制而成的葡萄酒（在生产过程中不允许外加糖源）。

⑤ 贵腐葡萄酒：在葡萄的成熟后期，葡萄果实感染了灰绿葡萄孢，使果实的成分发生了明显的变化，用这种葡萄酿制而成的葡萄酒。

⑥ 产膜葡萄酒：葡萄汁经过全部酒精发酵，在酒的自由表面产生一层典型的酵母膜后，加入葡萄白兰地、葡萄酒精或食用酒精，所含酒精含量等于或大于 15%（V/V）的葡萄酒。

⑦ 低醇葡萄酒：采用鲜葡萄或葡萄汁经全部或部分发酵，采用特种工艺加工而成的、酒精含量为 1.0%～7.0%（V/V）的葡萄酒。

⑧ 无醇葡萄酒：采用鲜葡萄或葡萄汁经全部或部分发酵。采用特种工艺加工而成的、酒精含量为 0.5%～1.0%（V/V）的葡萄酒。

⑨ 山葡萄酒：采用鲜山葡萄或山葡萄汁经过全部或部分发酵酿制而成的葡萄酒。

1.2.2.2　按酒色分类

（1）白葡萄酒：颜色接近无色、浅黄、浅黄而略带绿、金黄，凡颜色过深者均不合要求（氧化），这类酒要求果香突出，可用不同品种葡萄酿制的酒，在风味上要求有典型性。

（2）红葡萄酒：颜色为紫红、深红、鲜红、宝石红或红中稍有棕色，其颜色应来自葡萄，不允许人工着色。这类酒要求酒香突出。

（3）桃红葡萄酒：颜色为浅红、桃红或玫瑰红，在风味上应果香与酒香兼备。

1.2.2.3　按饮用方式分类

（1）餐前葡萄酒：在正餐前饮用的酒称餐前酒。一般为添加芳香植物或药材配制的酒，其目的是增进食欲、帮助消化。

（2）佐餐葡萄酒：在正餐时饮用。一般为干酒，酒精含量在 14% 以下，酸度一般小于 6 克/升，目前世界上这种酒是葡萄酒中产量最多的。

（3）餐后葡萄酒：包含在正餐后饮用的烈酒和与甜食一起饮用的甜酒。

1.2.2.4　国外对名牌葡萄酒的命名法则（按产地分类）

法国、西班牙、德国等产酒国家对于高级葡萄酒一般在标贴上注明产地、酒商的名称、酿造年份，不一定写明葡萄品种，但如果是名酒，法律上常常规定原料葡萄的主要品种。例如，法国的勃艮第酒（Burgundies）规定原料必须是黑比诺，而波尔多红酒（Bordeaux）必须用解百纳苏味浓（Cabernet Sauvignon）为原料，但法国别处用黑比诺酿的酒就不得称勃艮第酒，同样谐丽酒必须生产在西班牙谐丽地区（Jerzdela Frontera），此外，只有葡萄牙杜洛河流域（Douro Valley）的酒，才能成为包尔德酒（Port Wine）。香槟酒同样是世界名酒，因起源于法国香槟省而闻名，法国酒中规定只有在香槟省专门筛选的葡萄品种，并采用瓶中二次发酵的固定工艺生产的含 CO_2 的酒，才能称为香槟酒。

1.2.3　葡萄酒的主要成分与健康功效

目前已经在葡萄酒中寻找到超过 1000 种不同成分的物质，其中 350 多种可以被定量鉴定。

（1）水：水是葡萄酒的主要成分，约占 70%～90%，但葡萄酒中的水是葡萄植株的根系从土壤中直接吸收的，因此是生物学纯水，也被称为"生命之水"。

（2）酒精：酒精是酵母菌利用葡萄浆果中的糖进行发酵的主要产物，自然发酵葡萄酒中酒精的含量通常在 7%～16%（V/V）。酒精是葡萄酒香气和风味物质的支撑物，它也使葡萄酒具有醇厚和结构感。

（3）糖和甘油：葡萄酒中的糖通常是浆果中未经发酵的部分，干型葡萄酒的含糖量低于 4 克/升，而甜型葡萄酒中的含糖量可高达 80 克/升或更高。甘油是酒精发酵的主要副产物，其含量通常为 5～12 克/升。糖和甘油都可以使葡萄酒具有圆润和肥硕感。

（4）酸：葡萄酒中的酸主要有两大类：葡萄浆果本身的酸，包括酒石酸、苹果酸和微量柠檬酸；发酵过程产生的酸（乳酸、琥珀酸和醋酸）等。

（5）丹宁和色素：在红葡萄酒的酿造过程中，由于对果梗、果皮和种子的浸渍作用，存在于其中的丹宁和色素溶解在葡萄酒中，其含量通常在 1～5 克/升，丹宁可影响葡萄酒的结构感和成熟特性；而色素则主要影响葡萄酒的颜色。

（6）其他物质：在葡萄酒中，还含有很多其他的物质，如酯类、高级酯、脂肪酸、芳香物质、多种矿物质（包括微量元素）、微量二氧化碳、三氧化硫以及多种维生素（VB$_1$、VB$_2$、VB$_6$、VB$_{12}$、Vc、Vh、Vp 等）和各种氨基酸、营养成分和芳香物质。

葡萄酒中的白藜芦醇［resveratrol, 3,4′,5-三羟（基）芪］是一种天然的抗氧化剂，可以延缓衰老，降低血液的黏稠度，抑制血小板凝结和血管舒张，保持血液畅通，预防癌症的发生及发展，还具有抗动脉粥样硬化的作用，对冠心病、缺血性心脏病、高血脂有防治作用，并且对治疗乳腺癌等疾病有所帮助。

葡萄酒中的原花青素是目前国际上公认的、目前为止所发现的、清除人体内自由基最有效的天然抗氧化剂。其抗自由基氧化能力是维生素 E 的 50 倍，维生素 C 的 20 倍，并吸收迅速完全，可以预防心血管疾病和癌症。

葡萄酒中的单宁具有抗氧化作用，是一种天然防腐剂。有关医学研究表明，红葡萄酒的单宁物质对人体健康十分有益，可有效降低血脂胆固醇，防治血管硬化，并具有抗辐射的作用。

葡萄酒中的水杨酸、苯甲酸和它们的代谢产物属于活性氧清除剂这类抗氧化物。葡萄酒中的没食子酸、儿茶酚、槲皮酮、花青素、2,3-和2,5-二羟基苯甲酸等，都能与活性氧基团起还原作用而起到抗衰老作用。

1.2.4　葡萄酒产业链结构

葡萄酒不同于其他的工业品，它是一种自然产品，它的质量和风格首先取决于产区的气候、土壤、品种等自然条件，其次才取决于自然条件相适应的栽培、采收、酿造等人为因素。葡萄酒作为国际合作中不可或缺的交流载体，虽然在工业经济中产值、效益占比较少，但其作用和传播力巨大。随着经济发展和社会分工的进一步明确，葡萄酒产业发展为葡萄种植和栽培等第一产业，葡萄酒生产、酿造和灌装、葡萄园管理、设备开发和改良等第二产业，葡萄酒营销、葡萄酒旅游开发等第三产业的集合体，具有产业多样性、地域集中性强等特点。一些葡萄酒企业推出"葡萄酒庄+旅游业+休闲体验+文化+电商平台"等产业模式，打造了以葡萄酒为核心，集葡萄园观光、葡萄酒酿造、葡萄酒品鉴、特色餐饮等为一体的葡萄酒庄的产业链复合业态。葡萄酒产业是高度复合的产业，是贯彻乡村振兴战略、生态文明建设和产业转型升级的最佳载体。葡萄酒产业链具体分为上游、中游和下游。

葡萄酒产业链是由葡萄种植者、葡萄酒生产者、消费者和资源回收者等一系列利益相关者组成的系统，该系统以产区生态为条件，以葡萄种植为基础，以葡萄酒生产及其副产物资源利用为保证，使产业链条中一个产品生产中产生的废物成为另一个产品的生产原料，最大限度地减少废物排放，体现出生态的统一性和资源的耦合性，形成高效生态产业链。上游包括葡萄种植、采摘，葡萄园的管理、大型葡园机械设备的改良和研发等，中游葡萄酒生产涉及酿造工艺技术、食品添加剂、酵母、酿造设备及包装等技术领域；葡萄皮籽副产物的开发利用涉及提取技术、设备及产品的应用等技术领域。下游则包括葡萄酒的包装设计、葡萄酒的营销、品牌文化的建立、电子商务平台的搭建、葡萄酒旅游开发等，所有与葡萄酒直接或者间接相关的产业构成了葡萄酒产业的完整链条（图1）。

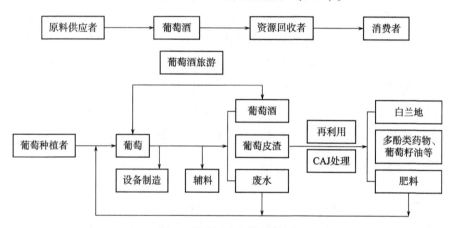

图 1　葡萄酒产业链结构图

由于葡萄酒产业拥有典型的一二三产融合的"新六产"属性，产业链长，社会综合效益强，国际影响力大，引起我国各产区政府的高度重视。在我国经济呈现出"从高速增长转为中高速增长""经济结构不断优化升级"和"从要素驱动、投资驱动转向创新驱动"特点的新常态下，近年来，国内各大葡萄酒产区不断发力、不断提升、不断融合，葡萄酒产业辐射力、品牌影响力、产品竞争逐年扩大。

1.2.5　葡萄酒产业发展环境

1.2.5.1　葡萄酒生产行业主管部门

葡萄酒行业的主管部门是国家发展和改革委员会，主要负责该行业产业政策的制定和行业的规划，并对行业的发展方向进行宏观调控。国家市场监督管理总局及其各地附属机构负责审查和发放葡萄酒生产许可证件。国家食品药品监督管理总局负责全国酒类流通监督管理工作。葡萄酒行业的全国性行业自律组织为中国酒业协会葡萄酒分会。

1.2.5.2　葡萄酒产业政策

我国发展葡萄酒产业相关政策见表 1。

表 1　我国发展葡萄酒产业相关政策

序号	发布时间	发布机关	名称	主要内容
1	2011 年 12 月	国家发展和改革委员会、工业和信息化部	食品工业"十二五"发展规划	对葡萄酒行业提出注重葡萄酒原料基地建设，逐步实现产品品种多样化，促进高档、中档葡萄酒和佐餐酒同步发展，到 2015 年，非粮原料（葡萄及其他水果）酒类产品比重将提高 1 倍以上
2	2012 年 5 月	工业和信息化部	葡萄酒行业准入条件	规定新建的葡萄酒项目或企业必须在符合现有国家法律标准的前提下，达到一定产能规模、对原料有一定保障能力才能进入该行业。《葡萄酒行业准入条件》的出台进一步加强了葡萄酒生产加工行业管理，规范了行业投资行为，引导产业合理布局，保障产品质量安全，促进葡萄酒行业健康有序发展
3	2012 年 7 月	工业和信息化部	葡萄酒行业"十二五"发展规划	指出"十二五"期间我国葡萄酒行业的主要任务是加强原料保障能力建设，大力推动葡萄酒生产企业酿酒葡萄种植基地建设；推进产业结构调整，鼓励企业兼并重组，整合产业链，充分发挥东部地区在品牌、资本等方面的优势，支持企业转型升级，培育新的增长点；积极推动中西部葡萄酒产区的种植基地建设，逐步形成分布合理、特色鲜明的酿酒葡萄种植和葡萄酒生产企业区域；加强葡萄酒行业应用基础研究和人才队伍建设，提高我国葡萄酒行业科技创新能力；完善葡萄酒标准体系，加强企业检（监）测能力建设，保障产品质量安全；大力推动优势葡萄酒产区品牌建设，建立发展具有中国特色的葡萄酒文化

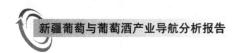

续表

序号	发布时间	发布机关	名称	主要内容
4	2013 年 7 月	商务部	关于葡萄酒反倾销立案的公告（2013 年第 36 号公告） 关于葡萄酒反补贴立案的公告（2013 年第 37 号公告）	对原产于欧盟的进口葡萄酒进行反倾销及反补贴调查
5	2014 年 3 月	商务部	关于终止对原产于欧盟的进口葡萄酒的反倾销调查和反补贴调查的公告（2014 年第 19 号公告）	案件申请人中国酒业协会代表国内葡萄酒产业提出撤销对原产于欧盟的进口葡萄酒反倾销调查和反补贴调查的申请，并请求终止此次反倾销调查和反补贴调查。中国酒业协会已与欧盟葡萄酒酒业协会就中欧葡萄酒反倾销和反补贴案协商一致，达成谅解备忘录，双方同意在产业示范园、技术合作、市场开拓及人员培训等方面开展深度合作，欧方将向中方提供重点支持，这一方面有利于我国葡萄酒市场趋于规范和成熟，另一方面也会使国内葡萄酒行业面临更激烈的竞争
6	2014 年 6 月	商务部	关于做好 2014 年商务系统食品安全工作的通知	加快推进酒类流通法规标准建设，加强酒类流通行业规划引导，培育现代流通主体，发展新型流通模式，推动酒类流通体系转型升级，不断提升国内酒类流通的组织化程度和现代化水平。着力规范市场经营秩序，加强诚信体系建设，推进"真品售酒、实价售酒"。开展科学理性饮酒公益宣传，深化酒类流通电子追溯建设，支持酒类企业开展国际合作

序号	发布时间	发布机关	名称	主要内容
7	2017 年 12 月	农业农村部	特色农产品区域布局规划（2013—2020 年）	通过特色农产品基地建设的带动，在优势主产区一批龙头企业快速成长，极大带动当地特色农产品加工和市场拓展，推动特色农业快速发展。同时，围绕特色农产品开发，形式多样的农民合作组织或协会纷纷建立，形成基地农户+合作社（协会）+龙头企业的基本组织格局。云南的红葡萄酒、啤酒、花卉、茧丝绸、制药、果品等一批龙头企业或名牌产品快速成长
8	2018 年 5 月	农业农村部	烟台市推进"山东标准"建设项目部分任务分工	以提升产业核心竞争力为依托，不断拓展农业标准化工作新领域，蓬莱国家级葡萄标准化示范区经过多年的培育和发展，从单一的葡萄栽培种植发展为葡萄酒综合生产基地，由质监部门协同当地葡萄与葡萄酒局、农业农村局和旅游度假区管委等 11 个部门共同参与，实现农业生产加工、流通、旅游全过程的标准化，带动当地旅游业迅猛发展，提升全市葡萄酒产业核心竞争力
9	2018 年 5 月	农业农村部	宁夏关于进一步促进农产品加工业发展的意见	充分发挥自治区现有枸杞、生物、葡萄酒工程中心和婴幼儿配方奶粉研发中心等机构的作用，研究枸杞等宁夏特色优势农产品的活性成分及保健功效，研发加工一批营养均衡、养生保健、食药同源的新产品，健全枸杞等重要农产品生产和加工质量安全标准，进一步提升农产品精深加工水平，带动宁夏农产品加工企业转型升级，打造一批产业关联度高、创新和研发能力强的领军企业和高新技术企业

续表

序号	发布时间	发布机关	名称	主要内容
10	2021年2月	中共中央、国务院	关于全面推进乡村振兴 加快农业农村现代化的意见	依托乡村特色优势资源，打造农业全产业链，立足县域布局特色农产品产地初加工和精深加工，建设现代农业产业园、农业产业强镇、优势特色产业集群。开发休闲农业和乡村旅游精品路线，完善配套设施，推进农村一、二、三产业融合发展示范园和科技示范园区建设，到2025年创建500个左右的示范区，形成梯次推进农业现代化的格局
11	2021年4月	烟台市政府	关于促进烟台葡萄酒产业高质量发展的实施意见	支持葡萄酒生产企业建设高端酿酒葡萄种植基地，提升自有酿酒原料保障能力，对在产区建设标准化酿酒葡萄基地的企业给予支持。推广酿酒葡萄农业保险政策，增强酿酒葡萄种植抗风险能力。鼓励科研机构、龙头企业与国际知名酿酒葡萄苗木繁育公司合作，开展烟台适栽酿酒葡萄品种的引进、苗木繁育推广等工作。引种产区适栽酿酒葡萄品种，实现酿酒葡萄种植基地区域化、特色化、多样化发展
12	2021年4月	中国酒业协会	中国酒业"十四五"发展指导意见	坚持高效农业、绿色工业、特色旅游、文化产业为一体的充分融合；发挥行业自身优势，将酿酒、葡萄酒与乡村振兴、葡萄酒生产和全域旅游有机结合，促进区域良性互动，共同发展；以满足消费者对美好生活需要为己任，高档产品差异化创新，实现产品品种多样化和差异化，高档中档葡萄酒和佐餐酒同步发展，布局合理产品结构；继续加强葡萄酒文化建设，建立发展具有中国特色的葡萄酒文化

续表

序号	发布时间	发布机关	名称	主要内容
13	2021 年 5 月	农业农村部、工业和信息化部、宁夏回族自治区人民政府	宁夏国家葡萄及葡萄酒产业开放发展综合试验区建设总体方案	力争到 2025 年，综试区酿酒葡萄种植基地规模和层次大幅提升，葡萄酒酿造水平和品质明显提高，现代化酒庄建设迈上新台阶，葡萄酒产业对外开放成效显著，国际化产区及品牌建设取得新突破，国内市场份额和出口量进一步增强。产业链条科技贡献率达到 70%，机械普及率达到 80%，贺兰山东麓酿酒葡萄基地总规模力争达到 100 万亩，年产葡萄酒 3 亿瓶以上、销售全过程的质量安全追溯体系，推进葡萄酒产业与专业教育、文化旅游、康养休闲、生态富民等产业全面融合，探索形成一批绿色生产、智慧化管控、利益联结的产业发展新模式，经济、社会、文化、生态效益进一步显现，农民群众在试验示范中得到实惠，获得感明显增强
14	2021 年 6 月	新疆维吾尔自治区人民政府	新疆维吾尔自治区葡萄酒产业"十四五"发展规划	到 2025 年，全区酿酒葡萄种植面积达到 100 万亩，力争葡萄酒年产量达到 70 万千升，其中葡萄酒、葡萄蒸馏酒产量分别达到 60 万千升和 10 万千升；葡萄酒加工环节收入 470 亿元左右；种植、加工环节吸纳就业 10 万人以上，带动文化旅游、餐饮娱乐等相关产业收入 300 亿元以上，到 2025 年，全区酿酒葡萄种植面积达到 160 万亩，力争葡萄酒年产量达到 150 万千升，其中葡萄酒、葡萄蒸馏酒产量分别达到 100 万千升和 50 万千升；葡萄酒加工环节收入 1000 亿元左右；种植、加工环节吸纳就业 20 万人以上，带动文化旅游、餐饮娱乐等相关产业收入 500 亿元以上

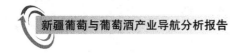

1.2.5.3　葡萄酒产业呼吁减税降费政策

相较于白酒板块在"茅五"的带领下一路高歌猛进，当下的国产葡萄酒仍在徘徊中寻找崛起发展之路。国产葡萄酒的利润压力来自多方面，包括产业划分所带来的税费压力、农业优惠政策不能覆盖葡萄酒生产全过程等。过高的税负最直观的影响就是中国葡萄酒在与进口葡萄酒的竞争中不具备价格竞争优势。中国已经成为全球第五大葡萄酒消费国，但中国葡萄酒却在市场中面临挑战，行业上游的种植业也受到波及。

据了解，在欧美国家，葡萄酒被划分为农产品，享受政府的低税率和农业补贴，有些国家甚至零税负，出口享有补贴，西班牙是欧洲税负最高的国家，但也只有 7%。而在国内，葡萄酒属于轻工业品，承担了较高的税负。综合来看，国内葡萄酒生产企业需要缴纳 10% 的消费税、13% 的增值税、附加税以及 25% 的企业所得税，特别是 10% 的消费税，属于销售即要征收，这些导致国产葡萄酒庄的综合税负超过 30%。

随着国外葡萄酒市场的持续低迷，葡萄酒消费增长最强劲的中国市场已成为世界各葡萄酒产业国的避风港。自 2001 年底中国正式加入世界贸易组织以来，进口葡萄酒的关税不断下降，尤其是近年来我国与多个国家或地区签署了自由贸易协定，部分国家已实现零关税，越来越多的国外葡萄酒如潮水般涌入国内市场，进口量持续高速增长，数千个品牌，几十个品种，以及"新世界""旧世界"葡萄酒的不同分级方法让消费者眼花缭乱。这进一步拉大了进口葡萄酒和中国葡萄酒之间的成本差距，从而使尚处在缓慢起步阶段的国产葡萄酒在与进口葡萄酒的较量中处于不公平的尴尬地位。

行业的低迷也如实反映在数据上。国家统计局数据显示，2020 年纳入统计范畴的规模以上葡萄酒企业 130 家，其中亏损企业 40 家，利润在 100 万元以上的葡萄酒企业仅余张裕公司一家，叠加疫情影响，整个葡萄酒行业面临的形势相当严峻。

从民生来看，葡萄酒产业涉及从种植到酿造、销售，跨越一产、二产、三产融合发展，葡萄的种植不需要良田，占用的反而是一些贫瘠的土地，特别是在像新疆和宁夏这些西部地区，葡萄酒产业对持续提高农民收入和乡村振兴具有重要意义。

尽管产业连年萎靡不振，但从近年国内各产区发布的"十四五"规划可以看出，中国葡萄酒产业对未来的"野心"依然很大。在中国酒业协会发布的《中国酒业"十四五"发展指导意见》中，预计到 2025 年，我国葡萄酒行业产量将达到 70 万千升，销售收入达 200 亿元，实现利润 40 亿元。

宁夏贺兰山东麓葡萄酒产区、烟台葡萄酒产区和新疆葡萄酒产区也相继发布了葡萄酒产业的"十四五"规划，分别剑指 1000 亿元、500 亿元和 470 亿元市场规模；有着中国"冰酒之乡"之称的吉林通化 2020 年发布了鼓励放大山葡萄优势的政策；河北省怀来县申请的"怀来葡萄酒"已获批"地理标志证明商标"。

当然，打铁必须自身硬，中国葡萄酒要想打赢一场绝地"反击战"，除了需要政府减税降费的相关政策扶持外，依然需要在诸多方面提升。同时，我们也呼吁有关部门可以尽早出台相关措施，减轻中国葡萄酒企业的税负压力，助力产业的振兴和发展。

1.2.6　葡萄酒消费市场分析

中国消费者生活水平不断提升，对葡萄酒文化韵味的了解和追求逐步加深，使得中国消费者对进口葡萄酒的需求越来越大，中国葡萄酒市场引起了世界各葡萄酒生产国的葡萄酒商的重视，而葡萄酒关税的下调使得国外多家酒商凭借品牌、雄厚的资金、深厚的文化底蕴、强大的市场营销能力大举进入中国市场。

20 年前，中国人对葡萄酒的概念只停留在宴会上的长城和张裕，需求量比不上意大利的一个城市。20 年后的今天，即使还没有形成一个良好的葡萄酒文化和葡萄酒饮用气氛，中国人对葡萄酒的需求却已经远远高出本土葡萄酒产量。对于葡萄酒消费者而言，一旦习惯了优质、风味独特的葡萄酒，就极难再接受低级酒，这也是进口葡萄酒的信心所在。因为国产品牌在种类和口味上过于单一化，进口酒在葡萄酒市场里有着不容忽略的地位。世界葡萄酒产量总体供大于求，中国是全球新兴的最大市场，中国葡萄酒消费进入高速发展期，中国的葡萄酒消费结构正从正金字塔形向倒金字塔形转变，对高品质葡萄酒的需求与日俱增，国产葡萄酒因受葡萄原料产地自然条件和葡萄酒生产工艺、技术的制约，顶级品质的葡萄酒只能依靠进口。

基于中国经济强劲增长及居民收入连续提升的宏观背景，以品牌号召力和高端时尚健康为主导要素、含有较佳国际化背景的进口葡萄酒在中国快速占领了市场，依靠高端产品获取超额利润是国外顶级品牌消费品企业的主要营利模式，高端产品的超额利润是品牌价值的关键表现。中国居民的消费结构已发生显著改变，品牌消费将成为长久趋势，尤其是富裕阶层的不断壮大令高端产品消费快速升温，长期来看，国人在国外品牌的葡萄酒消费增长将显著快于消费总量的增长。

2016 年，中国人平均每年饮用 1.34 升葡萄酒，与法国相差 34 倍。在葡萄酒人均饮酒量上，发达的欧洲国家仍位居前列，但随着欧洲消费结构的改变，人均饮酒量将下降（表2）。

表 2　各国 2016—2020 年人均葡萄酒饮酒量

排名	国家	饮酒量/升		涨幅/%
		2016 年	2020 年	
1	法国	47.19	43.63	−7.54
2	葡萄牙	47.04	49.79	5.84
3	意大利	44.71	40.84	−8.66
4	瑞士	42.33	41.27	−2.50
5	奥地利	40.46	40.55	0.22
6	德国	36.84	36.51	−0.90
7	丹麦	35.71	34.93	−2.20
8	匈牙利	33.60	33.66	0.18
9	阿根廷	31.92	29.89	−6.36
10	希腊	31.92	32.29	2.15
11	中国	1.34	1.53	14.18

第二部分

葡萄与葡萄酒产业知识产权调查分析

第 2 章

专利检索与筛选

2.1 总—分—补充—汇总的检索策略

这一检索策略首先对包含所有技术分支的总体技术主题进行检索，然后对检索结果进行分类；在每个技术分支补充特有的检索要素，最后将分支技术进行汇总分析。这种检索策略的优势在于，一方面检索人员可以全面了解各技术分支，另一方面能保证每个分支的检索全面性。检索策略不是一蹴而就的，在检索策略的完善过程中，还是用了钓鱼检索、引证追踪、重点专利权人验证等方法对检索要素进行优化和验证。

2.2 技术沟通与检索范围确定

通过与葡萄和葡萄酒产业领域技术专家的反复沟通，最终确定 1 个一级分类，5 个二级分类，14 个三级分类（表 3）。其中，一级分类"葡萄酒产业"是从产业规划角度分类的，二级分类"酿酒葡萄选育及种植技术""葡萄酒酿造原辅料及处理技术""葡萄酒生产工艺技术及产品的开发""葡萄酒品质安全控制及副产物的综合利用"和"葡萄酒品牌及文化旅游开发"是根据葡萄酒产业上下游产业分成了五类，三级分类是根据葡萄酒生产过程、产品及产业的延伸进行分类，目的是了解葡萄酒产业的技术特点和专利布局动向。

表 3　葡萄酒产业技术分解

一级分类	二级分类	三级分类	四级分类
葡萄酒产业	酿酒葡萄选育及种植技术	酿酒葡萄品种资源	酿酒葡萄新品种
		酿酒葡萄选育技术	葡萄育种、栽培方法
		酿酒葡萄种植技术	酿酒葡萄种植方法
			葡萄园管理
			酿酒葡萄采摘方法、设备
	葡萄酒酿造原辅料及处理技术	原料处理	酿酒葡萄分拣、传送、清洗、去皮、榨汁等前处理
		辅料	酿酒酵母、果胶酶、二氧化硫
	葡萄酒生产工艺技术及产品的开发	葡萄酒酿造工艺技术	葡萄酒酿造工艺流程，分离、过滤、发酵、澄清、调配等工艺过程
			葡萄酒酿造新技术的应用，增香、浸渍、浸提、微氧、闪蒸技术
		葡萄酒酿造设备	酿造设备开发、改良
		葡萄酒灌装、包装及贮藏	葡萄酒灌装设备、酒瓶、酒塞、橡木桶及酒窖等
		葡萄酒产品	普通葡萄酒产品
			特种葡萄酒产品
	葡萄酒品质安全控制及副产物的综合利用	葡萄酒品质控制	葡萄酒香气、风味及农残检测及控制
		葡萄酒副产物的综合利用	葡萄籽的综合利用
			葡萄皮渣的综合利用
	葡萄酒品牌及文化旅游开发	葡萄酒品牌	葡萄酒商标、酒标及地理标志保护
		葡萄酒销售	葡萄酒营销策略、方法及展柜等
		葡萄酒文化、旅游产业	葡萄酒庄园、文化体验

2.3　专利筛选方法

　　针对确认的技术分解表，通过人工阅读的方式对技术分支进行标引，同一件专利涉及多个技术分支的，标引出全部的分支信息。标引的过程在EXCEL表格中进行，对于通过摘要很难进行分类的，需要阅读专利全文信息。

　　专利筛选的结果经技术专家确认后，进行统计分析。

第三部分

葡萄种植产业专利导航

第3章

葡萄种植技术专利导航分析

3.1 葡萄种植产业概述

葡萄属的几乎所有种都来源于同一祖先欧亚种葡萄，所以它们会具有很多的相同性状，种间也更易于杂交，同时嫁接亲和力较强。只是大陆分离和冰河的影响才使不同的种在自然分布和对生态环境的要求和适应性上有了较大的差别，即欧洲种群、美洲种群和东亚种群，在漫长的历史长河中，人类通过收集、整理、栽培、驯化而使之成为栽培种（即人为的活动和选择使野生种逐渐成为栽培种），并随着人类文化和经济的交流而逐渐扩展到全世界。

3.1.1 世界葡萄种植情况

决定葡萄酒特性和品质的三大因素分别是自然条件、人为种植与酿造和葡萄品种，三者缺一不可。

世界葡萄种植区主要分布在温带北纬 20°~50° 和南纬 30°~45° 之间。这里有适度的阳光与降雨，气候均衡适合葡萄生长。欧洲仍然是世界上最主要的葡萄种植区，主要有法国、意大利、西班牙等。比如法国的波尔多、美国的加利福尼亚州（以下简称加州），还有我国的新疆、河北怀来都在这条线上，其中，北纬 40° 是葡萄较适宜的栽培区，优质葡萄产区也大部分分布在这条线上。世界葡萄的种植主要集中在北半球的暖温带区域，主要在欧洲和中亚南部，南非也有生长。16 世纪末和 17 世纪初，葡萄在欧洲就有广泛种植，西起法国的波尔多、勃艮第，途经地中海、黑海、里海沿岸，到美国的加利福尼亚，几千年来都以盛产优质葡萄闻名。随着葡萄种植技术的推广，非洲、南美、大洋洲的澳大利亚和新西兰的暖温带区域也开始大量种植葡萄，葡萄销往世界的每一个角落，世界上有不产葡萄的地方，但可能没有吃不到葡萄的人。

欧洲拥有全球三分之一的葡萄园，以气候温和的环地中海区为主要产地，在法国东部、伊比利亚半岛、意大利半岛和巴尔干半岛上葡萄园几乎随处可见，同属地中海沿岸的中东和北非也种植了不少葡萄，但由于气候和宗教因素，并不如北岸普遍，以生产葡萄干和鲜食葡萄为主。法国除了沿地中海地区外，南部各省气候温和，种植普遍，北部地区由于气候较冷，仅有少数条件特殊的产地。在气候寒冷的德国，葡萄产地完全集中在南部的莱茵河流域。中欧多山地，种植区多限于向阳斜坡，产量不大。在东欧各国中，塞尔维亚、克罗地亚、保加利亚、罗马尼亚和匈牙利是主要生产国。黑海沿岸的主要国家也多产葡萄酒。北美的葡萄园几乎全集中在美国的加州，产量约占90%，美国西北部、纽约州，加拿大及墨西哥北部的索诺拉州（Sonora）也有种植。

欧洲葡萄种植面积占世界总面积的一半左右，其次是亚洲（28%）和美洲（15%），图2为全球2012—2020年葡萄种植面积。欧洲葡萄主要分布在西班牙、法国、意大利、葡萄牙、罗马尼亚、德国和希腊，亚洲葡萄主要分布在中国、印度、土耳其、伊朗和乌兹别克斯坦，美洲葡萄主要在美国、阿根廷、智利和巴西，大洋洲葡萄分布在澳大利亚和新西兰，非洲的重要葡萄产地是南非和埃及。图3为世界葡萄主产国种植面积与葡萄酒产量对比。表4为全球主要产酒国葡萄种植面积统计。在所有种植葡萄的国家中，生产出的葡萄用途不一，主要用于鲜食、酿酒和制造葡萄干。欧洲以酿酒葡萄生产为主，如法国、德国、西班牙等葡萄酒出产大国，种植的主要为酿酒葡萄；亚洲葡萄以鲜食和制干葡萄为主，如中国就是鲜食葡萄的生产大国，主要种植品种为巨峰（Kyoho）葡萄；美洲酿酒葡萄、鲜食葡萄和制干葡萄均有种植，大洋洲以酿酒葡萄为主。在气候较为干爽，适宜制作葡萄干的地区，如土耳其、伊朗这些国家出产的葡萄中有较大的比例用于制作葡萄干。图4为全球2012—2019年葡萄产量。

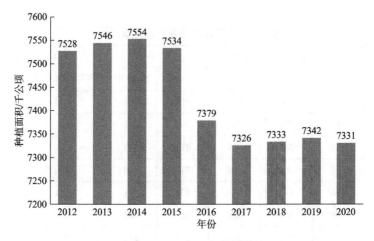

图 2　全球 2012—2020 年葡萄种植面积

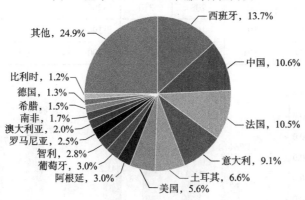

（a）全球葡萄种植面积占比

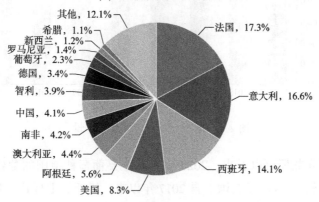

（b）全球葡萄酒产量占比

图 3　世界葡萄主产国种植面积占比与葡萄酒产量占比

表4 全球主要产酒国葡萄种植面积

国家	种植面积/千公顷					2020年与上一年相比的变化率/%	2020年全球占比/%
	2016年	2017年	2018年	2019年	2020年		
西班牙	975	968	972	966	961	−0.6	13.1
法国	786	788	792	794	797	0.4	10.9
中国	770	760	779	781	785	0.6	10.7
意大利	693	699	701	713	719	0.8	9.8
土耳其	468	448	448	436	431	−1.1	5.9
美国	439	434	408	407	405	−0.4	5.5
阿根廷	224	222	218	215	215	−0.2	2.9
智利	209	207	208	210	207	−1.2	2.8
葡萄牙	195	194	192	195	194	−0.2	2.7
罗马尼亚	191	191	191	191	190	−0.4	2.6

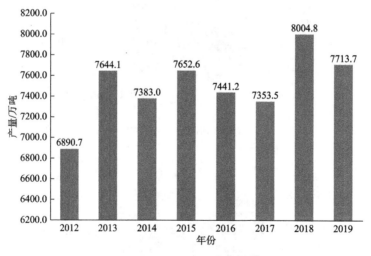

图4 全球2012—2019年葡萄产量

通过表4数据可以看出，2020年全球主要葡萄种植国的葡萄种植面积有所下滑，约为7331千公顷。自2017年以来，伊朗、土耳其、葡萄牙、乌兹别克斯坦和美国等国的葡萄种植面积大幅减少，导致全球葡萄种植面积下降，目前全球葡萄种植面积似乎已趋于稳定。尽管葡萄的种植面积在减少，但由于葡萄栽培技术的不断提高，葡萄产量反增不减。

当今世界葡萄酒生产国存在两个大的阵营，即大家常听到的"新世界"和"旧世界"。"新世界"国家一般指的是美国、加拿大、新西兰、澳大利亚、南非、智利、阿根廷等国，这些国家基本上属于欧洲扩张时期的原殖民地国家。"新世界"国家一般都是近百年来才新兴的葡萄酒产业的国家，没有很长远的葡萄酒产业发展历史。所以，中国也属于"新世界"葡萄酒酿造国家。"旧世界"基本都是欧洲的一些国家，如葡萄牙、匈牙利、法国、意大利、德国、西班牙等。这些国家有着博大精深的葡萄酒文化，拥有悠久的葡萄酒酿酒历史。

从葡萄种植面积、葡萄产量与葡萄酒产量来看，各国发展不协调，"旧世界"产量开始呈衰退趋势，"新世界"增长迅速。

3.1.2   中国葡萄种植情况

我国葡萄品种以引进为主，1949 年以前引进玫瑰香、赤霞珠、品丽珠和梅鹿辄等；1949—1978 年引进的品种包括日本的巨峰、苏联和东欧的葡萄园皇后、白羽、白雅等品种；1978 年后，随着经济的发展大量从国外引进葡萄品种，目前有一定规模栽培的有引自美国的红地球、克瑞森无核、弗雷无核、红宝石无核、无核白鸡心等，日本的藤稔、金手指、夏黑、红巴拉蒂、东方之星，引自欧洲的摩尔多瓦、马瑟兰和小味儿多等，国家园艺种质资源库和国家果树种质资源圃，大量引进并保存了世界主要葡萄栽培品种和野生资源（图 5）。

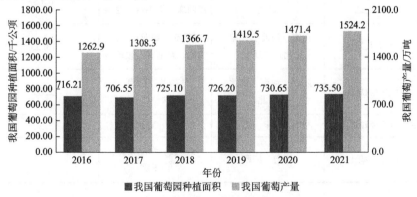

图 5 我国 2016—2021 年葡萄园种植面积及葡萄产量统计情况

我国葡萄产量呈现强劲的上升态势，自 2008 年以来，葡萄种植面积与产量的年增长率近 10%，我国葡萄栽培的面积和产量已经跻身世界前列，在世界葡萄生产中的地位越来越重要，其中鲜食葡萄栽植面积约占 80%。

2016 年至 2020 年，我国葡萄园面积由 716.21 千公顷增长至 730.65 千公顷；葡萄产量由 1262.9 万吨增长至 1471.4 万吨，种植面积及产量的涨幅较为稳定。2021 年的葡萄园种植面积已达到 735.50 千公顷，葡萄产量达到 1524.2 万吨。

酿酒葡萄是指以酿造葡萄酒为主要生产目的的葡萄品种。大致可分为红色品种、白色品种等。在我国主要的酿酒葡萄产区分布在华北地区、渤海湾地区，新疆、甘肃、宁夏等地。酿酒葡萄的品种有很多，和我们平常食用的葡萄有很大的差别，酿酒的葡萄皮很厚，果肉少，汁多，并且颗粒小，基本不适合食用。酿酒葡萄的果实在体型上比鲜食葡萄更小，果皮也更厚，它们的糖分含量很高，种子也比较大，含有更多单宁。

酿酒葡萄在全国 26 个省份均有分布，但主要分布于西北和华北地区，其中新疆、河北、山东、甘肃、宁夏和天津等 7 个省份，栽培面积和产量约占全国的 80% 以上（表 5）。

表 5　中国酿酒葡萄主要区域分布及品种

栽培区	地区	主要品种	种植面积/千公顷
西北干旱地区栽培区	新疆、甘肃、宁夏	梅鹿辄、黑比诺、雷司令、沙别拉维	20.00
黄土高原及内蒙古、冀北栽培区	陇东、陕北、晋中、冀北	赤霞珠、梅鹿辄、品丽珠、霞多丽、龙眼	6.66
环渤海湾栽培区	山东、河北、天津、北京、辽宁	赤霞珠、蛇龙珠、霞多丽、意斯林、玫瑰香	13.33
黄河中游栽培区	陕西、河南、皖北、苏北	法国兰、白羽、赤霞珠、红玫瑰	2.00
东北山葡萄栽培区	吉林、辽宁、黑龙江	公酿一号、双优、双红	3.30
南方特殊栽培区	云南、广西	玫瑰蜜、水晶葡萄、白玉霓	1.33

中国广泛种植的酿酒葡萄中，以红葡萄品种为主，种植比例约占 79%，

白葡萄品种约占20%。为了适应葡萄酒国际化的潮流，尽快融入国际葡萄酒市场，中国葡萄酒业非常重视引进和推广世界优良的酿酒葡萄品种。赤霞珠（Cabernet Sauvignon）以超过2.3万公顷的栽培面积成为中国栽种面积最大的引进品种。引进的其他红葡萄的品种还有梅洛（Merlot）、品丽珠（Cabernet Franc）、蛇龙珠（Cabernet Gernischet）、黑皮诺（Pinot Noir）和本土品种山葡萄（V.amurensis）等。而白葡萄品种有龙眼（Dragon Eye）、贵人香（Italian Riesling）、霞多丽（Chardonnay）、白雷司令（White Riesling）、白玉霓（Ugniblanc）等。其中龙眼为我国古老而著名的晚熟酿酒葡萄品种，用它酿造的葡萄酒酒质极佳，如我国著名的长城干白葡萄酒。

3.1.3　新疆葡萄种植情况

3.1.3.1　新疆发展葡萄酒产业优势

地域优势：新疆地处我国西部边疆，属于干旱和半干旱型气候区域，具有积温高、无霜期长、病虫害少、农药污染少等特点，为种植酿酒葡萄提供了得天独厚的气候条件。日照方面，新疆日照时间长、昼夜温差大，具有积累糖分和形成香气、色素的必要条件，有利于各葡萄品种的生长发育；水文方面，新疆具有"三山夹两盆"的地理特点，垂直型自然景观带来的季节性融水为种植酿酒葡萄提供了充沛的优质水源；土壤方面，新疆多为沙土或沙壤土，土壤通透性好、氧化作用强烈，为根芽生长和吸收利用养分提供了良好的土壤环境条件。因此，适宜的自然条件为新疆葡萄酒产业发展提供了优质酿造原料。

产业基础：经过近30年的发展，新疆葡萄酒产业在产业发展、栽培管理、生产工艺、产品开发等方面为进一步提质升级奠定了优良的产业基础。第一，产业规模。新疆目前已经形成了四大优势产区，葡萄基地面积4.33万公顷，葡萄酒生产企业120余家，葡萄基地和葡萄酒企业的固定资产投入超过60亿元，从业人员超过10万人，其中葡萄酒产业的经营管理型人才、种植酿造环节的技术型人才1000余人。巴音郭楞蒙古自治州（以下简称巴州）、昌吉回族自治州（以下简称昌吉州）、新疆生产建设兵团（以下简称兵团）第六师和第八师已经把葡萄酒产业作为新型支柱产业进行扶持引导。第二，葡萄栽培基础。新疆目前在葡萄生产环节实现了机械化建园、机械化管理、节水灌溉及水肥一体化运筹，掌握了生产优质葡萄原料的生产技术和经验，为基地规模化生产优质原料做好了技术储备，能以比东部地区低得多的成本生产出比其品质更好的原料。第三，葡萄酒生产工艺基础。葡萄酒企业结合新疆风土条件及葡萄品质的特点，研究开发了一系列具有产区特色的葡萄酒酿造工艺，采用了国际先进的粒选、冷浸渍等技术，丰富完善了先进葡萄酒的生产工艺，其中干红和蒸馏酒的品质已经达到国内最高水平。第四，市场基础。新疆葡萄原酒生产能力和品质都位居全国前列，成为国内葡萄酒企业的葡萄原酒主要供应来源，张裕、长城和威龙等大型葡萄酒企业的国内原料 70% 以上来自新疆。新疆的葡萄成品酒生产企业，通过不断的市场推广和营销，目前以"新疆产区"作为识别特征的葡萄成品酒销售快速增加，尼雅、乡都等品牌已经得到市场的高度认可，张裕、长城新疆工厂的成品酒生产线也相继投产，形成了以原酒为主、以成品酒为辅的葡萄酒产业格局。

区位优势：新疆位于国家"一带一路"经济带的核心区，相邻的俄罗斯和中亚等国都是传统的葡萄酒消费国，除了格鲁吉亚有一定产量之外，其他国家的葡萄酒主要依赖从欧洲、美洲进口，这构成了新疆葡萄酒产业开拓出口市场的巨大区位优势。

3.1.3.2　新疆葡萄产区及种植情况

根据 2021 年新疆统计年鉴数据，新疆葡萄种植面积达 12.3 万公顷，产量 305.98 万吨，产量和面积均居全国首位；酿酒葡萄种植面积达到 30 万亩，占全国 25% 左右；葡萄酒产量 12 万千升，占全国 24.5%；葡萄原酒及葡萄蒸馏酒年生产能力达到 55 万千升，是我国最大的葡萄原酒生产基地。新疆获得生产许可证的葡萄酒生产企业 134 家（其中规模以上 19 家）、葡萄蒸馏酒（包括白兰地、葡萄白酒等）生产企业达到 27 家。特别是近年来，新疆大力培植葡萄酒产业，不断丰富和延伸产业链条，已形成天山北麓、伊犁河谷、焉耆盆地、吐哈盆地四大产区，葡萄酒产业发展集聚效应初步显现，一批集种植、酿造、文化旅游为一体的葡萄酒庄快速兴起，建成各具特色的葡萄酒庄 134 家，10 家葡萄酒生产企业通过中国"葡萄酒酒庄"商标审核，占全国近 30%。

新疆酿酒葡萄产区以天山山脉为分界线可分为南疆和北疆，其中北疆酿酒葡萄的栽培主要集中在伊犁地区、石河子地区、玛纳斯-阜康地区和五家渠地区，南疆的酿酒葡萄主要栽培地区有吐鲁番的鄯善县，巴州的和硕、焉耆与和静县，另外，近年来哈密地区的酿酒葡萄发展迅速，也初具一定规模，追随酿酒葡萄而建的酒庄也主要分布在这些地区（图6、图7）。

天山北麓产区地处北纬43°~45°，位于天山山脉北麓准噶尔盆地南缘，海拔450~1000m，属中温带大陆季风性干旱气候，昼夜温差达20℃以上，年降雨量170~230mm，年平均日照2800h。该产区多层结构的砾石砂壤土，富含矿物质，透气排水良好，流经的玛纳斯河、三屯河为园区带来天山融雪，是种植酿酒葡萄的黄金产区，其核心小产区玛纳斯县更独具特色，这里生产的葡萄酒干浸物质高，矿物元素含量丰富。产区内的天池葡园、玛河葡园、昌吉屯河葡园及石河子区域是天山北麓产区的典型代表。主要酿酒葡萄栽培品种是赤霞珠、美乐、马瑟兰、马尔贝克、小维尔多、霞多丽、贵人香、雷司令、小芒森等。代表酒庄有中信国安葡萄酒业有限公司、张裕巴堡男爵酒庄、中粮长城葡萄酒业新疆分公司、沙地酒庄、西域明珠酒厂、唐庭霞露酒庄、香海庄园等。

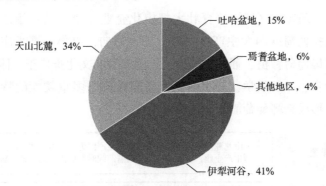

图6　新疆酿酒葡萄种植产区面积占比

伊犁河谷产区地处北纬42°~44°，位于天山山脉西端，处于南北天山之间的伊犁河谷以"塞外江南"著称，属温带大陆季风性气候，年平均气温为10.4℃，年平均日照2870h，四季分明，秋冬季节气温下降缓慢，为白葡萄酒和甜型葡萄酒的出产带来良好条件。代表酒庄、酒企有中信国安葡萄酒业有限公司伊犁分公司、威龙酒业公司新疆分公司、新疆伊珠葡萄酒业公司、新疆卡伦酒庄等。主要酿酒葡萄栽培品种为赤霞珠、美乐、蛇龙珠、雷司令、黑比诺、霞多丽、威代尔等。

焉耆盆地产区位于天山南麓，地处北纬42°左右，紧邻博斯腾湖的和硕县及焉耆县是该产区的典型代表，属中温带荒漠气候，平均海拔约为

1100m，年平均日照为 3128.9h。天山雪水融化的开都河与大巴伦渠古河道，由西至东南穿过并滋养着这片酒庄集群产业带中的葡萄园。主要酿酒葡萄种植品种是赤霞珠、品丽珠、蛇龙珠、美乐、霞多丽、雷司令、西拉、黑比诺、马瑟兰等。代表酒庄有天塞酒庄、芳香庄园、乡都酒庄、中菲酒庄、国菲酒庄、佰年酒庄等。

吐哈盆地产区地处北纬 41°~43°，海拔最低达到−155m，是新疆东部天山山系中一个完整的山间断层陷落盆地，大部分为戈壁砾石土，平均年日照为 3200h，活动积温在 5300℃ 以上，极端干燥、少雨，加之昼夜温差大，容易积累较高的含糖量。吐哈盆地产区以吐鲁番为中心，布局区域特色甜葡萄酒、干葡萄酒等生产加工型企业，打造特色葡萄酒及鲜食葡萄文化旅游区。代表酒庄有楼兰酒庄、哈密新雅酒庄、新葡王酒庄、车师酒庄、驼铃酒庄等。产区内主要酿酒葡萄种植品种有赤霞珠、柔丁香、晚霞蜜、霞多丽、美乐等。

近年来，新疆地区坚持培育壮大规模化企业与建设特色酒庄、酒窖同步发展。依托葡萄酒四大主产区，以市场为导向，以集发展酒庄葡萄酒和培育 150 家集葡萄种植、葡萄酒酿造、休闲旅游和文化推广于一体，具备观光、名酒拍卖、品酒教学、艺术展览、度假休闲等多重功能的特色精品酒庄为目标，形成新疆葡萄酒产业的高端集群。

天山北麓	·天山北麓产区以建成全国葡萄酒主产区为主，引进和布局大型葡萄酒生产企业，在发展高档葡萄酒的同时发展佐餐酒和蒸馏酒
伊犁河谷	·伊犁河谷产区以建成优质葡萄种植和葡萄酒生产基地为主，充分发挥伊犁河谷产区葡萄酒品质优势，加大优势资源整合力度，推动规模化发展和酒庄建设，打造优质干葡萄酒和冰酒产业集聚区
焉耆盆地	·焉耆盆地产区以和硕、焉耆为中心，充分利用现有优势，坚持高端和个性化发展方向，布局精品酒庄与高端葡萄酒工业化生产互补的葡萄酒生产企业，打造优质干葡萄酒产业集聚区
吐哈盆地	·吐哈盆地产区充分发挥吐鲁番和哈密优质葡萄基地的优势，布局区域特色甜葡萄酒、蒸馏酒和干葡萄酒生产加工企业。鼓励发展"葡萄酒＋旅游"模式，推进一、二、三产业融合发展
其他产区	·在南疆地区加快振兴传统幕萨莱思葡萄酒产业，以阿克苏地区为重点，充分挖掘传统葡萄酒酿造技艺、丰富葡萄酒历史文化，以及刀郎、木卡姆等中国民族文化

图 7　新疆酿酒葡萄种植各产区发展方向

目前，新疆地区酒庄建设项目主要分为四个板块，其具体建设进展见表 6。

表 6　新疆酒庄建设进展

地区	建设进展与目标
天山北麓产区	重点建设昌吉（玛纳斯、呼图壁、兵团第六师、兵团十二师）、石河子（兵团第八师）葡萄酒庄集群和 2 个葡萄酒特色村镇
吐哈盆地产区	积极培育吐鲁番市高昌区葡萄酒庄核心区、红柳河园艺场、葡萄沟景区、鄯善县辟展乡酒庄集群和 1 个葡萄酒特色镇
焉耆盆地产区	围绕"一湖四县"着力打造葡萄酒庄集群和 2 个葡萄酒特色镇
全疆	近 150 家年产量 50~500 吨的精品特色酒庄正在建设中，其中慕萨莱思酒庄为 20~30 家

新疆维吾尔自治区党委和政府已将葡萄酒产业作为"十四五"重点发展的"十大产业"之一，制定《新疆维吾尔自治区葡萄酒产业"十四五"发展规划》（以下简称《规划》），出台《关于加快推进葡萄酒产业发展的指导意见》，努力将新疆建成丝绸之路经济带上优质高端葡萄酒的核心产区。

按照《规划》，到 2025 年，新疆酿酒葡萄种植面积达到 100 万亩，比 2019 年种植面积增加 65 万亩，用于保障蒸馏酒酿造原料的鲜食葡萄种植面积 180 万亩，种植环节收入 40 亿元以上。力争酿酒产量在 2019 年的基础上翻两番，达到 70 万千升，其中葡萄酒、葡萄蒸馏酒产量分别达到 60 万千升、10 万千升。力争成品酒在酿酒总产量中占比达到 30%，酒庄酒等高档酒在成品酒中占比达到 30%，葡萄酒加工环节收入 470 亿元左右。精品特色葡萄酒庄发展到 150 家以上，培育年销售收入 5 亿元以上企业不少于 2 家，每个主产区培育 3~5 个具有地域特色的知名品牌。种植、加工环节直接吸纳就业 10 万人以上，酒庄年接待游客 1000 万人次以上，带动文化旅游、餐饮娱乐等相关产业收入 300 亿元以上。届时，新疆将形成天山北麓、伊犁河谷、焉耆盆地、吐哈盆地四大主产区和阿克苏传统慕萨莱思葡萄酒特色产区、南疆三地州葡萄蒸馏酒新兴产区的"4+2"产区发展格局。

3.2 葡萄种质资源概述

葡萄种质资源及结构

葡萄，属葡萄科葡萄属落叶藤本植物，葡萄科有 14 个属 968 个种，葡萄科中只有葡萄具有较高经济价值。

3.2.1.1 葡萄种质资源

种质资源是某个物种的所有生物体中各种基因的总和，它蕴藏在作物各类品种、品系、野生种和近缘植物中，是农作物改良的基因来源，近年来，很多葡萄主产国以及重视种质资源的国家以互联网为依托建立了自己的葡萄种质资源数据库。收集种质信息型数据库有国际葡萄品种目录和欧洲葡萄数据库，种质保存性数据库有意大利的葡萄数据库、法国的农业科学研究院附属网、德国的 Reben 基因库和美国的遗传资源网，分子标记型数据库主要有瑞士的葡萄 SSR 分子数据库、西班牙的 SSR 分子标记鉴定葡萄品种网和意大利葡萄 SSR 分子标记数据库；文献检索型数据库有德国的葡萄栽培与酿酒文摘数据库。葡萄育种工作者可利用发达的网络查询一些在科研或生产中需要的数据或信息，借鉴不同国家种质保存和研究现状，充实我们的资源和信息量。

欧亚种群为栽培价值最高的种，广泛分布于世界各地。本种可分为两个亚种：野生顺型森林葡萄和栽培类型。欧亚种葡萄的抗寒性较弱，易染真菌病害，不抗根瘤蚜，抗石灰能力较强，在抗旱、抗盐及对土壤的适应性等方面，不同品种之间有差异。

美洲种群包括 28 个种，仅有几种在生产上和育种上加以利用，多为强健藤木，生长在北美东部的森林、河谷中。在栽培和育种中常用的种有美洲葡萄（野生于美国东南部和加拿大南部）、河岸葡萄（原产北美东部）、沙地葡萄（原产美国中部和南部的生长于干旱的峡谷、丘陵和砾石土壤上，呈分枝旺盛的小灌木）。

东亚种群的葡萄在抗寒、抗潮湿、抗病性方面都比较强。但由于这些地区一直以来被森林覆盖，人类对葡萄的干预较少，所以到目前为止，在东亚种的很多葡萄种还以野生状态生长在中国、朝鲜、日本、越南、印尼、印度、俄罗斯远东等地的森林、山地、河谷及海岸旁。这里需要注意的是东亚种群的 40 多个种有 29 个起源于中国，所以中国成为东亚种群葡萄资源最丰富的国家。

20 世纪 80 年代，轻工业部在甘肃黄羊河、湖北枣阳、山东禹城、新疆鄯善和宁夏玉泉营等多个地方建立"母本园"，后被誉为"中国现代酿酒葡萄之根"，在中国土地上发现适合国际酿酒葡萄种植的区域并没有那么简单。葡萄母本园是提供优良葡萄品种繁殖材料的场所，不仅要求有适宜的自然环境条件，品种典型纯一，还要采用优良的农业技术措施。20 世纪 80 年代初，轻工业部为五大母本园引进了多种国外著名酿酒葡萄，经筛选和精心培育，最后保留下赤霞珠、美乐、歌海娜、西拉、柔丁香和白羽等 40 多个酿酒葡萄品种。由于种种原因，国内的母本园多已湮没难寻，只有楼兰酒庄保留了数百亩。这是唯一正常运转、拥有稀有黄金树龄及稀有酿酒葡萄酒品种的母本园，也是全国面积最大、品种最全、树龄最长、保存最早的葡萄母本园。

3.2.1.2　葡萄结构

葡萄（Grape）是葡萄树的果实，它的汁液是酿造葡萄酒至关重要的原料。在法语中，葡萄名为 Raisin；在意大利语和西班牙语中，它被称为 Uva；在德语中，它的名字则是 Rebe。出于商业目的而培植出的葡萄要么以鲜食葡萄或葡萄干售卖，要么经压榨和处理，以葡萄酒、葡萄汁、葡萄浓缩汁（Grape Concentrate）或精馏葡萄汁（Rectified Grape Must）的形式售卖，然而，酿酒是葡萄最重要的作用，全世界 80% 的葡萄用于酿酒。酿酒所用的葡萄一般一串上有几百颗，并且这些葡萄都比较小。葡萄中的葡萄汁被提取后，剩下的固体成分——葡萄梗、葡萄皮、葡萄籽和果肉，被称为葡萄果渣（Pomace）。

每一种葡萄品种果实的形状和外观都各不相同。它们的形状从球形、椭圆形到长形和手指形不一；颜色也从绿色到黄色、粉红、深红、深蓝和黑色等不同；大小从如豌豆般小到如鸡蛋般大（每颗重达 15 克）不等。而大部分的酿酒葡萄介于球形和短椭圆形之间，每颗葡萄的重量在 1~2 克之间，呈黄色（葡萄种植者称为白色）或深紫色（葡萄种植者称为黑色或红色）。

如图 8 所示，葡萄的果实长在花梗（Pedicel）末端，而花梗则附着在果柄上。与花梗位置相对的另一末端（见图中残存花柱部分），是花柱（Style）和柱头（Stigma）的残存部分。将葡萄切开后，可以看见两个心皮（Carpel）并列分布，这两个心皮各自包着一个小室（Locule），而葡萄籽就分布在这小室之中。伴随着葡萄果实的渐渐长大，果肉会向小室慢慢扩张，这使得小室的空间越来越小，而一颗葡萄果实最重要的部分则是果肉、果皮和果籽。

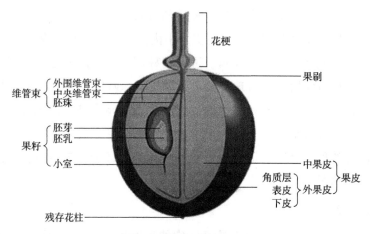

花梗

果刷

维管束 { 外围维管束
中央维管束
胚珠 }

果籽 { 胚芽
胚乳
小室 }

中果皮
角质层
表皮
下皮 } 外果皮 } 果皮

残存花柱

图 8　葡萄果实结构图

果肉是葡萄果实中最重要的部分。果肉中的葡萄汁存在于果皮细胞中的液泡中。观察果肉部分的横切面可以发现，从葡萄皮的正下方到每个单细胞膜之间分布着 40 个较大的薄壁细胞（Parenchyma Cell）。而维管束（Vascular bundle）的核心部分则与叶脉（Vein）相连接，叶脉像一个六角形网眼铁丝网笼子包围着果肉的外缘部分，并通过维管束与葡萄树的其他部位连接起来。叶脉包含木质部（Xylem）和韧皮部（Phloem），其中木质部的作用是从根部运输水分和矿物质，而韧皮部则是葡萄从叶子中运输糖分的首要通道。在果肉中，还有一个质地完全不同的部位，即果刷（Brush），它颜色较浅，位于果肉与花梗相连接的地方。

对于酿酒师和饮酒者来说，果肉和葡萄汁是葡萄中最重要的部分，这是因为它们包含了葡萄酒成品中的主要成分。由于所有葡萄的汁液均呈浅灰色，所以白葡萄酒可用所有颜色的葡萄品种酿制，只要确保在用深色葡萄品种酿制时，葡萄汁不与葡萄皮接触即可；红葡萄酒只能用深色葡萄酿制；而桃红葡萄酒既可将深色葡萄通过短时间浸皮进行酿制，也可通过控制粉红色或红色葡萄的浸皮时间酿制。

果皮（在法语中称为 Pellicule）是葡萄表面的一层质地较硬的包膜层。葡萄皮外层通常都包裹着一层果霜（Bloom），而果霜又包括蜡质层和角质层两种结构。这两种结构都能防止果实的水分流失，并能阻止真菌孢子及其他生物侵入果实内部。事实上，所谓的"果霜"其实就是蜡质层使得葡萄皮表面所呈现出的那层白色的物质。果霜中含有的脂肪酸和固醇类物质能在发酵过程中为酵母的生长（不管是人工添加的酵母还是天然的酵母）提供重要的养分。

在蜡质层和角质层以下，分布着组成葡萄皮的细胞层。首先是真表皮层，接着是下皮层（由 7 层细胞构成）。其中下皮层集中着大部分的浆果色素（Pigments）、黄色类胡萝卜素（Carotenoids）、叶黄素（Xanthophylls）及对酿造红葡萄酒十分重要的红色和蓝色花青素（Anthocyanins）。此外，葡萄皮中还含有一些单宁和大量的风味成分。色素、单宁和风味成分等酚类物质（Phenolics）的具体分布位置可能存在差别，但在酿酒时，离果肉最近的物质可能会被首先萃取。

从重量上来说，一颗成熟的葡萄中葡萄皮所占的比例为 5%～12%（根据葡萄品种的不同而有所差异）。葡萄皮的厚度通常为 3~8 微米。此外，果皮与果肉在化学构成上还存在其他差别：除酚类物质含量丰富外，果皮还含有丰富的钾。

果籽在法语中又被称为 Pepins，每种葡萄品种果籽的大小和形状不一。此外，每粒葡萄的果籽数量也是根据葡萄品种的不同而有所不同。不过由于每个心皮中包含 2 个胚珠，因此一般每粒葡萄会有 4 颗果籽，不过也有例外。通常，会出现一些发育不完全的葡萄籽，这种现象称为种子败育（Stenospermocarpy）。相反，那些发育完全的葡萄籽数量越多，葡萄果实就会越大。为了应对葡萄籽过度发育，常会使用赤霉素（Gibberellin）进行处理，如培植鲜食苏丹娜（Sultana）葡萄时就会进行以上处理。

尽管果籽在被压榨时也会释放出较苦的单宁，但实际上果籽在酿酒过程中作用微乎其微。与较容易和果实分开的果梗不一样的是，在酿酒过程中，果籽总是和果汁及果皮相伴。在酿制白葡萄酒的过程中，果汁及果籽的接触时间较短，从果籽中吸收的单宁含量也较少。在酿制红葡萄酒的过程中，由于果汁与果籽接触时间的延长及葡萄汁中的酒精度不断增加，果籽中的单宁极可能溶解在发酵汁中。此外，葡萄籽还是食用油或工业用油的来源之一。

<table>
<tr><td>3.2.2</td><td>酿酒葡萄品种概述</td></tr>
</table>

酿酒葡萄是指以酿造葡萄酒为主要生产目的的葡萄品种。全世界有8000多种酿酒葡萄，被广泛种植的只有100多种，但可以酿制上好葡萄酒的葡萄品种只有50种左右，有的品种具有当地人所偏爱的色、香、味，可以称为地方品种，整个世界的葡萄酒工业是建立在欧亚种的品种上的。世界上好的葡萄酒、有名的葡萄酒，大多是用欧亚种的葡萄品种酿造的，酿酒葡萄大致分为红葡萄和白葡萄品种。

不管是红葡萄品种还是白葡萄品种，它们的生长特性及种植所必需的自然条件，比如气候、土壤、日照等因素都决定了每个葡萄酒产区对葡萄品种的选择。如果说葡萄品种是葡萄酒的灵魂的话，那么果香绝对是其灵魂的支撑。葡萄品种的浆果香气正是葡萄酒果香的来源。不同的葡萄品种含有不同的果香成分，因此酿成的葡萄酒果香也就各不相同，形成的风味也独具特色。红葡萄品种与白葡萄品种的浆果香气各有各的特点，从而酿出了风格各异的红葡萄酒和白葡萄酒。

红葡萄品种多以黑色水果或者红色水果为主，浆果香比较浓郁，酿制出的红葡萄酒香气也相当浓郁。时下风行全球的大多引种法国品种，如赤霞珠、梅洛、品丽珠、味而多、黑皮诺、西拉，以及西班牙的丹魄和美国的宝石（Ruby Cabernet）等葡萄品种都具有类似的浓郁浆果香。颜色有黑、蓝、紫红、深红色，有果肉是深色的，主要用来酿制红葡萄酒，也有果肉和白葡萄一样是无色的，所以白肉的红葡萄去皮榨汁之后可酿造白葡萄酒。

白葡萄品种多以花香、青苹果、柠檬、香蕉、菠萝等热带水果为主，果香比较清淡，酿制出的白葡萄酒所散发的香气较清淡，没有红葡萄酒那么浓郁。白葡萄品种颜色有青绿色、黄色等，主要用来酿制气泡酒及白葡萄酒。

3.2.2.1　红葡萄代表品种

红色主流酿酒葡萄品种见表 7。

赤霞珠（Cabernet Sauvignon）：欧亚种，原产于法国，是法国波尔多地区传统的酿制红葡萄酒的优良品种。全球种植面积 290 091 公顷、种植量占比 6.3%。在红酒的世界中，赤霞珠始终最受欢迎。它皮厚而果实细小，能抵抗一般霉菌和疾病，种植容易，适宜种植于排水良好的砾石土壤中，酿制而成的酒经过陈年后，会生成多元的香味和口感。赤霞珠的本身带有黑加仑子，黑莓子等香味，经橡木桶的培养后添加了香草，杉木，烟熏等味道，香气和口感变得更为复杂。1892 年烟台张裕公司首批由欧洲引进。1980 年以后，我国又多次从法国、美国、澳大利亚引入。目前该品种在山东省的烟台、青岛地区；在河北省的秦皇岛、张家口地区；在甘肃、宁夏、新疆等地，均有大面积栽培，是我国栽培面积最大的酿酒葡萄品种。该品种由于适应性强，酒质优良，因而成为世界各葡萄酒生产国主栽的红葡萄酒品种。用赤霞珠酿造红葡萄酒，必须经过橡木桶的贮藏陈酿，才能获得高质量的优质红葡萄酒。

梅洛（Merlot）：又名美乐、梅鹿辄，是世界上最流行、最受欢迎的品种之一，梅洛全球种植面积高达 267 169 公顷，同时是法国种植面积最广的红葡萄品种。其国际地位只有赤霞珠能与其一较高下。果粒中等偏小，球形、青黑色，皮厚一般，果肉多汁。由梅洛酿成的酒颜色较赤霞珠的浅，单宁含量低、酸度也弱，因此是一款适宜在年轻时就饮用的酒；同时是一款易被初饮者接受的酒。我国最早是 1892 年由西欧引入山东烟台。20 世纪 70 年代后，又多次从法国、美国、澳大利亚等引入，目前各主要产区均有栽培。该品种为法国古老的酿酒品种，作为调配以提高酒的果香和色泽，近年因果香型的干红比较受欢迎，特别是美国自 1978 年首次以梅洛酿成的干红获得成功后，其栽培面积迅速发展，我国虽然早期引进有近百年历史但一直未能推广，近年来受外界影响，开始在各主要产区大力推广发展。

品丽珠（cabernet franc）：别名卡门耐特，原种解百纳，欧亚种，原产法国，为法国古老的酿酒品种，果实小，果皮较薄，易成熟，各地均有栽培，赤霞珠（Cabernet Sauvignon）、佳美娜（Carmenere）和梅洛（Merlot）都是品丽珠的后代。是全球主要的黑葡萄品种之一，主要是与赤霞珠和梅洛混合酿造，以生产波尔多葡萄酒。品丽珠比赤霞珠轻盈，它是一种淡淡的淡红色葡萄酒，在更浓郁的混合物中添加了胡椒香料，并带有烟草、覆盆子、甜椒、黑醋栗和紫罗兰的香气。我国最早是 1892 年由西欧引入山东烟台，目前主要产区均有栽培。

表7　红色主流酿酒葡萄品种

序号	品种名称	特点
1	品丽珠（Cabernet Franc）	果穗歧肩短圆锥形或圆柱形，果粒着生紧密。果粒近圆形，果粉厚。果皮厚。果肉多汁，味酸甜
2	佳美（Gamay）	中熟，果实大，皮薄多汁，单宁低
3	西拉（Syrah/Shiraz）	中熟，果穗中等大，圆锥形，紫黑色，果皮中等厚，肉软汁多，味酸甜
4	增芳德（Zinfandel）	中晚熟，果穗圆柱形，果粒圆形，红紫色或黑色，果皮薄
5	桑娇维塞（Sangiovese）	晚熟，果穗较大，浆果中等大，圆形或椭圆形，紫黑色
6	歌海娜（Grenache）	晚熟，深紫色，含糖量高，果实结实，密度高，香气浓郁
7	马尔贝克（Malbec）	果皮颜色很深，果粒较小
8	慕合怀特（Mourvedre）	晚熟，果皮很厚
9	小味尔多（Petit Verdot）	晚熟，圆锥形，果粒着生中，粒小，近圆形，紫黑色
10	小西拉（Petite Sirah）	色彩鲜艳，抗氧化性好，单宁重而芳香
11	巴贝拉（Barbera）	晚熟，较高的酸度
12	内比奥罗（Nebbiolo）	皮薄粒小，果皮较硬
13	品乐（Pinotage）	口感柔和多汁
14	马瑟兰（Marselan）	果穗较大呈圆锥形，果粒，出汁率偏低
15	丹那（Tannat）	晚熟，果串大，果实颗粒小到中等
16	当帕尼罗（Tempranillo）	早熟，酸度较低，果皮厚，果实紧密
17	卡曼娜（Carmenere）	晚熟，果实颗粒很小，呈深蓝色
18	缪尼尔（Meunier）	果穗较大，果粒蓝黑色，含糖量和含酸量均较高
19	佳利酿（Carignan）	穗较大，圆锥形，果粒着生紧密，近圆形，紫黑色，汁多
20	神索（Cinsault）	较大的葡萄颗粒，表皮较厚且颜色深黑，果串大
21	本土图丽佳（Touriga Nacional）	早熟，果实紧凑，皮厚，味道浓缩，呈深蓝色
22	法国蓝（Blue French+B9：B27）	近圆形，蓝黑色，果汁颜色淡红

蛇龙珠（Cabernet Gernischt）：别名随尔选，是赤霞珠或品丽珠的无性芽变品种。在法国没有这个品种，只有赤霞珠和品丽珠。1892 年张裕公司自欧洲引进赤霞珠、品丽珠，并从这两个品种中选育出蛇龙珠品种。蛇龙珠是迄今唯一被国际上认可的中国培育的酿酒葡萄品种。它是赤霞珠、品丽珠的姐妹品种，在中国通称"三珠葡萄"。蛇龙珠葡萄在中国栽培，其适应性、抗逆性、丰产性均比其他两珠强。用它酿成的干红葡萄酒，果香浓、典型性强，也优于其他两珠。因而该品种颇受果农和酿酒厂家的欢迎，在山东、河北及其他地区有大面积的栽培，该品种在山东胶东栽培较多。

黑皮诺（Pinot Noir）：黑皮诺是主要红葡萄品种中被公认为最挑剔、最难照料的品种，全世界有 86 662 公顷的土地种植着黑皮诺，约占世界酿酒葡萄总种植面积的 1.88%，它对成长环境的要求较高，属早熟型，产量小且不稳定，适合较寒冷气候，在石灰黏土中生长最佳，其幼叶呈黄绿色，成叶深绿色、呈鸡冠状。黑皮诺抗病性较弱，极易感染白腐病、灰霉病、卷叶病毒和皮尔斯病毒。通常黑皮诺颜色较浅，呈浅宝石红色，气味是不浓不淡的果香与花香。常闻到的是樱桃、莓果、梅子、黑醋栗、香料、玫瑰花或其他花香。其酿造的葡萄酒年轻时主要以樱桃、草莓、覆盆子等红色水果香为主；陈酿后，又会出现甘草和煮熟的甜菜头的风味；陈酿若干年后，带有隐约的动物和松露香，还有甘草等香辛料的香味。我国最早在 1892 年从西欧引入山东烟台，1936 年从日本引入河北昌黎，20 世纪 80 年代后多次再从法国引入，目前山东、河北、河南、陕西、山西、安徽等地均有栽培。

3.2.2.2　白葡萄代表品种

白色主流酿酒葡萄品种见表 8。白兰地酿造葡萄品种见表 9。

表 8　白色主流酿酒葡萄品种

序号	品种名称	特点
1	贵人香（Italian Riesling）	中晚熟，果穗中等大，圆柱形，有副穗，果粒着生紧密，近圆形，绿黄色
2	白比诺（Pinot blanc）	中熟，果穗中等大，圆锥形或圆柱圆锥形。果粒着生紧，近圆形，绿黄色

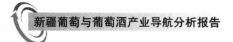

续表

序号	品种名称	特点
3	雷司令（Riesling）	晚熟，雷司令风味物质集中，酸度凝聚，能够酿造出从极干到极甜型的各种风味葡萄酒
4	灰比诺（Pinot Gris）	果穗中，圆柱形，果粒着生紧，粒中，椭圆形，紫褐色，皮薄，味甜清香
5	琼瑶浆（Gewurztraminer）	皮为粉红色，荔枝香味，果穗中等大，圆锥形，果粒着生紧，粒小，近圆形，粉红或紫红色，汁多味甜
6	威代尔（Vidal）	成熟缓慢，果实粒小而珠串长，皮厚，果汁丰富
7	米勒（Mtiller-Thurgau）	早熟，果串较为紧实，果实颗粒大小中等，皮薄
8	小芒森（Petit Manseng）	晚熟，高糖，高酸，外皮很厚
9	艾伦（Airdn）	晚熟，颗粒中等，葡萄串大
10	阿里高特（Aligote）	非晚熟，果实颗粒小，呈白黄色
11	福明特（Furmint）	晚熟，表皮较厚
12	维奥妮（Viognier）	果实小而紧密，有强烈花香，果皮厚实，果汁糖分很高，酸度较低
13	玛尔维萨（Matvasia）	蜂蜜和梨的美妙芳香，高含糖量，低单宁酸
14	普罗赛柯（Prosecco）	晚熟，有花的芳香和香料气息
15	莎斯拉（Chasselas）	果穗中等，圆锥或圆柱形，中等紧密，果粒中等大小，果皮薄嫩，果肉细致，籽少
16	玛珊（Marsanne）	分布于法国、澳大利亚、瑞士和美国，制的白葡萄酒酒体丰满，香味明显
17	龙眼（Longyan）	果实大，粒圆，色紫，果皮中等厚，味甜酸，汁多味甜
18	麝香家族（Muscat）	球形果实，中等大小，琥珀色，表皮很厚，成熟后布满橙黄色斑点，果肉紧实多汁，糖分含量极高，带有麝香味
19	舍西亚尔（Sercial）	晚熟，果实大小中等，果串大，果皮薄
20	西万尼（Silvaner）	果实球形，中等大小，果皮呈绿色带有褐色斑点，皮薄，无香味，味微酸

表 9　白兰地酿造葡萄品种

序号	品种名称	特点
1	白福尔（Folle Blanche）	果粒生紧，圆形，浅绿白色，多汁，味酸甜
2	白玉霓（Ugni Blanc）	果穗较大，果粒着生紧密，圆形，黄绿色，皮中等厚，肉软，味酸甜
3	鸽笼白（Colombard）	果穗小，果粒着生中等紧，粒中，椭圆形，浅黄色，肉软多汁，味酸甜

霞多丽（Chardonnay）：别名查当尼、莎当妮、夏多利等，欧亚种，原产法国勃艮第，属早熟型品种。霞多丽多用于酿造白葡萄酒，用它酿造的白葡萄酒颜色多为淡金色。目前霞多丽已跃居世界第 8 大酿酒葡萄品种，种植面积高达 1.5 万公顷。1951 年由匈牙利引入中国，我国于 20 世纪 80 年代从法国和美国引种，目前我国种植 36 000 亩，分布在山东、河北、新疆、甘肃、宁夏等地区。霞多丽为早熟品种，葡萄果粒小，皮薄而极易破碎，成熟时呈黄色，有时带琥珀色。霞多丽的魅力在于其多变的风格和广泛的适应性，相对其他白葡萄品种而言，其适应性很强，产量高，较易管理，花费较少，受果农们的偏爱。

雷司令（Riesling）：起源于德国，亦是德国种植面积最广的葡萄品种，达 2.4 万公顷，雷司令的高酸、精致感、复杂度、风格多样性、陈年潜力以及对风土的表现力无一不备，是世界上最优秀的白葡萄品种之一。1892 年从欧洲引入我国，山东烟台和胶东地区栽培较多。该品种适应性强，较易栽培，但抗病性较差。酿制酒为浅禾黄色，香气浓郁，酒质纯净。主要用于酿造干白、甜白葡萄酒及香槟酒。该品种特性明显，淡雅的花香混合植物香，也常伴随蜂蜜及矿物质香味。酸度强，但常能与酒中的甘甜口感相平衡；丰富、细致、均衡，非常适合久存。除生产干白酒外，所产迟摘型和贵腐甜白酒品质优异，即使成熟度过高也常能保持高酸度，香味浓烈优雅，可经数十年的陈年，品质可媲美赛美蓉。

长相思（Sauvignon Blanc）：长相思是白葡萄酒界的宠儿，也是十大种植最广的葡萄品种之一。2015 年，长相思在全球的种植面积达 12.3 万公顷，在白葡萄品种中仅次于霞多丽。就国家来说，长相思在新西兰种植最广，面积达 2.05 万公顷。长相思属于芳香型白葡萄品种，其果皮呈绿色，果实较小且果串紧凑。由于具有早熟的特征，所以凉爽气候下生长的长相思最能展现出本身的特色。它们往往带有浓郁、复杂的绿色草本芳香，如青草、芦笋、青苹果和接骨木花等。长相思的可塑性非常强，在不同风土与酿酒师的魔法下都能大放异彩。1987年引入我国栽培，主要种植于陕西、新疆、江苏等地。

赛美蓉（Semillon）：欧亚种，原产于法国的白葡萄品种，世界各地均有种植。赛美蓉是一种易于栽培的葡萄品种，其生命力如长相思般旺盛。葡萄皮一般呈金黄色，而在温暖的气候条件下，成熟的葡萄皮会呈现粉红色。它容易感染霉菌，在适宜的条件下，赛美蓉会染上贵腐菌（Noble Rot）而非有破坏性的灰腐菌（Grey Rot），可用来酿造甜美的贵腐葡萄酒。1980年由德国引入我国。

白诗南（Chenin Blanc）：源自法国卢瓦尔河谷，却是南非种植最广的葡萄品种。它在南非的种植面积达到1.9万公顷，几乎是法国的两倍。白诗南拥有天然的高酸，被认为是最能反映风土的葡萄品种之一。酿酒师的工艺、土壤特征和气候状况等因素最终都能在白诗南葡萄酒中表达得淋漓尽致。在较为凉爽的气候下，白诗南葡萄酒一般果香奔放，拥有令人口舌生津的酸度；而在温暖的气候下，白诗南葡萄酒则以多汁的核果风味为主导。

染色葡萄品种（Teinturier Grape）：一些果皮和果肉都为深色（红色）的葡萄品种，用于与其他葡萄品种混酿，为酒液带来更深的颜色。常见品种有紫北塞、晚红蜜、香宝馨、烟73和烟74。

3.2.2.3 我国特色酿酒葡萄品种

山葡萄（Vitisamurensis Rupr），也称东北山葡萄，原产中国东北、华北及朝鲜、俄罗斯远东地区。中国主要分布于黑龙江、吉山葡萄林、辽宁、内蒙古等地，生长于海拔200~1200米的地区，多生在山坡、沟谷林及灌丛中。中国自20世纪50年代开始研究人工驯化栽培研究并取得成功，开始在东北三省及内蒙古地区大量栽培。

目前，酿制山葡萄酒所用的山葡萄，一般是指经过人工选育后大面积栽植的山葡萄，主栽品种包括双红、北冰红、双优、公酿1号、左优红、公主白等。用山葡萄酿造葡萄酒时，通常采取降酸工艺处理，酿造出带甜味的山葡萄酒。这些葡萄酒一般呈宝石红色，酒精度低，风味清醇，酸度、甜度和单宁均衡，酒体饱满，果香四溢。

刺葡萄（Vitis davidii）：全球范围野生刺葡萄资源为我国所有，北沿至陕西南部，主要分布在我国的武陵山脉（渝东、湘西地区）、罗霄山山脉、武夷山脉、雪峰山脉等地，生长于山坡、沟谷疏林或灌丛中。刺葡萄适应于我国南方高温多湿地区栽培，且抗病性极强，鲜食、酿酒兼用，为我国南方酿酒葡萄及产业发展开辟了新天地。刺葡萄酒酒体呈紫罗兰色，有我国南方山野草莓、野玫瑰、覆盆子、紫罗兰的特有香气，果香浓郁，酒体饱满丰润，营养丰富。适合与我国南方特别是中国饮食（川菜、湘菜等）搭配饮用，是健康时尚的中国本土特色佳酿。

毛葡萄（V. Pentagona）：在中国，野生毛葡萄主要分布在广西区域，并集中分布在都安和罗城。野生毛葡萄在生产工艺上具有"一高一低一强"的特点，即酸度高、糖度低、抗氧化能力强，这就决定它在酿造工艺上与其他葡萄品种有一定的区别：由于酸度较高，pH 值较低，在生产过程中，添加二氧化硫的量远远低于其他葡萄品种；由于该葡萄品种抗氧化能力较强，对于新鲜的原料，甚至做到不需添加任何二氧化硫；还有一个不同点是毛葡萄酒在生产过程中必须进行降酸，采用化学、生物、物理等联合技术进行降酸处理。广西葡萄酒企业利用野生毛葡萄酒的特色风味、野生毛葡萄酒原料资源的绿色特性及"密洛陀"的文化背景极力打造自己的企业文化及民族品牌。我国自主选育的酿酒葡萄品种见表 10，表 11 为染色品种。

表 10 我国自主选育酿酒葡萄品种列表

序号	品种名称	特点
1	爱格丽（Ecolly）	果穗中等大，果粒中等大，圆形，黄绿色，果皮中等厚，果粉中，汁黄绿色，有玫瑰香味
2	公酿二号	果穗中大，圆锥形带歧肩或副穗，果粒圆形，果皮中厚，蓝黑色，果肉汁多味甜，淡红色
3	红汁露	果穗圆锥形，果粒圆形，较整齐，果皮紫黑色，中等厚，果肉软，果汁红色

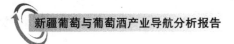

续表

序号	品种名称	特点
4	梅醇	果穗中大，长圆锥形，果实排列密实，果粒中等大小，近圆形，黑紫色，肉软多汁，气味香浓
5	梅浓	果穗中小。果粒小，皮中厚。紫黑色，肉软多汁，具青草味
6	梅郁	果穗中等大，果粒近圆形，整齐，紫黑色，果皮厚，果肉软
7	泉白	中熟品种，生长势强，幼树结果早，适应性较强，在壤土、海滩沙地均可栽培，抗病性中等，适于以短梢为主的修剪
8	双丰	果含糖量高，含酸适中
9	双红	果穗小，长圆柱形，浆果着生紧，粒小，圆形，蓝黑色，肉软汁中，味酸甜；种子小，深褐色
10	双庆	果穗小，果粒小，圆形，蓝黑色，果皮略厚，果粉多，汁紫红色，味酸，具山葡萄的果香
11	双优	果穗中等大，浆果着生紧，粒小，圆形，紫黑色，无青粒，皮薄，果粉中，肉软，汁中，味酸甜
12	北红	果穗圆锥形，果粒圆形，蓝黑色，果粒着生较紧
13	北全	果穗中等大，浆果着生紧，粒中等大，圆或椭圆形，紫红色，皮中等厚，果粉较厚，肉软，汁中，味酸甜
14	北醇	果串中等大小，它的果粒较小，近圆形，果皮紫黑色，果皮中等厚，肉软，汁淡红色，味酸甜
15	北玫	果实圆形，果面着玫瑰红色，果肉乳白色，硬溶质，脆甜可口
16	公酿一号	果穗小，浆果着生中等紧，粒小，近圆形，蓝黑色，皮厚，肉软，汁多，汁色鲜红，味甜酸，无香味
17	左山一	果穗小，浆果着生中等紧，粒小，圆形，紫黑色，皮厚，果粉多，汁紫红色，味酸
18	熊岳白	植物学特征和农业生物学特性表现与龙眼、玫瑰香葡萄近似，白色形状为隐性基因

表 11　染色品种

序号	品种名称	特点
1	烟 73	果穗中等，圆锥形，果粒中等，着生紧密，椭圆形，紫红色，皮较厚，果肉软而多汁，果汁深紫红色
2	烟 74	果穗中等，果粒着生中等紧，果粒中等，椭圆形，紫黑色，肉软，汁深紫红色，无香味
3	紫北塞 （Alicante Bouschet）	果穗中等，圆锥形，果粒着生中等紧，果粒中等，圆形，紫黑色，皮厚、汁多、深红色，味酸甜

　　砧木被发明并广泛使用。其实最开始是根瘤蚜在欧洲爆发，对当地葡萄园产生毁灭性打击，后来发现美洲葡萄对根瘤蚜有抗性，才引进了美洲葡萄的砧木，嫁接欧洲的优良品种，发现可以改善葡萄部分品质，这才是全世界使用砧木的开端。我国葡萄栽培环境非常多元化，从辽宁到广东都可以进行葡萄生产。有些地方比较干旱，如新疆；有些地方雨水比较丰富，如广东；有些地方严寒，如东北、华北和西北产区；有些地方酷暑，葡萄品种本身的抗逆性不佳，需要通过砧木来改良。砧木改良在抗根瘤蚜、抗线虫、调整接穗长势、调整葡萄采收期、适应酸性土壤、充分利用土壤中矿物元素和提高葡萄抗寒抗旱及耐涝能力具有很好的作用。葡萄砧木品种见表 12。

表 12　葡萄砧木品种

序号	抗性	砧木品种
1	抗旱	140Ru，1103P（1103Paulsen），99R，110R，41B，5BB，SO4，3309R，520A，420A（420A Millardet et de Grasset），1613C，225Ru，Salt creek，Rupestris du Lot
2	抗寒	5BB，1103R，3306C，3309C（3309Couderc），5A，110R，山河 1、2、3 号，贝达（Beta），山葡萄
3	抗盐碱化	1616C，1202C，1103C，5BB，520A，225Ru，光荣（Riparia Gloire de Montpilier）
4	耐湿热	3306C，1202C，SO4，贝达（Beta），101-14MG，225Ru，520A，Salt creek，3309C，41B

续表

序号	抗性	砧木品种
5	抗根结线虫	420A，SO4，5C，1613C，5BB，1103R，Dog ridge，Salt creek，和谐（Harmony），Freedom（自由），VR039－16，弗卡（Fercal）
6	抗根瘤蚜	光荣（Riparia Gloire de Montpilier），Rupestric St. George（沙地葡萄圣乔治），420A，5BB，SO4，5C，110R，140Ru，1103P，3309C，101－14MG，1616C
7	抗葡萄根癌病	110R 山河 2、3 号，SO4，和谐（Harmony）

3.3 酿酒葡萄植物新品种权及地理标志

3.3.1 我国酿酒葡萄植物新品种权分析

植物新品种权是工业产权的一种类型，是指完成育种的单位或个人对其授权的品种依法享有的排他使用权。植物新品种是指经过人工培育的或者对发现的野生植物加以开发，具备新颖性、特异性、一致性、稳定性，并有适当的命名的植物新品种。完成育种的单位和个人对其授权的品种享有排他的独占权，即拥有植物新品种权。申请品种权的植物新品种应当属于国家植物品种保护名录中列举的植物的属或者种，具备新颖性、一致性和稳定性，即申请品种权的植物新品种经过繁殖，除可以预见的变异外，其相关的特征或特性一致，经过反复繁殖后或者在特定繁殖周期结束以后，其相关的特征或者特性保持不变；同时应当具备适当的名称，并与相同或者相近的植物属或者种中已经知道的品种名称进行区别，植物新品种可向国家林业和草原局植物新品种保护办公室或地方农业、林业行政管理部门申请。

植物新品种属于知识产权保护的范畴，随着葡萄产业的发展，近些年来，世界各国均加大了葡萄品种的选育，培育出大量的新品种，国际葡萄品种目录（Vitis International Variety Catalogue）中共登录了 84 个国家及地区

146 家研究所保存的 24 400 份葡萄种质资源信息（包括鲜食和酿酒），其中法国登录的品种最多，有 5612 份。我国收集、保存的葡萄品种只有 2000 余份。我国是葡萄属植物的起源中心，也是东亚种群的集中分布区，丰富的种质资源为育种工作提供了珍贵的材料，国内葡萄主要用途可分为鲜食、酿酒、砧木、加工这几类。其中鲜食品种最多，占 70% 以上。随着分子育种技术的发展，我国正大力加强自主知识产权葡萄的育种工作。表 13 ~ 表 16 是对酿酒葡萄的品种分析。

中华人民共和国成立 70 多年来，我国自主培育的葡萄品种近 400 个。其中葡萄登记品种有 97 个，在这些葡萄登记品种中以原审定或已销售的老品种居多，以鲜食葡萄为主，新选育的也多为鲜食葡萄品种。酿酒葡萄国家登记品种有 19 个，其中有 5 个是国外引种；地方登记品种 31 个，申请植物新品种的酿酒葡萄品种有 12 个，近年来培育出的酿酒新品种较少，国内酿酒葡萄品种主要用山葡萄、刺葡萄和毛葡萄等特色品种及地方品种进行培育。大部分育成的新品种尚未登记，品种推广应用的比例不高，且大多数生产上的主栽品种也未登记。

在登记申请的酿酒葡萄品种中，科研单位、大学等公益性机构的申请量占绝对优势，以中国农业科学院特产研究所、中国科学院植物研究所、中国农林科学院郑州果树所、西北农林科技大学和广西农业科学院葡萄与葡萄酒研究所等科研单位为主，也有一些葡萄酒企业如张裕、莱恩堡和圣保利。葡萄登记申请者主要集中在果树育种科研力量雄厚的省份，登记品种选育方式以常规杂交为主，亲本以玫瑰香和两大野生葡萄品种毛葡萄、刺葡萄为主。

新疆维吾尔自治区无酿酒葡萄植物新品种的登记和申请，在酿酒葡萄培育方面能力较弱。新疆缺乏酿酒葡萄品种的母本园，没有专业育苗单位，基地扩建和品种改良所需苗木主要依赖国外引进，酿酒葡萄基地存在较严重的自繁苗木品种退化现象，酿酒葡萄品种严重制约着新疆葡萄酒产业的发展。新疆是我国葡萄的主要产区之一，葡萄育种工作应该是新疆葡萄科研工作中的重要组成部分，可是新疆的葡萄育种工作起步相对较晚，新育成的品种数量较少，新品种推广面积有限，因此有必要加大新疆葡萄育种工作力度，尽快追赶国内外发达地区育种工作的步伐。

表 13 国家审定酿酒葡萄品种列表

序号	品种名称	审定编号	种类	亲本	选育方法	选育单位	主要特点
1	野酿 1 号	GPD 葡萄酿酒450005	毛葡萄种	毛葡萄	自然实生	广西植物组培苗有限公司；广西农科院生物技术研究所	中熟，果实黑色，圆形，果实出汁率高，高抗黑痘病
2	野酿 2 号	GPD 葡萄酿酒450004	毛葡萄种	毛葡萄	自然实生	广西植物组培苗有限公司；广西农科院生物技术研究所	两性花，较抗旱，耐贫瘠，抗黑痘病，不抗霜霉病、白粉病，抗湿耐寒，抗湿热。果穗圆锥形，果皮紫黑色，有小黑点状果蜡
3	野酿 3 号	GPD 葡萄酿酒450005	毛葡萄种	毛葡萄	自然实生	广西植物组培苗有限公司；广西农科院生物技术研究所	中熟，果实黑色，圆形，果实出汁率高，高抗黑痘病，耐贫瘠，丰产
4	野酿 4 号	GPD 葡萄酿酒450006	毛葡萄种	毛葡萄	自然实生	广西植物组培苗有限公司；广西农科院生物技术研究所	中熟，果粒圆形，果皮紫黑色，果实出汁率高，高抗黑痘病，果粉薄，耐贫瘠，丰产
5	湘刺 1 号	GPD 葡萄430008（2020）	刺葡萄种	刺葡萄	芽变育种	湖南农业大学	果穗圆柱形，果粒圆形，果粉中等厚，果皮厚，浅紫至蓝黑色，抗性强

续表

序号	品种名称	审定编号	种类	亲本	选育方法	选育单位	主要特点
6	湘刺 2 号	GPD 葡萄（2020）430009	刺葡萄种	刺葡萄	芽变育种	湖南农业大学	果穗圆柱形，果粒圆形，果皮与果肉易分离，果肉与种子难分离，有肉囊，果粉中等厚，果皮厚，绿粉色，抗性强
7	湘刺 3 号	GPD 葡萄（2020）430010	刺葡萄种	刺葡萄	芽变育种	湖南农业大学	果穗圆柱形，果粒圆形，果皮与果肉易分离，果肉与种子难分离，有肉囊，果粉薄，果皮厚，红紫色，抗性强
8	湘刺 4 号	GPD 葡萄（2020）430011	刺葡萄种	刺葡萄	芽变育种	湖南农业大学	果穗极松散，果粒圆形，果皮与果肉易分离，果肉与种子难分离，有肉囊，果粉厚，果皮厚，初始着色浅紫色，成熟后蓝紫色至蓝黑色
9	抗砧 3 号	GPD 葡萄（2018）410013	种间杂种	河岸 580×SO4	杂交	中国农林科学院郑州果树所	极耐盐碱，抗葡萄根瘤蚜，高抗根结线虫
10	抗砧 5 号	GPD 葡萄（2018）410012	种间杂种	贝达×420A	杂交	中国农林科学院郑州果树所	极耐盐碱，抗葡萄根瘤蚜，高抗根结线虫

续表

序号	品种名称	审定编号	种类	亲本	选育方法	选育单位	主要特点
11	索味浓	GPD 葡萄 (2019) 410004	欧亚种	欧洲地方品种	早期引入	河南科技学院；郝峰鸽牛生祥李洋桂荣王保荣周俊国	果穗圆锥形，果粒着生紧密，有大小粒，果粒近圆形，黄绿色，果皮中等厚，韧，果肉软，有独特果香
12	MCS2	GPD 葡萄 (2021) 370007	欧亚种	蜜葡思×赤霞珠	杂交	山东农业大学	果实素，果粒小，圆形，果实具有青草味和赤霞珠香气
13	SA15	GPD 葡萄 (2020) 370002	欧亚种	左山一×SO4	杂交	山东农业大学	果粒小，疏松，紫黑色，果皮厚
14	特拉蜜	GPD 葡萄 (2019) 410003	欧亚种	欧洲地方品种	早期引入	河南科技学院；郝峰鸽牛生祥何承云陆宁海齐安国	果穗圆锥形，果粒着生紧密，果粒圆形，粉红色，果皮薄，韧，果肉多汁
15	小白玫瑰	GPD 葡萄 (2018) 410028	欧亚种	欧洲地方品种	早期引入	河南科技学院；（郝峰鸽、牛生祥、李桂荣、闫朝辉）	果穗圆锥形，果粒着生紧密，黄绿色，果皮薄，果粉多，出汁率78%，具浓郁玫瑰香味
16	小红玫瑰	GPD 葡萄 (2018) 410029	欧亚种	欧洲地方品种	早期引入	河南科技学院；（牛生祥、郝峰鸽、何承云、陆宁海、周俊国）	果穗圆锥形，果穗大小整齐，果粒着生紧密，果粒小到中，圆形，粉红色，果粉中等厚，果皮薄，肉较脆，味酸甜，有玫瑰香味

续表

序号	品种名称	审定编号	种类	亲本	选育方法	选育单位	主要特点
17	凌雹 1 号	GPD 葡萄（2018）610030	山欧杂种	玫瑰香×山葡萄	实生	西北农林科技大学	高抗黑痘病、抗霜霉病、高感白粉病，抗寒性较强、耐盐性强，耐碱性强，低抗旱，不抗南方根结线虫
18	着色香	GPD 葡萄（2018）210001	欧美杂种	玫瑰露×罗也尔玫瑰	杂交	辽宁省盐碱地利用研究所	果穗圆柱形带副穗，果粒着生紧密、椭圆形，紫红色，肉软，皮薄、稍有肉囊，极甜，有浓郁的草莓香味，种子与果肉易分离
19	惠良刺葡萄	GPD 葡萄（2019）350031	刺葡萄种	刺葡萄	实生选育	福安市经济作物站、福建省农业科学院果树研究所	果穗圆筒形或圆锥形，果粒圆形，果皮紫黑色，厚而韧，肉质软，汁多味甜，微有香气，属晚熟鲜食、加工兼用型品种

表 14　地方审定酿酒葡萄品种列表

序号	品种名称	审定编号	亲本	选育方法	选育单位	主要特点
1	公主红（90-3-124）	吉审果2004001	康太×高墨	杂交	吉林省农业科学院果树研究所	果穗圆锥形、穗形整齐、果粒圆形、紫黑色、果较厚、玫瑰红色、具草莓香味、汁多、有肉囊、出汁率75%、品质中上、口感较好
2	左优红	吉审果2005001	79-26-18×74-1-326	杂交	中国农业园特产所	中熟、酒质好、抗寒性强、抗病、丰产
3	威代尔（冰葡萄）	吉审果2006004	白玉霓×西贝尔	杂交	吉林农业大学从加拿大引入	果穗圆锥形、有副穗、果粒圆形、果皮黄白色、皮厚、有果粉
4	北冰红	吉登果2008006	左优红×84-26-53	杂交	中国农业科学院特产研究所	酿酒品种、果穗长圆锥形、果穗圆形、蓝黑色、果粉厚、果皮较薄、具有悦人的蜂蜜和杏仁复合香气
5	雪兰红	吉登果2012005	左优红×北冰红	杂交	中国农业科学院特产研究所	酿酒品种、晚熟、果穗圆锥形、果粒圆形、果皮蓝黑色、果粉厚、果香浓郁
6	齐酿1号	黑登记2014039	（玫瑰香×公酿2号）×（山葡萄×白雅）	杂交	黑龙江省齐哈尔市园艺研究所	果穗圆锥形或圆柱形、果粒近圆形、蓝黑色、果肉无色、多汁、适宜酿造红葡萄酒

续表

序号	品种名称	审定编号	亲本	选育方法	选育单位	主要特点
7	凌优	桂审果2005004	毛葡萄×白玉霓	杂交	广西农科院、西北农林科技大学	适应性强,抗病,出汁率高,酒质好
8	凌丰	桂审果2005003	毛葡萄×粉红玫瑰	杂交	广西农科院、西北农林科技大学	适应性强,抗病,出汁率高,酒质好
9	野酿2号	桂审果2011002	毛葡萄	自然实生	广西植物组培苗有限公司;广西农科院生物技术研究所	两性花,较抗旱,耐贫瘠,抗黑痘病,不抗霜霉病、白粉病,较耐寒,抗湿热,果穗圆锥形,果皮紫黑色,有小黑点状果蜡
10	桂葡2号	桂审果2012002	毛葡萄×B. Lane Du Bois	杂交	广西农科院园艺研究所	果穗呈圆柱形,果粒着生紧凑,为圆形,大小整齐,果皮刚转色时为浅紫红色,充分成熟时果皮为紫色至紫黑色,有少量果粉
11	桂葡3号	桂审果2014009	金香	芽变	广西农科院葡萄与葡萄酒研究所	中熟,果穗圆形,果皮黄色,味甜,可用于一年两熟栽培
12	桂葡4号	桂审果2014011	巨峰	芽变	广西农科院葡萄与葡萄酒研究所	中晚熟品种,果粒为椭圆形,果皮粉红色。果肉质细,皮薄肉软,有浓郁的草莓香味

续表

序号	品种名称	审定编号	亲本	选育方法	选育单位	主要特点
13	桂葡（酿）5号	桂审果2014010	黑后	芽变	广西农科院葡萄与葡萄酒研究所	中晚熟，酿酒品种，果皮紫黑色，厚，种子较大，果粉厚，果实出汁率75%
14	桂葡6号	桂审果2015012	野生毛葡萄	筛选	广西壮族自治区农业科学院、广西特色作物研究院	果穗圆锥形，果穗中等大且整齐，有副穗，果粒为椭圆形，果粒中等大，成熟时果皮为紫黑色，果肉质细，皮薄肉软
15	桂葡7号	桂审果2015013	玫瑰香	芽变	广西农科院葡萄与葡萄酒研究所	果穗为圆锥形，果粒着生中等紧密，果粒形状为椭圆，果皮中厚，玫红色，有果粉，成熟期一致，不裂果，不落粒。果肉脆甜多汁，有浓郁的草莓香味
16	野酿4号	桂审果2016015	毛葡萄	自然实生	广西植物组培苗有限公司；广西农科院生物技术研究所	中熟，果粒圆形，果皮紫黑色，果粉薄，果实出汁率高，高抗黑痘病，耐贫瘠，丰产
17	北丰	京审果2006007	蓑黄×玫瑰香	杂交	中国科学院植物所	晚熟，丰产，抗寒，抗旱及抗病性强
18	北紫	京审果2006006	蓑黄×玫瑰香	杂交	中国科学院植物所	晚熟，早果，抗寒，抗旱及抗病性强
19	北香	京审果2006008	蓑黄×亚历山大	杂交	中国科学院植物所	极晚熟，丰产，抗逆性强

续表

序号	品种名称	审定编号	亲本	选育方法	选育单位	主要特点
20	户太八号	XPD013-2010	奥林匹亚	芽变	陕西葡萄研究所	果穗紧实，果皮厚，早熟，果皮紫黑色或紫红色，抗病性较强
21	惠良刺葡萄	闽认果2015001	刺葡萄	实生选育	福安市经济作物站、福建省农业科学院果树研究所	果穗圆筒形或圆锥形，果粒圆形，果皮紫黑色，厚而韧，肉质软，微有香气，味甜，属晚熟鲜食、加工兼用型品种
22	泽香	鲁S-SV-VV-043-2014	玫瑰香×龙眼	杂交	山东省平度市洪山园艺场	果穗圆锥形，果粒圆形或椭圆形，果皮黄绿色，果皮薄，肉质脆，清爽可口，适度，较耐贮运
23	湘酿1号	XPD025-2011	刺葡萄	诱变	湖南农业大学、湖南神州庄园葡萄酒业有限公司	果皮紫黑色，厚而韧，较厚的白色果粉
24	紫秋	XPD010-2005	刺葡萄	芽变	湖南省芷江侗族自治县农业农村局经作站、芷江侗族自治县木叶溪乡孙武积	果穗中等大，圆锥形，有副穗，果粒着生较密，果粒中等大，椭圆形，紫黑色，果粉厚，果皮厚而韧，果肉绿黄色，有肉囊，多汁，味甜，有香气

续表

序号	品种名称	审定编号	亲本	选育方法	选育单位	主要特点
25	林红2号	蒙认果2009001	北醇（玫瑰香×山葡萄）×黑山（黑汉×山葡萄）	杂交	林守仁	果穗长圆锥形，果穗较紧密有附穗，果粒圆形，果皮黑紫色，果汁红紫色，有玫瑰香味
26	林红3号	蒙认果2009002	北醇（玫瑰香×山葡萄）×黑山（黑汉×山葡萄）	杂交	林守仁	果穗长圆锥形，附穗不明显，果粒圆形，果皮黑紫色，果汁红紫色
27	林汤1号	蒙认果2009003	Riparia89×Lamdot4511	杂交	林守仁	果穗长圆锥形，疏松，穗梗较长，果粒圆形，果皮紫黑色，果汁浅石榴红色，樱桃水果风味
28	林汤2号	蒙认果2009004号	ES2-7-13×ES2-8-1	杂交	林守仁	果穗长圆锥形，密度中等，果粒圆形，果皮黄绿色，汁水白色
29	林汤3号	蒙认果2009005	ES2-4-13×ES2-5-5	杂交	林守仁	果穗圆锥形，果粒圆形，果皮黑紫色
30	林汤4号	蒙认果2009006	Edelweiss×ES442	杂交	林守仁	果粒圆形，果皮淡黄绿色，皮肉易分离，果汁白色，味极甜，有香味
31	华佳8号	沪农品认蔬果(2004)第048	华东葡萄×佳丽酿	杂交	上海市农科院	果重圆锥形，果粒近圆形，中等紧密；果皮蓝黑色，果点明显，与砧稳等品种嫁接，亲和力强

表 15　其他酿酒葡萄主栽品种列表

序号	品种名称	命名时间	种类	亲本	选育方法	选育单位	主要特点
1	公酿一号（28号）	1951 年	山欧杂种	玫瑰香×山葡萄	杂交	吉林省农业科学院果树研究所	果穗小，圆锥形，有时有岐肩与副穗，浆果着生中等紧，粒小，近圆形，蓝黑色，皮厚，肉软汁多，汁色鲜红，味甜酸，无香味
2	公酿二号	1951 年	山欧杂种	山葡萄×玫瑰香	杂交	吉林省农业科学院果树研究所	果穗中大，紧实，圆锥形，岐肩或副穗，蓝黑色，果汁淡红色，果粒小，酸甜
3	北醇	1954 年	欧山杂种	玫瑰香×山葡萄	杂交	中国科学院植物研究所	果穗中等大，圆锥形至长柱形，粒小近圆形，紫黑色，肉软，汁酸甜
4	双庆	1975 年	东亚种	野生山葡萄优株	实选	中国农业科学院特产研究所，长白山葡萄酒厂	果穗小，圆锥形，浆果着生较松，粒小，汁紫红色，果粉多，具山葡萄的果香
5	烟 73	1981 年	欧亚种	紫北塞×玫瑰香	杂交	山东烟台张裕葡萄酿酒公司	果穗中等，果串呈圆锥形，有岐肩，果粒中等，着生紧密，椭圆形，紫红色，皮较厚，果肉软，多汁，果汁深紫红色，染色能力极强

续表

序号	品种名称	命名时间	种类	亲本	选育方法	选育单位	主要特点
6	烟74	1981年	欧亚种	紫北塞×汉堡麝香	杂交	山东烟台张裕葡萄酿酒公司	果串呈圆锥形，有歧肩，果粒中等，着生紧密，椭圆形，紫红色，皮较厚，果肉软而多汁，果汁深紫红色，由于染色能力极强，通常在葡萄酒酿造中起到染色的作用
7	左山一	1984年	东亚种	野生山葡萄优株	实选	中国农业科学院特产研究所	果穗歧肩圆锥形，果粒着生松紧适中，浆果紫黑色，果粒圆形
8	北全	1985年	欧山杂种	北醇×大可满	杂交	中国科学院植物研究所	酿制白葡萄酒的原料，酒色淡黄或近无色，澄清透明，有悦人的麝香之气，柔和爽口
9	双优	1988年	东亚种	雌能花×双庆	杂交	中国农业科学院特产研究所	果穗小，圆锥形或带副穗，松散。果粒小，圆形，黑色，果粒红色中等厚，果汁紫红色
10	左山二	1988年	东亚种	野生植株优株	杂交	中国农业科学院特产研究所	果粒整齐，着生极紧，果粒圆形黑色，果皮厚，果粉较厚，果汁深紫红色

续表

序号	品种名称	命名时间	种类	亲本	选育方法	选育单位	主要特点
11	双丰	1995 年	山葡萄	通化一号×双庆	杂交	中国农业科学院特产研究所	果穗中等，双歧肩圆锥形，果粒着生密度中等，黑色，圆形，果皮与果肉易分离，果肉绿色
12	双红	1998 年	山葡萄	通化三号×双庆	杂交	中国农业科学院特产研究所，通化葡萄酒公司	抗霜霉病，高产，浆果酿酒品质优良新品种
13	爱格丽	1998 年	欧亚种	[白诗南×（霞多丽×雷司令）]×（霞多丽+雷司令+白诗南混合花粉）	杂交	西北农林科技大学	果穗中等大，分支形，带副穗，着生中等紧密，果粒中等大，黄绿色，果皮中等厚，果粉中，汁黄绿色，有玫瑰香味
14	左红一	1998 年	山欧杂种	79-26-58（左山二×小红玫瑰）×74-6-83（山葡萄73 121×双庆）	杂交	中国农业科学院特产研究所	果穗圆锥形，浆果圆形，果皮蓝黑色，果肉绿色，果皮易与果肉分离，适合酿干红葡萄酒
15	牡山 1 号	2010 年	山葡萄	山葡萄	芽变	黑龙江省牡丹江市果树研究所	果穗较大，多歧肩圆锥形，果粒黑色，有果粉，着生中等紧密
16	华葡一号	2011 年	种间杂种	左山一×白马拉加	杂交	中国农科院果树所	晚熟，果皮黑色，果皮厚而韧，肉软，可酿造干红或冰红葡萄酒，也作抗寒砧木

续表

序号	品种名称	命名时间	种类	亲本	选育方法	选育单位	主要特点
17	媚丽	2011 年	欧亚种	多亲本杂交	杂交	西北农林科技大学	中熟，紫红色，抗白腐病、霜霉病，是酿酒和鲜食兼用品种
18	龙紫宝	2014 年	山葡萄	不详	杂交	河北科技师范学院	果粒蓝黑色，稍有涩味，果粉中，果肉软而甜，多汁，抗寒，抗旱霜霉病
19	北国蓝	2015 年	山葡萄	左山一×双庆	杂交	中国农业科学院特产研究所	果穗圆锥形，果粒圆形，果皮蓝黑色

表 16　酿酒葡萄植物新品种权申请列表

序号	品种名称	产权号	申请日	申请人
1	野良 6 号	CNA20201003894	2020-7-10	广西植物组培苗有限公司
2	莱恩堡公主	CNA20181033.5	2019-5-24	莱恩堡农业科技发展（北京）有限公司
3	莱恩堡王子	CNA20181034.4	2019-5-24	莱恩堡农业科技发展（北京）有限公司
4	新北醇	CNA20140764.6	2017-5-1	中国科学院植物研究所
5	北玺	CNA20140765.5	2017-5-1	中国科学院植物研究所
6	北馨	CNA20140783.3	2017-5-1	中国科学院植物研究所
7	圣堡 1 号	CNA20141264.9	2014-11-11	安徽圣堡利诺葡萄酒庄园有限公司
8	圣堡 2 号	CNA20141265.8	2014-11-11	安徽圣堡利诺葡萄酒庄园有限公司
9	北玫	CNA20070411.7	2010-3-1	中国科学院植物研究所
10	北红	CNA20070412.5	2010-3-1	中国科学院植物研究所
11	户太九号	CNA20080120.1	2008-3-7	纪俭
12	户太十号	CNA20080121.X	2008-3-7	纪俭

对于葡萄产业来说，新品种是推动葡萄产业发展的"芯片"。葡萄酒作为世界第一大果酒，在国际贸易中占有重要的地位。但我国在世界葡萄酒贸易中存在巨大贸易逆差，主要原因之一是受酿酒葡萄品种的限制，即优良酿酒葡萄品种产量不足和老的引进酿酒用葡萄品种年久退化、品质下降，无法满足优质高档葡萄酒对原料的需求，培育出适应我国生态条件、具有自主知识产权的优良酿酒葡萄品种是葡萄酒产业健康发展的当务之急。

3.3.2　葡萄地理标志分析

"地理标志"一词源于 19 世纪的法国，至今已有 100 多年的历史，法国的香槟酒和干邑酒之所以历经 100 多年而盛名仍在，主要得益于其原产地名称保护制度。地理标志 1883 年被纳入《保护工业产权巴黎公约》，推动了地理标志保护走向国际，此后地理标志作为一种工业产权逐渐得到国际社会的承认。1994 年 4 月 15 日缔结的 TRIPs（《与贸易有关的知识产权协议》）将地理标志与版权、专利权、商标权等传统知识产权并列为其中的七种保护对象之一后，地理标志保护更加受到 WTO 各成员的高度重视，尤其是发展中国家，对地理标志保护积极采取行动，使之得到了有效、充分的保护。

地理标志是鉴别原产于一成员国领土或该领土的一个地区或一地点的产品的标志，该标志产品的质量、声誉或其他确定的特性应主要决定于其原产地。因此，地理标志主要用于鉴别某一产品的产地，即该产品的产地标志。来自本地区的种植、养殖产品或原材料全部来自本地区或部分来自其他地区，并在本地区按照特定工艺生产和加工的产品可以向国家市场监督管理总局、商标局和农业农村部三个部门申请地理标志。国外地理标志申请可通过《原产地名称保护及国际注册里斯本协定》、马德里国际商标注册体系、相关司法辖区直接取得保护或通过国家或商业伙伴之间缔结的双边协定的途径进行申请。

我国的地理标志保护模式分为三种（图9），分别是地理标志集体或证明商标、地理标志产品（由"原产地域产品"演变而来）以及农产品地理标志。其中，地理标志商标的注册和地理标志产品的认定目前均由国家知识产权局统一管理，但二者存在一定的制度差异。

图9　地理标志

近年来，我国葡萄地理标志发展速度很快，越来越多的政府机构和企业组织认识到了地理标志的重要性和潜在价值，并积极开展了地理标志的申请工作。表17是通过国家知识产权网、农产品地理标志信息查询网及中国商标网所查询到的关于葡萄的农产品地理标志认定、地理标志证明商标及地理标志产品信息。

表17　葡萄农产品地理标志登记情况

序号	产品名称	产地	产品编号	证书持有者	登记时间
1	乌海葡萄	内蒙古自治区乌海市	AGI00003	内蒙古乌海市植保植检站	2008 年
2	集安山葡萄	吉林省通化市	AGI00069	吉林省集安绿色食品产业协会	2008 年

序号	产品名称	产地	产品编号	证书持有者	登记时间
3	头屯河葡萄	新疆维吾尔自治区乌鲁木齐市	AGI00171	新疆生产建设兵团农十二师农业技术推广中心	2009 年
4	敦煌葡萄	甘肃省酒泉市	AGI00305	敦煌市农业技术推广中心	2010 年
5	关口葡萄	湖北省恩施土家族苗族自治州	AGI00315	建始县益寿果品专业合作社联合社	2010 年
6	博乐红提	新疆维吾尔自治区博尔塔拉蒙古自治州	AGI00361	新疆生产建设兵团农五师农业技术推广站	2010 年
7	慈溪葡萄	浙江省宁波市	AGI00434	慈溪市葡萄协会	2010 年
8	灞桥葡萄	陕西省西安市	AGI00516	西安市灞桥区农产品质量安全检验监测中心	2010 年
9	孟津葡萄	河南省洛阳市	AGI00565	孟津县常袋红提葡萄专业合作社	2011 年
10	弥勒葡萄	云南省红河哈尼族彝族自治州	AGI00575	弥勒县农村能源环境保护工作站	2011 年
11	资源红提	广西壮族自治区桂林市	AGI00691	资源县水果生产办公室	2011 年
12	延庆葡萄	北京市延庆区	AGI00750	延庆县果品服务中心	2011 年
13	大泽山葡萄	山东省青岛市	AGI00746	平度市大泽山葡萄协会	2011 年
14	北镇葡萄	辽宁省锦州市	AGI00878	北镇市果树技术服务总站	2012 年
15	九仙山葡萄	山东省济宁市	AGI00910	曲阜市祥文无核葡萄专业合作社	2012 年
16	丹凤葡萄	陕西省商洛市	AGI01040	丹凤县葡萄酒协会	2012 年
17	清徐葡萄	山西省太原市	AGI01055	清徐县马峪乡葡果农科协会	2013 年
18	瓦房店葡萄	辽宁省大连市	AGI01071	瓦房店市盟田农业联合会	2013 年
19	浦江葡萄	浙江省金华市	AGI01091	浦江县农业局经济特产站	2013 年
20	大圩葡萄	安徽省合肥市	AGI01096	合肥市包河区大圩镇种植专业合作社联合社	2013 年
21	福安巨峰葡萄	福建省宁德市	AGI01101	福安市葡萄协会	2013 年

续表

序号	产品名称	产地	产品编号	证书持有者	登记时间
22	科克铁热克葡萄	新疆维吾尔自治区和田地区	AGI01236	皮山县科克铁热克乡葡萄协会	2013 年
23	石河子鲜食葡萄	新疆维吾尔自治区石河子市	AGI01248	新疆生产建设兵团农业建设第八师石河子总场	2013 年
24	盖州葡萄	辽宁省营口市	AGI01278	盖州市果树技术研究推广中心	2013 年
25	勃利葡萄	黑龙江省七台河市	AGI01386	勃利县联友葡萄种植专业合作社	2014 年
26	福安刺葡萄	福建省宁德市	AGI01397	福安市经济作物站	2014 年
27	武威酿酒葡萄	甘肃省武威市	AGI01443	武威市农业技术推广中心	2014 年
28	延怀河谷葡萄	北京市延庆区	AGI01456	北京市延庆县葡萄与葡萄酒协会	2014 年
29	贾寨葡萄	山东省聊城市	AGI01532	茌平县贾寨镇葡萄协会	2014 年
30	马陆葡萄	上海市嘉定区	AGI01605	上海市嘉定区马陆镇农业服务中心	2015 年
31	郧西山葡萄	湖北省十堰市	AGI01623	郧西县农业技术推广中心	2015 年
32	张掖葡萄	甘肃省张掖市	AGI01653	张掖市葡萄协会	2015 年
33	罗城毛葡萄	广西壮族自治区河池市	AGI01850	罗城仫佬族自治县水果生产管理局	2016 年
34	小金酿酒葡萄	四川省阿坝藏族羌族自治州	AGI01865	小金县农牧局经济作物管理站	2016 年
35	莫乎尔葡萄	新疆维吾尔自治区伊犁哈萨克自治州	AGI00580	霍城县西域龙珠葡萄种植专业合作社	2011 年
36	偃师葡萄	河南省洛阳市	AGI02032	偃师市农产品质量安全检测站	2017 年
37	凯里水晶葡萄	贵州省黔东南苗族侗族自治州	AGI02054	凯里市大风洞镇农业服务中心	2017 年
38	兴安葡萄	广西壮族自治区桂林市	AGI02102	兴安县水果生产技术指导站	2017 年

续表

序号	产品名称	产地	产品编号	证书持有者	登记时间
39	茶淀玫瑰香葡萄	天津市滨海新区	AGI02244	天津市滨海新区葡萄种植业协会	2018 年
40	曲沃葡萄	山西省临汾市	AGI02247	曲沃县葡萄协会	2018 年
41	桂林葡萄	广西壮族自治区桂林市	AGI02343	桂林市农业农村综合发展中心	2018 年
42	双流永安葡萄	四川省成都市	AGI02355	成都市双流区农业技术推广中心	2018 年
43	户县葡萄	陕西省西安市	AGI02366	西安市鄠邑区农产品质量安全检验监测中心	2018 年
44	灯塔葡萄	辽宁省辽阳市	AGI02456	灯塔市葡萄产业协会	2018 年
45	西昌葡萄	四川省凉山彝族自治州	AGI02500	西昌市经济作物站	2018 年
46	东西湖葡萄	湖北省武汉市	AGI02614	武汉市东西湖区巨龙海葡萄种植协会	2019 年
47	洪门葡萄	山东省枣庄市	AGI02694	枣庄市山亭区洪门葡萄种植协会	2019 年
48	喀喇沁山葡萄	内蒙古自治区赤峰市	AGI02799	喀喇沁旗农业产业联合会	2020 年
49	陈集葡萄	江苏省宿迁市	AGI02830	宿迁市宿城区陈集镇农业经济技术服务中心	2020 年
50	露峰山葡萄	河南省平顶山市	AGI02933	鲁山县农业技术推广站	2020 年
51	海盐葡萄	浙江省嘉兴市	AGI03133	海盐县农业技术推广中心	2020 年
52	芒康葡萄	西藏自治区昌都市	AGI03259	西藏芒康县农业技术推广站	2020 年
53	威县葡萄	河北省邢台市	AGI03274	威县农业技术推广中心	2021 年
54	丁庄葡萄	江苏省镇江市	AGI03320	句容市茅山镇农业服务中心	2021 年
55	上虞野藤葡萄	浙江省绍兴市	AGI03335	绍兴市上虞区盖北镇事业综合服务中心	2021 年

　　农产品地理标志，是指标示农产品来源于特定地域，产品品质和相关

特征主要取决于自然生态环境和历史人文因素，并以地域名称冠名的特有农产品标志。农产品地理标志的概念限定农产品来源于特定地域，具有特定的产品品质和风味，相关特征主要取决于其生长地域的特殊自然生态环境，产品在形成的过程中有一定的历史人文因素，并以地域名称冠名。

农产品地理标志既是知名的农产品产地标志，也是重要的农产品质量标志，是农产品质量安全工作的重要抓手和载体。通过实施农产品地理标志登记和保护措施，能有效实现我国农产品质量安全和品牌战略。

2008 年农业部全面启动农产品地理标志登记保护工作。2008—2021 年，我国葡萄农产品地理标志共申请 55 件，葡萄品种主要以鲜食葡萄为主，均来自我国葡萄的主产区，这种情况与我国主产鲜食葡萄一致。葡萄酒类地理标志的原料主要包括红色品种（赤霞珠、美乐、蛇龙珠、品丽珠、西拉等）和白色品种（霞多丽、雷司令、贵人香、威代尔等）等常见品种，也包括一些我国特色的毛葡萄、山葡萄等。至于鲜葡萄地理标志则品种多样，既有夏黑、红地球、巨峰等栽培品种，也有溪塔刺葡萄、湘珍珠葡萄、柳河山葡萄、关口葡萄、宣化牛奶、新疆无核白、红岩水晶葡萄等独具特色的野生和地方品种。新疆申请注册的葡萄地理标志最多，有 5 件，分别由乌鲁木齐市、和田地区、石河子市、博乐和伊犁申请，品种涉及红地球和木纳格等鲜食葡萄，在酿酒葡萄品种无农产品地标申请。浙江和广西申请葡萄农产品地理标志 4 件，辽宁、陕西和四川有 3 件。

截至 2022 年底，在商标局批准注册了 79 件葡萄地理标志证明商标（表18），注册人均为各葡萄产区的产业协会、推广中心及研究所，可以看出各个葡萄产区的知识产权意识很高，注重区域特色产品及产业的保护。美国加州鲜食葡萄委员会也在我国注册了地理标志证明商标。其中山东注册地理标志证明商标 15 件，位居第一位；其次是河北，注册 9 件；新疆和江苏注册 8 件；新疆维吾尔自治区注册地分别为吐鲁番、喀什、和田、和硕、阿图什、库车、博乐和阿克苏新和县。

表 18　商标局注册葡萄地理标志证明商标列表

序号	地理标志证明商标名称	注册号	注册人
1	茶淀葡萄	6316732	天津市汉沽区葡萄种植业协会
2	宣化牛奶葡萄	5092879	河北张家口市宣化葡萄研究所

续表

序号	地理标志证明商标名称	注册号	注册人
3	清徐葡萄	4609016	山西清徐县葡萄产业促进会
4	柳河山葡萄	7200190	吉林柳河山葡萄种植协会
5	集安山葡萄	6893733	吉林省集安山葡萄协会
6	马陆葡萄	12299509	上海市嘉定区马陆镇农业服务中心
7	慈溪葡萄	7239347	浙江慈溪市葡萄协会
8	余姚葡萄	8107576	浙江余姚市味香园葡萄研究所
9	大石葡萄	6871067	浙江临海市河头镇农产品产销协会
10	温岭葡萄	10291845	浙江温岭市名特优农产品行业协会
11	溪塔刺葡萄	10180903	福建福安市穆云畲乡刺葡萄协会
12	福安葡萄	11273163	福建福安市葡萄协会
13	蓬莱葡萄	11106297	山东蓬莱产区葡萄与葡萄酒商会
14	长沟葡萄	11135856	山东济宁市任城区长沟镇农产品协会
15	黑山谷葡萄	10851288	重庆市万盛区农产品技术推广协会
16	合川东山坪葡萄	12721312	重庆市合川区东山坪水果协会
17	璧山葡萄	10497626	重庆璧山县大兴镇农业服务中心
18	弥勒葡萄	10449511	云南弥勒县葡萄协会
19	宾川红提葡萄	10292431	云南宾川县农副产品营销服务中心
20	吐鲁番葡萄干	2016460	新疆吐鲁番地区葡萄产业协会
21	吐鲁番葡萄	2016461	新疆吐鲁番地区葡萄产业协会
22	阿图什木纳格葡萄	5967827	新疆阿图什果业协会
23	库车阿克沙依瓦葡萄	4650473	新疆库车县呀哈镇阿合布亚葡萄协会
24	新和葡萄	5790327	新疆新和县林果园艺协会
25	喀什葡萄	11086392	新疆喀什农村合作经济组织协会
26	六里葡萄	51430261	江苏宿迁市洋河新区农产品行业协会
27	临海葡萄	12080546	浙江临海市特产技术推广总站
28	七岌葡萄	46901396	江苏莱西市克瑞森葡萄种植推广中心
29	栾城葡萄	45143278	河北石家庄市栾城区果品科技产业协会
30	李官葡萄	51317488	山东临沂市兰山区李官葡萄栽培服务中心
31	西昌葡萄	43127145	四川西昌市经济作物站

序号	地理标志证明商标名称	注册号	注册人
32	阿湖葡萄	26667253	江苏新沂市阿湖镇综合服务中心
33	浦江葡萄	48598493	浙江浦江县农业局经济特产站
34	恩阳葡萄	23501198	四川巴中市恩阳区地方名特产品保护促进会
35	盘城葡萄	35632301	江苏南京市浦口区盘城街道农业发展服务中心
36	阜阳葡萄	25228857	安徽阜阳市颍泉区特色农产品服务中心
37	颍泉葡萄	25228858	安徽阜阳市颍泉区特色农产品服务中心
38	泊头葡萄	39146035	河北泊头市四营乡灌河村果蔬协会
39	张西堡葡萄	41777289	河北邯郸市永年区葡萄协会
40	五河葡萄	38674132	安徽五河县绿色农产品协会
41	稷山葡萄	45737063	山西稷山县农作物原种场
42	莒县葡萄 JUXIAN GRAPE	19346872	山东莒县葡萄协会
43	乌海葡萄 WUHAI GRAPE	14429829	内蒙古乌海市农业产业化指导服务中心
44	般阳葡萄	29227138	山东淄博市淄川区龙泉镇农业农村服务中心
45	GRAPES FROM CALIFORNIA	5560432	美国加州鲜食葡萄委员会
46	萧县葡萄	12313534	安徽萧县生态果蔬种植协会
47	醋庄葡萄	14647513	山东临沂经济技术开发区葡萄协会
48	富民葡萄	13403085	云南富民县农业技术推广服务中心
49	胡柳子葡萄	13938199	天津市武清区汊沽港镇无公害蔬果产销协会
50	淮阴葡萄	15376178	江苏淮安市淮阴区畜禽产业协会
51	东西湖葡萄	16425170	湖北武汉市东西湖区巨龙海葡萄种植协会
52	公安葡萄	16425395	湖北荆州市葡萄协会
53	高青葡萄 GAOQING GRAPE	17200743	山东高青县葡萄行业协会
54	和田葡萄 HOTAN GRAPES	17306969	新疆和田地区农村合作经济组织协会
55	中心店葡萄	19436029	山东邹城市中心店镇林果协会
56	得荣葡萄	18782178	四川得荣县农业技术推广和土壤肥料站
57	和硕葡萄	14828918	新疆和硕县葡萄酒行业协会
58	梁山葡萄	21733116	山东梁山县马营镇农业种植协会
59	乳山葡萄	23844027	山东乳山市果茶蚕工作站

序号	地理标志证明商标名称	注册号	注册人
60	汪疃葡萄	24420811	山东威海临港经济技术开发区汪疃镇农业综合服务中心
61	鹿泉葡萄	20765218	河北石家庄市鹿泉区紫藤葡萄协会
62	大陇葡萄	18082139	安徽当涂县大陇葡萄产销协会
63	东阿葡萄	23388110	山东东阿县农民专业种植合作社联合协会
64	华蓥葡萄	22130299	四川华蓥市葡萄协会
65	段园葡萄	23133804	江苏杜集区段园镇葡萄技术协会
66	富阳葡萄	24978801	浙江杭州市富阳区东洲葡萄研究所
67	晋州葡萄	25665785	河北晋州市昆仑葡萄协会
68	杨陵葡萄	28414174	陕西杨凌新集葡萄协会
69	大泽山葡萄，DZS	5136763	山东平度市大泽山葡萄协会
70	枣阳山葡萄	24617835	山东枣阳市农特产品协会
71	广饶葡萄	25665783	山东广饶县大码头镇特色农产品协会
72	阳关葡萄	29976379	甘肃敦煌市林业技术推广中心
73	大户陈家葡萄	28713424	山东招远市金岭镇农牧发展协会
74	肥乡玫瑰香葡萄	32947211	河北邯郸市肥乡区名优产品流通协会
75	礼嘉葡萄	31233794	江苏常州市武进区礼嘉镇农业服务中心
76	桦甸葡萄	31393002	吉林桦甸市出彩农副产业协会
77	柏乡葡萄	33432813	河北柏乡县农产品种植协会
78	礼嘉葡萄	31233794	江苏常州市武进区礼嘉镇农业服务中心
79	怀来葡萄	45404989	河北怀来县林果技术服务站

截至 2022 年底，国家市场监督管理总局共批准了 23 个地理标志保护产品（表 19），核准 147 家企业获得葡萄地理标志保护产品专用标志。

表 19　国家市场监督管理总局批准的葡萄地理标志保护产品列表

序号	地理标志名称	公告文号	公布时间
1	宣化牛奶葡萄	2007 年第 100 号	2007 年 6 月 26 日
2	茶淀玫瑰香葡萄	2007 年第 181 号	2007 年 12 月 10 日
3	大泽山葡萄	2008 年第 92 号	2008 年 8 月 27 日

续表

序号	地理标志名称	公告文号	公布时间
4	柳河山葡萄	2009 年第 141 号	2009 年 12 月 31 日
5	长沟葡萄	2010 年第 135 号	2010 年 12 月 3 日
6	永乐葡萄	2010 年第 138 号	2010 年 12 月 7 日
7	澧县葡萄（澧州葡萄）	2011 年第 22 号	2011 年 2 月 21 日
8	敦煌葡萄	2012 第 222 号	2012 年 12 月 27 日
9	户县葡萄	2012 年第 91 号	2012 年 6 月 21 日
10	安仁葡萄	2013 年第 184 号	2013 年 12 月 30 日
11	张家湾葡萄（张湾葡萄）	2013 年第 55 号	2013 年 4 月 18 日
12	湘珍珠葡萄	2013 年第 91 号	2013 年 7 月 12 日
13	饶阳葡萄	2014 年第 129 号	2014 年 12 月 1 日
14	五龙山葡萄	2014 年第 129 号	2014 年 12 月 1 日
15	石梁河葡萄	2014 年第 13 号	2014 年 2 月 13 日
16	红岩葡萄	2014 年第 39 号	2014 年 4 月 8 日
17	段园葡萄	2014 年第 77 号	2014 年 7 月 9 日
18	辽中葡萄	2014 年第 96 号	2014 年 9 月 2 日
19	彭山葡萄	2015 年第 24 号	2015 年 2 月 11 日
20	公安葡萄	2016 年第 112 号	2016 年 11 月 4 日
21	钟山葡萄	2017 年第 108 号	2017 年 12 月 8 日
22	丁庄葡萄	2017 年第 98 号	2017 年 11 月 15 日
23	萧县葡萄	2018 年第 31 号	2018 年 3 月 6 日

3.4 葡萄种植技术整体专利分析

3.4.1 专利申请趋势分析

3.4.1.1 全球及主要国家地区专利申请趋势分析

专利申请趋势，一定程度上反映了技术的发展历程、技术生命周期的具体阶段，并可以一定程度上预测未来一段时间内该技术的发展趋势。

截至 2022 年 12 月 31 日，全球共检索到葡萄种植技术相关专利 13 578 件，经简单同族合并后有 11 010 件专利申请，下面以检索的专利进行专利分析。

人类栽培葡萄的历史非常悠久，有 5000～7000 年。品质优良的欧洲种葡萄起源于地中海、黑海和里海沿岸。由于葡萄及其加工品美味可口并有丰富的营养价值，加之葡萄对土壤和气候的适应性较强，结果早、易丰产、经济效益高，千百年来不断向世界各地传播，种植面积逐渐扩大，带动了葡萄种植业的发展。图 10 为全球葡萄种植技术专利申请趋势。从图 10 中可知，全球葡萄种植技术的发展可大致划分为五个阶段：产业萌芽期、导入期、发展初期、后期快速增长的产业发展期和产业成熟稳定期。

第一阶段——产业萌芽期（1903—1948 年）。全球年专利申请量不足 10 件，为葡萄种植技术萌芽期。法国具有悠久的葡萄酒历史，注重葡萄的种植，但该阶段葡萄种植技术创新强度不大，专利申请量增长缓慢，专利申请的国家以法国和美国为主。

第二阶段——产业导入期（1949—1972 年）20 世纪 50 年代开始，葡萄生产呈很大规模，种植面积达 8845 千公顷，至 60 年代达 10 000 千公顷以上。由于葡萄酒具有悠久的文化，早期的葡萄加工主要以酿酒为主，集中在欧美国家，在此期间，欧美国家在葡萄种植技术及设备等方面开始研究，葡萄种植技术开始发展。

第三阶段——产业增长初期（1973—2008 年）。1973—2008 年，世界葡萄栽培主要以酿酒葡萄为主，原有的传统葡萄酒生产国如法国、意大利、西班牙等国家葡萄栽培面积和葡萄、葡萄酒产量基本保持稳定或稍有增减，而被称为"葡萄酒生产新世界"的美国、智利、澳大利亚、南非等国，葡萄栽培面积、产量和贸易量和消费量都有大幅增长。20 世纪 80 年代以来，世界葡萄产业的主要趋势是栽培面积基本稳定，葡萄和葡萄酒产量逐年增加，贸易量不断增长，葡萄产业生产利润空间增大，使得葡萄种植面积大幅增加，世界各国纷纷投入葡萄种植技术研发热潮中，此阶段的葡萄种植业专利申请量迅速增长，葡萄种植技术取得了长足进步。1973—2008 年，葡萄种植技术专利申请量不断提高，年专利申请量接近 100 件，产业进入发展初期。

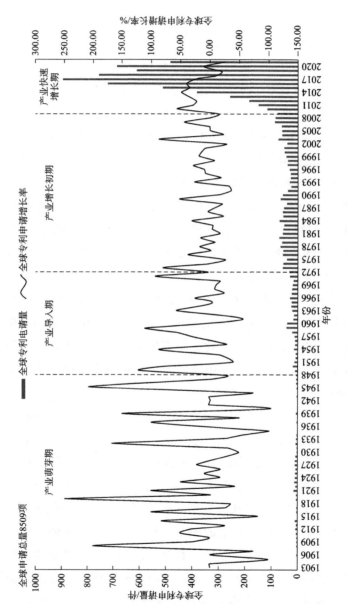

图 10 葡萄种植技术全球专利申请趋势

第四阶段——产业快速增长期（2009—2017 年）。葡萄是加工比例最高、产业链最长、产品最多的水果。全世界有 75% 左右的葡萄用来酿酒、制干、制汁等加工；另外，葡萄营养价值丰富、产品多样、外形美观，深受世界各国消费者喜爱。随着人们生活品质的提高，葡萄产业的各种产品开始需求越来越大。早期的葡萄产业侧重于葡萄酒的生产，如今鲜食葡萄、葡萄干等受到广大消费者的青睐。优质葡萄需求与日俱增，消费模式多样化，新机遇带来新挑战，推动葡萄种植技术的转型升级与高质量发展，葡萄设施栽培技术、现代化农业种植及新的育种方法的迅速发展，使得 2009—2017 年，葡萄种植技术的专利年申请量居高不下，2017 年全球年专利申请量高达 895 件，葡萄种植技术进入产业快速发展期。

第五阶段——产业成熟稳定期（2017 年至今）。2018 年以后，由于极端天气及疫情的影响，该技术领域全球年专利申请量趋于平稳并有一定的回落趋势，葡萄种植技术进入成熟稳定期。这与葡萄种植的各个技术分支或趋于成熟或遇到瓶颈有关，该现象主要体现在欧美发达国家。中国葡萄种植业发展起步较晚，但发展势头迅猛，目前，我国葡萄种植技术研发活跃程度高，技术产出量大，但与欧美发达国家相比，技术水平差距还有待进一步缩小。

葡萄种植技术主要国家专利公开趋势如图 11 所示。在葡萄种植技术领域，美国和法国在葡萄种植技术领域申请专利较早，法国和苏联的专利申请量集中在 1990 年前，美国和俄罗斯专利申请集中在 2000 年以后，整体专利申请趋势比较平缓，年专利申请量不足 50 件，中国专利申请集中在 2010—2020 年，中国专利申请拉升了全球专利的申请量。

3.4.1.2 葡萄种植技术中国专利申请趋势分析

葡萄种植技术中国专利申请趋势如图 12 所示，总体上呈现增长趋势。19 世纪中后期，随着宗教的传播和西方文化的输入，欧美葡萄品种和葡萄酒酿造技术传入我国，促进了我国葡萄栽培及酿酒业的发展。1892 年张裕葡萄酿酒公司的建立，标志着我国近代葡萄栽培及酿酒业的开始。但中华人民共和国成立前，持续的战乱使葡萄种植和葡萄酒生产濒于倒闭，另外由于受旧的生产关系和栽植制度的束缚，栽植分散，不成规模，产量低下，新中国成立之初，中国总的葡萄栽培面积为 3200 公顷，产量只有 3.8 万吨，葡萄酒产量只有 84.3 吨。1949 年之后，葡萄生产受到重视，并得以恢复和发展，特别是鲜食产业取得较高的成就。

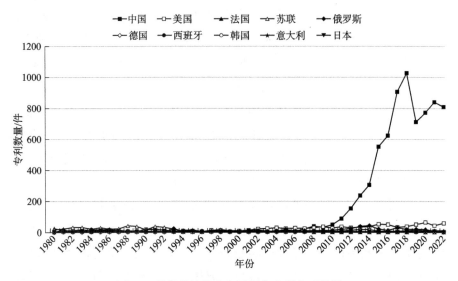

图 11   葡萄种植技术主要国家专利公开趋势

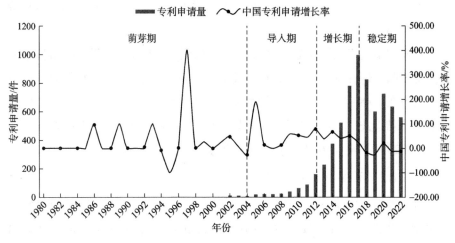

图 12   葡萄种植技术中国专利申请趋势

我国从 20 世纪 80 年代开始在葡萄种植技术布局专利。1986—2004 年，葡萄种植技术年专利申请量不足 10 件，该时期为产业萌芽期；2004—2011 年，专利申请开始缓慢增长，年专利申请量不足 100 件，该时期为产业导入期；2012—2017 年，专利申请呈快速增长趋势，促进产业快速发展。随着新技术的带动效应及产业链的延伸，我国葡萄种植技术专利申请量在 2017 年达到峰值，专利申请量高达 997 件。从 2018 年至今，因专利申请的公开及实质审查，以及疫情气候等因素的影响，专利申请量略有下降趋势，产业进入稳定期。从图 12 可得知，我国葡萄种植技术的专利申请主要集中在 2012—2020 年，共申请专利 5224 件，占总申请量的 77.2%。

3.4.1.3　新疆葡萄种植技术专利申请趋势分析

新疆葡萄种植技术专利申请趋势如图 13 所示，总体上呈现增长趋势。新疆第一件专利申请由新疆八一农学院于 1990 年提出，1990—2009 年，新疆葡萄种植技术创新水平较低，年专利申请量不足 10 件；2010—2016 年，专利申请开始快速增长，2016 年专利申请高达 28 件；2017—2018 年，产业进入调整期，专利申请量略有下降，2019 年专利申请呈增长趋势，2021 年专利申请量达到 42 件。新疆作为我国的葡萄主产区，近年来，葡萄栽培方面的发展十分迅速，是有史以来发展最快的时段。

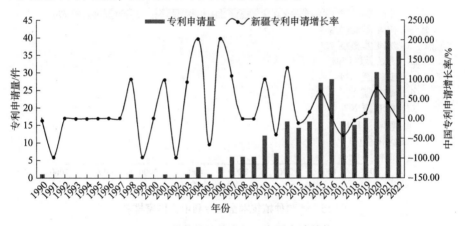

图 13　葡萄种植技术新疆专利申请趋势

3.4.2　专利申请地域分析

3.4.2.1　葡萄种植技术全球及主要国家地区专利申请量分布

对专利申请的地域进行分析在一定程度上可以反映某项专利技术在某地域的被关注程度（图 14）。专利申请地域的分析可分为专利技术的来源与目标分析，专利技术来源国申请量，可以反映某国家或地区的技术创新能力和活跃程度；而对专利技术目标国的分析，可以反映某技术领域在不同国家或地区的被重视程度，通常只有技术研发较为密集或者市场开发潜力更大的地域，申请人才会重视该国家或地区的专利布局（图15）。

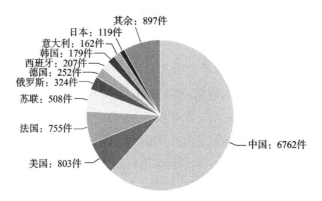

图 14　葡萄种植技术全球专利区域分布情况

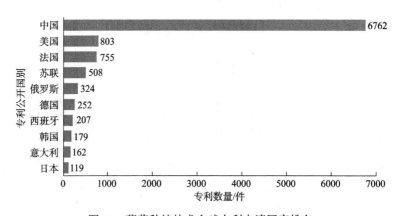

图 15　葡萄种植技术全球专利申请国家排名

葡萄种植技术全球专利区域分布及排名情况如图 16 所示。在葡萄种植技术领域，布局于中国的专利量排在第一位，美国为全球第二专利技术市场国，被布局专利数量达 803 件，法国专利申请量排在第三位，专利申请有 755 件，其他主要专利技术市场国分别为俄罗斯、德国、西班牙、韩国、意大利和日本，专利申请前十的国家主要集中在欧洲和亚洲。

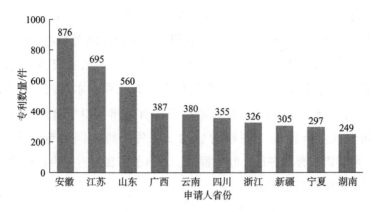

图 16　葡萄种植技术中国省份专利申请分布

3.4.2.2　中国及新疆专利申请量分布

从葡萄种植技术中国省份专利量排名情况来看，安徽省、江苏省、山东省位列前三名，其中，安徽省、江苏省的专利申请量遥遥领先（图 16），排名前十位的省份均来自我国的各大葡萄产区，有来自环渤海湾产区的山东，黄河故道产区的安徽和江苏，西北产区的新疆和宁夏，云贵川高原产区的云南和四川，以及南方产区的广西和湖南。沿海省份人口密集，经济发展迅速，更注重知识产权的保护及应用，专利申请量明显高于内陆省份。从专利的有效性上来看，中国的失效专利超过一半，有效专利占比不高，小部分目前处于审中状态（图 17）。现阶段国内在葡萄种植技术领域的专利申请态势总量上呈强劲发展势头，不过其专利的质量与有效性还有待进一步考究。

葡萄种植技术新疆专利量分布如图 18 所示，葡萄种植技术领域，新疆的专利申请主要集中在乌鲁木齐市、石河子市、吐鲁番市和昌吉州。新疆是全国葡萄的主产区，新疆可以分为东部、北疆和南疆三大产区。东部产区以吐鲁番和哈密盆地为代表，其鲜食种植面积超过 70 万亩，产量占全疆葡萄总产量的 50% 以上，全国的五分之一。主要品种是无核白、马奶子葡萄和红地球。南疆产区包括和田市、喀什、阿克苏和克州。其主要是以新疆本地特色葡萄种植为主，包括和田红、木纳格等品种，种植面积达到 45 万亩。北疆产区包括石河子市、博乐市、昌吉州、五家渠市等，种植面积达到 50 万亩，主要种植的品种主要种植品种有红地球、克瑞森无核、火焰无核、无核白鸡心、无核紫。另外昌吉州还是新疆酿酒葡萄种植面积最大、产量最高、品质最好的区域，酿酒品种十分丰富，现已建成酿酒葡萄基地 10 余万亩。新疆葡萄产业的专利申请集中分布在乌鲁木齐市、吐鲁番市、石河子市、昌吉州、哈密市、博尔塔拉蒙古自治州及伊犁哈萨克自治州等天山北麓地区。新疆的专利申请量为 305 件，约占国内专利申请量的 4.51%，主要以乌鲁木齐市、吐鲁番市、石河子市和昌吉州为首要技术密集区，也是新疆葡萄的主产区。

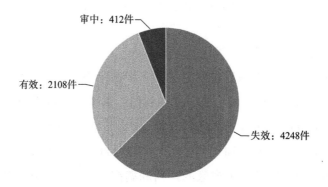

图 17　葡萄种植技术中国专利申请有效性

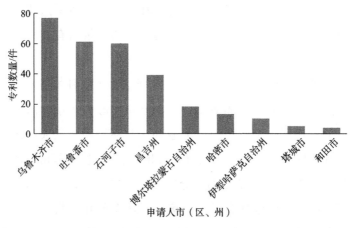

图 18　葡萄种植技术新疆专利申请量分布

3.4.3　专利申请人分析

3.4.3.1　葡萄种植技术全球专利申请人分析

葡萄种植技术全球重点专利申请人如图 19 所示。西北农林科技大学以 114 件专利申请数量排在第一梯队；四川农业大学排在第二梯队，共有 75 件专利申请；中国农业大学、山东省葡萄研究院、葡先生（天津）科技有限公司、宁夏大学、美国的戴维·凯恩（DAVID CAIN）等申请人专利数量较为接近，排在第三梯队。

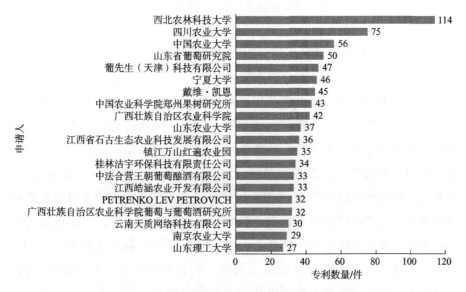

图 19　葡萄种植技术全球重点申请人排名

上述申请人中，国外的申请人有 2 位，剩余申请人均来自国内的科研院所、高校和企业，可见美国和俄罗斯比较重视葡萄种植技术的创新与研发。国内的申请人多为农业科研机构和高校，研发内容涉及葡萄选育、种植等多个方面。

葡萄种植技术中国专利申请人结构如图 20 所示，在葡萄种植技术领域，中国申请人主要以企业为主，占比达到 49.13%，而个人申请专利量约占葡萄产业中国专利申请总量的 16.77%，科研单位、大专院校和机关团体专利申请总量占 36.37%。可见，在国内，个人也是葡萄种植技术中一股不容小觑的创新力量。

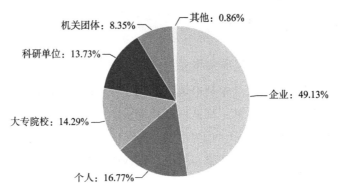

图 20　葡萄种植技术中国专利申请人类型

3.4.3.2　葡萄种植技术中国专利申请人分析

葡萄种植技术中国主要申请人如图 21 所示，西北农林科技大学以 114 件专利位居第一梯队，进一步分析可知，西北农林科技大学为我国农业高等院校，对葡萄种植技术研究非常重视。另外，国内的高校、葡萄果树研究机构及葡萄种植企业在葡萄种植技术领域专利申请量较高，四川农业大学、中国农业大学、山东省葡萄研究院、葡先生（天津）科技有限公司、宁夏大学的专利申请均在 45 件以上，排在第二梯队；中国农业科学院郑州果树研究所、广西壮族自治区农业科学院、山东农业大学、江西省石古生态农业科技发展有限公司、镇江万山红遍农业园的专利申请在 35 件以上，位居第三梯队。企业中，葡先生（天津）科技有限公司专利申请量较高。由此看出，葡萄种植技术专利申请人以农业高校及科研院所为主，企业数量占弱势，创新能力、专利保护意识及技术水平不及科研院校，葡萄种植的企业应加大科技研发的投入及人才技术的培养，增强与科研院所进行产学研的合作。

3.4.3.3　葡萄种植技术新疆专利申请人分析

葡萄种植技术新疆专利重点申请人如图 22 所示，新疆农垦科学院以 24 件专利位居首位，新疆农业科学院园艺作物研究所以 22 件专利申请位居第二，乌鲁木齐优尼克生物科技有限公司、石河子农业科学研究院、新疆农业科学院吐鲁番农业科学研究所（吐鲁番市农业科学研究院）和石河子大学的专利申请均在 10 件以上，剩余申请人专利申请在 10 件以下。由此看出，新疆葡萄种植技术专利申请人以农业高校及科研院所为主，企业数量占弱势，创新能力、专利保护意识及技术水平不及科研院校，葡萄种植的企业应加大科技研发的投入及人才技术的培养，增强与科研院所进行产学研的合作。

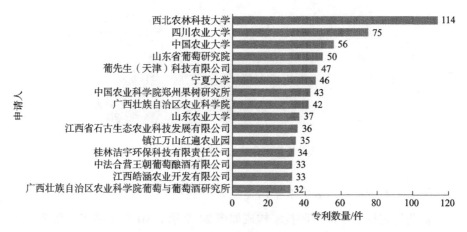

图 21　葡萄种植技术中国专利重点申请人

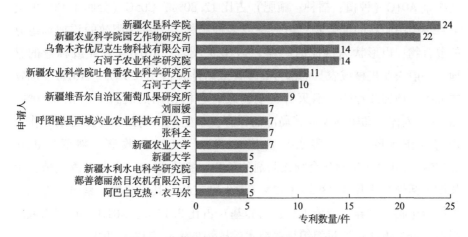

图 22　葡萄种植技术新疆专利重点申请人

3.4.4　专利技术构成分析

3.4.4.1　葡萄种植技术全球专利技术构成

葡萄种植技术全球专利技术构成如图 23 所示。

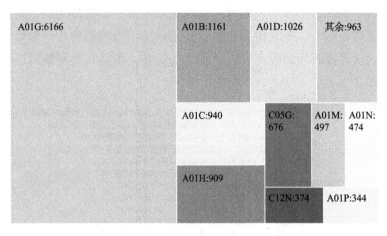

图 23　葡萄种植技术全球专利技术构成（单位：件）

3.4.4.2　葡萄种植技术中国专利技术构成

葡萄种植技术中国专利技术构成如图 24 所示。A01G（园艺；蔬菜、花卉、稻、果树、葡萄、啤酒花或海菜的栽培；林业；浇水）占比 68.84%；其次是 A01C（种植；播种；施肥）占比 12.80%；C05G（分属于 C05 大类下各小类中肥料的混合物；由一种或多种肥料与无特殊肥效的添加剂组分的混合物；以形状为特征的肥料）占比 9.88%；A01B（农业或林业的整地；一般农业机械或农具的部件、零件或附件）占比 6.93%、A01M（动物的捕捉、诱捕或惊吓；消灭有害动物或有害植物用的装置）占比 6.89%、A01N（人体、动植物体或其局部的保存；杀生剂，例如作为消毒剂，作为农药或作为除草剂；害虫）占比 4.74%、A01D（收获；割草）占比 4.57%、A01P（化学化合物或制剂的杀生、害虫驱避、害虫引诱或植物生长调节活性）占比 4.43%、C12N（微生物或酶；其组合物；繁殖、保藏或维持微生物；变异或遗传工程；培养基）占比 3.13%、A01H（新植物或获得新植物的方法；通过组织培养技术的植物再生）占比 3.09%。

3.4.4.3　葡萄种植技术新疆专利技术构成

葡萄种植技术新疆专利技术构成如图 25 所示，A01G（园艺；蔬菜、花卉、稻、果树、葡萄、啤酒花或海菜的栽培；林业；浇水）的专利申请有 169 件；其次是 A01B（农业或林业的整地；一般农业机械或农具的部件、零件或附件）的专利申请有 72 件；A01C（种植；播种；施肥）的专利申请有 29 件；A01M（动物的捕捉、诱捕或惊吓；消灭有害动物或有害植物用的装置）20 件、A01D（收获；割草）18 件、A01H（新植物或获得新植物的方法；通过组织培养技术的植物再生）9 件、C05G（分属于 C05 大类下各小类中肥料的混合物 8 件；还有由一种或多种肥料与无特殊肥效的添加剂组分的混合物；以形状为特征的肥料）等技术领域的专利申请。

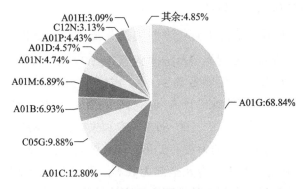

图 24　葡萄种植技术中国专利技术构成

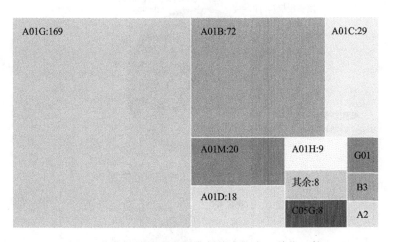

图 25　葡萄种植技术新疆专利技术构成（单位：件）

3.4.5　专利类型及法律状态分析

3.4.5.1　葡萄种植技术中国专利类型及法律状态分析

葡萄种植技术中国专利类型及法律状态如图 26~图 28 所示，发明申请有 2997 件，占比为 44.28%，实用新型专利有 2968 件，占比 43.85%，发明专利 743 件，占比 10.98%，外观设计专利 60 件，占比 0.89%；其中 31.15% 的专利有效，6.09% 的专利审中，62.77% 的专利失效；25.58% 专利因未缴年费失效，19.81% 专利被撤回，16.81% 专利被驳回，5.50% 实质审查，0.59% 公开；还有 0.55% 的专利因放弃、避重放弃、期限届满及无效而失效。专利申请以发明为主，专利稳定性较高，但是专利有效性不高，实施转化及推广应用水平较低。

3.4.5.2 葡萄种植技术新疆专利类型及法律状态分析

葡萄种植技术新疆专利类型及法律状态如图 29~图 31 所示，发明申请 61 件，占比为 20.00%，发明专利 34 件，占比 11.15%，实用新型专利有 209 件，占比 68.52%，外观设计专利 1 件，占比 0.33%；其中 30.82% 的专利有效，8.52% 的专利审中，60.66% 的专利失效；47.87% 专利因未缴年费失效，8.2% 专利正在实质审查，6.56% 专利被驳回，4.59% 专利被撤回，还有 1.96% 专利属于避重放弃及全部无效等。新疆专利申请以实用新型为主，专利稳定性较低，专利有效性不高，实施转化及推广应用水平较低。

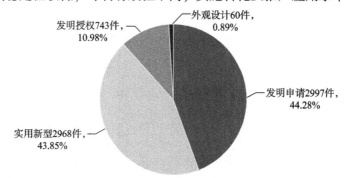

图 26　葡萄种植技术中国专利类型

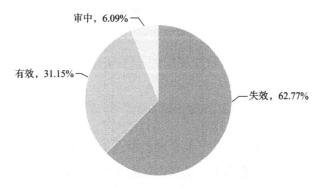

图 27　葡萄种植技术中国专利有效性

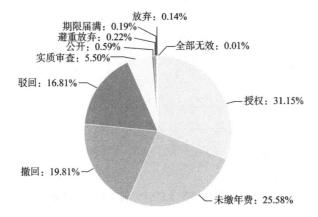

图 28 葡萄种植技术中国专利当前法律状态

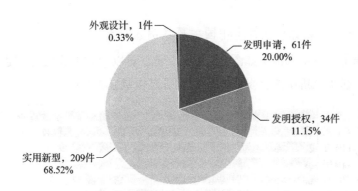

图 29 葡萄种植技术新疆专利类型

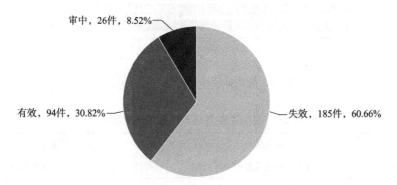

图 30 葡萄种植技术新疆专利有效性

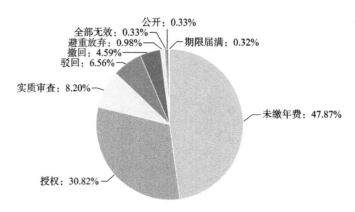

图31 葡萄种植技术新疆专利当前法律状态

3.4.6 专利发明人分析

3.4.6.1 葡萄种植技术中国主要发明人分析

我国主要发明人情况如图32所示，通过对以上发明人的专利进行进一步解读，初步分析出主要发明人的重点研究领域见表20。

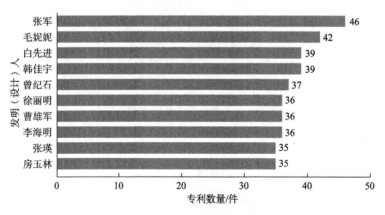

图32 葡萄种植技术中国主要发明人

表20 我国主要发明人及重点研究领域

发明人	所属机构	技术领域
张军	中法合营王朝葡萄酿酒有限公司	葡萄自动浇灌、坐果率、种植多功能设备
毛妮妮	江苏丘陵地区镇江农业科学研究所	葡萄三倍体育种、省力化栽培技术、棚架

续表

发明人	所属机构	技术领域
白先进	广西壮族自治区农业科学院葡萄与葡萄酒研究所	葡萄嫁接育苗、栽培、巨峰葡萄
韩佳宇	广西壮族自治区农业科学院葡萄与葡萄酒研究所	葡萄自然杂交、扦插育苗、新品种及栽培
曾纪石	江西省石古生态农业科技发展有限公司	葡萄培育、嫁接及葡萄园管理
徐丽明	中国农业大学	葡萄种植设备
曹雄军	广西壮族自治区农业科学院	葡萄育种方法
李海明	葡先生（天津）科技有限公司	葡萄种植设备
张瑛	广西壮族自治区农业科学院	葡萄栽培方法、葡萄种植设备
房玉林	西北农林科技大学	葡萄种植方法、葡萄种植设备

　　我国葡萄种植技术领域重点发明人均来自主要申请人，其中中法合营王朝葡萄酿酒有限公司的张军专利申请最多，其次是江苏丘陵地区镇江农业科学研究所的毛妮妮；镇江万山红遍农业园和广西壮族自治区农业科学院葡萄与葡萄酒研究所的发明人较多，研究领域涉及葡萄育种、栽培及种植等方面。

3.4.6.2　葡萄种植技术新疆主要发明人分析

　　新疆主要发明人情况如图 33 所示，通过对以上发明人申请的专利进行进一步解读，初步分析出以上发明人的重点研究领域（表 21）。

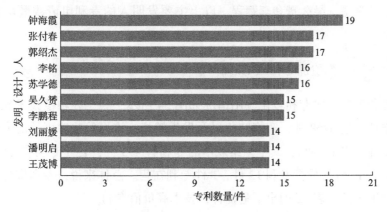

图 33　葡萄种植技术新疆主要发明人排名

表21 新疆主要发明人分析及研究领域

发明人	所属机构	技术领域
钟海霞	新疆农业科学院吐鲁番农业科学研究所（吐鲁番市农业科学研究院）	葡萄嫁接、扦插、栽培、施肥
张付春	新疆农业科学院园艺作物研究所	葡萄新品种、栽培、嫁接
郭绍杰	新疆农垦科学院	葡萄嫁接、授粉、栽培网架
李铭	新疆农垦科学院	葡萄嫁接、架式、棚架
苏学德	新疆农垦科学院	葡萄栽培方法
吴久赟	新疆农业科学院吐鲁番农业科学研究所（吐鲁番市农业科学研究院）	葡萄扦插、种植、施肥及无核白葡萄
李鹏程	新疆农垦科学院	葡萄嫁接、架式、棚架
刘丽媛	新疆农业科学院吐鲁番农业科学研究所（吐鲁番市农业科学研究院）	葡萄栽培装置
潘明启	新疆农业科学院园艺作物研究所	葡萄新品种、栽培、整形修剪及栽培架
王茂博	乌鲁木齐优尼克生物科技有限公司	葡萄种植设备

葡萄种植技术新疆主要发明人以新疆农业科学院园艺作物研究所、新疆农垦科学院和新疆农业科学院吐鲁番农业科学研究所（吐鲁番市农业科学研究院）为主，其中钟海霞、张付春、郭绍杰的专利申请最多，其次是李铭、苏学德、吴久赟和李鹏程，以上主要发明人的专利申请数量均在15件以上。

3.4.7 高价值专利应用分析

葡萄种植技术专利转化应用情况如图34所示，我国在种植技术领域内专利申请高达6768件，实施转化以及发生转让、许可等法律事件的专利仅有774件，占11.4%，其中一案双申的专利有473件，转让专利有271件，许可专利17件，质押专利12件，1件专利在售。总体来说，专利实施转化应用程度较低。表22列出了葡萄种植技术高价值专利。

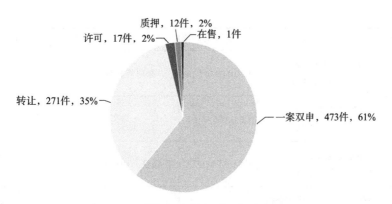

图 34　葡萄种植技术中国专利应用分析

表 22　葡萄种植技术高价值专利

序号	专利名称	公开号	申请人	法律事件/状态
1	一种葡萄的栽培方法及其栽培架	CN107466568A	醴陵市井湾农业发展有限公司	转让
2	一种葡萄苗木速成培养方法	CN106818221A	大同葡萄研究所	转让
3	一种葡萄种植方法	CN107409932A	重庆市永川区雪晶葡萄种植园	转让
4	一种畦栽葡萄自动化施肥机器人	CN106717393A	邢鑫鑫	转让
5	一种农业葡萄园智能自动采摘及输送装置	CN107079669A	崔嘉嘉	转让
6	鲜食葡萄无损采摘品质检测分级装置及其控制方法	CN109342431A	山东农业大学	一案双申
7	一种葡萄-草莓-铁皮石斛的立体种植方法	CN105409710A	金华市农业科学研究院	转让
8	富硒葡萄栽培方法	CN105210643A	宾川县兴宏达农副产品专业合作社	转让
9	景观葡萄大树培养方法	CN107371822A	山东志昌农业科技发展股份有限公司	转让
10	白芨和葡萄有机复合农场	CN103548649A	重庆示展科技发展中心	转让

续表

序号	专利名称	公开号	申请人	法律事件/状态
11	一种利用葡萄林地栽培七叶一枝花的方法	CN104488652A	湖南省森林植物园	转让
12	葡萄种植用驱鸟装置及其驱鸟控制方法	CN106069416A	潘雪玉	转让
13	一种葡萄高密度省力化树形整形栽培方法	CN104160915A	镇江万山红遍农业园	转让
14	一种醉金香葡萄优质果树形培育方法	CN104206226A	镇江万山红遍农业园	转让
15	一种葡萄藤防冻剂及其应用	CN104255794A	赵兰	转让
16	一种树盆结合的设施葡萄一年两熟栽培方法	CN104322344A	镇江万山红遍农业园	转让
17	一种红壤地区葡萄园的土壤改良方法	CN104472047A	广西壮族自治区农业科学院农业资源与环境研究所	转让
18	一种葡萄枝条诱根定向补硒补锌的方法及其装置	CN105684625A	安徽乙地生态科技有限公司	转让
19	一种用于葡萄保果膨大的方法	CN104472307A	广西壮族自治区农业科学院葡萄与葡萄酒研究所	转让
20	一种葡萄枝条诱根定向补硒补锌的营养剂及其施用装置	CN105585382A	安徽乙地生态科技有限公司	转让
21	一种适合东北地区冰葡萄延迟采收的处理方法	CN104082061A	辽宁大学	转让
22	葡萄病虫害的防治方法	CN103636452A	蓝山县新顺农牧业发展有限公司	转让/质押
23	葡萄与西瓜套种的立体种植方法	CN103283456A	句容市后白镇美佳多果品专业合作社	转让
24	一种无公害葡萄的高产栽培方法	CN103733951A	曲靖市麒麟区天源实业有限公司	转让
25	一种新型平网架葡萄整形方法	CN103444485A	镇江万山红遍农业园	转让

续表

序号	专利名称	公开号	申请人	法律事件/状态
26	一种二主干平网架及应用它的葡萄整形方法	CN103444488A	镇江万山红遍农业园	转让
27	一种葡萄平衡整形修剪的方法	CN103392554A	镇江万山红遍农业园	转让
28	一种夏黑葡萄单主干双主枝整形及二芽修剪栽培方法	CN103444484A	镇江万山红遍农业园	转让
29	盆景葡萄工厂化生产方法	CN102939844A	张人帅	许可
30	一种葡萄"飞鸟"形树形整形栽培方法	CN103392553A	镇江万山红遍农业园	转让
31	基于机器视觉的葡萄套袋机器人系统	CN102613041A	浙江工业大学	一案双申
32	葡萄一年两次生产的新技术	CN102197776A	王学芯	转让
33	一种方便对葡萄进行采摘与套袋的底部支撑座	CN109197150A	夏晓祥	转让/质押
34	一种高处葡萄采摘器	CN109168626A	揭鑫	转让/质押
35	一种葡萄的剪枝方法	CN103598055A	蓝山县新顺农牧业发展有限公司	转让/质押
36	一种高处葡萄采摘器	CN109168626B	新昌县寅聚科技有限公司	转让/质押
37	一种省工栽培优质葡萄的方法	CN102440169B	江门市杰士植物营养有限公司	转让
38	一种葡萄种植用便携式伸缩套袋装置	CN109105098A	逯壮气	转让
39	无公害葡萄的种植方法	CN109526530B	靳职雄	转让
40	一种无核维多利亚葡萄的冷棚栽培方法	CN106613721A	泌阳县鸿发农林种植专业合作社	转让
41	家用采摘葡萄时使用的踩踏装置	CN108901359A	陕西智多搭智能科技有限公司	转让
42	一种农业葡萄种植大棚免铺管精准灌溉装置	CN106577044A	青岛智享专利技术开发有限公司	转让

序号	专利名称	公开号	申请人	法律事件/状态
43	一种畦地葡萄秋季剪枝机器人	CN106797811A	许建芹	转让
44	葡萄种植大棚	CN107079738A	重庆市永川区雪晶葡萄种植园	转让
45	葡萄种植用喷洒装置	CN107409951A	重庆市永川区雪晶葡萄种植园	转让
46	一种具有防雨功能的葡萄架	CN106106022A	卢庆荣	转让
47	一种立体式葡萄分支种植架	CN208657516U	刘晓明	转让
48	北方日光温室葡萄头茬果一年两熟种植方法	CN106171809A	孙方凯	转让
49	一种开合式葡萄种植防冰雹装置	CN208597434U	钱慧珍	转让
50	一种畦栽葡萄用立杆自动化浇筑机器人	CN106677538A	赵峰	转让
51	葡萄水肥一体化的灌溉方法	CN105052332A	句容市后白镇美佳多果品专业合作社	转让
52	新型葡萄种植大棚	CN106941963A	陆良恒和农业发展有限公司	转让
53	喂料型高效能葡萄枝剪切机	CN105052575A	乌鲁木齐优尼克生物科技有限公司	转让
54	树葡萄的栽培方法	CN104429792A	柳州市天姿园艺有限公司	转让
55	一种葡萄根朽病的防治方法	CN104322323A	刘猛	转让
56	一种葡萄栽培大棚	CN104255385A	句容市明玉葡萄种植专业合作社	转让
57	一种葡萄避雨栽培架	CN204860380U	北京中农富通园艺有限公司	转让
58	一年可达六熟的葡萄栽培方法	CN103340129A	昆明爱博欣葡萄种植有限公司；河北爱博欣农业有限公司	转让/权利人变更
59	一种可拆卸的葡萄栽培架型	CN204132086U	天津市林业果树研究所	转让

续表

序号	专利名称	公开号	申请人	法律事件/状态
60	葡萄一步法组培快繁方法	CN103190345A	巴中市光雾山植物研究所	转让/权利人变更
61	一种 V 形葡萄架及葡萄栽培方法	CN103299875A	河北爱博欣农业有限公司	转让
62	一种树载干化葡萄栽培方法	CN102210251A	云南太阳魂酒业有限公司；山东轻工业学院	转让/权利人变更
63	一种爬地龙式葡萄种植方法	CN101755654A	西北农林科技大学	转让
64	一种葡萄丰产栽培方法	CN105191742A	宾川县兴宏达农副产品专业合作社	转让
65	一种欧亚种无核葡萄高效育种技术	CN101564011A	杭州蓝天园林建设集团有限公司余杭分公司	转让
66	葡萄收集装置的分离器	CN112996397A	澳洲葡萄酒集团控股有限公司	实审
67	一种葡萄藤清土装置及安装该清土装置的工程机械	CN109819695A	江苏大学	实审
68	一种葡萄插条快速催根的方法	CN105580705B	山东志昌农业科技发展股份有限公司	质押/权利人变更
69	用于增加在不利的气候区域中种植的特殊的结果实的藤的度日的方法和系统	CN107249303A	诺曼德 拉穆勒 克里斯蒂安 托马斯	转让
70	刺激葡萄藤、葡萄藤再植株或农作物生长的方法和装置	CN111771149A	奥普提 哈维斯特公司	实审
71	欧亚种葡萄中的白粉菌抗性提供基因	CN108138196A	埃德蒙马赫基金会	实审
72	一种葡萄半限根促早熟设施栽培方法	CN111149611A	江门市浩伦生态农业有限公司	实审
73	一种富单质硒葡萄的种植方法	CN104488647A	山东大学	在售

序号	专利名称	公开号	申请人	法律事件/状态
74	新疆葡萄专用控释肥及其制备与应用	CN102199057A	菏泽金正大生态工程有限公司	有效
75	一种葡萄专用肥的制备及施用	CN101693639A	新疆满疆红农资化肥科技有限公司	有效
76	在用于收获、运输和存储的机械装置中从葡萄或其他植物产品中去除溶解的氧气并将产品保存在受控气氛中的方法	CN102341490A	乔治洛德方法研究和开发液化空气有限公司	有效

3.4.8　专利技术聚类分析

3.4.8.1　葡萄种植技术全球专利3D沙盘

关于葡萄种植技术领域全球的主要技术主题如图35所示，从图中山峰高低大小可知，葡萄种植技术领域的全球专利主要聚集在葡萄园、葡萄属、刮土板、葡萄生长、葡萄采摘等方面，在葡萄园、收获机及葡萄育种等技术领域高价值专利分布较多。

3.4.8.2　葡萄种植技术中国专利聚类分析

葡萄种植技术中国专利聚类如图36所示，涉及葡萄架的专利技术最多，具体包括葡萄采摘、避雨棚、葡萄藤、葡萄扦插苗和种植架，其次是葡萄种植技术，具体技术分支包括有机葡萄、葡萄苗木、葡萄园、葡萄扦插育苗和生态种植；葡萄园类别具体技术分支包括葡萄种植技术、葡萄架、葡萄藤、灌溉系统和低劳动强度；葡萄栽培类别具体技术分支包括葡萄栽培、单株产量、葡萄套袋、葡萄采摘及巨峰葡萄；无核葡萄类别具体技术分支包括葡萄种植技术、葡萄霜霉病、无核葡萄、大棚膜和生态治理。

3.4.8.3 葡萄种植技术新疆专利聚类分析

葡萄种植技术新疆专利聚类如图 37 所示，挖沟机领域的专利申请最多，具体包括挖沟机、深松开沟、培土机和链条式；其次是葡萄栽培的专利申请，具体包括超氧化物歧化酶、越冬防寒、棚架栽培、葡萄栽培和防雨器；种植架领域的专利具体包括种植架、种植、叶幕、防雨罩和加固夹；收获机领域专利具体包括葡萄采摘、收获机、覆土移除、开墩和采摘剪；节水灌溉技术领域的专利具体包括节水灌溉技术、灌溉施肥、灌溉和种植。新疆申请人中新疆农垦科学院、新疆农业科学院园艺作物研究所、石河子大学、石河子农业科学研究院、新疆维吾尔自治区葡萄瓜果研究所和新疆农业大学等科研院所及高校侧重于种植架、节水灌溉技术和葡萄栽培技术领域的研究，而企业侧重于挖沟机和收获机等葡萄种植机械的研究（图 38）。

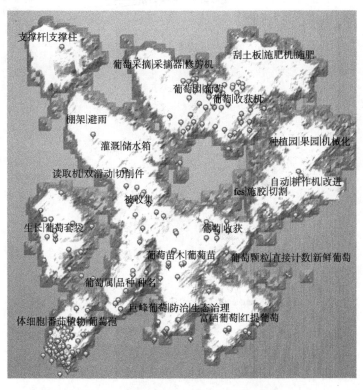

图 35　葡萄种植技术全球专利 3D 沙盘

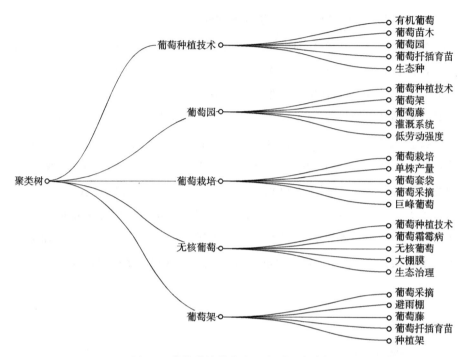

图36　葡萄种植技术中国专利聚类分析

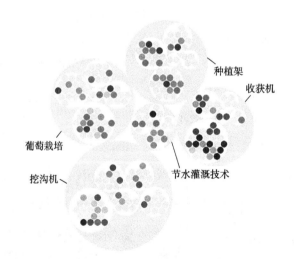

图37　葡萄种植技术新疆专利聚类分子图

(图中圆点代表各申请人在大圆所代表的领域的专利数量)

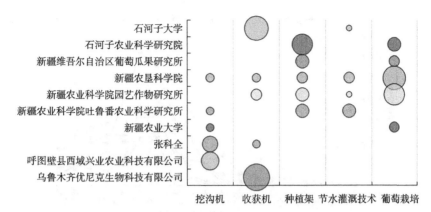

图 38　葡萄种植技术新疆专利聚类矩阵图

3.5　葡萄种植竞争区域专利分析

3.5.1　专利申请趋势分析

葡萄种植主要省份专利申请趋势如图 39 所示，江苏省在葡萄种植技术领域较早地布局了专利，各省份专利申请集中在 2013—2020 年。安徽和江苏省位居我国黄河故道和南方栽培区，为葡萄非适宜或次适宜区，该区设施栽培较多，注重发展鲜食葡萄，在鲜食葡萄品种培育和设施栽培葡萄技术领域有很大的优势；山东省地跨黄河故道和环渤海湾栽培区，受海洋气候影响，是优质的葡萄产区，云南和四川省属于西南栽培区，云南是全国葡萄成熟最早的区域，有较大的鲜食早熟优势，四川以高山不埋土防寒葡萄为优势；广西葡萄两种两收，近年来葡萄种植产业也成了对广西经济贡献较大的产业。

3.5.2　主要申请人分析

葡萄种植主要省份主要申请人排名如图 40 所示。

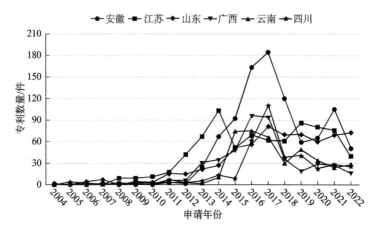

图 39　葡萄种植主要省份专利申请趋势

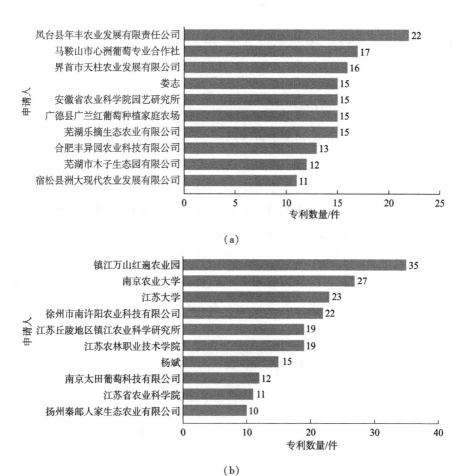

（a）

（b）

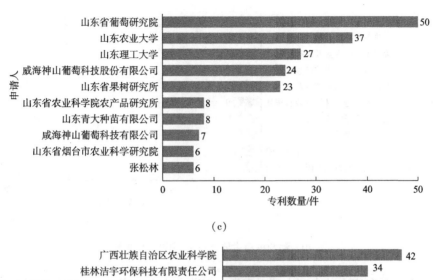

(c)

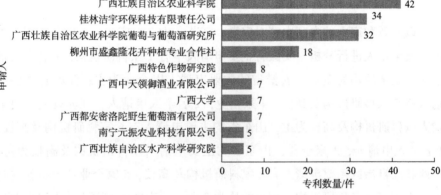

(d)

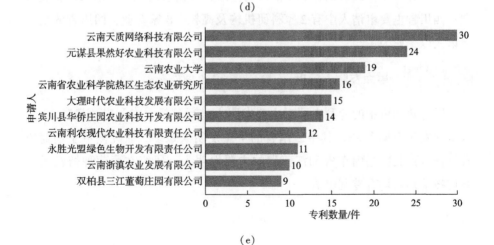

(e)

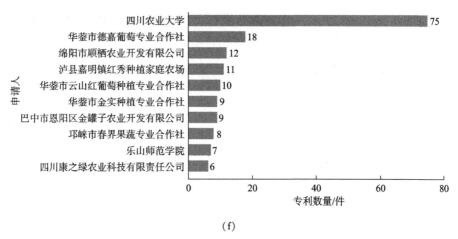

(f)

图40　葡萄种植主要省份主要申请人排名

　　以有效和审中的专利申请对安徽、江苏、山东、广西、云南和四川6省的主要申请人进行分析，安徽省主要申请人中有1家科研机构，1名个人申请人，剩余的均为企业，安徽省的主要申请人以企业为主；江苏省主要申请人有5家科研机构及高校，4家企业，1名个人申请人，江苏省的主要申请人以科研机构及高校为主；山东省的主要申请人有6家科研机构及高校，1名个人申请人，3家企业，山东省的主要申请人以科研机构及高校为主；广西壮族自治区主要申请人有5家科研机构及高校，5家企业；云南省主要申请人中有2家科研机构，剩余的均为企业，云南省的主要申请人以企业为主；四川省主要申请人中有2家科研机构及高校，8家企业，四川省的主要申请人以企业为主。

3.5.3　重点发明人分析

　　以有效和审中的专利申请对主要发明人进行分析，专利申请量在10件以上的发明人见表23，其中云南省的重点发明人最多，研究侧重于葡萄的栽培技术；其次是山东省和江苏省的主要发明人，研究在葡萄种植机械和栽培技术领域均有专利申请。

表23　葡萄种植主省份主要发明人

序号	所属单位	发明人	技术领域	省份
1	安徽省农业科学院园艺研究所；芜湖市金色北岸生态农业有限公司；	孙其宝、刘茂、周军永、朱淑芳、陆丽娟	葡萄大棚、葡萄树、葡萄修剪、遮阳避雨、浇灌	安徽
2	徐州市南许阳农业科技有限公司	陈修军	葡萄大棚、成活率、支架、除草、防鸟	江苏
3	镇江万山红遍农业园	毛妮妮、刘照亭	葡萄栽培、整形修剪、省力化栽培、香葡萄	
4	江苏大学	施爱平	葡萄种植机械、复合式、智能化设备	
5	山东省葡萄研究院	吴新颖、杨立英、陈迎春、任凤山、宫磊、王咏梅、苏玲	葡萄成活率、遮雨、架式、套袋、管理	山东
6	威海神山葡萄科技股份有限公司	唐美玲、郑秋玲	葡萄施肥开沟、整形修剪、越冬防寒、霜霉病	
7	山东农业大学	杜远鹏	葡萄新品种、育种方法	
8	元谋县果然好农业科技有限公司	龚向光	葡萄种植架、灌溉、套袋	云南
9	宾川林丰商贸有限公司	张明洪	葡萄大棚、施肥、修剪、灌溉、栽培、丰产	
10	永胜兴盟绿色生物开发有限责任公司	姚志鹏	葡萄大棚、采摘、施肥、剪枝	
11	大理时代农业科技发展有限公司	左继龙、王伟	葡萄栽培、立体种植、葡萄园、早熟、高产	
12	华蓥市金实种植专业合作社	刘红波、唐永超	葡萄采摘、套袋	四川
13	绵阳市顺栖农业开发有限公司	贾友成	葡萄栽培、大棚、灌溉、支架	
14	广西壮族自治区农业科学院	时晓芳、林玲、郭荣荣、曹雄军、张瑛、韩佳宇、黄桂媛、白先进、盘丰平	葡萄嫁接、葡萄育苗	广西

113

3.5.4   技术聚类分析

　　以有效和审中的专利申请进行聚类分析，安徽省专利技术聚类涉及露台、种植、种植架、葡萄套袋和施肥机；江苏省专利技术聚类涉及种植架、立体种植、葡萄藤、低架木桩、葡萄栽培；山东省专利技术聚类涉及葡萄采摘、避雨架、葡萄套袋、修剪剪刀和瞬时表达体系；云南省专利技术聚类涉及葡萄采收、葡萄栽培、攀爬架、种植和生态立体种植；四川省专利技术聚类涉及葡萄扦插育苗、葡萄栽培、葡萄采摘和疾病诊断育苗系统；广西壮族自治区专利技术聚类涉及葡萄栽培、栽培料、葡萄架、葡萄组育苗、葡萄，如图41所示。

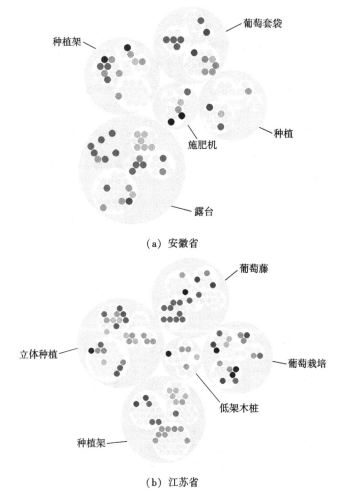

(a) 安徽省

(b) 江苏省

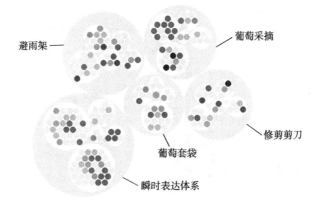

（c）山东省

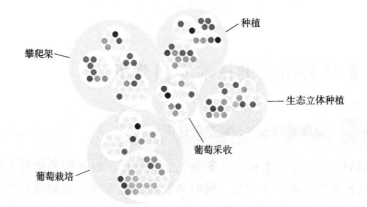

（d）云南省

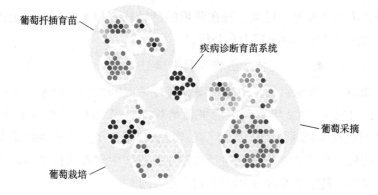

（e）四川省

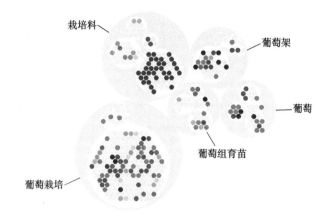

（f）广西壮族自治区

图41　葡萄种植主要省份专利技术聚类分子图

3.6　葡萄种植关键技术专利分析

3.6.1　葡萄育种技术领域专利分析

新疆属西北干旱缺水省份，冬季气温比较低，对葡萄种植技术要求较高，需要抗寒抗旱新品种葡萄，同时葡萄种植过程中需要对葡萄进行埋土及出土及节水灌溉，新疆缺乏酿酒葡萄品种的母本园，没有专业育苗单位。基地扩建和品种改良所需苗木主要依赖国外引进，酿酒葡萄基地存在较严重的自繁苗木品种退化现象。现在葡萄的品种选育技术属于技术短板，下面对葡萄选育技术具体进行专利分析。

3.6.1.1　葡萄选育技术全球专利申请分析

在葡萄选育技术领域，国外布局专利较早，1986年以前专利申请量不足10件，1986—2009年专利申请平缓增长，中国1997年开始布局专利，2014年起该技术领域的专利申请飞跃式增长，增加了全球在该技术领域的专利申请量，2017年全球专利申请高达125件。中国在该技术领域内的专利申请最多，其次是苏联和俄罗斯（图42、图43）。

3.6.1.2　葡萄选育技术中国专利申请分析

在葡萄选育技术领域，安徽省的专利申请数量最多，有125件专利申请，其次是江苏省有 76 件专利申请；山东省以 65 件专利申请排在第三，剩余省份的专利申请都在 60 件以下，该技术领域的专利申请主要集中在沿海经济技术及人才密集的省份和葡萄种植产业集聚省份（图 44、图 45）。从专利有效性来看，61.49% 的专利已失效，31.43% 专利有效，专利有效性不高（图 46）。

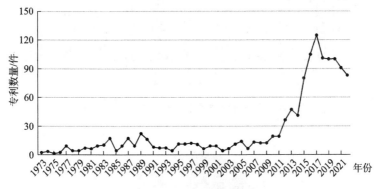

图 42　近 50 年葡萄选育技术全球专利申请趋势

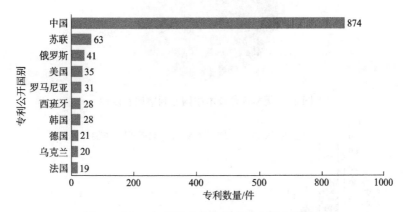

图 43　近 50 年葡萄选育技术全球专利申请排名

本技术领域主要申请人为西北农林科技大学、河南科技大学、中法合营王朝葡萄酿酒有限公司、中国农业科学院郑州果树研究所、宁夏农垦玉泉营农场有限公司和宁夏欣欣向荣苗木有限公司，以上 6 位申请人专利数量较多，专利稳定性较高。以上申请人中，共有 3 家科研院所和 3 家企业，企业中，中法合营王朝葡萄酿酒有限公司重视葡萄选育技术领域专利的申请，宁夏的两位申请人主要侧重育苗装置及育苗设施（表 24）。

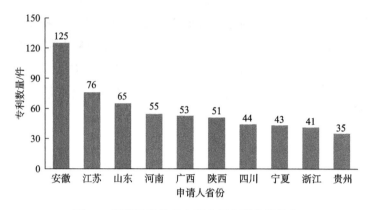

图 44　葡萄选育技术中国专利申请省份排名

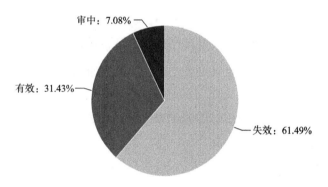

图 45　葡萄选育技术中国专利申请有效性

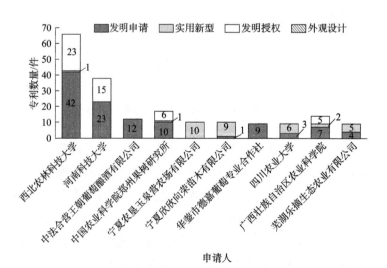

图 46　葡萄选育技术中国主要申请人及专利类型

表 24　葡萄选育技术主要发明人及研究领域

主要申请人	主要发明人	研发领域
西北农林科技大学	王西平、王跃进	野生毛葡萄、杂交育种、原位杂交、抗逆基因、抗病基因
河南科技大学	余义和、郭大龙、张国海	基因及编码蛋白、转录因子、内参基因、标志基因
中法合营王朝葡萄酿酒有限公司	尹吉泰、张军、张福庆	座果率提高、苗木快繁、脱毒
中国农业科学院郑州果树研究所	刘崇怀、姜建福、樊秀彩	生物技术育种、转录因子、分子标记
宁夏农垦玉泉营农场有限公司	李治锋、陈小兵、王占伟、拓维庶、何金柱、朱新国、吴临平、康宏、王倩、周彬、王伏宁、白隽永、马建军	育苗装置、育苗设施
宁夏欣欣向荣苗木有限公司	王继杰、苏鹏、陈东	育苗装置、育苗设施

3.6.1.3　葡萄选育技术高价值专利

葡萄选育技术领域有效专利中，有 29 件转让、28 件一案双申、6 件许可、1 件质押。表 25 列出了根据专利稳定性、价值度等维度筛查出的高价值专利。

表 25　葡萄选育技术重点专利

序号	公开（公告）号	主题	申请人
1	CN107427011A	预防农作物和观赏植物中，优选葡萄种植和木本植物中的感染的方法	百奥普拉特公司
2	CN113163765A	通过包含氯氟醚菌唑的组合物防治葡萄中的选自葡萄白粉病菌、葡萄单轴霉和葡萄黑腐病菌的植物病原性真菌的方法	巴斯夫农业公司
3	CN111303261A	一种用于检测葡萄败育相关转录因子的单克隆抗体及其应用	中国农业科学院郑州果树研究所
4	CN108138196A	欧亚种葡萄中的白粉菌抗性提供基因	埃德蒙马赫基金会
5	CN101617049A	抗病植物	安莎种子公司

序号	公开（公告）号	主题	申请人
6	CN106119260A	欧美杂交葡萄品种巨峰抗逆基因 Vl-bZIP36 及其应用	西北农林科技大学
7	CN105112426A	野生毛葡萄商-24 抗逆基因 VqbZIP39 及其应用	西北农林科技大学
8	CN104212825A	欧美杂交葡萄品种巨峰抗逆基因 VlAP17 及其应用	西北农林科技大学
9	CN103849627A	欧美杂交种葡萄巨峰抗旱基因 VvMBF1	西北农林科技大学
10	CN106754992A	一种葡萄抗病相关基因 VvPUB17 的应用、表达载体及其应用	河南科技大学
11	CN106520791A	葡萄抗病相关基因 VvPUB21 及其植物表达载体和应用	河南科技大学
12	CN110129335A	葡萄果实成熟相关基因 VvNAC 及其应用	河南科技大学
13	CN110079537A	葡萄细胞分裂素响应调节因子 VvRR 基因及其编码蛋白和应用	河南科技大学
14	CN110452915A	葡萄 VlKNOX 基因促进细胞分裂素合成调控果实坐果的应用	河南科技大学
15	CN110845590A	野葡萄 VyPPR 基因及其编码蛋白在干旱胁迫中的应用	河南科技大学
16	CN106520791A	葡萄抗病相关基因 VvPUB21 及其植物表达载体和应用	河南科技大学
17	CN104673720A	一种用于防治葡萄霜霉病的巨大芽孢杆菌及其悬浮剂	山东省科学院生物研究所
18	CN104206242A	一种葡萄脱毒试管苗周年工厂化生产工艺	宁夏农垦西夏王实业有限公司葡萄苗木分公司
19	CN101564011A	一种欧亚种无核葡萄高效育种技术	杭州蓝天园林建设集团有限公司余杭分公司
20	CN110115163A	一种中国北方高纬度地区耐寒葡萄嫁接培育方法	营口津源农业发展有限公司

续表

序号	公开（公告）号	主题	申请人
21	CN107950573A	一种提高葡萄原花青素含量的葡萄扦插条处理方法	马鞍山市双飞葡萄专业合作社
22	CN105580705A	一种葡萄插条快速催根的方法	山东志昌农业科技发展有限公司
23	CN106615071A	紫檀芪在防治葡萄灰霉病和荔枝霜疫霉病中的应用	中国农业大学；华南农业大学
24	CN107142275A	葡萄早熟基因 VvWRKY13 在调控植物中乙烯生物合成中的应用	青岛农业大学
25	CN106498022B	一种高生防力葡萄灰霉菌拮抗菌的快速诱抗筛选方法	天津科技大学
26	CN105409708A	一种山葡萄种质资源休眠期抗寒性的鉴定方法	中国农业科学院特产研究所
27	CN105154432A	一种用于扩增灰葡萄孢菌四个基因的方法及其多重 PCR 引物组	北京工业大学
28	CN107580965A	葡萄新品种	中化（烟台）作物营养有限公司
29	CN104782474A	一种提高无核葡萄杂交胚挽救成苗的方法	浙江省农业科学院

3.6.2　葡萄种植机械专利分析

3.6.2.1　葡萄种植机械全球专利申请分析

就葡萄种植机械领域申请趋势来看，1973—1984 年，专利申请趋势较平缓，数量维持在 25 件左右，1985 年起本领域专利申请数量有所下滑，直至 2012 年专利数量才有了跃进式增长，在 2021 年达到峰值（图 47）。

就葡萄种植机械领域申请国家分布来看，中国数量最多，共有 783 件相关专利，法国位居第二，共有 335 件相关专利，苏联位居第三，共有 130 件相关专利（图 48）。

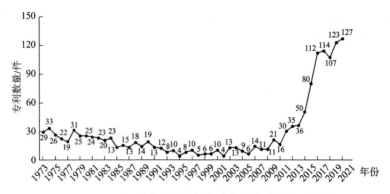

图 47　近 50 年葡萄种植机械全球专利申请趋势及排名

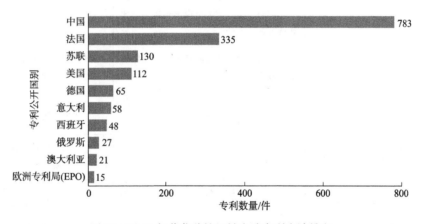

图 48　近 50 年葡萄种植机械全球专利申请排名

3.6.2.2　葡萄种植机械中国专利申请分析

在葡萄种植机械领域，宁夏回族自治区的专利申请数量最多，有 97 件专利申请，其次是新疆有 94 件专利申请；山东省以 79 件专利申请排在第三，剩余省份的专利申请都在 70 件以下（图 49）。从专利有效性来看，56.83% 的专利已失效，37.42% 专利有效，专利有效性不高，说明该技术领域在国内研发高度较低（图 50）。

本技术领域主要申请人为中国农业大学、宁夏智源农业装备有限公司和宁夏大学，以上 3 位申请人专利数量较多，如图 51 和表 26 所示。

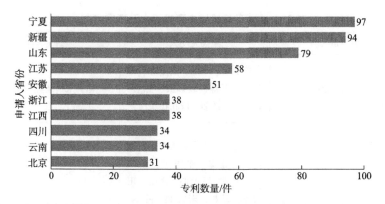

图 49　葡萄种植机械中国专利申请省份排名

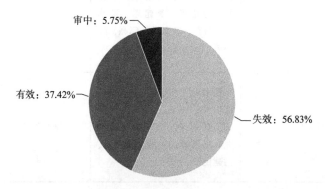

图 50　葡萄种植机械中国专利申请有效性

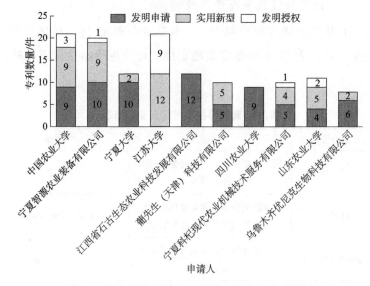

图 51　葡萄种植机械中国主要申请人及专利类型

表26　葡萄种植机械主要发明人及研究方向

主要申请人	主要发明人	研发方向
中国农业大学	徐丽明、马帅、袁全春、牛丛、王烁烁、袁训腾、陈晨、曾鉴、邢洁洁、段壮壮	葡萄采摘装置、除土机
宁夏智源农业装备有限公司	陈智、万平、杨术明、丁文捷、王昱潭、崔惠琴、张国庆、李国、豆孝明、李安、田巧环、彭粒、宋智超、陈磊、高强、李军、周建东、李进福、赵建华、李建忠、张伟亮、吕真、杨文升、郭亮、陈小婷	葡萄埋藤机、除土机
宁夏大学	杨术明、陈小斌、周建东、谢俊华、王乾、马永龙、陈智、赵建华、杨树川、马伏龙、王昱潭、王敏、张志强、白建民	葡萄挖藤机、埋藤机

3.6.2.3　葡萄种植机械高价值专利

葡萄种植机械领域有效专利中，一案双申专利35件、转让专利23件、权利人变更5件。表27是根据专利稳定性、价值度等维度筛查出的高价值专利。

表27　葡萄种植机械重点专利列表

序号	公开（公告）号	主题	申请人
1	CN207911560U	用于藤蔓作物、特别是葡萄树的预修剪机	高拉德公司
2	CN111771149A	刺激葡萄藤、葡萄藤再植株或农作物生长的方法和装置	奥普提·哈维斯特公司
3	CN107079669A	一种农业葡萄园智能自动采摘及输送装置	崔嘉嘉

续表

序号	公开（公告）号	主题	申请人
4	CN206078753U	新型高效可升降折叠式双翼防风枸杞葡萄专用植保机械	宁夏农林科学院枸杞研究所（有限公司）；宁夏务农源科技开发有限公司
5	CN104322164A	葡萄园开沟埋藤机	常州汉森机械有限公司
6	CN202310491U	一种双侧可调刮片式葡萄埋藤机	赵树海
7	CN201805685U	一种葡萄园专用施肥机	孙星钊
8	CN109819695B	一种葡萄藤清土装置及安装该清土装置的工程机械	江苏大学
9	CN205922075U	酿酒葡萄收获机及其果实收集与运输装置	中国农业机械化科学研究院；现代农装科技股份有限公司
10	CN204180639U	葡萄园机械化种植管理装置	吕志辉
11	CN206165216U	一种酿酒葡萄收获机	中国农业机械化科学研究院；现代农装科技股份有限公司
12	CN206165204U	酿酒葡萄收获机的果实采摘装置	中国农业机械化科学研究院；现代农装科技股份有限公司
13	CN206181733U	葡萄机械除草机	宁夏智源农业装备有限公司
14	CN105612926B	一种振动分离装置及葡萄收获机	石河子大学
15	CN207235377U	液压驱动式葡萄园防寒土清除机	河北科技师范学院；中粮华夏长城葡萄酒有限公司；秦皇岛市晟杰葡萄酒产业研究发展中心
16	CN207269697U	一种枸杞或葡萄专用可调式立体喷雾植保机械	中国医学科学院药用植物研究所；
17	CN207427851U	一种篱壁式鲜食葡萄的无损智能分级收获机	山东农业大学
18	CN107079669B	一种农业葡萄园智能自动采摘及输送装置	新昌县澄聚农业科技有限公司
19	CN109819695A	一种葡萄藤清土装置及安装该清土装置的工程机械	江苏大学
20	CN211792820U	一种用于葡萄树种植的挖坑辅助装置	芜湖市金色北岸生态农业有限公司；安徽省农业科学院园艺研究所

3.7 葡萄种植技术知识产权总结

酿酒葡萄品种权

酿酒葡萄品种权属于知识产权保护的范畴,世界各国都非常重视酿酒葡萄的种质资源,国际葡萄品种目录 Vitis International Variety Catalogue, VIVC, (http://www.vivc.de) 中共登录了 84 个国家及地区 146 个研究所保存的 24 400 份葡萄种质资源信息(包括鲜食和酿酒),其中法国登录的品种最多,有 5612 份。我国收集、保存的葡萄品种只有 2000 余个。我国是葡萄属植物的起源中心,也是东亚种群的集中分布区,丰富的种质资源为育种工作提供了珍贵的材料,中华人民共和国成立 70 多年来,我国自主育种的葡萄品种近 400 个。

砧木被发明并广泛使用,其实最开始是根瘤蚜在欧洲爆发,对当地葡萄园具有毁灭性打击,后来发现美洲葡萄对根瘤蚜有抗性,才引进了美洲葡萄的砧木,嫁接欧洲的优良品种,发现可以改善葡萄部分品质,这才是全世界使用砧木的开端。我国葡萄栽培环境非常多元化,从辽宁到广东都可以进行葡萄生产,有些地方比较干旱如新疆,有些地方雨水比较丰富如广东,有些地方严寒,如东北、华北和西北产区,有些地方酷暑,葡萄品种本身的抗逆性不佳,需要通过砧木来改良。砧木改良在抗根瘤蚜、抗线虫、调整接穗长势、调整葡萄采收期、适应酸性土壤、充分利用土壤中矿物元素和提高葡萄抗寒抗旱及耐涝能力具有很好的作用。

其中葡萄登记品种有 97 个,这些葡萄登记品种中,以原审定或已销售的老品种居多,以鲜食葡萄为主,新选育的也多为鲜食葡萄品种。酿酒葡萄国家登记品种有 19 个,其中有 5 个是国外引种;地方登记品种 31 个,申请植物新品种的酿酒葡萄品种有 12 个,近年来培育出的酿酒新品种较少,国内在酿酒葡萄品种主要用山葡萄、刺葡萄和毛葡萄等特色品种及地方品种进行培育。大部分育成的新品种尚未登记,品种推广应用的比例不高,且大多数生产上的主栽品种也未登记。

登记申请的酿酒葡萄品种中,科研单位、大学等公益性机构的申请量占绝对优势，以中国农业科学院特产研究所、中国科学院植物研究所、中国农林科学院郑州果树所、西北农林科技大学和广西农科院葡萄与葡萄酒研究所等科研单位为主，也有一些葡萄酒企业如张裕、莱恩堡和圣保利。葡萄登记申请者主要集中在果树育种科研力量雄厚的省份，登记品种选育方式以常规杂交为主，亲本以玫瑰香和两大野生葡萄品种毛葡萄、刺葡萄为主。

新疆葡萄的系统育种工作起步较晚，从 20 世纪 70 年代末才开始杂交育种工作，三十年来，参与育种的主要科研单位仅有 2~3 个，研究人员变动较大，经费时有时无，严重制约了葡萄新品种的育成的速度与质量。从 1996 年自治区农作物品种审定委员会审定第一个新疆自育品种"新葡一号"到现在，主要育成的品种有：新疆维吾尔自治区葡萄瓜果开发研究中心育成的"新葡一号""新郁""紫霞""火州黑玉""火州红玉""戈壁新秀"和石河子葡萄研究所育成的"紫香无核""水晶无核""昆香无核""绿翠"等。目前在生产上仅有"紫香无核"和"新郁"有一定栽培面积，其他品种栽培很少，以上品种都属于鲜食葡萄领域。

新疆维吾尔自治区无酿酒葡萄植物新品种的登记和申请，在酿酒葡萄培育方面能力较弱。新疆缺乏酿酒葡萄品种的母本园，没有专业育苗单位，基地扩建和品种改良所需苗木主要依赖国外引进，酿酒葡萄基地存在较严重的自繁苗木品种退化现象，酿酒葡萄品种严重制约着新疆葡萄酒产业的发展。新疆是我国葡萄的主要产区之一，葡萄育种工作应该是新疆葡萄科研工作中的重要组成部分，可是新疆的葡萄育种工作起步相对较晚，新育成的品种数量较少，新品种推广面积有限，因此有必要加大新疆葡萄育种工作力度，尽快追赶国内外发达地区育种工作的步伐。

3.7.2　葡萄地理标志

农业部于 2008 年全面启动农产品地理标志登记保护工作。从 2008—2021 年，我国葡萄农产品地理标志共申请 55 个，葡萄品种主要以鲜食葡萄为主，均来自我国葡萄的主产区，这种情况与我国主产鲜食葡萄一致。葡萄酒类地理标志的原料主要包括红色品种（赤霞珠、美乐、蛇龙珠、品丽珠、西拉等）和白色品种（霞多丽、雷司令、贵人香、威代尔等）等常见品种，也包括一些我国特色的毛葡萄、山葡萄等。至于鲜葡萄地理标志则品种多样，既有夏黑、红地球、巨峰等栽培品种，也有如溪塔刺葡萄、湘珍珠葡萄、柳河山葡萄、关口葡萄、宣化牛奶、新疆无核白、红岩水晶葡萄等独具特色的野生和地方品种。新疆维吾尔自治区乌鲁木齐市、和田地区、石河子市、博乐和伊犁分别申请葡萄农产品地理标志 5 个，品种涉及红地球和木纳格等鲜食葡萄，在酿酒葡萄品种无农产品地标申请。

在商标局批准注册了 79 件葡萄地理标志证明商标，注册人均为各葡萄产区的产业协会、推广中心及研究所，可以看出各个葡萄产区的知识产权意识很高，注重区域特色产品及产业的保护。美国加州鲜食葡萄委员会也在我国注册了地理标志证明商标。新疆维吾尔自治区的吐鲁番、喀什、和田、和硕、阿图什、库车、博乐和阿克苏新和县共注册地理标志商标 8 件。

国家知识产权局共批准了 23 个地理标志保护产品，核准 147 家企业获得葡萄地理标志保护产品专用标志。

3.7.3 葡萄种植专利技术

全球葡萄大规模种植始于 20 世纪 50 年代，后经过不断发展，现处于产业成熟期。我国葡萄种植技术领域的专利申请量正在不断增长，未来，随着葡萄选育种植、种植技术的不断发展，消费和生活水平的提高，对葡萄产业不同产品的需求增加，我国葡萄产业还会迎来新的发展机遇（表 28）。

表 28 葡萄种植专利技术主要产出区域及申请人、发明人一览表

地域	申请人	主要发明人	技术领域	重点专利
全球	戴维·凯恩（DAVID CAIN）农业研发有限责任公司 应用基因组学研究所	DAVID CAIN shacharkarniel timothypsheehan	无核葡萄 葡萄新品种	US10631471B2 US20180192606A1 US9068154B2 US9994861B2
中国	四川农业大学 西北农林科技大学 葡先生（天津）科技有限公司 中国农业大学 镇江万山红遍农业园 中国农业科学院郑州果树研究所	毛妮妮 芮东明 刘照亭 张军	萄支撑架 扦插育苗 采摘 种植 结果枝 避雨装置 葡萄苗 灌溉 施肥	CN107427011A CN113163765A CN111303261A CN207911560U CN108138196A CN101617049A

续表

地域	申请人	主要发明人	技术领域	重点专利
新疆	新疆农垦科学院 新疆农业科学院园艺作物研究所 石河子农业科学研究院 乌鲁木齐优尼克生物科技有限公司 新疆农业科学院吐鲁番农业科学研究所 石河子大学	潘明启 郭绍杰 钟海霞 谢辉	挖沟机 葡萄栽培 种植架 收获机 节水灌溉	CN105052575A CN105612926B CN104429795A CN103975821A
安徽	安徽省农业科学院园艺研究院 芜湖乐摘生态农业有限公司 广德县广兰红葡萄种植家庭农场	孙其宝 刘茂 周军永 朱淑芳	露台 种植 种植架 葡萄种植 施肥机	CN107950573B CN106818221B CN107950573A CN105684625A
江苏	江苏大学 南京农业大学 徐州市南许阳农业科技有限公司 镇江万山红遍农业园	毛妮妮 刘照亭 施爱平 陈修军	种植架 立体种植 葡萄藤 葡萄栽培	CN105052332B CN104160915B CN104322344B CN104206226A
山东	山东农业大学 山东省葡萄研究院 威海神山葡萄科技股份有限公司 山东省果树研究所	吴新颖 杨立英 唐美玲 杜远鹏	葡萄采摘 避雨架 葡萄套袋 修剪剪刀	CN105580705B CN100448808C CN106171809B CN104488647A
云南	元谋县果然好农业科技有限公司 大理石代农业科技发展有限公司 元谋县果然好农业科技有限公司 宾川林丰商贸有限公司	龚向光 张明洪 左继龙 姚志鹏	葡萄采收 葡萄栽培 攀爬架 种植 生态立体种植	CN105210643B CN105191742B CN103340129B CN103733951A
四川	四川农业大学 泸县嘉明镇红秀种植家庭农场 华蓥市金实种植专业合作社 绵阳市顺栖农业开发有限公司	刘红波 唐永超 贾友成	红提葡萄 大棚设施 刺葡萄 葡萄架 驱鸟	CN103190345A CN108718892B

地域	申请人	主要发明人	技术领域	重点专利
宁夏	宁夏大学 宁夏智源农业装备有限公司 宁夏欣欣向荣苗木有限公司 宁夏农垦玉泉营农场有限公司	何金柱 王振平 王继杰 赵建华	葡萄树 出土机 葡萄架 葡萄藤 整地机	CN104206242B CN102499079B CN20694882U

从全球地域分析可知，中国在葡萄种植技术的专利申请量遥遥领先，美国位居于第二位，法国、美国、西班牙、意大利等国家注重葡萄酒酿造技术及葡萄酒的地域保护，美国、日本重视葡萄新品种培育技术，培育出许多优良的葡萄品种。

全球申请人中，国外申请人以鲜食葡萄及葡萄酒产区个人及企业为主，国内申请人以四川农业大学、西北农林科技大学、中国农业大学、中国农业科学院郑州果树研究所等科研院所和高校为主，由此看出，我国在葡萄种植技术的专利申请量虽然很高，但葡萄种植的专利技术实施转化及推广应用的水平不高。

新疆在葡萄种植技术领域专利申请以葡萄种植机械、葡萄栽培、种植架和节水为主，在葡萄种植技术领域还没有形成系统的研究体系，新疆申请人主要为新疆农垦科学院和新疆农业科学院园艺作物研究所等农业科研院所及高校。由中国申请人分析可知，四川农业大学、西北农林科技大学、中国农业大学等高校在葡萄种植技术领域取得了一定研究成果，新疆可与高校及科研院所共同开展葡萄种植的技术研发，进行技术的协同创新，从而将中国葡萄种植技术领域的人才资源、企业的产业资源进行充分集成，实现资源效益最大化，从而切实带动葡萄种植技术生产水平。

葡萄种植技术领域内，中国及新疆专利申请类型以发明为主，专利稳定性较好，但是专利的有效性不高，一半以上为失效专利，新申请的专利申请量也不高，专利申请集中在沿海经济发展迅速、农业技术发达的、注重知识产权保护的沿海省份。

竞争葡萄产区方面，安徽和江苏在鲜食葡萄品种的选育及设施农业种植技术领域占优势，大力发展鲜食葡萄及休闲旅游、采摘体验和农家餐饮一体化发展，实现产业优化升级；安徽葡萄产区在农业部申请葡萄农产品地理标志 1 个，在商标局申请 4 件葡萄地理标志证明商标；江苏葡萄产区在农业部申请葡萄农产品地理标志 1 个，在商标局申请 8 件葡萄地理标志证明商标。

云南和四川鲜食葡萄较其他省份早熟，大力发展鲜食葡萄的同时，四川正在打造"世界高山葡萄酒产区"，云南本地葡萄酒企业并没有形成规模聚集，也没有极为出众的龙头企业，云南葡萄产区在农业部申请葡萄农产品地理标志 1 个，在商标局申请 3 件葡萄地理标志证明商标；四川葡萄产区在农业部申请葡萄农产品地理标志 3 个，在商标局申请 3 件葡萄地理标志证明商标。

山东产区在中国葡萄产业中占有举足轻重的地位，山东产区最主要葡萄种植区域为胶东半岛，种植面积约占山东种植面积的 90%，胶东半岛内核心产区分别是：烟台产区、蓬莱产区、青岛产区，主要种植的葡萄品种有蛇龙珠（Cabernet Gernischet）、赤霞珠（Cabernet Sauvignon）、贵人香（Italian Riesling）、霞多丽（Chardonnay）、白玉霓（Ugni Blanc）、马瑟兰（Marselan）、小芒森（Petit Manseng）。山东产区和"世界七大葡萄海岸"之一，目前已发展葡萄种植面积 2 万多公顷，葡萄酒产量、产值居全国首位，也是葡萄酒生产企业看好的原料基地和酒厂所在地。山东立足区位、资源优势，着力打造中国乃至世界的"葡萄酒名城"，山东产区的旅游产业和葡萄与葡萄酒产业都已具备一定规模。山东葡萄产区在农业部申请葡萄农产品地理标志 2 个，在商标局申请 15 件葡萄地理标志证明商标。

长期以来，全球葡萄优势栽培区域位于温带冷凉区域。广西属于南亚热带气候，被业界划分为葡萄种植次适宜区。但广西另辟蹊径，锁定热区葡萄领域持续发力，目前全球热区葡萄研发实力广西最强。广西也由葡萄种植次适宜区转变为特殊优势种植区。自 2009 年广西农科院葡萄与葡萄酒研究所成立以来，以"八桂学者"白先进研究员为学科带头人，整合全区多家科研、生产、示范单位的研究力量，建立了一支 50 多人的热区葡萄产业研发队伍。在国家自然科学基金、广西创新驱动项目等 50 多个项目的资助下，研发团队突破热区葡萄栽培瓶颈，引育了耐热、抗病、低需冷量、无核、适宜一年两收栽培、丰产优质等适应热区气候特点的葡萄新品种。广西葡萄产区在农业部申请葡萄农产品地理标志 3 个。

我国在葡萄种植机械水平较低，研发较少，我国在葡萄种植机械尚属于研发试生产阶段，与法国、德国等农业机械化水平高的国家存在很大的差距。新疆等西北地区冬季寒冷，葡萄种植需要挖坑埋藤，新疆葡萄种植面积的扩大，以及人少地多及劳动力的短缺，推广葡萄种植机械化的应用迫在眉睫，通过引进农业机械发达国家的先进葡萄种植机械，将根据新疆葡萄种植企业的需要引进并研究其他先进设备，加强与国内外科研院所、设备研发企业的合作，争取实现葡萄种植设备国产化，使中国酿酒葡萄种植产业尽快受益。

3.8 新疆葡萄种植产业定位

3.8.1 新疆葡萄种植产业存在的问题

20 世纪 80 年代初，我国各个葡萄产区开始新建大型酿酒厂，新疆也不例外，从 1964 年起至今，经历四个发展阶段，新疆葡萄酒产业进入工业化量产和酒庄酒同步高速发展时期。但是用于酿酒的都是新疆的一些地方品种有白葡萄、和田葡萄、香葡萄等。随着酿酒业的发展，这些品种逐渐被淘汰，转而从山东等地引进了专用的酿酒品种。

新疆维吾尔自治区葡萄瓜果研究所承担着新疆葡萄种质资源的保存工作，先后引进国内外葡萄资源 500 多个，包括欧亚种、美洲种、欧美杂种、山欧杂种、圆叶葡萄与河岸葡萄等多个种群，鲜食品种 350 余个，酿酒品种 90 余个，制干品种 20 个，制汁品种 6 个，砧木品种 8 个，药用品种 1 个，兼用品种 30 余个。新疆的育种单位有新疆维吾尔自治区葡萄瓜果研究所、石河子葡萄研究所和兵团十三师农业科学研究所。

3.8.1.1 葡萄育种和苗木是新疆酿酒葡萄发展的重要的限制因素

葡萄的育种和苗木是葡萄酒产业的根基，也是我国葡萄酒产业的短板，尤其是适宜各产区风土条件的酿酒葡萄品种品系的选育和苗木供应。面对新疆冬季埋土防寒和病虫害防治两大特殊环境，选育抗性品种关乎着葡萄酒产业的生存与竞争力。

新疆缺乏酿酒葡萄品种的母本园，没有专业育苗单位。基地扩建和品种改良所需苗木主要依赖国外引进，酿酒葡萄基地存在较严重的自繁苗木品种退化现象。目前新疆酿酒葡萄苗木繁育体系尚未建成，酿酒葡萄苗木由内陆省份购入或从国外引进，存在苗木纤细、品种纯度无法得到保证，种植成本高，存在病虫害风险，成活率不能得到充分保证，长势良莠不齐，对葡萄园成园存在影响，优质酿酒葡萄苗木选育、研发工作相对滞后，专业化技术人员不足，产业升级、技术革新缓慢，严重影响葡萄酒基地的经济效益和葡萄酒产业的发展。

3.8.1.2　种植品种单一，管理水平粗放，机械化水平较低

新疆种植葡萄以鲜食、制干为主，酿酒葡萄占有一定比例，品种赤霞珠、品丽珠种植面积居高，其他品种比较少，对于葡萄酒新产品的研发及混酿工艺等造成一定的局限。

新疆是我国优质棉和果品的重要生产基地，人少地多。劳动力缺乏，葡萄种植管理，使得葡萄酒新疆是全国农业机械化水平最高的地区之一，但葡萄生产机械化水平依然较低，原因是葡萄生产过程复杂，农艺要求严格，加之我国对葡萄生产机械的研发起步较晚，比起欧美的意、德、法等国家，葡萄种植农机应用水平较低，亟需相应机械解决传统的依靠人工作业的问题。

葡萄建园时需要开沟、栽桩、拉线、深耕、定植，种植的主要环节包括春季扒藤、施肥、浇水、中耕除草、植保、整形修剪、收获、入冬剪枝、残枝处理和冬季埋藤。以上环节中，春季扒藤、整形修剪、收获、入冬剪枝、残枝处理需要依靠人工作业，剩余基本实现了机械化，葡萄种植规模扩大与葡萄生产机械不同步协调发展，必然会限制葡萄产业的规模化、集约化和高效化发展。

3.8.1.3　葡萄种植技术保障与发展速度不匹配

葡萄酒产业的快速发展和竞争的加剧，新疆大力发展葡萄酒产业，葡萄酒生产企业如雨后春笋般增长，在增长的过程中，一些葡萄酒产区及企业，过分追求速度与规模扩张，在酿酒葡萄园的建设及种植等技术方面，缺乏合理的规划、整体设计和有效管理，酿酒葡萄栽培管理粗放，栽培管理技术不统一、缺乏与现代葡萄酒生产企业要求相应配套，符合当地生态标准化的栽培技术；种植追求产量忽略质量，规模小、管理分散，稳定高

质量的酿酒原料不能保障。新疆缺乏葡萄品种选育、种植栽培和基地管理的科技人才，使得新疆各产区葡萄品种结构趋同，规格差异较大。

3.8.1.4 极端天气的影响

新疆具有冬季寒冷时间长、强度大、降雪量不稳定，春秋季节温度不稳定、风大、易降雪，秋季早霜等严重影响着葡萄的安全生产，造成葡萄质量下降、减产等。因此，冻害成为新疆葡萄生产面临的最大问题之一，葡萄冬季越冬保护措施显得尤为重要，这也给酿酒葡萄的种植增加成本与劳动强度。

3.8.2 新疆葡萄种植产业定位

全球葡萄种类较多，主要分为鲜食、酿造和砧木三种类型，葡萄品种权在全球均属于知识产权保护范畴，各国都非常重视酿酒葡萄的种质资源，国际葡萄品种目录 Vitis International Variety Catalogue，VIVC，（http://www.vivc.de）中共登录了 84 个国家及地区 146 个研究所保存的 24 400 份葡萄种质资源信息（包括鲜食、酿酒和砧木），法国登录的葡萄品种有 5612 份，我国收集了 2000 余个，自主培育葡萄品种 400 个，仅有 97 个申请植物新品种权，酿酒品种有 19 个，以中国特有的山葡萄、刺葡萄和毛葡萄为主，新疆育种 10 个葡萄品种，均为鲜食葡萄，只有"紫香无核"和"新郁"有栽培，无酿酒葡萄品种育种，也未进行新品种的登记与申请。我国葡萄育种以鲜食葡萄为主，新疆葡萄育种能力较弱。

全国在农业部申请葡萄地理标志 55 个，在商标局申请 79 件地理标志证明商标，新疆在农业部申请葡萄地理标志 5 个，在商标局申请 8 件地理标志证明商标，但国家和新疆申请的地理标志产品和地理标志证明商标均为鲜食葡萄，说明新疆在鲜食葡萄领域原产地保护意识较强。

全球范围内，中国专利申请量最高，专利技术领域主要包括种植机械和栽培方法，其次是美国和法国，美国专利技术侧重 A01H（新植物或获得新植物的方法）和 A01D（采摘收获）技术领域，尤其鲜食葡萄品种的培育，主要申请人是美国的国际水果遗传育种有限责任公司的戴维·凯恩（David Cain），著名的鲜食葡萄甜蜜蓝宝石、女巫的手指和棉花糖葡萄均出自其手，鲜食专利数量高达 34 件；法国的专利技术侧重于 A01B（农业或林业的整地、一般农业机械或农具部件）和 A01D（采摘收获技术领域），美国和法国在多个国家申请了同族专利。国外在葡萄种植技术领域注重葡萄品种的培育和葡萄种植机械的设计研发。

全国范围内，中国的安徽、江苏和山东的专利申请排在前三，中国的失效专利过半，中国申请人以企业为主，专利技术主要包括葡萄栽培方法和种植设备。中国主要专利技术领域包括 A01G（园艺、蔬菜、花卉、稻、果树、葡萄、啤酒花或海菜的栽培）和 A01C（种植、播种与施肥），侧重于葡萄栽培与种植技术。

新疆在葡萄种植技术领域专利申请主要技术分布在乌鲁木齐市、石河子市和昌吉州，新疆葡萄种植专利的区域分布与葡萄酒产业的区域布局保持一致。新疆主要申请人为新疆农垦科学院、新疆农业科学院园艺作物研究所，主要技术领域涉及葡萄栽培方法和种植机械。可见科研院所及高校作为新疆葡萄种植专利的主要申请人，是葡萄种植技术创新的主力军。新疆主要专利技术主要领域包括 A01G（园艺、蔬菜、花卉、稻、果树、葡萄、啤酒花或海菜的栽培）和 A01C（种植、播种与施肥），侧重于葡萄栽培与种植机械。

新疆在葡萄酒的育种技术领域专利申请不足。为保证葡萄酒产业的持续发展、降低苗木运输生产成本及满足原料的供应，新疆应充分利用快速建园技术，加快进度在葡萄酒产业建立葡萄母本园，酿酒葡萄主产区、行业主管部门与质量技术监督部门要通力合作、密切配合，建立品牌，申报新疆葡萄酒原产地认证，扩大规模，促进新疆葡萄酒产业持续发展。

葡萄育种技术领域，全球范围专利申请量不高，中国申请专利 874 件引领了全球专利申请趋势，主要申请人为西北农林科技大学、河南科技大学和中法合营王朝葡萄酿酒有限公司，说明我国科研院所及大型葡萄酒生产企业在该技术领域的研发的活跃度较高（表 29）。

表29 葡萄育种技术及机械设备高校主要发明人及团队

发明人	单位	研究方向	主要专利
王跃进	西北农林科技大学	葡萄种质资源与遗传育种、中国野生葡萄抗白粉病基因功能研究与应用，无核葡萄胚挽救与无核葡萄新品系培育，葡萄杂交育种与应用研究	CN101283669B CN102121005B CN100523178C CN1281756C
王西平	西北农林科技大学	葡萄种质资源与生物技术、葡萄新品种选育、葡萄优质栽培调控等。采用杂交育种、实生选种、突变育种、多倍体育种、胚培养及标记辅助选择技术创制抗病性强、丰产优质的葡萄新材料；开展葡萄抗灰霉病、黑痘病基因，无核葡萄胚败育及 GA3 诱导葡萄无核的机理研究	CN106834135B CN106119260B CN104212825B CN105112426B
余义和	河南科技大学	葡萄抗逆分子生物学/葡萄果实成熟与衰老分子生物学	CN106754992B CN106520791B CN110129335B CN110885841B
郭大龙	河南科技大学	园艺植物种质资源评价、创新和利用园艺植物分子育种	CN106754992B CN106520791B CN110129335B CN110885841B
张颖	中国农业科学院郑州果树研究所	葡萄资源精准鉴定、重要农艺性状基因挖掘、葡萄分子育种技术研究	CN105925574B CN111303261B CN107760798B CN107723378B
杨学军	中国农业机械化科学研究院；现代农装科技股份有限公司；	葡萄收获机采摘、清杂、收集、运输、方向传感等	CN205922075U CN206165204U CN107517657A CN107667669A
坎杂	石河子大学	葡萄收获机的分离、控制、传输、振动	CN105612926B CN202603225U

3.9 新疆葡萄种植业发展路径

（1）酿酒葡萄品种优化路径：发挥区域优势、发展特色品种结合新疆各产区独特的自然条件，以市场为导向，选育或引进具有地方特色的优良品种或新品种，着重从抗寒、抗旱及抗病虫害的角度进行品种的选育，加大对地方特有品种的保护。大产区建议种植多种类葡萄，小产区建议种植主流葡萄品种，为保证葡萄品质，适当限产。

（2）企业整合培育引进路径：支持葡萄种植新型经营主体以"葡萄酒企业+种植合作社+小种植户""葡萄酒企业+种植大户+小种植户""葡萄酒企业+家庭农场+小种植户"等模式，发挥对小种植户的引领带动作用，或以合作制、股份制、股份合作制等深层利益连接机制，提高种植环节的组织化程度。

（3）提高机械化应用水平：积极推动酿酒葡萄种植机械智能化研究，有效降低种植成本，推广机械化栽培模式，大幅提升新疆产区成本竞争和规模竞争优势。新疆地多人少，积极推广葡萄种植机械化应用，解放出劳动力，加强对葡萄进行精细化管理。为提高葡萄种植质量、提高劳动效率，引进法国、德国及意大利（如法国高拉德农机制造和格瓜尔农机制造）等一些先进的葡萄种植机械设备，加强与国内及新疆科研院所及设备研发企业合作，消化吸收转化其技术，研发新产品，争取实现葡萄种植设备国产化，使中国酿酒葡萄种植产业尽快受益。

（4）技术创新引进提升：抓紧时间对酿酒葡萄品种的研究及栽培配套技术，从法国、意大利等葡萄酒重要生产国引进优质原种苗，引进机械嫁接、保鲜库贮运技术和设备，按照母本园、采穗圃及繁育园高标准建设，培育抗寒砧木嫁接苗，引进组织脱毒设备，培育无病毒葡萄苗，大力开展良种选育，培育优良品种和提供良种接穗。

同时要加大公用公知技术的应用，注重专利风险预警，对于国外或失效的专利，积极参考利用这些技术，提高研发起点，防止重复研发，关注可能的专利风险，积极跟踪跨国企业专利布局动向，加强专利的预警，通过规避涉及或技术引进等方式化解风险。

（5）创新人才引进培养路径：人才是重要的创新资源，新疆要加大葡萄育种及种植技术领域人才的培养力度，迅速形成人才集聚效应，加大内部人才的培养同时，积极引进国内外高端人才。对于外部人才的引进，除了立足本地之外，还可以加大政策倾斜力度，加速外部创新型人才。加强与国内科研院所四川大学、西北农林科技大学、中国农业大学、河南科技大学及中国农业科学院郑州果树研究所之间合作交流，内部注重与新疆高校的合作交流及产学研合作，作为内部人才的培养。

3.10　新疆葡萄种植业发展建议

3.10.1　葡萄园的规划及种植

因地制宜、科学论证和规划新疆酿酒葡萄的发展战略。根据我区的自然条件，做出详细的发展规划，从品种到酿造、营销等方面进行充分的调查论证，以确定我区酿酒葡萄种植及葡萄酒生产发展的规模、发展区域和模式，切忌盲目上马，造成重复建设，反对恶性竞争，保护葡萄酒业的健康发展。

组织科研推广机构攻关，引进、吸收先进的酿造与种植技术。制定出新疆发展酿酒葡萄的科研攻关计划，制定出具体的技术标准和生产优质高档葡萄酒的措施。

高度重视酿酒葡萄基地的建设，注重提高酿酒葡萄的品种。首次选择优势产地种植酿酒葡萄和酿酒葡萄的供应，实现酿酒原料产地化和稳定化；根据市场合理调整酿酒葡萄种植结构，保证红、白葡萄品种与国际接轨，实现酿酒品种优良；对酿酒葡萄的种植规模化种植、专业化管理及标准化生产，适当限产，保证品质；成立果农协会等减少酿酒葡萄原料的收购环节，掌握快速建园技术。

为保证酿酒葡萄原材料供应，将发展酿酒葡萄作为我区农民脱贫致富的一个产业，为农村调整种植业结构和发展产业化开辟出路，积极扶持种植大户，将种植和酿造结合起来，特别是要用政策引导企业和个人将资金投入到酿酒葡萄种植和加工上来，培育一批种植、酿造、营销为一体的公司或联合体。

<table>
<tr><td>3. 10. 2</td><td>加强葡萄育种技术学习及应用</td></tr>
</table>

对于葡萄苗木的选择，要确保苗木的品质，优选粗壮及高大的苗木，对于外来引种苗木，注意病虫害及脱毒，考虑与主栽品种的嫁接、扦插的成活率和亲和性，同时考虑抗寒、抗旱和抗病性强的品种和砧木品种。引进选育适宜的欧亚种优质品种品系，筛选出适宜各产区的优秀品种品系。引进优良砧木，推广嫁接，解决葡萄抗性问题。

葡萄育种方面，引进欧美国家抗寒、抗病、抗旱亲本，抓好杂交育种工作，选育出具有我们自主知识产权的品种和品系，高校和科研院所作为葡萄酒教育和科研的公共平台，有充分稳定的人员、财政投入及良好的学科科研基础，葡萄育种技术人员应加强与国内高校及科研院所的交流合作，聘请国内葡萄育种专家组成专家团队，为新疆葡萄育种工作遇到的问题进行指导，促进新疆酿酒葡萄抗性品种的选育及葡萄苗木的供应工作。

同时新疆维吾尔自治区葡萄瓜果研究所及其他葡萄育种单位，做好新疆现有鲜食、酿酒和砧木品种、品系葡萄资源的收集与整理工作，为新疆葡萄母本园和资源圃的建立奠定基础。

<table>
<tr><td>3. 10. 3</td><td>种植机械化、智能化应用</td></tr>
</table>

随着新疆葡萄生产规模化和产业化的发展，对葡萄生产机械化技术与装备的需求越来越大，葡萄生产机械化水平总体来讲，我国与欧洲等国存有巨大差距，新疆与内陆省份也存有差距。我国围绕葡萄生产机械化也开展了一些技术研究与产品开发，但主要还集中在开沟种植、埋藤、除草松土、施肥等田间作业方面，在打药、剪枝、整枝、采收、分级筛选、运输和保鲜加工等环节的机械化研发还很少或空白。发展新疆葡萄农业化生产全程机械化任重道远，农机与农艺结合是葡萄种植机械的发展趋势，研发与改制机械化栽培、避障除（割）草、智能植保、智能修剪、果实采收、新型酿造设备等智能装备，实现葡萄园全生产链农机农艺一体化管理，新

疆农业机械科研人员应立足新疆棉花生产实现全程机械化的优势科研开发资源，不断引进消化吸收国内外先进农业机械技术和再创新的自主研发，大力发展新疆葡萄农业生产的全程机械化对促进我国葡萄产业的持续发展和技术升级具有重要意义。

3.10.4　产学研协同创新

建立完善新疆葡萄酒产业的技术支撑，利用农业农村部国家葡萄产业技术体系和相关科研单位资源，对新疆产区进行科学、细致的规划和产品定位，组建新疆葡萄与葡萄酒产业技术体系，整合新疆各类技术资源，依托新疆农业大学、石河子大学设立的葡萄酒专利，为产业发展不断输送人才，依托新疆农科院、新疆农垦科学院等科研单位，组建葡萄与葡萄酒技术研究机构，开展葡萄品种选择、标准化种植及葡萄酒酿造工艺等技术研发工作。

第四部分

葡萄酒产业专利导航

第4章

葡萄酒产业专利导航分析

4.1 葡萄酒产业概述

葡萄与葡萄酒是一个传统而又新兴的全球性产业，世界上有90多个国家生产葡萄，全球主要葡萄生产国往往也是葡萄产品出口国。

"旧世界"的酒崇尚传统，从葡萄的种植到红酒酿造的每个环节，几乎沿用了以前的方法和工艺。它们认为红酒是一门艺术。同时，"旧世界"以生产者为导向，连酒塞和酒瓶的制作都是极其传统的。与之相对，"新世界"的酒个性张扬，充满了改革与创新，与现代化工业的生产理念相结合，以消费者和市场为导向，为适应消费者的需求而不断改良酿造工艺。所以，"新世界"的酒更贴近于市场，更讲究科学。

"旧世界"葡萄酒，追求至尊品质，小而精、多而美。奉行严格分级制度，酒庄小而精、多而美是共同特点。需求上，受基督教会文化深远影响，当地消费者自幼便受葡萄酒文化熏陶（基督文化中葡萄酒被视为"上帝之血"），对各品种、酒庄已形成大致优劣排序，并依自身偏好对某品种或品牌产生依赖。而偏好的差异使得各风味、各品种葡萄酒均有稳定的市场需求，小酒庄百花齐放；供给上，"旧世界"葡萄酒崇尚传统，从葡萄品种选择到葡萄种植、采摘、压榨、发酵、调配到陈酿等各环节都严守传统法规，葡萄酒产量、质量得以严格区分与把控，因而"旧世界"酒庄一般规模小、

143

产量有限。综上，"旧世界"葡萄酒市场呈现小而精、多而美的格局。特点体现在注重个性、等级和监管制度严格，通常种植为数众多、品种各异的葡萄，葡萄园管理方面主要依赖人工，严格限制葡萄产量来保证葡萄酒的质量，通常用传统酿造方式、风土、泥土味、矿物味、优雅、草本味和单宁等词汇描述葡萄酒。

"新世界"葡萄酒国家是指那些只有两三百年酿酒历史的国家，这些国家的酿酒历史都比较短。"新世界"葡萄酒生产国家或地区包括：澳大利亚、阿根廷、智利、南非、北美洲（美国和加拿大）、新西兰等。直到最近几十年，以前没有得到传统或历史葡萄酒文化认可的其他国家也开始酿酒。属于这一类别的较新国家包括：乌拉圭、玻利维亚、中国、日本和印度。

"新世界"的葡萄酒产业国更注重生产过程的管理与科技化，在酿酒工艺上并没有"旧世界"那样严格，以工业酿造为主，生产出的葡萄酒并不像"旧世界"的葡萄酒那样层次复杂丰富，陈年潜力也并不如"旧世界"的葡萄酒。现代化、机械化生产带来的是高年产量，高性价比，产品间各方面区别小，更符合大众口味，很少出现"旧世界"中的名产区、名庄。特点体现为更崇尚技术，多倾向于工业化生产，实现统一化、现代化、规模化的营销模式，在企业规模、资本、技术和市场上都有很大的优势，同时还大规模地把休闲旅游引入酒庄，更利于向葡萄酒爱好者推广葡萄酒文化。通常用现代技术、果味馥郁、橡木味、丰腴、成熟、机械化及葡萄品种等来描述葡萄酒。

由于历史和文化的原因，葡萄酒的生产和消费主要集中在西方国家，特别是欧洲大陆，其葡萄酒的生产和消费都各占了全球的75%，其中前三大产业国，意大利、法国和西班牙的产量近半，意大利、法国和西班牙也是最大的葡萄酒出口国。

4.1.1.1　全球葡萄酒产量分析

（1）极端天气，致使全球葡萄产量下跌，以全球28个主要产酒国（其2020年葡萄酒产量占全球总产量的85%）的数据为基础，以2021年的全球葡萄酒总产量数据为标准来分析，2021年全球葡萄酒总产量为260亿升，相较 2020 年下降了近 1%（图 52）。总的来说，2021 年全球葡萄酒产量略低于 2011—2020 年的平均水平。

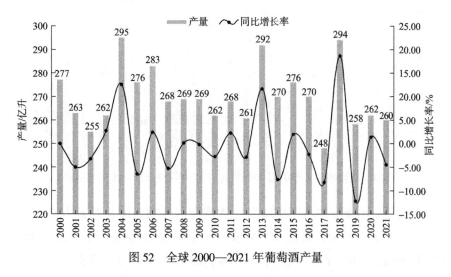

图 52　全球 2000—2021 年葡萄酒产量

恶劣的天气条件是导致全球葡萄酒总产量下降的主要原因。法国、意大利等欧洲主要葡萄酒产业国都受到了天气条件的严重影响，幸运的是，美国以及南半球的产酒国并未受到波及，这在一定程度上填补了欧盟葡萄酒产量下降带来的空缺。

（2）北半球葡萄酒产量下跌，少数国家实现正增长。

① 欧盟产酒国 2000—2021 年葡萄酒产量如图 53、图 54 所示。

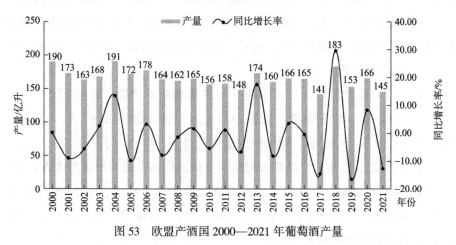

图 53　欧盟产酒国 2000—2021 年葡萄酒产量

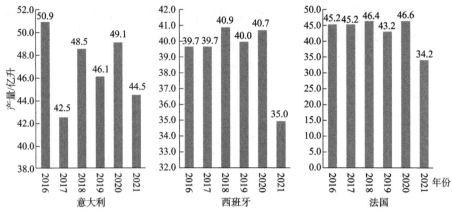

图 54　欧盟各主要产酒国 2016—2021 年葡萄酒产量（单位：亿升）

意大利、西班牙和法国是欧盟三大产酒国，葡萄酒总产量占欧盟总产量的 79%，占全球总产量的 45%。受 4 月初晚霜的影响，与 2020 年相比，意大利葡萄酒 2021 年总产量下降了 9%，但仍然以 44.5 亿升的产量，成为全球最大的葡萄酒产业国；而西班牙则以 35 亿升的葡萄酒产量位居世界第二大葡萄酒产业国，与 2020 年相比，跌幅达 14%。而 21 年受灾最严重的当数法国，除了受四月初晚霜的影响，接踵而至的夏季暴雨、冰雹以及霉菌侵袭等灾害都给法国葡萄酒产业造成了不小的损失。与上一年相比，其葡萄酒总产量跌幅达 27%，葡萄酒总产量为 34.2 亿升。

此外，奥地利、希腊、克罗地亚、斯洛文尼亚以及斯洛伐克等国家葡萄酒产量都有不同程度的下跌。不过，与 2020 年相比，也有少数欧盟国家的产量实现正增长。比如欧盟第四大产酒国的德国，2021 年葡萄酒产量为 8.8 亿升，较 2020 年增长 4%。另外，葡萄牙的葡萄酒产量为 6.5 亿升，略高于 2020 年的水平。

② 北半球除欧盟以外各国 2016—2021 年葡萄酒产量如图 55 所示。

2021 年，美国的葡萄酒产量为 24.1 亿升，较 2020 年高出 6%，但由于某些产区受夏季干旱影响，葡萄酒产量仍比过去 5 年平均水平低 3%。

东欧国家 2021 年的情况则相对乐观。俄罗斯的葡萄酒产量为 4.5 亿升，较 2020 年增长 2%；格鲁吉亚的葡萄酒产量为 2.2 亿升，较 2020 年增长 22%；摩尔多瓦尽管遭遇了晚霜和暴雨等不利天气条件，葡萄酒产量仍有 1.1 亿升，较 2020 年增长 20%。

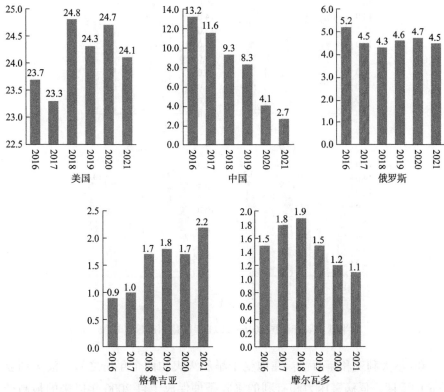

图 55　北半球除欧盟以外各国 2016—2021 年葡萄酒产量（单位：亿升）

（3）南半球葡萄酒产量创新高。2021 年，大部分南半球的主要产酒国没有受到厄尔尼诺现象引起的恶劣天气影响，产量都出现了大幅增长，葡萄酒产量创新高，总产量达 59 亿升，较 2020 年增长 19%。南半球主要产酒国 2016—2021 年葡萄酒产量如图 56 所示。

① 智利、阿根廷和巴西：2021 年，智利是南美洲最大的葡萄酒产业国，产量为 13.4 亿升，创下近 20 年的最高纪录，较 2020 年增长 30%；阿根廷的葡萄酒产量也大幅上升，较 2020 年增长 16%，达 12.5 亿升；巴西约为 3.6 亿升，创下自 2008 年以来的最高产量，与 2020 年相比，增幅竟高达 60%。

② 南非：南非的葡萄酒产量为 10.6 亿升，较 2020 年增长 2%，这也是南非在经历了始于 2016 年的长期干旱之后，连续第三年葡萄酒产量实现持续性增长。

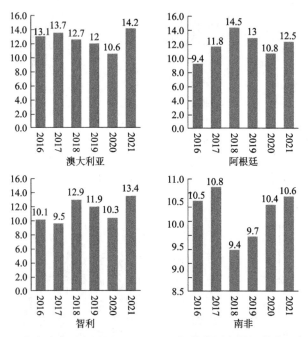

图 56 南半球主要产酒国 2016—2021 年葡萄酒产量（单位：亿升）

③ 澳大利亚和新西兰：在饱受干旱和火灾的两个年份之后，澳大利亚适宜的温度、低病害压力和有利的采收条件促成了自 2006 年以来的最高产量，葡萄酒产量约为 14.2 亿升，较 2020 年增长 30%。新西兰 2020 年葡萄酒产量创新高，而 2021 年由于受到春季晚霜影响，葡萄酒产量较 2020 年下降 19%，产量为 2.7 亿升，成为南半球产酒国家中唯一产量下降的。

4.1.1.2　全球葡萄酒消费分析

受疫情影响，2020 年全球葡萄酒消费量达 234 亿升，主要分布在美国、法国、意大利、德国和英国五大葡萄酒消费市场，中国以 12.4 亿升位居全球第六大市场（图 57、图 58）。

受疫情影响，2020 年全球葡萄酒贸易量、贸易金额双双下滑（图 59）。其中，全球葡萄酒贸易量为 105.5 亿升、贸易额为 29.6 亿欧元。2020 年全球葡萄酒消费量达 234 亿升，主要分布在美国、法国、意大利、德国和英国五大葡萄酒消费市场，中国以 12.4 亿升成为全球第六大市场。按出口量来看，意大利在 2020 年的葡萄酒出口量排名全球首位；按出口金额来看，法国在 2020 年的葡萄酒出口额排名全球首位（图 60）。

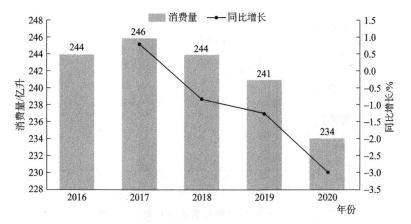

图 57　全球 2016—2020 年葡萄酒消费量

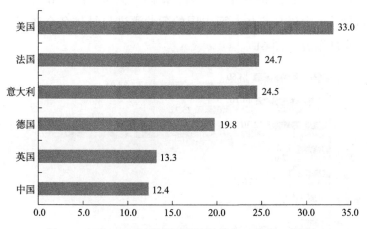

图 58　全球 2020 年葡萄酒消费量排名（单位：亿升）

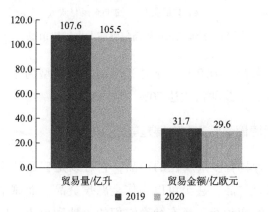

图 59　全球 2020 年葡萄酒贸易量及贸易金额

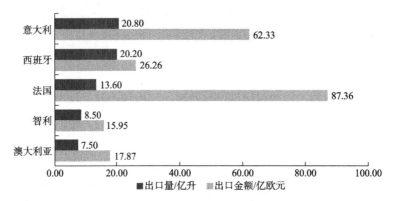

图 60　全球 2020 年葡萄酒前五大出口市场

从进口市场来看，2020 年，英国、德国、美国、法国和荷兰是全球葡萄酒进口量前五大进口市场，而中国的葡萄酒进口量排名全球第七、进口金额排名全球第五（图 61）。

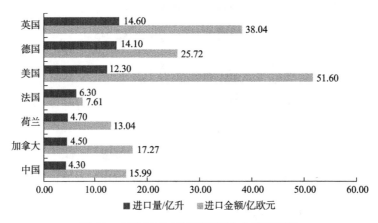

图 61　全球 2020 年葡萄酒前七大进口市场

从贸易结构来看，2020 年，全球葡萄酒以瓶装型为主，瓶装葡萄酒贸易量占比达 53%，贸易额占比达 70%（图 62）。

4.1.2　世界葡萄酒产业发展趋势

葡萄酒是一种具有多重属性的产品，它可以是普通的快速消费品，也可以是奢侈品和收藏品，甚至可以当作金融投资品。而赋予葡萄酒这一切的，不仅是生长的葡萄藤，还有孕育它们的土地和风土，以及栽培葡萄和酿造葡萄酒的人们。世界葡萄种植面积趋于稳定，优质葡萄酒产量缓慢上升，葡萄酒消费量稳步持续，葡萄酒消费和生产逐渐趋向于优质化、高端化，新兴经济体葡萄酒生产和消费量增长强劲，对世界葡萄酒销售的拉动作用明显，另外，亚洲将成为葡萄酒消费增长最快的地区，其中中国的种植面积在快速增长。

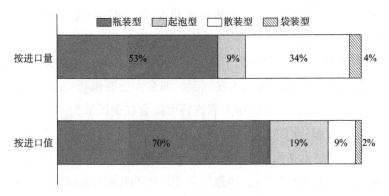

图 62　全球 2020 年葡萄酒贸易结构

4.1.2.1　各类葡萄酒的发展动态

（1）有机葡萄酒：有机葡萄酒便是采用有机种植的葡萄酿造而成的。在葡萄的有机种植过程中，葡萄园管理者避免使用化肥、杀虫剂和除草剂等化学物质，而是使用可再生的资源和自然的方法来耕作葡萄园，采用纯天然物质来为土壤施肥。为了在不使用除草剂的情况下达到防止杂草丛生的效果，种植者通过在葡萄藤中间种植其他植物来抑制杂草的生长。此外，为了保护葡萄藤免受害虫和真菌的侵扰，葡萄叶顶部还要保持通风，有些酒庄甚至还培养了专门应对害虫的有效微生物。

在酿造工艺上，有机葡萄酒也比常规葡萄酒多了不少规矩。在欧盟，有机葡萄酒的转化需要一个漫长的过程，同时，禁止向葡萄酒中添加山梨酸（Sorbic Acid）和溶菌酶（Lysozyme）等物质，但是允许使用少量的二氧化硫（Sulfur Dioxide）。而在美国则更严格，有机葡萄酒中不得添加二氧化硫，且必须与其他产品一样符合美国农业部（USDA）有机认证的要求。

有机葡萄酒和生物动力葡萄酒在未来将超越品种葡萄酒，发展潜力最高。有机葡萄酒的流行在比利时已成为一种趋势，在日本也是如此。日本也对自然酒有着浓厚的兴趣。

（2）地方性法定产区葡萄酒：地区葡萄酒如波尔多葡萄酒和基安蒂葡萄酒在销售方面获得强劲增长。截至 2022 年，这种葡萄酒在中国内地和中国香港都具有极大的发展潜力，它仍然是未来市场上最主要的葡萄酒种类之一。

法国产区引领红葡萄酒领域：法国的 4 个地区产出的红葡萄酒发展潜力最大，波尔多产区一马领先，尤其在亚洲市场，而朗格多克产区红葡萄酒则在比利时最受欢迎，其次是罗纳河谷和勃艮第的葡萄酒。

（3）大麻葡萄酒市场发展迅速：随着大麻在加州、加拿大和其他地方合法化，混合酒和大麻的风潮正在兴起。加拿大投资银行 Canaccord Genuity LLC 向媒体表示，2021—2025 年大麻饮料可能会在美国成为一个价值 6 亿美元的市场。美国星座集团（Constellation Brands Inc.）已经投资了大麻公司。

动作最快的是索诺玛的 Rebel Coast 生产的注入了大麻的长相思（Sauvignon Blanc，售价 60 美元），每瓶约含 20 毫克四氢大麻酚。从法律上讲，酒精不能和四氢呋喃混合，所以酒精被除去了。因此，这种酒一杯只有 35 卡路里的热量（普通葡萄酒 150 卡路里），而且只能通过有执照的加州 THC 药房出售。

4.1.2.2 葡萄酒包装形式趋势

亚洲市场仍然特别青睐瓶装葡萄酒，葡萄酒更换包装需求在北美将会有所增长，虽然罐装葡萄酒仍然是葡萄酒中的一个小类，但是归功于千禧一代年轻的葡萄酒饮用者，它现在是增长最快的类别之一。

葡萄酒产品的个性化互动营销正悄然成为酒庄、企业的基础策略之一。科技正在改变消费者与产品的互动形式，带有二维码的标签能让消费者随时随地了解酒庄、品牌、产地等相关信息，将会得到更广泛的应用。

数字包装技术在亚洲受到欢迎，但在北美并不十分受欢迎，亚洲专业人士将数字包装和数字标签视为与顶级消费者沟通的一种方式。通过数字技术，消费者可查询葡萄酒的产地、真实性和可追溯性。

从物流的角度来看，从葡萄种植者到最终的葡萄酒消费者，这一整个流程是可追溯的。Pernod Ricard 是该领域的早期应用者之一，他推出了一系列带查询功能的标签，消费者可以通过手机扫描标签来查询一系列相关信息然后再购买产品。现在的一切都触手可及，只要您手中有一部手机。

中国十大葡萄酒公司中有九家已经在其部分葡萄酒中使用了二维码，每瓶葡萄酒都是独自的二维码。

这种带查询功能的标签的范围各不相同，对 B2B 和 B2C 都有效，最常见的是通过微信扫描二维码查询葡萄酒是否为正品。一些品牌正在开发 B2B 应用程序，以此来提高批发商、零售商以及酒吧和餐馆的信用度。其他品牌正在推出消费者促销活动，例如通过微信红包抽奖（基于中国传统的"红包"概念）来赢取代金券，这在未来购买时可以使用，也可以增加消费者的忠实度。

4.1.2.3　世界主产区葡萄酒发展

意大利葡萄酒在国际市场中的关注度越来越高，首先，意大利葡萄种类繁多，倾向于称为"葡萄品种多样性"，这也意味着生物多样性。因为拥有丰富的原生葡萄品种，促成欧洲以外的地区对意大利葡萄酒产生更大的兴趣，再者，性价比很高也是优势。与其他国家相比，在意大利质量上乘、严格管控的法定产区产出的葡萄酒非常有竞争力，这是成功的主要原因之一。意大利生产商对行业贡献十分积极，拓展海外市场，提高知名度，分享知识与经验。

在全球消费升级的形势下，消费者购物呈现高端化趋势，越来越多的消费者被品牌所驱动，差异化的品牌形象对于零售购物的影响作用日益凸显。

葡萄酒正在经历从无品牌向有品牌的转变，消费者看到满墙葡萄酒的时候，从原来只能关注一个酒瓶长得漂不漂亮和看价格，开始真正地去挑选一款适合自己口味的葡萄酒。消费者慢慢会开始选择品牌，熟知品牌，并且开始知道这个品牌下面有几个系列，它们各自是如何细分的。对于葡萄酒来说，品牌的投入很重要，虽然现在这个阶段看上去需要更多的投入且比较困难，但翻倍回报却是可期的。

品牌形象方面，法国遥遥领先其竞争对手。法国葡萄酒在评比标准中占据有利地位：比如"宴请用酒"这样的标准，毫无悬念，法国葡萄酒仍稳居第一，在其他标准如"品牌宣传活动"或"国家宣传活动"以及"可持续发展"和"达到消费者预期能力"上，法国葡萄酒也都被认为优于别国葡萄酒。以"价格吸引力"和"日常饮用酒"为标准，西班牙和智利脱颖而出，领先意大利，后者则在"创新"方面出类拔萃，竞争力最强。

在新兴市场，入门级葡萄酒的品牌、产品将与日俱增，能满足消费者的好奇心，刺激他们不断尝试新品类、新产品。葡萄酒产品需要不断进行改变、创新，迎合并引导初级饮酒者的需求和喜好。

而在成熟市场，葡萄酒消费将围绕精品化、高端化发展。消费者趋于减少饮酒量，并购买品质更出色的产品，本地化产品将更受青睐。较为小众、细分消费群体的需求将得到积极回应，酒庄将会酿造更多具有风土特征的酒。此外，葡萄酒企业还会提供更多独家定制的消费体验活动，例如酒庄游。

4.1.2.4 葡萄酒旅游成为新趋势

所谓葡萄酒旅游，是指旅游者参观访问酿酒厂和产酒地区并由此得到极其广泛的感受和体验，其中包括品酒、赏酒、美食以及游览参观酒厂周围风景等一日游或更长时间的娱乐活动，当然也包括了解产葡萄酒地区的文化和生活方式的一系列活动。作为一种集高效农业、绿色工业、特色旅游业、文化产业于一体的复合型产业，葡萄酒产业着眼的未来是从土地到餐桌的全产业链，并向复合业态转型。葡萄酒旅游正是基于国际上成功的葡萄酒营销经验、寻求更广阔和更实际的宣传方式和销售渠道上提出的一种新的生活方式。

葡萄酒庄园规划面积较大，有酿酒工艺和设备，以旅游为主，以酿酒工业为辅；可利用土地面积少，无法进行工业化生产，只是简单开发以此为主题的度假村，可作为纯旅游景点；企业具有产业规模，有良好的效益，在企业周边开发旅游具备相应条件，具有旅游目标市场的可以生产葡萄酒为主，旅游开发为辅；企业周边没有开发旅游的相关条件，也没有旅游市场的可纯粹作为酿酒企业。

世界葡萄酒生产能力相对滞后于消费能力的高速发展，促使各国葡萄酒商非常重视产区葡萄酒旅游宣传与开展、花大气力组团在世界各地巡回举办精致高雅的葡萄酒展会、品尝会、推广会，让葡萄酒爱好者、游客和媒体宣传人员在亲历与品味中记住酒庄品牌、了解产品特色、宣传美景美酒美食；国内的葡萄酒市场前景虽被普遍看好，但进口、国产大小酒商一头热而消费增量缓慢；买断经销、假冒伪劣等恶性竞争，已彰显出葡萄酒的市场前景与生存现状的矛盾，葡萄酒旅游正是基于国际上成功的葡萄酒营销经验、寻求更广阔和更实际的宣传方式和销售渠道上提出的一种新的生活方式。

　中国葡萄酒产业发展现状

4.1.3.1　中国葡萄酒历史文化

如果说葡萄酒就是采用葡萄酿造的酒精饮料,那么中国人酿造葡萄酒的证据——河南舞阳县贾湖的考古发现——可以追溯到 9000 年以前,这也是迄今人类酿造葡萄酒的最早记录。

2004 年美国宾夕法尼亚大学考古学教授 Patrick E McGovern 与中国科技大学考古学家张居中等在《美国科学院学报》共同发表的《中国史前发酵饮料》指出,中国人在农业经济发展以前已经开始主动酿酒原料主要是谷物、蜂蜜和含有酒石酸、酒石酸盐的水果。葡萄、山楂、龙眼、山茱萸是自然界重要的含有酒石酸、酒石酸盐的水果。由于该遗址考古发现了葡萄种子,而未发现有其他含有酒石酸、酒石酸盐的水果,这一考古发现被认为是最早酿造葡萄酒的证据。

然而今天我们在谈论葡萄酒时,通常是指采用"欧洲葡萄"(起源于欧洲的一个葡萄物种)酿造的酒——"欧洲葡萄"最早由欧洲传入中国的考古证据是新疆和田民丰县的尼雅遗址距今大约 2400 年。也就是说贾湖考古发现的"葡萄酒"应当不是"欧洲葡萄"酿造。当然这不妨碍前文的论断中国有与"欧洲葡萄"近缘的大量原生葡萄物种比如山葡萄、刺葡萄、毛葡萄等等,贾湖考古发现的"葡萄酒"极有可能是用中国原生的葡萄所酿。

人类对葡萄这一物种的经济化栽培,主要围绕"欧洲葡萄"展开,其被引入中国以后,种植区域主要集中于干旱、半干旱的中国西北部地区。这里远离经济、政治、文化中心,当时葡萄酒不耐长途运输,加上中原地区米酒发展得比较兴旺,所以葡萄酒在中国历史上未获得充分发展,只有在社会稳定、经济繁荣的朝代我们才能从文人墨客的文字中看到葡萄酒的踪影。

中国葡萄酒自古有之,源远流长,伴随着历史朝代的更迭走过了几千年的历史春秋。据记载,中国的葡萄栽培及葡萄酒的生产最早始于汉代张骞出使西域归来的时候。到了唐朝,随着葡萄酒生产的发展与扩大,优雅璀璨的葡萄酒文化得以进一步积淀、推广与传播,王翰的一首"葡萄美酒夜光杯,欲饮琵琶马上催"更成为脍炙人口、流传千古的诗篇。元朝时,由于开国前连年征战,导致社会粮食匮乏,元世祖通过税收手段限制粮食酒发展，而鼓励葡萄酒等果酒的发展，在《农桑辑要》中对葡萄栽培与酿酒有详尽的描述，形成了古代中国历史上葡萄酒产业最兴盛的时期。晚清之年，爱国华侨张弼士建立张裕公司，引领中国葡萄酒走向工业化生产的道路，成为中国葡萄酒厂的先驱。新中国成立后，国家为了防风固沙和增加人民的收入，在黄河故道地区大量种植葡萄，并在 50 年代后期建立了一批葡萄酒厂，从而掀开了中国葡萄酒发展的新篇章。现在，中国已经发展成为全球第六大葡萄酒生产国。

随着中国加入世贸组织，中国的葡萄酒越来越多地出现在国际贸易中，中国葡萄酒不断地提升也获得了世界同行的关注。如今中国葡萄酒已经形成了一个独立的产业。

4.1.3.2　中国葡萄酒主要产区

随着产业的不断进步，中国葡萄酒产业正在赶上世界葡萄酒行业的节奏，致力于挖掘自己的风土特色各个产区都在呈现自己的本真性。中国葡萄酒产区主要集中在北纬 38°~53°的黄金带上，由东向西，梯次布局。中国酿酒葡萄生产正向着区域化、基地化、良种化的方向发展。

中国葡萄酒产区习惯上被称为"东部"和"西部"。东部主要包含山东、河北、吉林和辽宁等省，而西部主要包含新疆、甘肃、宁夏、云南、四川、山西、陕西内蒙古等省区。

（1）西部产区代表：新疆、宁夏。无论作为行政区的版图还是从葡萄与葡萄酒产业的规模与历史来说，新疆都当之无愧地排在了中国葡萄酒产业的前列。新疆的葡萄酒产区主要分为伊犁河谷、焉耆盆地、天山北麓和吐哈盆地四个区域。

伊犁河谷是一个独特的、对着西偏北方向的喇叭口区域，它可以接收到来自大西洋的湿气，使得这里的降水比中国其他西北地区都要丰富。而位于塔克拉玛干盆地东北边缘的焉耆盆地受山脉和沙漠的影响，成了世界上大陆性程度最高的一个葡萄酒产区：水域面积达 1600 多平方公里的博斯腾湖惠泽，使得这里出产独特的葡萄酒。

吐哈盆地的葡萄酒主要集中在吐鲁番——一个听着名字就会令人陶醉的葡萄产区。坎儿井输送的天山雪水世世代代浇灌着这里大面积的葡萄园。

天山北麓作为葡萄酒产区是一个以玛纳斯河谷为核心，自石河子从西向东延伸到阜康的狭长条带。

说到中国葡萄酒，活跃度最高的当数宁夏；而作为葡萄酒产区，这里通常被称为"贺兰山东麓"——沿着宁夏的"父亲山"贺兰山山脚之处从北向南，依次分布有石嘴山、银川、青铜峡、红寺堡等子产区。宁夏是中国省一级政府中唯一设立专门的葡萄酒行业管理部门的省区，由此极大地推动了葡萄酒产业发展，也让宁夏成为中国葡萄酒产业的热土，这里先后吸引了保乐力加、酩悦轩尼诗、张裕以及中粮等国际酒业巨头前来投资建厂。目前宁夏已经建成酿酒葡萄园 49 2 万亩大小酒庄 92 个。

（2）东部产区代表：山东、吉林。历史上，山东半岛是现代规模化酿造葡萄酒的起始地。如今，山东葡萄酒产业营业收入位居全国首位。山东的葡萄酒产业主要集中在半岛地区，以烟台最重要，由于临近海洋，这里气候温和，冬夏温差相对较小，葡萄藤在冬季不需要特别保护就能越冬，然而夏天的阴雨天气是这里的一大挑战。一百多年来葡萄酒人坚守在这块土地上，不断地完善酿酒技艺。

吉林位于东北，东北山葡萄是葡萄科葡萄属植物中一个重要物种，由于其抗寒性极强，浆果酿造品种良好，作为选育抗寒葡萄品种的原始材料，早已引起国内外的重视并得到广泛的利用。这一产区生产出的葡萄酒，酒香浓郁，余味绵长，具有独特的风味和果香，不但深受国内市场的欢迎，还远销世界多个国家或地区。

除以上代表产区，还细分为昌黎产区（包括河北的昌黎、卢龙、抚宁、青龙等县）、沙城产区（包括河北宣化、怀来等县）、天津产区（包括蓟州区、滨海区等）、宁夏贺兰山东麓产区（包括宁夏银川、青铜峡、石嘴山等市、红寺堡区等）、胶东半岛产区（包括山东烟台、平度、蓬莱、龙口等市）、黄河故道产区（包括河南的兰考、民权县、安徽的萧县及苏北地区）、云南产区（包括云南的弥勒、蒙自、东川和呈贡等县）、河西走廊产区（甘肃武威、民勤、古浪、张掖等县）、东北产区（包括长白山麓和东北平原）、新疆产区（包括吐鲁番盆地的鄯善、玛纳斯平原和石河子地区等）十大产区。

4.1.3.3　中国葡萄酒产量分析

数据显示，2016—2021 年中国葡萄酒产量接连下滑，2016 年葡萄酒产量 113.7 万千升，2020 年跌至 41.3 万千升，2021 年我国葡萄酒产量没有大幅度降低，产量达 40.5 万千升（图 63）。葡萄酒产量下降的原因有两点：一是来自国外优质的葡萄品种和源源不断的供货资源；二是国内的气候条件并非最佳，导致葡萄的品种的优质程度也不是很满足美酒的需求，从而造成中国葡萄酒产量持续下降。

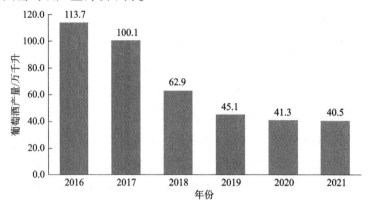

图 63　我国 2016—2021 年葡萄酒产量统计

受益于中国葡萄酒消费者对于葡萄酒饮用的认可，中国葡萄酒行业市场规模呈现持续增长的态势（图 64）。2016—2021 年，中国葡萄酒行业市场规模由 803.0 亿元增长至 1106.5 亿元，年平均增长率为 6.3%。

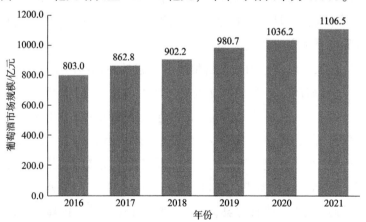

图 64　我国 2016—2021 年葡萄酒市场规模统计

4.1.3.4　中国葡萄酒消费情况分析

从我国葡萄酒消费的情况来看，自 21 世纪初至今有了很大的提升，并且随着进口葡萄酒的增加，消费量也随着迅速增长。2007 年，我国的葡萄酒消费量首次进入世界前十。尽管我国葡萄酒消费的总量上升迅速，但是从我国葡萄酒每年人均消费量 1.09 升/人来看，与法国 56 升/人、意大利 50 升/人相差较大。这也从侧面表明，我国在葡萄酒消费方面依然还有很大的上升空间。我国的葡萄酒贸易无论是出口量还是进口量，近些年来都呈现出上升的趋势，其中进口量远远要大于出口量，而且这种进口量随着关税的降低迅速增长。国内对进口葡萄酒的选择，普遍青睐于法国、意大利、美国等地产的葡萄酒。从这两点可以看出，国内的消费者对于葡萄酒的品质要求越来越高，这对我们国内的葡萄酒产业也提出了更高的要求，需要我国的葡萄酒生产企业对此高度重视。

消费者饮用葡萄酒的主要原因是出于健康需要，而不是因为潮流带动或展现生活品位。77% 的消费者饮用葡萄酒的原因是健康需要，51% 的消费者饮用葡萄酒的原因是社交需要，而受潮流影响的则只有 26%（图 65）。

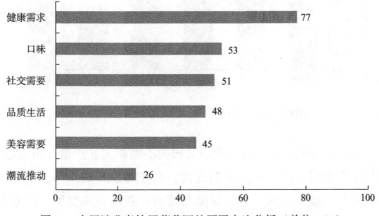

图 65　中国消费者饮用葡萄酒的原因占比分析（单位：%）

消费者购买不同品类葡萄酒的选择上，红葡萄酒所占比例为 54.6%，是消费者的首选，远高于白葡萄酒的 31.2% 和桃红葡萄酒的 14.2%（图 66）。

从葡萄酒消费量来看，近年来我国葡萄酒消费量波动下降，但整体消费量高于我国葡萄酒产量，我国葡萄酒市场对于进口依赖较大。2020 年受疫情影响，我国葡萄酒消费量约为 62.1 万千升。2021 年我国葡萄酒消费量达 86.7 万千升（图 67）。我国葡萄酒人均消费量距离世界平均水平具有较大差距，消费潜力巨大。

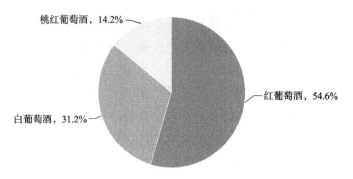

图 66　中国消费者最常选购的葡萄酒种类分布

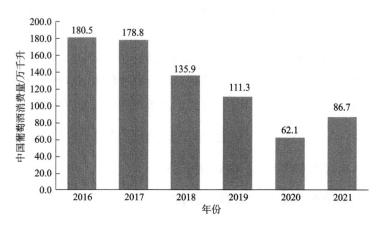

图 67　我国 2016—2021 年葡萄酒消费量统计

近年来，由于我国酿酒葡萄栽培面积的不断扩大、产量分布日渐清晰，种植基地向西推进，产品质量不断提高，酒庄建设日趋兴起，葡萄酒产量与销量均有较大幅度提高。为了保障葡萄酒产业的正规发展，国家食品安全委员会也出台了许多葡萄酒相关法律法规，进一步健全葡萄酒标准体系，酿酒技术逐步与世界水平接轨。我国葡萄酒质量稳步提高，葡萄酒市场也逐步繁荣起来，产品结构进一步优化，产品向高端化和个性化方向发展，葡萄酒文化也迅速崛起。

4.1.3.5　中国葡萄酒产业发展的制约因素

（1）自身存在问题。

①原料基地缺乏整体规划和地域化；②葡萄酒分级混乱、缺乏统一的标准，部分产品缺少标准、规范，导致价格混乱；③葡萄种植和酿酒标准

法规不健全；④葡萄酒文化营销尚需升华；⑤产业的定位不清，性价比严重失调；⑥产品结构不合理，缺乏个性风格及产业管控机制不健全等诸多问题。严重影响了葡萄酒的产量与经济价值，导致葡萄酒产业发展缓慢。

葡萄酒的感官评价和质量评价结果多取决于原材料的品种、栽培管理条件、气候等因素，由于栽培技术不到位、种植区域不适合等多种因素导致葡萄酒品质不高，在酿造过程中，酒类行业缺乏统一的管理，只强调产品合格，缺乏质量等级引导，致使葡萄酒等级不高。

（2）本土葡萄酒文化体系建设：首先，我国葡萄酒品牌建设不足，与国外葡萄酒知名度有较大的差距。法国葡萄酒是最早进入中国市场的外国葡萄酒，在中国葡萄酒消费市场上根深蒂固，这也导致了我国葡萄酒常年处于贸易逆差的状态，从侧面也可反映出我国本土葡萄酒文化体系尚不成熟，市场推广力度弱，这也是目前行业最突出的问题。其次，我国葡萄园及产量与消费市场存在不匹配问题，我国西部地区葡萄资源丰富，但是其消费市场开拓力度不大；东部葡萄酒消费市场旺盛，但是葡萄资源不足，常年需要依赖进口成本较高的葡萄酒。最后，我国葡萄酒行业也存在同质化现象，企业走差异化道路仍较弱，因此产品附加值也较低。

我国葡萄酒行业处在结构性调整期，近年来产量、营业收入与利润总额均呈现下滑的趋势。我国消费者对本土葡萄酒品牌认知度较低，本土葡萄酒文化体系建设缺失是目前行业面临的最大问题，未来品牌推广、打造本土葡萄酒文化体系成为关键。

4.1.4 中国葡萄酒产业发展趋势

我国不仅是亚洲葡萄酒第一大消费国，也是最主要的生产国。随着百姓生活水平的提高，国内葡萄酒市场呈现良好的发展前景，被全球业界公认为最具潜力和活力的葡萄酒市场。中国葡萄酒产业将会朝以下趋势发展：

（1）葡萄酒产业的国际化视角更加明显。国内葡萄酒骨干企业通过与外资联合或并购等方式，在拓展国内市场的同时为进军国际市场做准备。而面向世界的不仅是国内葡萄酒，还有设备、包装等配套行业，并开始向世界输出技术。

（2）葡萄酒文化推广进入快车道。各类葡萄酒品鉴会、品评培训、葡萄酒主题旅游等，让中国消费者更多地认识、了解葡萄酒。更多的国外葡萄酒进入中国市场，给市场注入更多新的元素。而将纷繁复杂的中国菜式与品类繁多的葡萄酒搭配，将会是中国葡萄酒文化推广的重要任务。

（3）葡萄酒品种差异化发展更加明显。随着消费者对葡萄酒认识的加深，企业对于发展的不断思考与实践，国内葡萄酒行业在葡萄品种栽培与葡萄酒种类的差异化发展上步伐加快，骨干企业的特色品种不断呈现。

（4）葡萄酒产区产业集群发展初具规模。通过政府机构和民间联合组织，形成产区内的葡萄酒企业互通有无、协助工作、组团宣传的集群发展模式，多个产区已经初具规模，产区优势明显，而这一发展模式今后还将得到更广泛的应用和更深入的发展。

（5）高档葡萄酒由高价回归高端。随着经营与消费的理性，众多的中国葡萄酒企业在做实质量基础上，对其产品进行更深层价值的挖掘，以打动消费者，让高档酒成为名副其实的高端。

（6）东部经营优势与西部原料优势不断融合。西部地区高品质的葡萄原料得到重视，但是多数葡萄酒骨干企业集中在东部地区，葡萄酒消费也主要集中在东南沿海和一线城市。随着中国葡萄酒市场的成熟，这种优势的融合成为必然。

（7）葡萄酒运营商更加专业化。市场对葡萄酒经销商的需求量增大，准入门槛提高。专业化的葡萄酒运营商将越来越多，葡萄酒品牌店、形象店由东南向西部逐渐铺展。

（8）中国葡萄酒品牌是中国市场的主流品牌。国产葡萄酒与进口葡萄酒的竞争将更加激烈，但中国葡萄酒企业的不断成熟与发展，对地域文化的熟悉与影响，将使国产品牌成为国内葡萄酒市场的主流品牌。

4.1.5　新疆葡萄酒产业发展概述

4.1.5.1　新疆发展葡萄酒产业优势

地域优势：新疆地处我国西部边疆，属于干旱和半干旱型气候区域，具有积温高、无霜期长、病虫害少、农药污染少等特点，为种植酿酒葡萄提供了得天独厚的气候条件。日照方面，新疆日照时间长、昼夜温差大，具有积累糖分和形成香气、色素的必要条件，有利于各葡萄品种的生长发育；水文方面，新疆具有"三山夹两盆"的地理特点，垂直型自然景观带来的季节性融水为种植酿酒葡萄提供了充沛的优质水源；土壤方面，新疆多为沙土或沙壤土，土壤通透性好、氧化作用强烈，为根芽生长和吸收利用养分提供了良好的土壤环境条件。因此，适宜的自然条件为新疆葡萄酒产业发展，提供了优质酿造原料。

产业基础：经过近 30 年的发展，新疆葡萄酒产业在产业发展、栽培管理、生产工艺、产品开发等方面为进一步提质升级奠定了优良的产业基础。第一，产业规模。新疆目前已经形成了四大优势产区，葡萄基地面积 4.33 万公顷，葡萄酒生产企业 120 余家，葡萄基地和葡萄酒企业的固定资产投入超过 60 亿元，从业人员超过 10 万人，其中葡萄酒产业的经营管理型人才、种植酿造环节的技术型人才 1000 余人。巴州、昌吉州、兵团第六师、兵团第八师已经把葡萄酒产业作为新型支柱产业进行扶持引导。第二，葡萄栽培基础。新疆目前在葡萄生产环节实现了机械化建园、机械化管理、节水灌溉及水肥一体化运筹，掌握了生产优质葡萄原料的生产技术和经验，为基地规模化生产优质原料做好了技术储备，能以比东部地区低得多的成本生产出比其品质更好的原料。第三，葡萄酒生产工艺基础。葡萄酒企业结合新疆风土条件及葡萄品质的特点，研究开发了一系列具有产区特色的葡萄酒酿造工艺，采用了国际先进的粒选、冷浸渍等技术，丰富完善了先进葡萄酒的生产工艺，其中干红和蒸馏酒的品质已经达到国内最高水平。第四，市场基础。新疆葡萄原酒生产能力和品质都位居全国前列，成为中国葡萄酒企业的葡萄原酒主要供应来源，张裕、长城和威龙等大型葡萄酒企业的国内原料 70% 以上来自新疆。新疆的葡萄成品酒生产企业，通过不断的市场推广和营销，目前以"新疆产区"作为识别特征的葡萄成品酒销售快速增加，尼雅、乡都等品牌已经得到市场的高度认可，张裕、长城新疆工厂的成品酒生产线也相继投产，形成了以原酒为主、成品酒为辅的葡萄酒产业格局。

区位优势：新疆位于国家"一带一路"经济发展战略的核心区，相邻的俄罗斯和中亚等国都是传统的葡萄酒消费国，除了格鲁吉亚有一定产量之外，其他国家的葡萄酒主要依赖从欧洲、美洲进口，这构成了新疆葡萄酒产业开拓出口市场的巨大区位优势。

4.1.5.2　新疆葡萄酒产业发展现状

根据 2018 年新疆统计年鉴数据，新疆葡萄种植面积 1.349×10^{11} 平方米，产量 270.6 万吨，酿酒葡萄约 30.0 万吨，葡萄原酒年产约 $2.0×10^8$ 升，占全国原酒生产总量的 50% 左右。2018 年，全区酿酒葡萄种植面积达 $3.25×10^8$ 平方米，约占全国种植面积的三分之一，酿酒葡萄总产量 29.9 万吨（其中兵团 20.1 万吨）。目前，全区已建成各类酒庄 147 家（含生产企业中 78 个酒庄）：吐鲁番市 57 家、昌吉州 33 家、巴州 31 家、和田地区 2 家、塔城地区 1 家、博州 1 家、阿克苏 1 家、兵团 21 家。

新疆酿酒葡萄产区以天山山脉为分界线可分为南疆和北疆，其中北疆酿酒葡萄的栽培主要集中在伊犁地区、石河子地区、玛纳斯-阜康地区和五家渠地区，南疆的酿酒葡萄主要栽培地区有吐鲁番的鄯善县，巴州的和硕、焉耆与和静县，另外，近年来哈密市的酿酒葡萄发展迅速，也初具一定规模。

自治区党委和政府已将葡萄酒产业作为"十四五"重点发展的"十大产业"之一，制定《新疆维吾尔自治区葡萄酒产业"十四五"发展规划》，出台《关于加快推进葡萄酒产业发展的指导意见》，努力将新疆建成丝绸之路经济带上优质高端葡萄酒的核心产区。

按照上述规划，到 2025 年，新疆酿酒葡萄种植面积达到 100 万亩，比 2019 年种植面积增加 65 万亩，用于保障蒸馏酒酿造原料的鲜食葡萄种植面积 180 万亩，种植环节收入 40 亿元以上。力争酿酒产量在 2019 年基础上翻两番，达到 70 万千升，其中葡萄酒、葡萄蒸馏酒分别达到 60 万千升、10 万千升。力争成品酒在酿酒总产量中占比达到 30%，酒庄酒等高档酒在成品酒中占比达到 30%，葡萄酒加工环节收入 470 亿元左右。精品特色葡萄酒庄发展到 150 家以上，培育年销售收入 5 亿元以上企业不少于 2 家，每个主产区培育 3~5 个具有地域特色的知名品牌。种植、加工环节直接吸纳就业 10 万人以上，酒庄年接待游客 1000 万人次以上，带动文化旅游、餐饮娱乐等相关产业收入 300 亿元以上。届时，新疆将形成天山北麓、伊犁河谷、焉耆盆地、吐哈盆地四大主产区和阿克苏传统慕萨莱思葡萄酒特色产区、南疆三地州葡萄蒸馏酒新兴产区的"4+2"产区发展格局。

4.1.5.3 新疆葡萄酒品牌

新疆本土有很多著名的葡萄酒品牌，如乡都、西域明珠、天山冰湖、尼雅、楼兰、新雅、纳兰河谷等，它们因独特的香气以及风味物质给人们留下美好印象。在加快丝绸之路经济带核心区建设进程中，越来越多的进口葡萄酒来到新疆，极大地丰富了人们的饮食文化。作为我国葡萄酒产业发展的后起之秀，新疆葡萄酒产业发展势头强劲，依托得天独厚的水、土、光、热等优势，借助产业发展深层次"发酵"效应，新疆葡萄酒在市场上表现出十足的信心。虽然新疆葡萄酒产业具有规模和品质优势，但目前新疆葡萄酒中小型企业仍占据主流，无法形成引领作用，仍停留在全国最大的葡萄原酒提供地的境地。

4.1.5.4　新疆葡萄酒产业存在的问题

虽然新疆酿酒葡萄种植面积和葡萄原酒产量都占到全国的三分之一以上，但是新疆的葡萄酒产业大而不强，尤其是近几年，与全国葡萄酒产业趋势一致，葡萄种植面积连年较大幅度缩减，葡萄酒产量和销售量也大幅度下降，新疆产区也正面临深度调整期。虽然新疆地区的葡萄极负盛名，但其葡萄酒产业却发展缓慢。

（1）产区品牌特色缺失长期以来产区建设不到位、缺乏整体规划、优质酿酒葡萄发展滞后等问题，直接导致产区缺乏典型的品牌产品。葡萄酒生产讲究"七分种植，三分酿造"。新疆葡萄酒行业种植技术比较薄弱、投入不足、技术创新能力不足是制约新疆酒企成长壮大的主要因素。另外，新疆地区虽然拥有吐鲁番、玛纳斯、焉耆、伊犁等几大产区，但多数仍是小户经营模式，产量不高，且人工成本较高，导致种植成本也相对增加，影响了葡萄酒产业的核心竞争力。

（2）缺乏酿酒葡萄品种的母本园新疆缺乏酿酒葡萄品种的母本园，没有专业育苗单位。基地扩建和品种改良所需苗木主要依赖国外引进，酿酒葡萄基地存在较严重的自繁苗木品种退化现象。

（3）缺乏稳定的优质原料供应种植基地葡萄产量与加工酿造规模不匹配，一些中小企业无序竞购基地农户的酿酒葡萄，影响基地正常的供需关系。果农与酒企的关系比较松散，原料紧张时，大家一哄而上，抢购原料，农民大面积种植；原料太多时价格又会降低，农民就会砍伐葡萄树，葡萄园被毁坏。

（4）葡萄酒市场的开拓受地理位置的限制，新疆葡萄酒产业无法进入葡萄酒核心消费市场。新疆距离中国东部葡萄酒主要消费市场很远，因此葡萄酒的运输及营销成本很高，在与东部企业竞争中处于明显劣势。在淘宝及很多购物 App 上，很多商品的页面都注明了"西藏、新疆、宁夏等偏远地区不包邮"，新疆由于地处大西北，交通不便也为其物流运输带来诸多困难，基于此现状，新疆明确实施综合物流工程，以此为基础扩大市场份额，加快物流体系建设和电子商务销售平台建设。大部分小酒庄都缺乏走出去的意识，没有走出去的实力，而新疆葡萄酒企业众多，市场容量有限，如果只在新疆找市场，对葡萄酒企业来说是不会有出路的。新疆中小葡萄酒企业经营规模较小，销售渠道单一，渠道谈判能力和控制能力较差，对代理商、经销商存在较强依赖性，在营销活动中处于价值竞争的弱势地位。酒庄产品缺乏特色，同质化问题比较突出，产品市场竞争力低下。同质化竞争不是新疆葡萄酒行业的问题，而是整个中国葡萄酒行业的问题。

4.2　葡萄酒酿造关键技术

葡萄酒发酵原理为酵母与葡萄汁液中的糖分发生化学反应，生成酒精、水、二氧化碳等物质。色素是果皮、葡萄籽、葡萄梗等部分的主要组成成分。色素会随着酒精的发酵进入发酵液，导致葡萄酒汁液呈现为红色。

4.2.1　葡萄酒酿造工艺及新技术

葡萄酒的酿造方法有传统酿造方法、旋转罐法，二氧化碳浸渍法、热浸渍法和连续发酵法。

传统的葡萄酒酿造时，首先需要分选出品质优良的葡萄，并去除根部，将其捣碎，其次添加果胶酶和酵母，酒精发酵处理葡萄，充分发酵后分离压榨葡萄，去除罐中的酒泥，其中的乳酸菌可以对葡萄酒进行发酵处理，之后通过过滤澄清就能获得原始葡萄酒，传统葡萄酒在酿造时，重点工作环境是浸渍，其可以让葡萄酒获得更多的颜色，加深葡萄酒的颜色和风味，使其更具有芬芳味道，但葡萄酒颜色会受到发酵时间的影响。

旋转发酵罐（Vinimatic）是法国首创的一种可旋转的发酵罐，特点是罐体横卧在支架上,由链条带动其转动,罐体内部则设计有特殊螺旋式挡板,但罐体朝某一方向旋转时,这些挡板可起到极好的搅拌作用,当朝另一方向旋动,这些挡板又可推出罐内物进行卸料。一种为法国生产的 Vaslin 型旋转发酵罐,另一种是罗马尼亚的 seity 型旋转发酵罐。旋转发酵罐是当前一种比较先进的葡萄酒发酵设备,利用罐的旋转能有效浸提葡萄皮中含有的单宁和花青素。

二氧化碳浸渍过程实质是葡萄果粒的厌氧代谢过程,浸提过程中,葡萄果粒在空间受二氧化碳作用进行厌氧代谢,葡萄汁在酵母作用下发酵,具有降低酸度的作用,生产的葡萄酒口味成熟快,陈酿短,不需外部能源及特殊设备,在降低成本,提高经济效益有特殊意义。

热浸提是加热果浆,充分提取果皮和果肉的色素物质与香味物质,然后皮渣分离,然后进行纯汁酒精发酵。

连续发酵法是采用连续发酵罐,连续供料和连续出产品的方法,需要有合适的酵母,灭菌难度较大,原料需要先浸泡,再连续发酵。

传统的葡萄酒酿造会应用到闪蒸、热浸渍、温浸渍和二氧化碳浸渍等工艺,往往会忽视葡萄酒的氧化问题,为提高葡萄酒品质,需要创新酿造工艺,采用新的酿造工艺酿造出更高品质的葡萄酒,以满足市场消费者高质量需求。

4.2.1.1　浸渍工艺

在葡萄酒界,浸渍指的是让葡萄汁与葡萄果皮、果梗等充分接触,以提取更多色素、芳香物质和单宁,进而赋予酒液更深浓的颜色和更浓郁的风味的过程。它并不是酿酒过程中的必要步骤,但目前广为流行,常出现在红葡萄酒的酿造过程中,并且是酿造桃红葡萄酒的主要方法之一。

浸渍的要点在于果皮与果汁的接触,所以该过程既可以在发酵之前或之后发生,也可以随发酵一同进行。至于它对葡萄酒风格的影响程度,则取决于浸渍时长、浸渍力度等多个因素。依据自己期望酿造的葡萄酒风格,酿酒师可以自由选择浸渍方法并调控该进程。

浸渍的方法有很多,但比较常见的有冷浸渍法 (Cold Maceration 或 Cold Soak)、延长浸渍法 (Extended Maceration) 以及二氧化碳浸渍法 (Carbonic Maceration) 等。它们发生在酿酒的不同阶段,起到的作用也不一样。

4.2.1.2　冷浸渍法 (Cold Maceration 或 Cold Soak)

冷浸渍,也称低温浸渍,通常发生在葡萄破皮后、酒精发酵开始前,其做法是通过将温度控制在 4~15℃来抑制酒精发酵进行，让破皮的葡萄带皮浸泡一段时间，整个过程可持续 2~7 天（具体时长依照酿酒师而定）。当达到理想的萃取程度后，酿酒师可以将温度升高，让发酵顺利进行。

在冷浸渍过程中，葡萄汁还未进行发酵，酒精含量极低，发生的是水溶性萃取，主要从葡萄皮中萃取色素和风味物质，而几乎不会提取可溶于酒精的苦涩单宁。目前，这种方法常应用于梅洛（Merlot）、黑皮诺（Pinot Noir）等皮薄的红葡萄品种以及芳香型的白葡萄品种的酿造过程中，以此来为酒液增添更多颜色及果香。

4.2.1.3　延长浸渍法（Extended Maceration）

延长浸渍法一般适用于红葡萄酒的酿造，正如其名所示，这种浸渍法指的是在酒精发酵结束后，延长葡萄果皮与酒液接触的时间，从而让萃取过程进行得更加充分，由此进一步丰富葡萄酒的风味，增强其陈年潜力。此外，延长浸渍虽然会增加酒液的单宁含量，但同时会使得单宁分子聚合增大，从而减少单宁的苦涩感，使酒液的口感更加柔顺。

目前，延长浸渍法在澳大利亚红葡萄酒的酿造过程中十分常见。此外，勃艮第的黑皮诺、波尔多的赤霞珠（Cabernet Sauvignon）、意大利的巴罗洛（Barolo）也常应用该浸渍方法。根据葡萄品种和酒款风格的差异，延长浸渍的时间可从几天到几个月不等。

4.2.1.4　二氧化碳浸渍法（Carbonic Maceration）

二氧化碳浸渍法是一种独特的浸渍方法，也是一种特殊的发酵方法。它的具体做法是将未经破碎的整串葡萄置入充满二氧化碳的密封发酵罐中，让葡萄果实在缺氧的环境下进行果内发酵（Intracellular Fermentation），即葡萄释放出自身所含的酶，将糖分转化为酒精的过程。当酒精含量达到 2%（V/V）左右时，葡萄果皮会因受压而自行破裂，葡萄汁得以流出。此时，酿酒师再对葡萄进行压榨，从而将葡萄汁与果皮分离。之后，分离出的葡萄汁会被转移到有氧环境中，继续进行传统的酒精发酵。

由于葡萄汁与果皮的接触时间较短，二氧化碳浸渍法只会提取果皮表层的色素和芳香物质，而几乎不会萃取蕴藏在果皮更深处的单宁，所以用这种方法酿造的葡萄酒通常颜色较浅，口感柔顺，拥有馥郁且清新的果香，同时充盈着果内发酵带来的独特风味，如樱桃酒、香蕉、泡泡糖和肉桂等。

不过，因单宁含量不高，这些葡萄酒一般只适合在年轻时饮用。目前，这种方法最常用于酿造以清新感著称的法国博若莱新酒（Beaujolais Nouveau）。

4.2.1.5　半二氧化碳浸渍法（Semi-carbonic Maceration）

半二氧化碳浸渍法与二氧化碳浸渍法的操作过程颇为相似，但不同的是，半二氧化碳浸渍法并不需要向发酵罐内注入二氧化碳，而是直接用整串葡萄填满发酵罐，让底部的葡萄因上层葡萄的重力挤压而破裂，流出部分汁水。之后，在天然酵母菌的作用下，这些葡萄汁会进行酒精发酵，并释放出二氧化碳。当二氧化碳逐渐充满整个发酵罐时，上面完好无损的葡萄就会在缺氧环境下启动果内发酵，进而延续二氧化碳浸渍法的操作步骤。目前，这种方法主要用于酿造博若莱新酒以及一些勃艮第葡萄酒。

4.2.1.6　短暂浸渍法（Short Maceration）

短暂浸渍法是酿造颜色淡雅、口感清新的桃红葡萄酒的主要方法之一，其原理是在红葡萄果实破碎后，将葡萄汁与果皮短暂浸渍一段时间（时长取决于酿酒师），以提取少量色素和单宁，之后再将葡萄皮与葡萄汁分离，让葡萄汁在较低的温度下进行发酵，由此来保留新鲜的果味。法国的普罗旺斯（Provence）和朗格多克-露喜龙（Languedoc-Roussillon）等产区的桃红葡萄酒就常采用这种方法酿造而成。

4.2.1.7　微氧酿造技术

微氧酿造技术就是在葡萄酒酿造期间，逐渐定量地在酒中输入微量氧气，为葡萄酒提供贮藏和酿造所需的必要氧气。微氧技术是因为工艺需要为葡萄酒酿造提供不同数量的氧气，确保葡萄酒酿造顺利完成。而对于葡萄酒氧气需求而言，葡萄成熟度与多酚含量、酒泥新鲜程度和含量、品种和酿造工艺等因素有关，不同种类的葡萄酒所需氧气不同，使用该技术需注意氧气的添加，定期品尝葡萄酒酿造情况，适量调整氧气。

4.2.1.8　自喷浸提酿造

葡萄酒酿造的重点在于将葡萄果皮内酚类物质、花青素以及单宁等物质充分提出，进而增强葡萄酒的颜色与口感，并利用贮藏、陈酿等使其香气、口味以及香气和口味之间可以达到相互协调平衡，传统葡萄酒发酵是通过循环、喷淋和倒罐等方式实现，其通过罐底汁液喷淋上部果皮，进而实现果皮物质浸提的目的。自喷浸提则是利用特殊的酿造设备，凭借发酵中产生的二氧化碳提升葡萄汁动力效用，进而持续不断轻柔地搅动皮盖，同时定时进行大力的冲击搅拌，确保果皮和种子在不受损伤的情况下有效提取葡萄中的物质，充分并可控浸提皮渣中的内酚类物质，进而提高葡萄酒的质量。该技术能预浸葡萄或果浆，增加浸出物和果香溶出量，防止浆果氧化，增强酵母活力，实现彻底发酵。

4.2.1.9　超提酿造技术

除浸渍工艺外，超提酿造技术也被应用在葡萄酒酿造中，其需要先冷冻处理葡萄原料，为葡萄酒酿造方法创新起到了推动作用，可有效提高葡萄酒品质，增加葡萄酒行业的经济效益。

4.2.2　葡萄酒酿造酵母及辅料

4.2.2.1　葡萄酒酿造的大功臣——酵母

酵母以糖分和淀粉为食，在温度和湿度适宜的环境下可以迅速繁殖，并将糖分和淀粉转化为酒精、二氧化碳和热量，也就是将葡萄汁发酵成葡萄酒。在干型葡萄酒的酿造过程中，酵母不断消耗葡萄汁中的糖分，并释放出酒精、二氧化碳和热量，直至将葡萄汁中的糖分几乎耗尽，酵母自身也失去活力。酵母的作用不止发酵，它还会影响葡萄酒的风味和口感。酿造过程中使用的酵母主要有两种：人工酵母和天然酵母。

4.2.2.2　人工酵母

也叫商业酵母，指的是为满足特定生产需求、经人工培育改良而来的酵母。由于在实验室经过反复地试验和改良，人工酵母具有稳定、生命力强等优点。它可以压制酒液中的其他微生物，尽量确保发酵过程的洁净。同时，它可以更快启动发酵，使发酵过程更好把控，且最终发酵结果也更容易预测。因此，使用人工酵母酿酒的情况相对更普遍，而且对于大规模酿造、追求风格统一的葡萄酒而言，这是更稳妥的选择。

4.2.2.3　天然酵母

又称野生酵母或本土酵母，指的是天然存在于葡萄果皮上、葡萄园内、酒窖内、酿酒设备上甚至空气中的酵母上。它们具有独一性，每个产区、每个葡萄园甚至每个小地块里都可能孕育着许多与众不同的天然酵母。也正因此，一些酿酒师认为天然酵母独具魅力，酿造的葡萄酒风味更复杂有趣且能更好地反映风土特性。当然，使用天然酵母也存在更大的风险。首先，天然酵母一般耐酒精性更差，可能导致发酵过程提前中断。其次，从葡萄皮上、酒窖内提取的天然酵母数量有限，远低于人工酵母所含的剂量，因此天然酵母发酵速度更慢，使得酒液与氧气接触时间更长，更易受到其他微生物污染。

4.2.2.4　葡萄酒酿造辅料

葡萄酒酿造过程的辅料及其作用见表 30。

表 30　葡萄酒酿造过程的辅料及其作用一览表

类型	名称	作用
添加剂	果胶酶	用于葡萄汁澄清，在较低温度下贮存
	亚硫酸/偏重亚硫酸钾	对葡萄浆、葡萄汁酒杀菌、澄清、抗氧、溶解、增酸及改善口味的作用
	磷酸氢二铵	酵母营养剂，须密封保存
	维生素 C	为葡萄汁及发酵酒的抗氧、防氧剂和酵母营养源
	食用酒精	用于原酒贮器的封口、调整酒度
	砂糖	发酵时添加或用于调酒
	柠檬酸	调整原酒酸度，防止铁破败病
	乳酸	调整原酒酸度
	碳酸钙	用于葡萄汁和原酒的降酸
	酒石酸	调整原酒酸度
	酒石酸钾	用于原酒降酸
	磷酸氢钾	用于酒的降酸
	硫酸铜	去除酒中的 H_2S 气味
	植酸钙	用于酒的除铁
气体	氮气/二氧化碳	用于葡萄酒及原酒的隔氧，贮存于耐压钢瓶
	二氧化硫	用于葡萄汁及原酒的防氧、抗氧化，贮存于耐压钢瓶
	无菌压缩空气	用于酵母培养
助滤剂/吸附剂	明胶/鱼胶/蛋清/单宁	用于葡萄酒的下胶，应密封、贮存于干燥处，启封后不能久放
	皂土	去除葡萄汁及原酒的蛋白质

续表

类型	名称	作用
助滤剂/吸附剂	硅藻土	用于葡萄汁或原酒的过滤
	活性炭	去除白葡萄酒过重的苦味，葡萄酒的脱色，用于颜色变褐或粉红色的白葡萄酒的脱色
	聚乙烯聚吡咯烷酮	吸附酒中的酚类化合物

4.2.3 葡萄酒酿造设备

葡萄酒的生产，除具有酿酒葡萄原料、辅料及工艺方法外，从葡萄转变为葡萄酒的过程还需要酿造设备。葡萄酒的酿造设备是为工艺服务的，只要有一个工艺过程就离不开设备，葡萄酒的酿造设备主要包括除梗破碎机、压榨机、输料泵、管道、过滤机、发酵罐、贮酒罐、贮酒木桶及全套包装设备等（表31）。因此，每一个设备的材料、性能及型号对葡萄酒的质量均有不同程度的影响。

表31 葡萄酒酿造设备一览表

设备类型	名称	型号/种类
输送、除梗破碎装置	输送机	螺旋/皮带
	穗选/粒选机	振动筛选
	除梗破碎机	卧式/立式/离心式
	葡萄浆输送泵	
传统发酵设备	橡木桶	2000~5000L，内有开孔压板
	发酵池	带喷淋装置/带压板装置
	带夹套的发酵罐	
新型发酵设备	附有自动喷淋装置的发酵池	
	斜底形发酵罐	
	新型红葡萄酒发酵罐	
	Seity 型旋转发酵罐	
	Vaslin 型旋转发酵罐	
	法国 Vico 型连续发酵系统	

续表

设备类型	名称	型号/种类
新型发酵设备	Monod 多槽联结型连续发酵装置	使用热浸工艺制得的葡萄汁
	固定化酵母的连续发酵系统	使用热浸工艺制得的葡萄汁
	一罐式连续发酵设备	$80 \sim 400m^3$
	二氧化碳浸渍罐	
	热浸提设备	意大利 Padovan 公司、GaNazza 公司、Garolla 公司、Diemme 公司
压榨设备	间歇式压榨机	筐式螺旋压榨机/卧式双压板压榨机
	连续压榨机	国产 5t/h、JLY450 和 JLY630
	气囊压榨机	意大利 Diemme 公司生产
储酒设备	橡木桶	圆形（腰鼓型）/椭圆形；$50 \sim 14\,500L$ 不同规格
	水泥池	$10\,000 \sim 2\,000\,000L$
	金属罐	碳钢（Q235、5000～50 000L）/不锈钢（AIS1314、$Cr_{18}Ni_9Ti$）
	玻璃钢罐	容量 50kL，法国较多使用
后处理设备	化糖锅	
	配酒罐	
冷冻/加热设备	夹层冷冻罐	
	冷冻保温罐	
	管式交换器	
	套罐式冷冻器	
	薄板式交换器	
	葡萄酒稳定系统	由速冷机、结晶罐、小型硅藻土过滤机构成
	无结晶除酒石速冻系统	由快速制冷系统、保温罐、换热器、酒石分离器、硅藻土过滤机及酒石酸计量器构成
	夹套式密封罐	
	加热器	蛇管/裂管/板式

设备类型	名称	型号/种类
过滤设备	离子交换柱	
	棉饼过滤机	包括洗棉机、压棉机、隔毛器、酒泵、棉饼过滤机
	硅藻土过滤机	机壳、空心轴、滤框及滤板（网）构成
	纸板过滤机	滤纸板由纤维、硅藻土制成
	超滤膜过滤机	膜材料由醋酸纤维或聚矾等构成
	真空过滤机	由旋鼓、真空系统、料槽和刮板构成
	离心机	鼓式/自动除渣式/全封闭式
包装设备	洗瓶机	自动/半自动/全自动
	验瓶机	光源、光学系统和电子检查分离装置构成
	空瓶灭菌机	半自动/全自动
	灌酒机	半自动/全自动、等压/负压
	打塞机	单头/多头
	压盖机	单头/多头、皇冠盖/防盗盖
	瓶子烘干机	
	贴标机	正标/颈标/背标/套圆锡箔套；直线式/回转式/真空式
	装箱与封箱设备	

4.3　葡萄酒产业整体专利技术分析

4.3.1　专利申请趋势分析

4.3.1.1　全球及主要国家或地区专利申请趋势分析

截至 2022 年 12 月 31 日，全球共检索到葡萄酒产业相关专利 44 422 件，经简单同族合并后有 29 995 件专利申请，下面以检索的专利进行专利分析。

西方葡萄酒发展历史久远，文化底蕴深厚，对葡萄酒文化的认知非常深刻，完全融入了人们的生活当中，成为生活中不可缺少的一部分。欧洲最早种植与酿造葡萄酒的国家是希腊，3000 年前，希腊的葡萄种植就极为兴盛。公元前 6 世纪，希腊、法国、意大利、西班牙、德国等地区逐渐传播。葡萄酒是罗马文化中不可分割的一部分，在中世纪的发展得益于基督教会。15—16 世纪，葡萄和葡萄酿造技术传入南非、澳大利亚、日本、朝鲜和美洲等地，17 世纪，葡萄酒由传教士带入中国。图 68 为葡萄酒产业全球专利申请趋势。从图中可知，全球葡萄酒产业的发展可大致划分为四个阶段：产业萌芽期、产业导入期、产业发展初期及产业快速发展期。

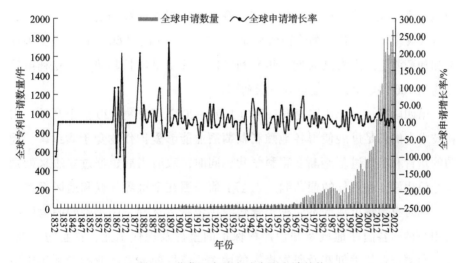

图 68　葡萄酒产业全球专利申请趋势

第一阶段——产业萌芽期（1832—1919 年）。全球年专利申请量比较零星，为葡萄酒产业萌芽期。17、18 世纪前后，葡萄酒"旧世界"代表法国雄霸了整个葡萄酒王国，波尔多和勃艮第两大产区的葡萄酒始终是两大梁柱，代表了两个主要不同类型的高级葡萄酒，波尔多的厚实和勃艮第的优雅，成为酿制葡萄酒的基本准绳，但这两大产区产量有限，并不能满足全世界所需。该阶段葡萄酒产业创新强度不大，专利申请量增长缓慢，专利申请的国家以法国、西班牙、意大利和葡萄牙等欧洲"旧世界"国家为主。

第二阶段——产业导入期（1920—1965 年）。20 世纪 50 年代开始，葡萄生产呈很大规模，种植面积达 8845 千公顷，至 60 年代达 10 000 千公顷以上。由于葡萄酒具有悠久的文化，早期的葡萄加工主要以酿酒为主，集中在欧美国家，二次世界大战后的六七十年，欧美国家一些酒厂和酿酒师开始在全世界寻找合适的土壤、相似的气候来种植优质的葡萄品种，研发及改进酿造技术，专利申请略微增长，葡萄酒产业进入导入期。

第三阶段——产业发展初期（1966—1997 年）。"新世界"国家的葡萄栽培和葡萄酒酿造技术基本是在十五、十六世纪才开始的，由于"新世界"国家最初都是欧洲各国的殖民地或是欧洲移民，所以，"新世界"国家在葡萄栽培和葡萄酒酿造方面是继承于"旧世界"的技术。但是"新世界"葡萄酒国家打破了传统的人工的方式，将工业化带入葡萄酒的生产中。开始实行大规模、机械化的葡萄种植和葡萄酒生产。19 世纪 60 年代，是美国葡萄和葡萄酒生产大发展时期。年专利申请量开始呈增长趋势，年专利申请量高达 100 件以上，产业进入发展初期。

第四阶段——产业快速发展期（1998—2022 年）。自 20 世纪开始，农耕技术上的长足进展使得各地酿制葡萄酒业能够爱护作物免于病虫害，葡萄的培育和酿制过程逐渐变得科学化，同时，政府当局也通过立法来鼓励制造信用好、品质佳的葡萄酒。以至于葡萄酒在全世界气候和地区都有生产，同时有数量可观的不同种类葡萄酒供消费者选择。由于葡萄酒为国际通用酒种，各国在地域及知识产权保护的重视及现代工业、农业的发展，在葡萄酒产业技术创新及研发投入的增大，使得葡萄酒产业的专利年申请量呈快速增长趋势，2021 年全球年专利申请高达 1882 件，葡萄酒产业进入产业快速发展期。

葡萄酒产业主要国家专利公开趋势见图 69。在葡萄产业领域，法国在葡萄酒产业领域申请专利较早，其次是美国、苏联等国家；1970 年以前，整体专利申请趋势比较平缓，专利申请量较少，大部分国家的专利申请在 1970 年后开始缓慢增长，中国专利申请集中在 2000 年之后，中国专利申请拉升了全球专利的申请量。

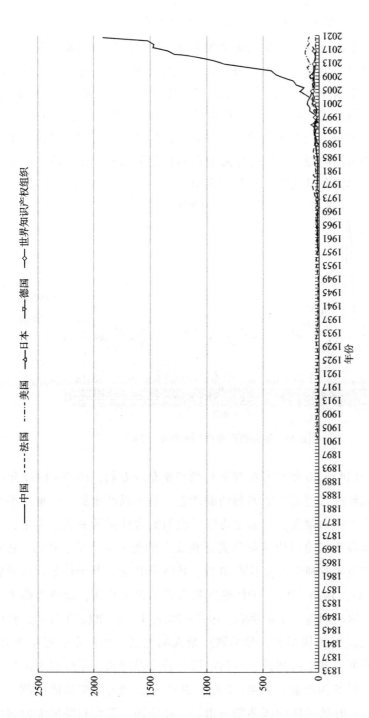

图 69　葡萄酒产业主要国家或组织专利公开趋势

4.3.1.2 葡萄酒产业中国专利申请趋势分析

葡萄酒在中国虽有过"葡萄美酒夜光杯,欲饮琵琶马上催"的灿烂过往,但早已淹没在尘封的历史长河中。于现实中国来说,葡萄酒文化氛围严重缺乏,犹如国外缺乏中国几千年的白酒文化一样。在葡萄酒的世界里,这是一个最好的时代,也是最糟糕的时代。法国是王牌,澳大利亚、美国是"新世界"代表,而中国是努力向"新世界"靠拢的先锋。目前,中国市场的潜力即将全面爆发,同时伴随着白热化竞争态势。葡萄酒产业中国专利申请趋势总体上呈现增长趋势(图70)。

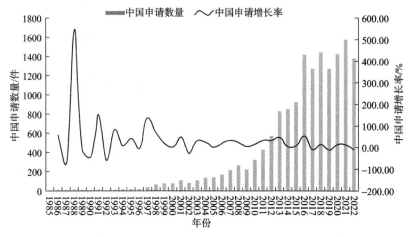

图 70 葡萄酒产业中国专利申请趋势

我国从 20 世纪 80 年代开始在葡萄酒产业布局专利。1949—1979 年供应短缺的计划经济时代背景下的葡萄酒产业,基本以产定销,产量主要受生产技术及生产能力限制,产品主要以低端的低含汁量的葡萄酒为主,一般消费者基本没有机会可以接触到真正意义上的葡萄酒产品。1985—1996年,葡萄酒产业年专利申请量不足 10 件,1988 年以前,是半汁葡萄酒发展的"黄金时期",1996 年的"干红热"带来新的投资热潮,促使葡萄酒产业开始发展,该时期为产业萌芽期;1997—2008 年,从 2002 年开始,我国葡萄酒业驶入发展的快车道,葡萄酒产量大幅增长,生产企业逐年增多,同时开始重视原料基地的建设,专利申请开始缓慢增长,年专利申请量不足 200 件,该时期为产业导入期;2009—2017 年,国外葡萄酒的过剩,为寻求新的市场,开始关注中国葡萄酒市场,除法国、意大利等传统葡萄酒生产国外，一些新兴葡萄酒生产国如澳大利亚、新西兰、智利等大规模开拓中国市场，我国也出台各种政策法规，鼓励葡萄酒产业的发展，葡萄酒行业迎来一片繁荣，专利申请呈快速增长趋势，促进产业快速发展。随着新技术的带动效应及产业链的延伸，我国葡萄酒产业专利申请量在2021年达到峰值，专利申请量高达1576件。从图70可得知，我国葡萄酒产业的专利申请主要集中在2013—2022年，共申请专利12 389件，占总申请量的79.52%。

4.3.1.3　葡萄酒产业新疆专利申请趋势分析

葡萄酒产业新疆专利申请趋势如图71所示，总体上呈现增长趋势。新疆于1996年开始布局葡萄酒产业的专利申请，1996—2010年，新疆葡萄酒产业创新水平较低，年专利申请量不足10件；2011—2016年，专利申请开始第一阶段增长，2014年专利申请高达47件；2017年至今，专利申请量仍呈增长趋势，2022年专利申请量达到58件。新疆拥有适宜的自然环境和深厚的酿酒文化，自古就成为我国重要的酿酒葡萄和葡萄酒产地。近年来，随着丝绸之路经济带核心区建设加速推进，新疆开始大力发展葡萄酒产业，新疆葡萄酒产业未来将进入扩产增量期。

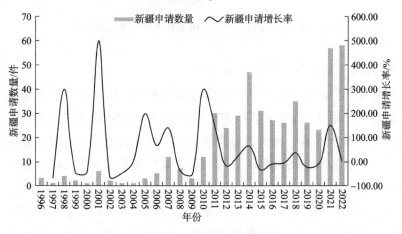

图71　葡萄酒产业新疆专利申请趋势

4.3.2　专利申请地域分析

4.3.2.1　葡萄酒产业全球及主要国家地区专利申请量分布

葡萄酒产业全球专利区域分布及排名情况如图72所示。在葡萄酒产业领域，全球有 93 个国家布局了专利，其中中国以 15 485 件专利遥遥领先，法国为全球第二专利技术市场国，被布局专利数量达 2158 件，美国专利申请量排在第三位，专利申请有 1738 件，其他主要专利技术市场国分别为苏联、日本、德国、西班牙、俄罗斯、韩国和丹麦。全球专利申请主要集中在亚洲的中国、日本和韩国等国家，欧洲的法国、德国、西班牙和俄罗斯等国家，美洲的美国、阿根廷和加拿大等国家。可见我国的葡萄酒技术创新活跃度较高，市场竞争也比较激烈。

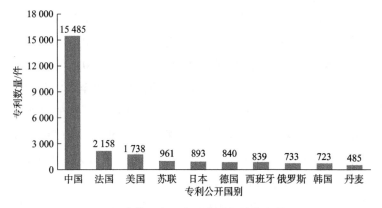

图 72　葡萄酒产业全球专利区域分布情况

4.3.2.2　中国专利申请量分布

从葡萄酒产业中国省份专利量排名情况来看，山东省、广东省和江苏省位列前三，其中，山东省和广东省的专利申请量遥遥领先（图 73）。葡萄酒产业遍布我国多个省份，葡萄酒产业中国专利申请排名前十位的省份均来自我国的各大葡萄酒产区。其中渤海湾产地是我国目前酿酒葡萄种植面积最大，品种最优良的产地，葡萄酒的产量占全国总产量的 1/2，包括华北北半部的昌黎、蓟州区丘陵山地、天津滨海区、山东半岛北部丘陵和大泽山，黄河三角洲、沙城和银川等产区葡萄酒生产企业也较为密集。沿海省份人口密集，经济发展迅速，更注重知识产权的保护及应用，专利申请量明显高于内陆省份。从专利的有效性上来看，失效专利占比 57.35%，有效专利占比 35.33%，7.32% 的专利处于审中状态，专利有效性不高（图 74）。

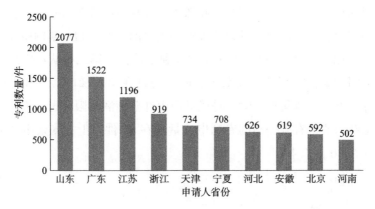

图 73　葡萄酒产业中国省份专利申请分布

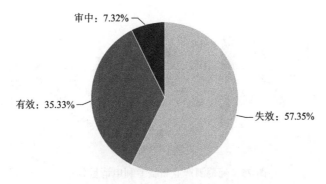

图 74　葡萄酒产业中国专利申请量有效性

4.3.2.3　新疆专利申请量分布

葡萄酒产业新疆专利量分布如图 75 所示。新疆坐拥优质葡萄资源，但葡萄酒产业起步较晚，新疆葡萄酒产业的专利申请集中分布在吐鲁番市、乌鲁木齐市、昌吉州、石河子市、阿克苏地区、哈密市及伊犁州等天山北麓地区。全省的专利申请量为 476 件，约占国内专利申请量的 3%，新疆的葡萄酒产业以吐鲁番市、乌鲁木齐市、石河子市和昌吉州为首要技术密集区，也是新疆葡萄的主产区。

4.3.3　专利申请人分析

4.3.3.1　葡萄酒产业全球专利申请人分析

葡萄酒产业全球重点专利申请人如图 76 所示。中法合营王朝葡萄酿酒有限公司和江南大学分别以 320 件和 284 件专利申请排在第一梯队；中国长城葡萄酒有限公司、西北农林科技大学和美国的 E J GALLO WINERY（嘉露酒庄）分别以 188 件、138 件和 124 件专利申请排在第二梯队；安琪酵母股份有限公司和烟台凯斯蒂隆葡萄酒有限公司排在第三梯队，专利申请量均在 100 件以上；天津科技大学、丹凤县商山红葡萄酒有限公司、天津农学院和威龙葡萄酒股份有限公司的专利申请量均在 80 件以上，剩余申请人的专利申请均在 80 件以下。

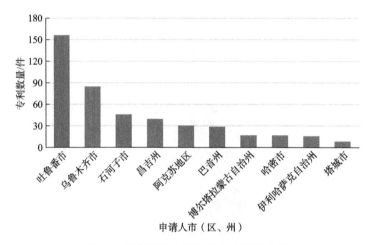

图 75　葡萄酒产业新疆专利申请量分布

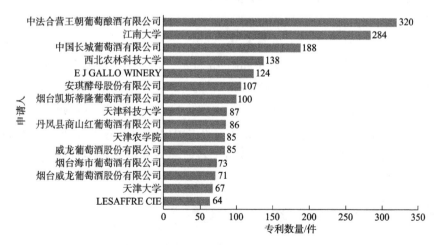

图 76　葡萄酒产业全球重点申请人排名

以上申请人中，国外的申请人有 2 位，分别是美国的 E J GALLO WIN-ERY（嘉露酒庄）和法国的 LESAFFRE CIE（乐斯福酵母），剩余申请人均来自国内的葡萄酒生产企业及高等院校，可见美国和法国比较重视葡萄酒产业的创新与研发。国内的申请人多为葡萄酒生产企业和高等院校，研发内容涉及葡萄酿造工艺方法和酿造设备等多个方面。

在葡萄酒产业领域，中国申请人主要以企业为主，占比达到 57.47%，而个人申请专利量约占葡萄酒产业中国专利申请总量的 22.55%，科研单位、大专院校和机关团体专利申请总量占 22.36%（图 77）。

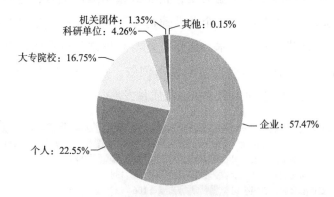

图 77　葡萄酒产业中国专利申请人类型

4.3.3.2　葡萄酒产业中国专利申请人分析

葡萄酒产业中国主要申请人如图 78 所示，中法合营王朝葡萄酿酒有限公司和江南大学分别以 320 件和 284 件专利申请位居第一梯队；中国长城葡萄酒有限公司和西北农林科技大学分别以 188 件和 138 件专利位居第二梯队，进一步分析可知，中法合营王朝葡萄酿酒有限公司是一家中外合资企业，合资外方是世界著名的法国人头马集团亚太有限公司，致力于生产既有中国地域特色又有欧洲传统风格的葡萄酒和白兰地；江南大学的食品科学与工程和发酵工程是国家的重点学科，在发酵行业具有明显的优势；长城葡萄酒是全球 500 强企业中粮集团旗下驰名品牌，是中国葡萄酒第一品牌，是"中国名牌产品"和"行业标志性品牌"，连续多年产销量居全国第一；西北农林科技大学葡萄酒学院是亚洲第一所专门培养从事葡萄与葡萄酒生产、销售、教学、科研工作的高级专门人才的学院。其次是安琪酵母股份有限公司和烟台凯斯蒂隆葡萄酒有限公司的专利申请均在 100 件以上，排在第三梯队。主要申请人中，企业以中法合营王朝葡萄酿酒有限公司、中国长城葡萄酒有限公司、安琪酵母股份有限公司和烟台凯斯蒂隆葡萄酒有限公司专利申请量较高；高校以江南大学、西北农林科技大学和天津科技大学为主。从专利类型来看，中法合营王朝葡萄酿酒有限公司、江南大学、西北农林科技大学和安琪酵母股份有限公司的发明申请较多，其他申请人以外观设计专利和实用新型专利为主（图 79）。由此看出，葡萄酒产业专利申请人以葡萄酒生产企业为主，企业数量明显占优势，专利技术掌握在国内规模较大的葡萄酒生产企业。葡萄酒产业的发展应通过各种渠道学习国外先进的葡萄酒酿制技术，加强企业与高校之间的产学研合作，理论与实践相结合，在葡萄酒产业协同创新创效，提高我国葡萄酒的知名度，与国际市场接轨，促进葡萄酒产业的高质量发展。

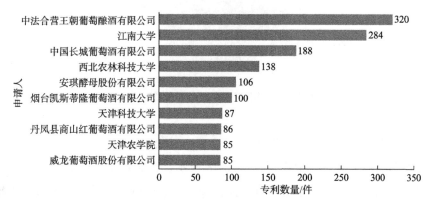

图 78　葡萄酒产业中国专利重点申请人

4.3.3.3　葡萄酒产业新疆专利申请人分析

葡萄酒产业新疆专利重点申请人如图 80 所示，吐鲁番楼兰酒业有限公司以 49 件专利位居首位；吐鲁番市驼铃酒业有限公司以和石河子大学以 25 件专利申请并列第二；新疆新葡王国际葡萄酒业有限公司排在第三，共有 21 件专利，剩余申请人专利申请均在 20 件以下。从新疆申请人构成来看，新疆申请人多为葡萄酒生产企业，高校以石河子大学和新疆农业大学为主。

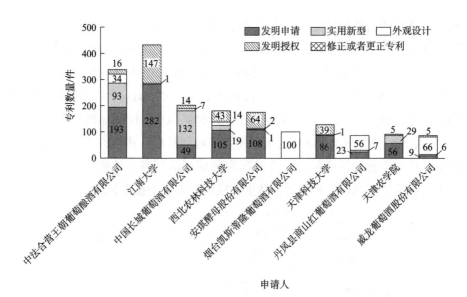

图 79 葡萄酒产业中国专利重点申请人专利类型

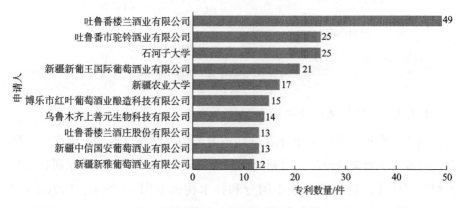

图 80 葡萄酒产业新疆专利重点申请人

4.3.4 专利技术构成分析

4.3.4.1 葡萄酒产业全球专利技术构成

葡萄酒产业全球专利技术构成如图 81 所示，葡萄酒产业专利申请中外观设计多为葡萄酒酒标、瓶贴、酒瓶、包装盒、包装箱以及酒架的设计，对葡萄酒产业专利技术分析以发明专利和实用新型专利为主。C12G1/00（葡萄酒或起泡酒的制备）占比 35.37%，其次是 C12G1/02（从葡萄制备葡萄汁，葡萄汁的处理或发酵）占比 24.43%；C12G1/022（发酵；微生物或酶处理）占比 18.85%；C12R1/865（酿酒酵母）占比 15.30%；C12G3/02（用发酵法）占比 11.33%；C12N1/19（引入外来遗传材料修饰的）占比 9.90%；C12N15/81（用于酵母）占比 8.61%；C12G1/06（起泡葡萄酒的制备，葡萄酒中充满二氧化碳）占比 7.45%、C12N1/16（酵母、基培养基）占比 6.81%、C12N1/18（面包酵母，啤酒酵母）占比 6.18%，葡萄酒产业全球重点研发领域是葡萄酒或起泡葡萄酒的制备、从葡萄制备葡萄汁及葡萄汁的处理或发酵和发酵及微生物或酶处理三个技术领域。

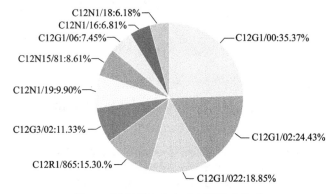

图 81　葡萄酒产业全球专利技术构成

4.3.4.2　葡萄酒产业中国专利技术构成

葡萄酒产业专利申请中外观设计多为葡萄酒酒标、瓶贴、酒瓶、包装盒、包装箱及酒架的设计，对葡萄酒产业专利技术分析以发明专利和实用新型专利为主。葡萄酒产业中国专利技术构成如图 82 所示，C12G1/022（发酵；微生物或酶处理）占比 32.65%；其次是 C12R1/865（酿酒酵母）占比 24.58%，C12G1/00（葡萄酒或起泡葡萄酒的制备）占比 18.42%；C12G3/02（用发酵法）占比 15.74%；C12N1/19（引入外来遗传材料修饰的）占比 15.52%；C12N15/81（用于酵母）占比 14.04%；C12G1/02（从葡萄制备葡萄汁；葡萄汁的处理或发酵）占比 13.37%；C12R1/84（毕赤酵母属）占比 9.17%；C12N1/18（面包酵母、啤酒酵母）占比 7.08%；C12N1/16（酵母、基培养基）占比 6.24%。葡萄酒产业中国重点研发领域是发酵及微生物或酶处理、酿酒酵母和葡萄酒或起泡葡萄酒的制备三个技术领域。

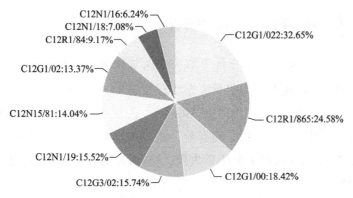

图 82　葡萄酒产业中国专利技术构成

4.3.4.3　葡萄酒产业新疆专利技术构成

葡萄酒产业新疆专利申请中外观设计均为葡萄酒酒标、瓶贴、酒瓶、包装盒、包装箱的设计，对葡萄酒产业专利技术分析以发明专利和实用新型专利为主。葡萄酒产业新疆专利技术构成如图 83 所示，C12G1/022（发酵；微生物或酶处理）专利申请数量最多，占比 46.45%；其次是 C12G1/02（从葡萄制备葡萄汁；葡萄汁的处理或发酵），占比 20.65%；C12G1/00（葡萄酒或起泡葡萄酒的制备）专利申请占比 19.35%；C12R1/865（酿酒酵母）专利申请占比 14.84%；C12H6/02（通过蒸馏）专利申请占比 11.61%；C12H1/07（通过过滤进行分离）专利申请占比 10.32%。由此可以看出，新疆葡萄酒产业专利技术研发领域与国家技术研发一致，重点关注发酵及微生物或酶处理、葡萄酒或起泡葡萄酒的制备、从葡萄制备葡萄汁及葡萄汁的处理或发酵和酿酒酵母这几个技术领域。

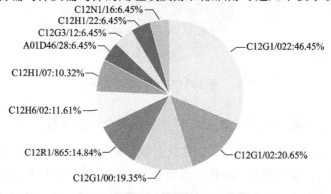

图 83　葡萄酒产业新疆专利技术构成

4.3.5 专利类型及法律状态分析

4.3.5.1 葡萄酒产业中国专利类型及法律状态分析

葡萄酒产业中国专利类型及法律状态如图84~图86所示，发明授权有2072件，占比13%，实用新型有3966件，占比25%，外观设计3854件，占比25%；其中35.33%的专利有效，7.32%的专利审中，57.35%的专利失效；28.72%的专利因未缴年费失效，15.91%的专利被撤回，10.39%的专利被驳回。

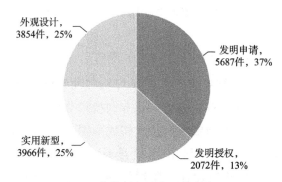

图84 葡萄酒产业中国专利类型

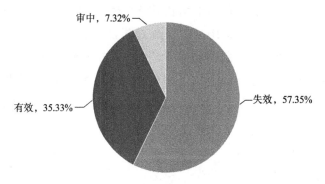

图85 葡萄酒产业中国专利有效性

4.3.5.2 葡萄酒产业新疆专利类型及法律状态分析

葡萄酒产业新疆专利类型及法律状态如图87~图89所示，发明授权有44件，占比9%，发明申请110件，占比23%，实用新型专利有167件，占比35%，外观设计专利有155件，占比33%；其中32.98%的专利有效，7.35%

的专利审中，59.66%的专利失效；35.71%专利因未缴年费失效，9.87%专利被驳回，3.99%专利被撤回，还有1.47%的专利放弃及全部无效。新疆专利申请中实用新型和外观设计的占比较高，专利稳定性较低，专利有效性不高。

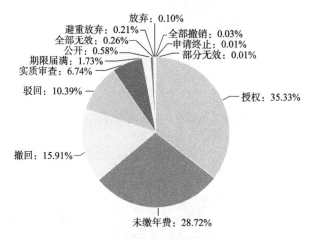

图 86　葡萄酒产业中国专利当前法律状态

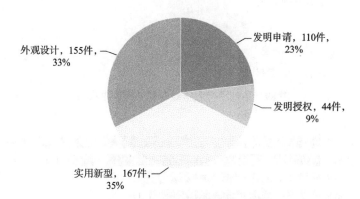

图 87　葡萄酒产业新疆专利类型

4.3.6　专利发明人分析

4.3.6.1　葡萄酒产业中国主要发明人分析

葡萄酒产业中国主要发明人情况如图90所示，通过对主要发明人的专利进行进一步解读，初步分析出主要发明人的重点研究领域（表32）。

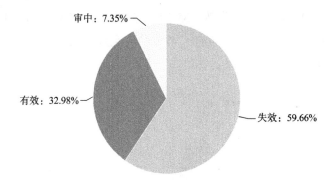

图 88　葡萄酒产业新疆专利有效性

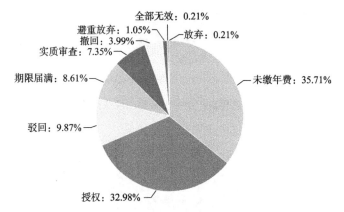

图 89　葡萄酒产业新疆专利当前法律状态

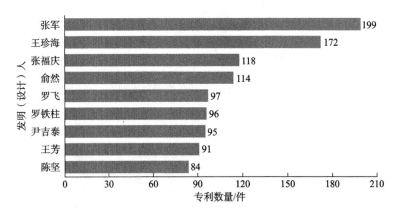

图 90　葡萄酒产业中国主要发明人排名

表 32　我国主要发明人分析

发明人	所属机构	技术领域
张军	中法合营王朝葡萄酿酒有限公司	葡萄酒酿造方法和设备、保健葡萄酒、品质控制及副产物的利用
王珍海	威龙葡萄酒股份有限公司	葡萄酒瓶贴及包装的设计、葡萄酒酿造方法集及装置
张福庆	中法合营王朝葡萄酿酒有限公司	葡萄酒、保健葡萄酒、葡萄酒发酵方法及装置
俞然	中法合营王朝葡萄酿酒有限公司	葡萄酒酿造方法及设备
罗飞	中粮华夏长城葡萄酒有限公司	葡萄酒酿造设备及葡萄酒瓶贴
罗铁柱	丹凤县商山红葡萄酒有限公司	葡萄酒的酿制方法和设备、葡萄保健酒的制作、葡萄酒包装
尹吉泰	中法合营王朝葡萄酿酒有限公司	葡萄酒、保健葡萄酒、葡萄酒发酵方法及装置
王芳	中法合营王朝葡萄酿酒有限公司	葡萄酒、保健葡萄酒、葡萄酒发酵方法及装置
陈坚	江南大学	葡萄酒发酵方法

我国葡萄酒产业重点发明人均来自主要申请人，中法合营王朝葡萄酿酒有限公司的张军的专利申请最多，其次是威龙葡萄酒股份有限公司王珍海，专利申请在 170 件以上；中法合营王朝葡萄酿酒有限公司的张福庆和俞然的专利申请数量在 110 件以上；中粮华夏长城葡萄酒有限公司的罗飞、丹凤县商山红葡萄酒有限公司的罗铁柱、中法合营王朝葡萄酿酒有限公司的尹吉泰、王芳和江南大学陈坚的专利申请均在 80 件以上；其中，中法合营王朝葡萄酿酒有限公司的发明人最多。

4.3.6.2　葡萄酒产业新疆主要发明人分析

新疆主要发明人情况如图 91 所示，通过对以上发明人的专利进行进一步解读，初步分析出以下发明人的重点研究领域（表 33）。

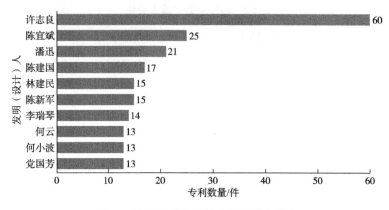

图 91　葡萄酒产业新疆主要发明人排名

表 33　新疆主要发明人分析

发明人	所属机构	技术领域
许志良	吐鲁番楼兰酒庄股份有限公司	葡萄酒酿造方法及设备、酒类包装设计
陈宜斌	吐鲁番市驼铃酒业有限公司	葡萄酒酿造及酒类包装设计
潘迅	新疆新葡王国际葡萄酒业有限公司	葡萄酒包装设计
陈建国	乌鲁木齐上善元生物科技有限公司	葡萄籽、葡萄籽油、葡萄花青素等在保健领域的应用
林建民	博乐市红叶葡萄酒业酿造科技有限责任公司	葡萄酒酿造工艺方法及设备
陈新军	新疆中信国安葡萄酒业有限公司	葡萄酒酿造工艺方法及设备
李瑞琴	新疆海瑞盛生物工程股份有限公司	葡萄籽及提取、破碎设备
何云	博乐市红叶葡萄酒业酿造科技有限责任公司	葡萄酒酿造工艺方法及设备
何小波	博乐市红叶葡萄酒业酿造科技有限责任公司	葡萄酒酿造工艺方法及设备
党国芳	新疆中信国安葡萄酒业有限公司	葡萄酒酿造工艺方法及设备

　　葡萄酒产业新疆主要发明人以许志良、陈宜斌、潘迅、陈建国为主，其中许志良的专利申请最多，主要发明领域涉及葡萄酒酿造方法、工艺及相关设备等。

4.3.7 高价值专利分析

4.3.7.1 专利实施转化分析

葡萄酒产业中国专利应用情况如图92所示，转让的专利申请占比最高，数量有885件，其次是一案双申的专利申请，专利申请量有679件，94件被质押，58件被许可，28件被保全，4件在售，5件海关备案。总体来说，专利实施转化应用程度较低。表34为葡萄酒产业中国实施转化重点专利。

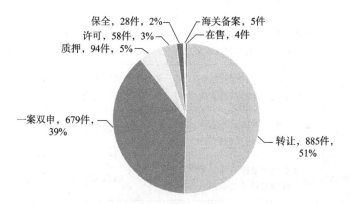

图92 葡萄酒产业中国专利应用分析

表34 葡萄酒产业中国实施转化重点专利

公开号	主题	权利人	法律事件
CN101942399A	一株富钼酿酒酵母及其应用	中国科学院微生物研究所	在售
CN101629145A	一株富镁酿酒酵母及其培养方法与应用	中国科学院微生物研究所	在售
CN101633896A	一种耐高浓度乙酸的酿酒酵母菌株及其应用	中国科学院微生物研究所	在售
CN211814352U	一种用于甜酒生产的发酵器	绍兴市抱龙山酒业有限公司	质押
CN107008821A	葡萄酒瓶螺旋盖及其制作方法	成都海川制盖有限公司	质押
CN106191181A	一种毕赤酵母表达重组蛋白的发酵工艺	江苏江山聚源生物技术有限公司	质押

续表

公开号	主题	权利人	法律事件
CN204848827U	红葡萄酒浸提发酵罐	泰山恒信有限公司	质押
CN204824822U	分档式葡萄酒发酵罐	泰山恒信有限公司	质押
CN101849693A	一种葡萄籽原花青素保健饮料的制备方法	浙江圣氏生物科技有限公司	质押
CN107904226A	用于提高桑椹果酒中花色苷含量的葡萄酒酵母的固定方法	淮阴工学院	许可
CN104371937A	一株能以多碳源共发酵的酿酒酵母及其应用	江南大学	许可
CN104142307A	利用臭氧氧化发光光谱检测葡萄酒中亚硫酸盐含量的方法	山东省科学院海洋仪器仪表研究所	许可
CN105132301A	一株同时生产甲醇蛋白和脂肪酶的毕赤酵母及其应用	义马煤业集团煤生化高科技工程有限公司	许可
CN102559739A	重组人源 LECT2 蛋白在毕赤酵母中的表达及纯化方法	宁波大学	许可
CN102559527A	一株木糖转运能力高的酿酒酵母菌株及其应用	山东大学	许可
CN102746964A	一种提高酿造葡萄酒质量的生产工艺	胡长坤；张亚锋	许可
CN102146345A	一种乙酸耐性乙醇生产酿酒酵母菌株及菌株筛选方法	中国科学院青岛生物能源与过程研究所	许可
CN101792721A	表面展示 CALB 的毕赤酵母工程菌及催化合成短链芳香酯的方法	华南理工大学	许可
CN103130161A	一种多功能电动葡萄酒开瓶器	珠海市科力通电器有限公司	海关备案
CN102618414A	野生蓝莓冰酒的酿造方法	大兴安岭北极冰蓝莓酒庄有限公司	海关备案
CN101323838A	一种重组酿酒酵母及其在生产木糖醇中的应用	山东大学；山东龙力生物科技有限公司	保全
CN103865707A	无任何化学添加剂酿造野葡萄利口酒新工艺技术方法	湖北神武天滋野生葡萄酒业有限公司	保全；权利人变更

续表

公开号	主题	权利人	法律事件
CN103725467A	一种高丽参红葡萄酒的制备方法	威海环翠楼红参科技有限公司	保全；权利人变更
CN101058784A	一种干红葡萄酒橡木桶发酵工艺	中国长城葡萄酒有限公司	转让
CN101649313A	一株重组毕赤酵母菌株的应用	武汉工程大学	转让；权利人变更
CN101144054A	一种冰葡萄酒的酿造方法	烟台张裕集团有限公司	转让
CN1737097A	无低醇葡萄酒及其酿造方法	烟台张裕集团有限公司	转让
CN101173226A	一种巴斯德毕赤酵母重组菌及其应用	中国农业大学	转让
CN101165153A	OPC 葡萄酒	通化通久葡萄酒有限公司	转让
CN1891810A	一种葡萄酒的陈酿方法	烟台张裕集团有限公司	转让
CN101045906A	一种富铬酿酒酵母、富铬酵母产品及其生产方法	安琪酵母股份有限公司	转让
CN101045907A	富硒铬酿酒酵母、富硒铬酵母产品及其生产方法	安琪酵母股份有限公司	转让
CN101045908A	一种富硒酿酒酵母、富硒酵母产品及其生产方法	安琪酵母股份有限公司	转让
CN1651570A	一种重组多形汉逊酵母菌及其构建方法与应用	天津博荟生物技术有限公司	转让
CN1710042A	一种从刺葡萄种籽中提取刺葡萄籽油的方法	长沙桑霖生物科技有限公司	转让
CN1524943A	葡萄白酒酿造方法	烟台威龙葡萄酒股份有限公司	转让
CN102366371A	一种葡萄籽贴布式面膜及其制备方法	西北农林科技大学	转让
CN102579294A	一种葡萄籽超微粉面霜面膜的原料组成及其制备方法	西北农林科技大学	转让
CN203033987U	热泵辅助式酒甑电加热酿酒蒸馏系统	南京新立讯电器有限责任公司	转让；权利人变更
CN101555359A	一种葡萄皮红色素的制造方法	青岛鹏远天然色素研究所	转让

续表

公开号	主题	权利人	法律事件
CN102586018A	一种从白葡萄皮渣中提取葡萄香气成分的方法及其应用	烟台张裕集团有限公司	转让
CN102154137A	一株温度耐受性酿酒酵母及其应用	中国科学院植物研究所	转让
CN101812389A	一种低醇冰葡萄酒及其酿造工艺	食品行业生产力促进中心	转让
CN102634429A	一种富含白藜芦醇红葡萄酒的制备方法	黑龙江大荒春酒业有限公司	转让；权利人变更
CN202795068U	液体流量控制装置、分杯机控制装置及葡萄酒保鲜分杯机	杭州友旺电子有限公司	转让
CN101845373A	一种蓝莓冰葡萄酒及其制作方法	沈阳农业大学	转让
CN101792701A	一种甜型桃红葡萄酒的生产工艺	华夏五千年（北京）葡萄酒股份有限公司	转让
CN101914565A	一种在毕赤酵母中有效的表达阳离子抗菌肽的方法	中国农业科学院饲料研究所	转让
CN101775358A	一株酿酒酵母及其在吸附黄曲霉毒素中的应用	中国农业科学院农产品加工研究所	转让
CN101864424A	重组 4A-β-15 在毕赤酵母中的高效分泌表达及纯化方法	中山大学	转让
CN101717737A	抗菌肽 buforin II 和猪 INF-α 融合表达毕赤酵母菌及制备方法和应用	中国科学院亚热带农业生态研究所	转让；权利人变更
CN101787010A	一种从葡萄籽中提取原花青素的方法	浙江大学	转让
CN101575580A	一种富锌酵母及其生产方法	安琪酵母股份有限公司	转让
CN101575579A	一种富铁酵母及其生产方法	安琪酵母股份有限公司	转让
CN101962620A	一株酿酒酵母菌株及其应用	广西大学	转让
CN102286447A	一种新型内切木聚糖酶及其编码基因和应用	中国科学院上海生命科学研究院	转让；在售

续表

公开号	主题	权利人	法律事件
CN103382444A	一种能降解结晶纤维素的基因重组酿酒酵母	广州分子生物技术有限公司；暨南大学	转让；权利人变更
CN102491880A	从葡萄皮中提取白藜芦醇和色素的工艺	宁夏大学	转让
CN103194354A	一种低产甲醇、高级醇的果酒酿造工艺	西北农林科技大学	转让
CN103305372A	一种用葡萄皮渣生产原白兰地的方法	宁夏红中宁枸杞制品有限公司	转让；质押；保全
CN203602596U	起泡葡萄酒罐	山东泰山恒信机械有限公司	转让；权利人变更
CN102212431A	一种冰红葡萄酒的生产工艺	云南太阳魂酒业有限公司；山东轻工业学院	转让；权利人变更
CN102586021A	一种从含有香气成分的溶液中回收香气成分的方法	烟台张裕集团有限公司	转让
CN203333632U	葡萄皮渣的综合提取罐	新疆西部牧业股份有限公司	转让
CN102533789A	一种源于酿酒酵母的 OYE3 基因及其制备方法和应用	上海市农业科学院	转让
CN102211980A	一种以葡萄酒厂废渣为原料制备白藜芦醇提取物的方法	湖南三为生物科技有限公司	转让；质押
CN102550921A	一种葡萄籽多酚口服液的制备方法	西北农林科技大学	转让
CN104529990A	一种从葡萄籽中提取原花青素的方法	白心亮	转让；质押；权利人变更
CN103642620A	低二氧化硫高营养浓甜红葡萄酒及其生产工艺	豆一玲	转让
CN103436575A	一种毕赤酵母重组菌高密度发酵培养基及高密度发酵方法	华南理工大学	转让
CN103289978A	基因重组毕赤酵母高表达发酵生产舍雷肽酶的方法	宁波优美肽生物科技有限公司	转让；质押

公开号	主题	权利人	法律事件
CN104560747A	汉逊德巴利酵母菌及其发酵液、混合发酵液和在二次发酵蔬菜中的应用	长沙市彭记坊食品有限公司；李宗军	转让
CN108239608A	一株戴尔凯氏有孢圆酵母菌株及其在葡萄酒酿造中的应用	烟台张裕集团有限公司	转让
CN109575640A	一种葡萄籽染料微胶囊及其制备方法和用途	罗莱生活科技股份有限公司；上海罗莱家用纺织品有限公司	转让
CN110860176A	一种回收葡萄酒发酵过程中混合气体的装置及工艺	南京九思高科技有限公司	转让
CN106399351A	一种分子改造手段提高酿酒酵母的乙醇耐受性的方法	大连大学	转让
CN106244474A	一株高产苯乙醇的酿酒酵母及其在干红葡萄酒酿造中的应用	烟台张裕集团有限公司	转让
CN105779318A	一种用于表达罗伦隐球酵母Rho1GTP蛋白的酿酒酵母基因工程菌、其构建方法及其应用	浙江大学	转让
CN104962485A	一种高谷胱甘肽含量酿酒酵母的制备方法	湖北工业大学	转让
CN104673703A	可同时促进酿酒酵母产酒精和风味物质的芽孢杆菌及其应用	江南大学	转让
CN107156596A	一种易褐变果汁或果酒的脱苦、防褐变和降酸方法	烟台张裕集团有限公司	转让
CN105039047A	一种新鲜型干红葡萄酒的酿造方法	烟台张裕集团有限公司	转让
CN105219574A	一种果香型干红葡萄酒的酿造方法	烟台张裕集团有限公司	转让
CN104560588A	一种基于超声波技术防止葡萄酒酒石结晶的方法	江苏大学	转让

公开号	主题	权利人	法律事件
CN104232400A	枸杞干红酿造方法	宁夏红中宁枸杞制品有限公司	转让；保全；质押
CN114377067A	葡萄籽提取物在制备靶向清除肿瘤微环境衰老细胞及抑制肿瘤的药物中的用途	中国科学院上海营养与健康研究所	转让

4.3.7.2　引证及同族专利

专利的被引证次数是指某一专利被后续专利引用的次数，其在某种程度上可以反映此专利的重要程度，被引证次数越多表明基于该专利的后续改进发明就越多，该专利在该特定技术领域就处于愈加重要和基础的地位。被引次数作为基础技术的影响力，对本领域后续的技术创新有贡献作用，作为现有技术的法律功能，对后续专利具有权利限制，被引证次数可以反映出专利质量。一项专利被后续专利引用，意味着该专利是后续专利的相关现有技术，对后续专利的权利要求范围有限制，后续专利不能主张该专利所包含的内容，被引证次数越多，对后续专利限制越大，该专利技术越重要。

同族专利是基于同一优先权文件，在不同国家或地区，以及地区间专利组织多次申请、多次公布或批准的内容相同或基本相同的一组专利文献。由至少一个共同优先权联系的一组专利文献，称一个专利族。在同一专利族中每件专利文献被称作专利族成员，同一专利族中每件专利互为同族专利。WIPO《工业产权信息与文献手册》将专利族分为六种：简单专利族，复杂专利族，扩展专利族，本国专利族，内部专利族和人工专利族。

葡萄酒产业全球专利申请中，被引证 81 次及以上的专利文献有 76 件，引证 81 次及以上的专利文献有 26 件，同族数量在 41 个以上的专利文献有 281 件（表 35）。表 36 列出了葡萄酒产业的高价值专利。

表 35　葡萄酒产业全球被引证及同族专利数量分布

被引证次数/次	被引证数量/件	引证次数/次	引证数量/件	同族个数/个	同族数量/项
1~10	12 353	1~10	13 976	2	9 598
11~20	1123	11~20	869	3~5	3 211

被引证次数/次	被引证数量/件	引证次数/次	引证数量/件	同族个数/个	同族数量/项
21~30	279	21~30	174	6~10	3 300
31~40	115	31~40	69	11~15	2 631
41~50	68	41~50	34	16~20	1 286
51~60	36	51~60	23	21~25	946
61~70	27	61~70	12	26~30	668
71~80	19	71~80	12	31~35	507
81 及以上	76	81 及以上	26	36~40	196
				41 及以上	281

表36　葡萄酒产业高价值专利列表

公开号	主题	权利人	优先权号
CN104136362B	在铝制容器中包装葡萄酒	澳大利亚巴洛克斯酒庄	AU2011905410；AU2012901034
CN1399609A	物料处理装置和方法	澳大利亚葡萄园发展股份有限公司	AU345999；US10121544
CN1977042B	生长于木糖的非重组酵母属菌株	澳大利亚麦克拜奥根 PTY 有限公司	AU2004903141
CN104023553B	天然结晶色料及制备方法	EJ 嘉露酒庄	US61503557
CN303945246S	带有压组件的饮料罐	EJ 嘉露酒庄	US29533270
CN303945247S	饮料罐	EJ 嘉露酒庄	US29533263
CN110530112A	使用可调整的调节空气流的干燥器	EJ 嘉露酒庄	US61791939
CN105026272B	用于酒瓶包装和展示的方法和装置	EJ 嘉露酒庄	US13672673
CN113874003A	用于从不成熟的完整葡萄串连续提取和纯化独特的黄烷-3-醇提取物的方法和其组合物	EJ 嘉露酒庄	US62823390

续表

公开号	主题	权利人	优先权号
CN102164508B	具有增加的抗氧化活性的麝香葡萄组合物	美国嘉康利公司	US61085369
CN102164607B	麝香葡萄果渣提取物的制备方法	美国嘉康利公司	US61085371
CN105188419A	制备圆叶葡萄果渣提取物的方法	美国嘉康利公司	US13828707
CN106455637A	霞多丽葡萄籽提取物	美国嘉康利公司	US62005708
CN102391942B	处理流体特别是饮料的方法	美国帕尔公司	EP10169583
CN103189122B	聚合物微过滤器及其制造方法	美国柯丽安缇维微技术公司	US61330819；US61377797
CN103300449B	具有降低的乙醛血症风险的乙醇组合物	美国普罗蒂亚有限责任公司	US61274875；US61280860；US61283524；US12777238
CN101983177B	使用电化学活化水的饮料制造、加工、包装和分装	美国水基IP股份有限公司	US61026960
CN101939410A	甲基营养酵母菌巴斯德毕赤酵母中的体内非天然氨基酸表达	美国斯克利普斯研究院	US61007341
CN105358694B	来自巴斯德毕赤酵母的酵母启动子	美国凯克应用生命科学研究生院	US61774982
CN108135243B	天然有机产品的流体提取工艺	美国纳什席尔瓦	US62245470
CN110545912A	用于由D_2O制备氘代乙醇的方法	美国杜特里亚饮料有限责任公司	US62491185
CN109890709A	具有香槟式基座的塑料瓶及其生产方法	美国百事可乐公司	US15344322

公开号	主题	权利人	优先权号
CN112805511A	通过制冷剂蒸发控制介质温度的系统和方法	托马斯 U 阿贝尔	US16110895；US62746751；US62769980
CN101641442B	降低发酵饮料中的 H_2S 水平的组合物和方法	美国加利福尼亚大学董事会	US60918616；US60959366
CN107105928B	葡萄酒加工系统与方法	美国瓦恩普拉姆公司	US62093356；US14826111
CN110997554B	液体分配装置	美国瓦恩普拉姆公司	US15625453
CN110329976A	用于从容器分配流体的分配装置	美国瓦恩普拉姆公司	US62093356；US14826111
CN1917931B	用于卵形碳酸化装置的方法和装置	美国岚瑟股份有限公司	US10777930
CN106661618B	酒精用于葡萄酒和非酒精的 DNA 甲基化生物标志物	罗伯特 菲利伯特	US62005408
CN100350035C	胶体阴离子硅溶胶作为澄清剂的用途	美国 AZ 电子材料美国公司	DE10229047
CN113252634A	使用拉曼光谱法实时监测葡萄酒发酵特性	美国凯塞光学系统股份有限公司	US62975872
CN107921380B	用于选择性地使饮料充气的组件	美国赛菲特有限责任公司	US62135698
CN304730180S	饮料容器	美国渴味葡萄酒冷却器有限责任公司	US29621390
CN106413420A	风味系统和制造雪莉酒饮料的方法	美国奥驰亚客户服务有限责任公司	US61951954
CN108475392A	用于跟踪消费者口味偏好的系统和方法	美国波特馥公司	US62259516
CN105722966A	用于从饮品中选择性除去亚硫酸盐的方法和用于其的模块化装置	JR 科耐基	US61885803

续表

公开号	主题	权利人	优先权号
CN303449361S	瓶装酒增氧机	美国酒品展示有限责任公司	US29498689
CN102112596A	通过淀粉和木聚糖的降解酶的表达开发能进行淀粉和木聚糖的醇发酵的耐热酵母多形汉逊酵母菌株	美国阿彻丹尼尔斯米德兰德公司	US61050685
CN1075088C	用于液体容器的模制密封塞	美国苏普里姆科尔克公司	US08058914
CN102762710A	转瓶机器系统	艾尔 塞恩特	US12349594
CN107592884B	在乙酸的存在下具有提高的发酵木糖能力的酵母菌株	法国乐斯福公司	FR15053760
CN108473941B	用于发酵饮料，尤其是葡萄酒的酵母菌株	法国乐斯福公司	FR1558875
CN113846025A	用于在包含 C5 糖的底物上生产生物质的酵母菌株	法国乐斯福公司	FR12059836
CN107429208B	酵母提取物用于澄清未发酵葡萄汁和饮料的用途	法国乐斯福公司	FR15052464
CN106414735B	优化增殖的戊糖发酵菌株	法国乐斯福公司	FR14051246
CN102333857B	具有控制植物病害能力的酿酒酵母菌株	法国乐斯福公司	FR09000339
CN111465702A	富含核糖核苷酸的酵母提取物及其用于掩盖不良风味和不良芳香香调的用途	法国乐斯福公司	FR1762074
CN105874056B	用于生产第一代乙醇的酵母菌株	法国乐斯福公司	FR13063672
CN101918536B	用于人类和/或动物的营养的组合物、它们的应用和酵母菌	法国乐斯福公司	FR07060377；FR08001342

公开号	主题	权利人	优先权号
CN107142224A	能够生产耐渗透压的并对弱有机酸具有内在耐受性的面包酵母的酿酒酵母菌株及其应用	法国乐斯福公司	FR11051354
CN110494444A	MCM7 获得抗乙酸酵母菌株的用途	法国乐斯福公司	FR1658370
CN104640976B	能够代谢木糖且对抑制剂耐受的酵母菌株、其获得方法及其用途	法国乐斯福公司	FR12055076
CN102918161B	能够由至少一种戊糖生产乙醇的工业酵母	法国乐斯福公司	FR10001583；FR10001853
CN101970641B	一种碳底物用于生产酵母的用途	法国乐斯福公司	FR08001398
CN105358241B	用于调制饮料特别是调制酒以进行品尝的方法和设备	法国 10-芬饮公司	FR13056492
CN103068258B	在含酒精的液体组合物中悬浮颗粒的方法及其对应的液体组合物	保乐力加公司	WO10062015
CN102341490B	在用于收获、运输和存储的机械装置中从葡萄或其它植物产品中去除溶解的氧气并将产品保存在受控气氛中的方法和设备	法国乔治洛德方法研究和开发液化空气有限公司	IT20090319
CN102356028B	酒具、装酒方法和酒容器	1/4 葡萄酒公司	FR09001210；FR09001211
CN103814121A	具有果味生产的酒精饮料的方法	法国珀诺德 里卡德公司	EP11176136

续表

公开号	主题	权利人	优先权号
CN1938426B	在酿酒酵母中生成重组基因	法国麦克西斯法国股份有限公司	EP04360008
CN1938417B	处理葡萄酒、测量其陈化能力的方法和实施所述方法的装置	法国微视觉有限公司	WOFR04000523
CN1031110A	发酵的方法和装置及其应用	法国农业合作公司	FR87010375
CN1189566C	用频繁供给酵母生产乙醇的方法	法国诺德皮卡迪生物酒业公司	FR99001297
CN1162333A	用于葡萄酒的物理化学稳定性的生物物质	法国葡萄酒工艺院	FR94013261
CN107109318A	用于发酵和储存葡萄酒等液体的容器	法国阿泰科方案	FR14061758
CN109922895A	具有自适应筛分部的水果分拣台	法国佩朗股份有限公司	FR16060278
CN107787301A	用于诸如香槟瓶这样的加压液体瓶的开瓶装置	艾梅里克 桑切斯；纪尧姆 卡佐德霍尔	FR15055658
CN106103683A	部分或全部去除饮品尤其是葡萄酒中含有的有机卤代化合物的动态方法	法国 IFP 新能源公司；维克托尤尔公司	FR13061009
CN86104624A	调节葡萄酒或含醇饮料中乙醇含量的方法及其调节设备	法国国立应用化学研究所	FR85010316
CN102317198A	用于将液体特别是酒倒入玻璃器皿中的设备	法国易路卡夫公司	FR09050915
CN102144025B	从起泡酒中去除沉淀物的方法	法国 MHCS 公司	FR08052947
CN102985524A	发酵装置	意大利 LASI 有限公司	WO10052802

续表

公开号	主题	权利人	优先权号
CN109906269A	酵母菌株贝酵母亚种尤瓦鲁姆 DBVPG36P，其在食品发酵生产中的应用和选择该菌株的方法	意大利拜恩洛基 20 有限公司	IT102017000051113
CN103314095A	处理葡萄并酿造葡萄酒方法	意大利 PC 工程有限公司	IT20110002
CN109906269A	酵母菌株贝酵母亚种尤瓦鲁姆 DBVPG36P，其在食品发酵生产中的应用和选择该菌株的方法	意大利拜恩洛基 20 有限公司	IT102017000051113
CN104684810B	将酒精类饮料特别是葡萄酒灌装入多层材料制成的直立型小袋的步骤	意大利万格拉斯有限责任公司	IT20120169
CN102356150A	发酵方法和适用于该方法的设备	意大利 LASI 有限公司	WO09053188
CN101232865B	通过在树脂上分级分离可得到的葡萄籽提取物	意大利因德纳有限公司	IT20051485
CN109072146A	用于将植物产品装载入发酵箱内的设备和方法	意大利诺福姆有限公司	IT102016000020430
CN101194011B	$(S)-(+)-S-$腺嘌呤核苷$-L-$甲硫氨酸高含量的干燥和/或微囊化酿酒酵母菌细胞、其制备方法及包含所述细胞的组合物	意大利诺塞斯有限公司	EP05425413
CN302740425S	酒桶	意大利 CA 戴尔博斯科农业有限责任公司	WO722272001
CN1269693C	用于瓶装葡萄酒的塞子	意大利马尔科·穆萨拉格诺	IT20010180

续表

公开号	主题	权利人	优先权号
CN101888965A	用于从瓶子中按杯供应酒或其他受氧气影响的液体的设备	意大利温妮菲特公司	
CN1839153A	来自荚膜毕赤酵母的氧化还原酶	德国 IEP 有限责任公司	DE10327454
CN101910773B	酿造处理用的方法和酿造装置	德国克朗斯股份公司	DE102007054429
CN113853439A	由醋栗、草莓、覆盆子和葡萄酒工业的果渣生产香气物质的生物技术	德国西姆莱斯有限公司	EP19174737
CN107750185A	用于对酒曝气的装置	德国林德股份公司	EP15000725
CN107820517A	生产酵母突变体的方法及其用途	德国爱普斯乐集团；布莱恩股份公司	EP15154520
CN1891615B	用于 KEG 的处理站	德国 KHS 股份公司	DE102005031573
CN102481495A	旋转元件、入口阀、从液体蒸发出或驱出高挥发性物质或气体的装置和方法及它们在酿造过程中的应用	德国克朗斯股份公司	DE102009040962
CN111886327A	用于保存含葡萄酒的液体的方法和装置	朗盛德国有限责任公司	EP18163370
CN101128581B	突变 AOX1 启动子	奥地利格拉茨科技大学	AT3042005
CN102666831B	至少一种属于出芽短梗霉种的微生物作为水果发酵剂的应用	奥地利爱尔伯股份公司	AT18472009
CN108350404A	改进的发酵器	爱尔兰卡塞尔商业企业有限公司	IT102015000073366

续表

公开号	主题	权利人	优先权号
CN105121619B	使用克鲁维毕赤酵母的酵母菌株的低酒精或无酒精啤酒的生产	丹麦科汉森有限公司	EP13158261
CN102883627B	将酵母接种到果汁中的方法	丹麦科汉森有限公司	EP10161158
CN101932691B	生产具有低酒精含量葡萄酒的方法	丹麦科汉森有限公司	EP08101051
CN101932690A	葡萄酒生产中减少酒精发酵停滞	丹麦 科汉森有限公司	EP08101058
CN103210300B	液体中二氧化硫的确定	丹麦福斯分析股份公司	WO10068483
CN102917879B	制箱设备、检查单元以及用于制箱设备的印刷配准控制方法	日本三菱重工印刷纸工机械有限公司	JP2010148179
CN101029312B	过氧化氢酶基因及其用途	日本三得利控股株式会社	JP2006053898
CN101024836B	编码与酵母的凝集性相关的蛋白质的基因及其用途	日本三得利控股株式会社	JP2006049223
CN101177685B	酿酒酵母基因的筛选方法	日本三得利控股株式会社	JP2003057677
CN101300341B	来自葡萄酒发酵醪液的具有免疫调节作用的乳酸菌	日本三得利株式会社	JP2005317734
CN101679985A	突变ILV5基因及其用途	日本三得利株式会社	WO07074620
CN102639014B	碳酸饮料的制造方法	日本三得利控股株式会社；奥拉技术株式会社	JP2009262592
CN111432660A	抗衰老健康食品和化妆品以及源自葡萄籽的抗衰老成分的制造方法	日本永尾司	
CN112638508A	原料液流浓缩系统	日本旭化成株式会社	JP2018164444

续表

公开号	主题	权利人	优先权号
CN111164638A	建议与食物一起饮用的葡萄酒的计算机系统、在该计算机系统中执行的方法及程序	日本宽边利口酒株式会社	JP2017164266
CN111094140A	食品保存用容器及使用它的食品的风味改良方法	日本叶子公司	JP2017119617
CN111065280A	氨基甲酸乙酯的分解	日本天野酶制品株式会社；江南大学	JP2017068426
CN104818175B	酒精饮料酿造器	日钢计划株式会社	JP2014019349
CN109953648B	饮料提取装置	日本松下知识产权经营株式会社	JP2017246272
CN102421696A	葡萄酒分酒器	日本满宏株式会社	
CN1662641A	以葡萄为原料的酒的风味改善用组合物	日本天野酶株式会社；独立行政法人酒类综合研究所	JP2002113592
CN101434900B	除去含酒精溶液中的醛类化合物的方法以及酿造酒	日本奥加诺株式会社	JP2007296441
CN1321444A	含花色素原的组合物	日本协和发酵工业株式会社	JP2000083647
CN1288688A	含有原花色素和维生素 B$_6$ 衍生物或其盐的组合物	日本协和发酵工业株式会社	JP11266430
CN1321444A	含花色素原的组合物	日本协和发酵工业株式会社	JP2000083647
CN102399654A	味质改善的酒类和啤酒风味饮料及其制造方法	日本松谷化学工业株式会社	JP2010207940
CN109790497A	含有阿洛酮糖的细菌、真菌和酵母生长抑制剂	韩国 CJ 第一制糖株式会社	KR1020160128949
CN111601874A	葡萄酒醋的制备方法和利用其的葡萄酒醋	韩国飞耐克农业有限公司	KR1020180068577
CN107709540B	库德里阿兹威毕赤酵母 NG7 微生物及其用途	韩国生命工学研究院	KR1020140075461

公开号	主题	权利人	优先权号
CN103826478A	在不加压不冷却的情况下溶解二氧化碳的方法	韩国全德钟	KR1020110100655
CN303793523S	冰箱	韩国三星电子株式会社	KR3020150041917
CN102006880A	葡萄籽萃取物的制备方法及含该萃取物的用于预防或治疗类风湿性关节炎的药物组合物	韩国天主教大学校产学协力团；HL 基因学	KR1020070089273
CN100339669C	酒冷藏柜的托架	韩国 LG 电子株式会社	KR1020040035354
CN1255357A	具有强力的抵抗酪氨酸酶活性的葡萄种子提取物及其应用	韩国海太制果株式会社	KR1019980051189
CN1255357A	具有强力的抵抗酪氨酸酶活性的葡萄种子提取物及其应用	韩国海太制果株式会社	KR1019980051189
CN109248117A	含菠萝蛋白酶、假叶树、葡萄籽、山金车和香蜂草的化妆品组合物	韩国株式会社韩国化妆品制造	KR1020170088383
CN112155145A	用于生产起泡饮料的系统、方法和胶囊	以色列闪亮有限公司	US61693820；US13685050
CN107921488B	用于清洁葡萄酒和/或容纳葡萄酒的桶的系统及方法	阿里埃勒大学研究与发展有限公司	US62206324
CN105121637B	酿酒酵母中替代甘油形成的消耗电子的乙醇生产途径	拉勒曼德匈牙利流动管理有限责任公司	US61728450；US61792731
CN112111362A	一种用于生产酒精饮料的木材颗粒的制备方法以及木材颗粒之用途	瑞士商 DDS 专利授权股份有限公司	EP17201433

续表

公开号	主题	权利人	优先权号
CN112226328A	用于处理木材颗粒以生产酒精饮料之方法以及木材颗粒之用途及用于木材颗粒之使用的设备	瑞士商 DDS 专利授权股份有限公司	EP17201433
CN114340397A	组合物中的口感和涩味调节以及调节组合物中的口感和涩味的方法	瑞士奇华顿股份有限公司	US62898100
CN211002703U	用于饮料和/或其他流体的盒中袋容器	瑞士佳斯特罗德葡萄酒及烈性酒公司	
CN112118741A	增加植物中硫醇前体含量的方法	瑞士丹斯塔发酵股份公司	EP18290023
CN103314095B	处理葡萄并酿造葡萄酒方法	瑞士平科公司	IT20110002
CN103354836B	新型酿酒酵母菌株	瑞典斯堪的纳维亚科技集团公司	SE201051194
CN103328061B	液体澄清器和用于澄清液体的方法	瑞典佛洛卡泽尔公司	SE201051368
CN102665389A	能够获得用于高糖和酒精含量发酵的葡萄园酵母的葡萄园培养方法	西班牙博特加斯达根公司	ES200901997
CN102325698A	其中葡萄酒与软木塞持久接触的葡萄酒瓶	西班牙 EL 坎蒂罗有限公司	ES200900544；ES200902420
CN107190032A	含几丁质的复合物及含葡萄糖、甘露糖/半乳糖的聚合物	葡萄牙73100 有限公司	PT104149
CN104394890A	由毕赤酵母生物质制得的天然生物复合粉、制备方法及其作为赋形剂的用途	葡萄牙 73 制药公司	US61614789

公开号	主题	权利人	优先权号
CN101563274B	用于汽酒的复合软木材料的塞子及其制造过程	葡萄牙皮埃泰克皮质有限公司	PT103591
CN101225352A	葡萄酒的制备方法以及由此获得的葡萄酒	葡萄牙圣西米恩市场投资有限公司	EP06015659
CN113905956A	用于高效生产起泡酒的瓶塞组件	宝拉·罗莎蒙德·布伦纳普兰格	GB1907625
CN108368465A	酒精饮料及制备该酒精饮料的方法	英国爱丁顿酿酒有限公司	US62242396
CN103237815B	壳聚糖粉末	比利时克托兹莫公司	
CN104024395A	用于制造酒精饮料的改进工艺及根据该工艺制造的产品	南非红黎明IP控股有限公司	ZA201108289
CN103756921B	酵母菌株和其使用的方法	新西兰奥克兰联合服务有限公司	NZ566518
CN108430614B	用于释放气体的方法和设备	新西兰植物与食品研究所	NZ714409
CN108603153A	制备乙醇减少的发酵饮料的方法	智利新生物技术股份公司	CL37442015
CN108368475A	通过经改良酵母菌株酿酒酵母在高温下生产高粱乙醇的方法	拉金德拉·苏拉纳	IN44252015
CN101448928B	生产酵母发酵饮料的连续方法	荷兰喜力供应链有限公司	EP06114264；EP06114275；EP06114250；EP06114261；EP06114256；EP06114246
CN101663387A	作为葡萄酒稳定剂的肽混合物	荷兰帝斯曼知识产权资产管理有限公司	EP07106638

续表

公开号	主题	权利人	优先权号
CN101087872B	可完全溶解于葡萄酒中的新的甘露糖蛋白及其在对葡萄酒加以稳定的过程中的应用	荷兰帝斯曼知识产权资产管理有限公司	EP04106953
CN104837981A	稳定饮料的制备	荷兰帝斯曼知识产权资产管理有限公司	EP12196433
CN100519729C	防止或降低饮料混浊的改进方法	荷兰 DSM IP 资产有限公司	EP02100681
CN103068265A	用于在低温下通过减压和/或较大的线性或旋转加速度对液体食品杀菌并除去氧的方法和设备	弗朗西斯科·乔斯·杜阿尔特维埃拉	BR1002602
CN101437589A	分路馈给蒸馏法生产酒精的方法和系统	巴西西门子公司；德迪尼产业基础公司	BR0600553
CN109401989A	一种工业酿酒酵母菌的驯化方法	吉林中粮生化有限公司；中粮生化能源（肇东）有限公司；中粮营养健康研究院有限公司	
CN106248810A	一种基于多元素和稳定同位素的葡萄酒产地溯源方法	深圳出入境检验检疫局食品检验检疫技术中心	CN201610404101
CN108884427A	用于陈化葡萄酒的设备及方法	以色列阿里埃勒科学创新有限公司	US62292927
CN107843661A	葡萄籽提取物真伪鉴别方法	晨光生物科技集团股份有限公司	CN201511022708
CN103710274B	一种胞外丙酮酸产量提高的基因工程菌及其应用	江南大学	

续表

公开号	主题	权利人	优先权号
CN108251318A	一种戴尔布有孢圆酵母及其在改善葡萄酒香气品质中的应用	中国农业大学	
CN107400592A	一种自循环发酵罐及多功能果酒酿造装置	王冠轶	
CN1534089A	N-乙酰氨基葡萄糖作为添加剂在葡萄酒中的应用及包含N-乙酰氨基葡萄糖的葡萄酒	中国人民解放军第三军医大学	
CN111073823B	高产丁酸乙酯的酿酒酵母菌株及其构建方法和应用	天津科技大学	
CN105802781A	制造葡萄味甜酒的方法和葡萄味甜酒	董博性	
CN305443933S	红酒柜	中国台湾 仁宝电脑工业股份有限公司	US29669906
CN113795259A	葡萄果皮提取物	日本筑波大学；日本产业技术综合研究所；日本瑞翁株式会社	JP2019105648

4.3.8　专利技术聚类分析

4.3.8.1　葡萄酒产业全球专利 3D 沙盘

关于葡萄酒产业全球的主要技术主题如图 93 所示，从图中山峰高低大小可知，葡萄酒产业的全球专利主要聚集在葡萄破碎机/葡萄破碎、香槟酒/软木塞/瓶装葡萄酒、红酒开瓶器/红酒瓶、干燥带/发酵/干燥室、着色剂/组合物/结晶、葡萄籽油/提取物/葡萄籽粉、干红葡萄酒/葡萄原酒/酒精发酵、发酵酒、酿酒酵母等技术领域。

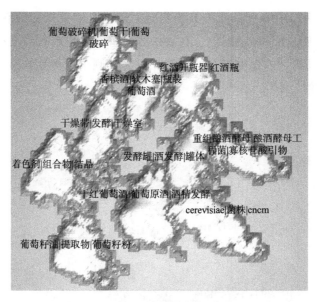

图 93　葡萄酒产业全球专利 3D 沙盘

4.3.8.2　葡萄酒产业中国专利聚类分析

葡萄酒产业中国专利聚类如图 94 所示，葡萄汁制备技术领域的专利申请量最多，有 2609 件专利申请；其次是罐体/酒发酵/过滤装置技术领域的专利申请有 1354 件，酿酒酵母技术领域的专利申请有 1307 件；酒生产/葡萄破碎机技术领域专利申请有 1183 件；酒杯/酒架/红酒瓶技术领域专利申请有 923 件；葡萄籽油/提取物/原花青素/葡萄籽粉技术领域的专利申请有 901 件；热水机组/蒸馏系统/电锅炉蓄热技术领域专利申请有 679 件；开瓶器/软木塞技术领域的专利申请有 579 件。

4.3.8.3　葡萄酒产业新疆专利聚类分析

葡萄酒产业新疆专利聚类如图 95 所示，关于干红葡萄酒的专利申请最多，有 156 件，具体包括赤霞珠干红葡萄酒、瓶贴和包装；其次是葡萄干的专利申请有 115 件，具体包括酿酒葡萄、葡萄干、葡萄采收等；葡萄籽的相关专利申请有 112 件，具体包括葡萄酒、葡萄皮渣、原花青素等；关于葡萄酒的专利申请有 81 件，具体包括酒发酵、分级蒸馏等；重组酿酒酵母的专利申请有 12 项，包括酿酒酵母、发酵剂。新疆申请人中吐鲁番驼铃酒业有限公司、楼兰酒庄股份有限公司、新疆中信国安葡萄酒业有限公司和新疆新葡王国际葡萄酒业有限公司等葡萄酒生产企业侧重于葡萄酒酿造工艺、设备及包装等技术领域的研究，乌鲁木齐上善元生物科技有限公司侧重于葡萄籽的、花青素的保健产品的研发，而大学侧重于微生物在葡萄酒领域的应用的研究（图96）。

图94 葡萄酒产业中国专利 3D 沙盘

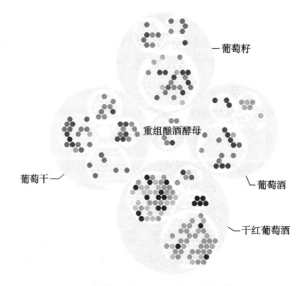

图95 葡萄酒产业新疆专利聚类分子图

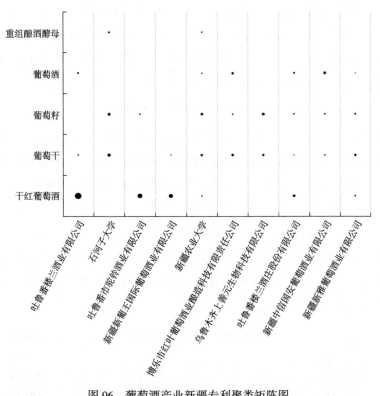

图 96　葡萄酒产业新疆专利聚类矩阵图

4.4　葡萄酒主产区专利技术分析

4.4.1　山东产区

　　山东是我国主要的葡萄酒产区之一，位于东部沿海，山东它显然是国内最大的葡萄酒产区，即使葡萄酒产业只占山东省份总体经济的一小部分。但它是青岛啤酒厂与大多数最著名葡萄酒厂的所在地。山东省的葡萄酒九成以上产自胶东半岛，葡萄园围绕三个子产区分布：烟台、蓬莱及青岛。山东的大多数生产商都可以在城市郊区找到，而半岛北部沿海的烟台市已成为中国的葡萄酒之都。正是在这里，第一批商业葡萄酒生产商开始酿造葡萄酒，由张裕葡萄酒公司在 19 世纪末开创。在过去的几十年里，这座城市一直引起国际关注，波尔多的卡思黛乐和罗斯柴尔德（拉菲）集团的名字在山东有着浓厚的文化底蕴。山东位于国内两个最大的城市之间，其人口规模庞大，使该省成为葡萄酒旅游的绝佳之都。这里的葡萄栽培正在迅速发展，一些大规模的开发正在努力刺激山东的葡萄酒旅游业。

4.4.1.1　山东产区葡萄酒产业专利申请趋势

山东产区最早关于葡萄酒的专利是由烟台张裕葡萄酿酒总公司蓬莱分公司提出的，是关于葡萄酒包装的外观设计申请。1987—1996 年，山东省在该技术领域的专利申请比较零星，申请量不足 10 件，产业处于萌芽期；1997—2006 年，山东省在该技术领域的专利申请开始有所增长，产业进入导入期；2007—2013 年，专利申请量开始递增，产业开始发展，2013 专利申请高达 174 件；2014—2022 年，专利申请经历了波动，但专利申请总体趋势是向上的，产业进入稳定增长期，2021 年以 237 件专利申请量达到历史最高（图 97）。

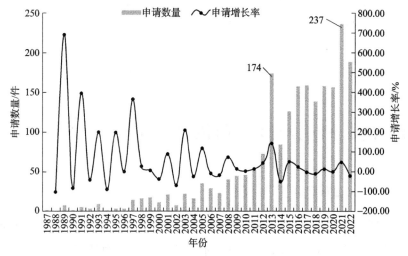

图 97　山东产区葡萄酒产业专利申请趋势

4.4.1.2　山东产区葡萄酒产业专利申请分布

如图 98 所示，山东产区葡萄酒产业技术主要集中在烟台市，其次是青岛市和济南市，山东产区的葡萄酒生产企业主要集中在烟台市，占山东省葡萄酒生产企业总数的 50%，烟台的蓬莱张裕、中粮长城（烟台）、威龙都位于胶东半岛，蓬莱产区的产业集群为整个胶东半岛地区带来了活力。同时蓬莱葡萄与葡萄酒产业的大发展带动了包装、物流、设计等配套企业的发展。仅在蓬莱为葡萄与葡萄酒产业配套的企业就达到了108家。以葡萄酒瓶生产企业为例，每年1.2亿个葡萄酒瓶、1.2亿个瓶塞进入蓬莱，经过包装、设计、灌装，最后销往全国各个地区。

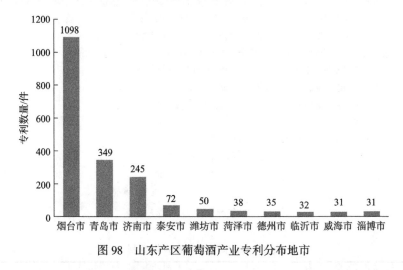

图98　山东产区葡萄酒产业专利分布地市

4.4.1.3　山东产区专利申请人

山东产区主要申请人如图99所示，烟台凯斯蒂隆葡萄酒有限公司和威龙葡萄酒股份有限公司的专利申请较多，其次是烟台海市葡萄酒有限公司、烟台威龙葡萄酒股份有限公司和青岛佳瑞庄园葡萄酒业有限公司，主要申请人中，烟台凯斯蒂隆葡萄酒有限公司、烟台海市葡萄酒有限公司的专利均为葡萄酒包装技术领域，威龙葡萄酒股份有限公司、烟台张裕集团有限公司和中粮长城葡萄酒（蓬莱）有限公司为国内品牌葡萄酒生产企业，专利技术涉及葡萄酒的酿造方法、工艺及设备等领域。

4.4.1.4　山东产区专利的实施转化情况

山东产区有效及审中专利有919件，专利实施转化情况中，69件专利被转让，转让形式多为母公司转让至子公司和个人转让至企业，转让技术涉及酿酒工艺方法、酵母及设备和保健葡萄酒制备等技术领域；7件专利被许可，许可形式多为个人许可给企业；23件专利被质押，12件专利保全；

24 件专利发生权利变更，变更形式多为企业名称更改后的变更及合作发明后的变更（表 37）。山东省葡萄与葡萄酒协会、鲁东大学、齐鲁工业大学和青岛鹏远天然色素研究所等科研院所对葡萄酒酵母及副产物有效成分提取技术研究较多。

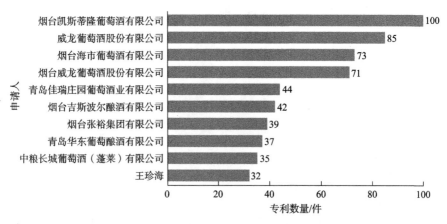

图 99　山东产区主要申请人排名

表 37　山东产区实施转化专利

公开（公告）号	主题	法律事件
CN112007424B	一种葡萄酒制作用澄清过滤装置	转让
CN110946295B	一种葡萄酒酿酒用智能清洗脱皮去籽系统	转让
CN216149106U	一种酿酒用循环粗过滤装置	转让
CN108841740A	一种高产 α-半乳糖苷酶的毕赤酵母菌株	转让
CN107760506A	一种提高葡萄酒颜色稳定性的酿造方法	转让
CN108359614A	一株具有桔霉素脱毒能力的酿酒酵母	转让
CN108239608A	一株戴尔凯氏有孢圆酵母菌株及其在葡萄酒酿造中的应用	转让
CN106845579A	提高产品质量检验正确性的信息化控制方法及控制系统	权利人变更
CN212349408U	一种葡萄干分选装置	质押
CN111114969B	一种双模式蒸馏液体存储设备	转让
CN106047548A	一种罐式起泡葡萄酒及其酿造方法	权利人变更
CN106244474A	一株高产苯乙醇的酿酒酵母及其在干红葡萄酒酿造中的应用	转让
CN109055078A	一种树莓低泡酒酿造设备及其使用方法	权利人变更

续表

公开（公告）号	主题	法律事件
CN105062905A	一株用于固体发酵的酿酒酵母及其应用	质押
CN206858529U	一种发酵法酿造用液化罐	质押
CN105879492B	一种酒渣过滤装置	转让；一案双申
CN105942803B	一种便于取酒的容器	转让
CN104962412A	一种玛卡葡萄酒的制备方法	转让
CN105039047A	一种新鲜型干红葡萄酒的酿造方法	转让
CN105219574A	一种果香型干红葡萄酒的酿造方法	转让
CN107079669A	一种农业葡萄园智能自动采摘及输送装置	转让
CN104523162B	葡萄酒快速醒酒调温装置	转让
CN105902116B	一种容积可变的酒提	转让
CN104789402A	一种无硫起泡葡萄酒生产工艺	转让
CN104017740A	一株高产甘油的酿酒酵母及其在干白葡萄酒中的应用	转让
CN205878729U	一种可得然胶制备用冷却装置	转让
CN205878751U	一种可得然胶凝胶颗粒中使用的冷却器	转让
CN205796971U	一种可得然胶制备用过滤装置	转让
CN205797207U	一种可得然胶制备用加热装置	转让
CN104789403A	一种树莓葡萄起泡酒酿造工艺	转让
CN104673578A	具有保健功效的 SOD 葡萄酒及制备方法	转让
CN104694310A	一种具有降脂功效的葡萄酒	转让
CN104694315A	一种防衰老葡萄酒及制备方法	转让
CN104673577A	一种 SOD 葡萄酒及制备方法	转让
CN103536461B	一种葡萄籽油嫩肤霜及其制备方法	转让
CN104142307A	利用臭氧氧化发光光谱检测葡萄酒中亚硫酸盐含量的方法	许可
CN205223161U	一种蛋型发酵罐	质押
CN103923783A	一种葡萄酒生产中全程溶解氧控制工艺	权利人变更
CN104498246A	一种家用酿酒机及应用该酿酒机酿酒的方法	转让；权利人变更
CN103911242A	一种陈酿型甜白葡萄酒及其酿造工艺	权利人变更
CN204939439U	一种蛋形发酵罐	转让

公开（公告）号	主题	法律事件
CN204848827U	红葡萄酒浸提发酵罐	质押
CN204824822U	分档式葡萄酒发酵罐	质押
CN204490846U	酿酒用物料堆积发酵装置	转让
CN103725467A	一种高丽参红葡萄酒的制备方法	保全；权利人变更
CN104673571A	一种美容养颜 SOD 葡萄酒及制备方法	转让
CN204325317U	一种家用酿酒机	权利人变更
CN103275844A	全程发酵姜酒及其制备方法	质押
CN203820752U	一种酒罐喷淋器	权利人变更
CN103275839A	一种梅酒的制备方法	质押
CN103215196A	一株酿酒酵母及其在干白葡萄酒酿造中的应用	转让
CN203602596U	起泡葡萄酒罐	转让；权利人变更
CN103060215A	一株黍米酿酒酵母及其应用	转让
CN102586021A	一种从含有香气成分的溶液中回收香气成分的方法	转让
CN102559527A	一株木糖转运能力高的酿酒酵母菌株及其应用	许可
CN101864401A	一种用于红葡萄酒酿制的液体复合酶及其应用	权利人变更
CN101781279A	一种葡萄籽原花青素的制备方法	权利人变更
CN101550400A	一种酿酒酵母及其筛选方法和应用	转让；权利人变更
CN102604767A	一种低醇低泡白葡萄酒的生产工艺	权利人变更
CN102746964A	一种提高酿造葡萄酒质量的生产工艺	许可
CN1891810A	一种葡萄酒的陈酿方法	转让
CN1524943A	葡萄白酒酿造方法	转让

4.4.1.5　山东产区葡萄酒产业技术构成

从山东产区有效和审中专利的类型来看，山东产区葡萄酒产业中外观设计的专利占比较高有 352 件，主要为葡萄酒瓶贴、酒盒和酒瓶等包装材料；实用新型有 266 件；176 件发明授权，125 件发明申请。对专利进行技术构成的分析（图 100），C12G1 葡萄酒或起泡酒的制备的专利申请有 153 件，C12R1 微生物的专利申请有 131 件；C12N1 微生物本身及其组合物、繁殖、维持或保藏微生物或其组合物的方法的专利有 97 件；C12G3 其他酒精饮料的制备的专利有 64 件；C12H1 酒精饮料的巴氏灭菌、杀菌、保藏、纯化、澄清或陈酿的专利有 54 件；C12N15 突变或遗传工程，遗传工程涉及的 DNA 或 RNA，载体或其分离、制备或纯化的专利有 51 件；剩余专利量较少。

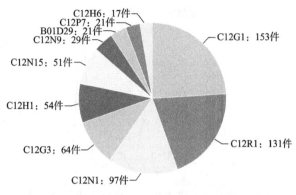

图 100　山东省葡萄酒产业技术构成

4.4.2　宁夏产区

宁夏产区处于世界葡萄种植的"黄金"地带南北纬 30°~50°，同时是中华文明的发祥地之一，古丝绸之路上的重要交通枢纽。宁夏北部地貌呈明显的东西分异，全境海拔 1000 米以上，地势南高北低，落差将近 1000 米。总体来说，宁夏地区黄河出青铜峡后冲刷出美丽富饶的银川平原。平原西侧，为闻名遐迩的贺兰山，平原东侧为鄂尔多斯台地。宁夏最重要的葡萄酒产区与新兴产区贺兰山东麓产区就位于贺兰山与银川平原的过渡地区。目前主要酿酒葡萄种植区域包括银川市区、青铜峡区域、红寺堡区、石嘴山市区、农垦系统区。

国际、国内葡萄酒界巨头、知名酒庄如长城、张裕、保乐力加、轩尼诗、怡园酒庄等纷纷在宁夏开拓葡萄酒，并酿造出大量具有国际水平的葡萄酒。宁夏产区在近三十年表现抢眼，被誉为国内产区中的黑马，在国际大赛上，来自宁夏的酒款获奖无数。

4.4.2.1　宁夏产区葡萄酒产业专利申请趋势

宁夏产区葡萄酒产业起步较晚，最早关于葡萄酒的专利是由宁夏农林科学院农副产品贮藏加工研究所提出的，是关于枸杞葡萄混合发酵酒的申请。2015 年及以前，宁夏产区在该技术领域的专利申请为个位数，产业处于萌芽期；2016 年，宁夏产区在该技术领域的专利申请开始如雨后春笋般地所增长，产业进入发展阶段，2022 年达到峰值 164 件（图 101）。

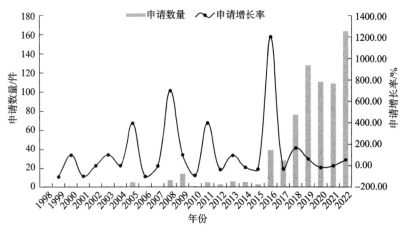

图 101　宁夏产区葡萄酒产业专利申请趋势

4.4.2.2　宁夏产区葡萄酒产业专利申请分布

宁夏贺兰山东麓是业界公认的世界上最适合种植酿酒葡萄和生产高端葡萄酒的黄金地带之一。2003 年被确定为国家地理标志产品保护区［总面积 20 万公顷，共涉及 12 个市、县（区）］。基地主要分布在银川、吴忠、中卫和石嘴山 4 个地级市和农垦集团，涉及 12 个县（市、区）和 5 个农垦农场（图 102）。初步形成了以贺兰县金山试验区、西夏区镇北堡、农垦玉泉营、青铜峡市鸽子山、红寺堡区肖家窑 5 个酒庄集群。宁夏回族自治区葡萄酒产业技术主要集中在银川市，其次是吴忠市，中卫市和石嘴山市也有分布，宁夏贺兰山东麓产区已发展成为国内最佳、国际知名的产区，吸引了众多国际葡萄酒商在这里投资建厂，国内大型葡萄酒生产企业及精品葡萄酒酒庄纷纷活跃在这，形成众多的葡萄酒产业集群。

4.4.2.3　宁夏产区主要专利申请人

宁夏产区主要专利申请人如图 103 所示，宁夏农产品质量标准与检测技术研究所的专利申请最多，其次是宁夏方特达信息技术有限公司和银川特锐宝信息技术服务有限公司，这三个专利申请人的申请数量均在 30 件以上。剩余主要申请人中，宁夏利思葡萄酒庄有限公司的专利为葡萄酒包装技术领域，中粮长城葡萄酒（宁夏）有限公司为国内品牌葡萄酒生产企业，宁夏贺兰山东麓庄园酒业有限公司、宁夏鹤泉葡萄酒有限公司是宁夏中小规模的葡萄酒生产企业，这几位申请人的专利技术涉及葡萄酒的酿造方法、工艺及设备等领域。宁夏农产品质量标准与检测技术研究所、宁夏回族自治区食品检测研究院和宁夏大学等高校及科研院所专注于葡萄酒发酵酵母和葡萄酒副产物的利用等技术的研发。

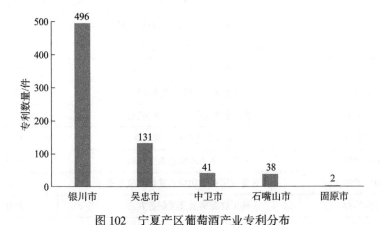

图 102　宁夏产区葡萄酒产业专利分布

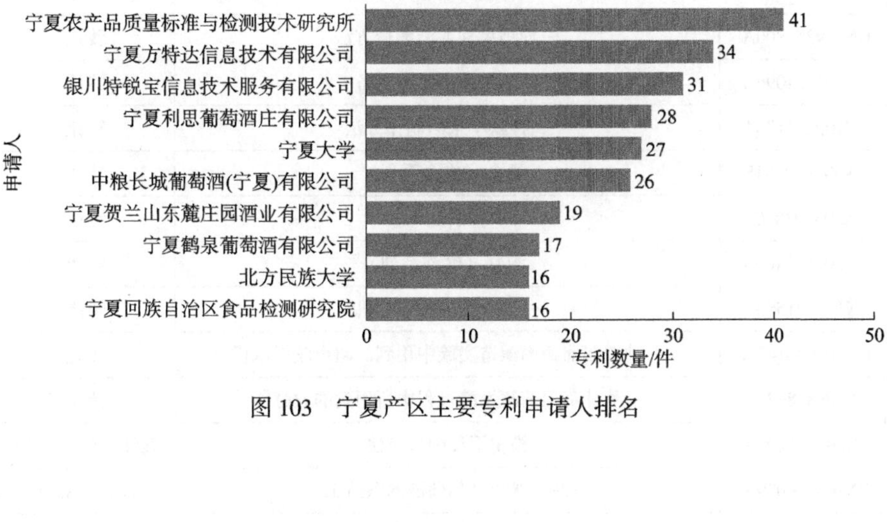

图 103　宁夏产区主要专利申请人排名

4.4.2.4　宁夏产区专利的实施转化情况

宁夏产区有效及审中专利有 471 件，专利实施转化情况见表 38，31 件专利被转让，转让形式多为母公司转让至子公司和个人转让至企业；3 件专利被质押，3 件专利保全；11 件专利发生权利变更，变更形式多为企业名称更改后的变更及合作发明后的变更。实施转化专利多为葡萄酒的酿造设备及葡萄副产物的综合应用。

表 38　宁夏产区实施转化专利

公开（公告）号	主题	法律事件
CN110076086B	一种葡萄酒酿酒用自动清洗脱皮去粒机	转让
CN108354848A	一种葡萄酒酒泥面膜及其制备方法	转让
CN110236205B	一种榨汁除渣的葡萄粒破碎机械装置	转让
CN213285863U	一种葡萄酒酿造用酒渣分离装置	转让
CN213287593U	一种葡萄酒生产用分选除杂装置	转让
CN213291436U	一种葡萄酒生产用压榨装置	转让
CN213160343U	一种用于葡萄酒酿造的蒸料箱	转让
CN213172275U	一种具备气压调节功能的葡萄酒酿造箱	转让
CN107354048A	一种干红葡萄酒及其制备方法	转让
CN107058041A	利用枸杞葡萄皮渣酿造保健醋饮料的方法	转让
CN105590549A	一种葡萄酒瓶身标贴	转让
CN109251800A	一种钙果葡萄酒酿造方法	转让
CN109234096A	一种欧李葡萄酒及其制备方法	转让
CN109234128A	一种欧李果酒制作方法	转让
CN304810381S	酒盒（木盒系列）	转让
CN304703840S	酒盒	转让
CN304682400S	酒盒（气泡系列）	转让
CN107791560A	一种新型葡萄压榨机	转让
CN206986147U	一种鲜花葡萄酒酿造实验中用到的超声波提取机	转让
CN206828478U	一种甘草葡萄酒发酵过程中所用到的发酵罐	转让
CN104232400A	枸杞干红酿造方法	转让/保全/质押
CN103966039A	一种天然甜型葡萄酒的酿造工艺	权利人变更

公开（公告）号	主题	法律事件
CN102491880A	从葡萄皮中提取白藜芦醇和色素的工艺	转让
CN103320259A	一种干型红枣酒的酿造工艺	转让
CN103060146A	一种女士酒的酿造方法	转让/保全/质押
CN103305372A	一种用葡萄皮渣生产原白兰地的方法	转让/质押/保全

4.4.2.5　宁夏产区葡萄酒产业技术构成

宁夏产区葡萄酒产业技术构成如图 104 所示，发酵罐占比最高，具体包括酒发酵、定量灌装、葡萄破碎机、葡萄榨汁机和发酵罐等技术；其次是干红葡萄酒，具体包括酿酒葡萄、加香葡萄酒、干红葡萄酒、葡萄籽蛋白和混菌发酵等技术；酿酒罐领域具体包括葡萄压榨机、过滤机、酿酒罐、酿酒废水及酿造等技术；自动封箱领域包括葡萄除梗机、图像识别技术、自动封箱及橡木桶；包装领域包括酒瓶、包装盒和标贴。

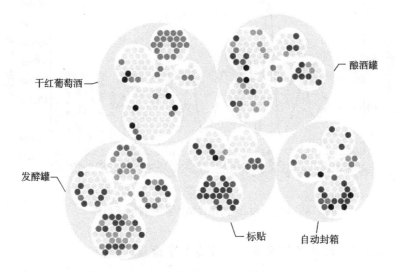

图 104　宁夏产区葡萄酒产业技术领域聚类分子图

4.4.3　河北产区

河北地区是中国的第三大葡萄酒产区，拥有 13 000 公顷的葡萄园，国内最大的生产商之一长城就坐落在这里。怀来产区包括了河北的宣化、涿鹿、怀来三县，这里位于长城以北，北京西北部的丘陵地带，属于内陆，最好的葡萄园海拔较高。整个生长季节气候干燥，昼夜温差大，降雨量偏少，土壤为含砂量较高的褐土，十分适合葡萄生长。品种以赤霞珠、梅洛和西拉为主。除了酿酒葡萄以外，怀来产区本身也是鲜食葡萄的一大产地，其中鲜食葡萄龙眼在当地也常常被拿来酿造甜白葡萄酒。我国第一款完全自己酿造的干白——长城干白用的就是龙眼葡萄。

4.4.3.1　河北产区葡萄酒产业专利申请趋势

河北产区葡萄酒产业起步较晚，2006 年以前，河北产区在该技术领域的专利申请为个位数，产业处于萌芽期；2007—2012 年，河北省在该技术领域的专利申请缓慢增长，产业进入导入期；2013 年开始，专利申请开始快速增长，产业进入发展期，2019 年专利申请高达 126 件，近两年由于专利的公开及审查，专利申请量略有下降，但是仍然呈增长的趋势（图 105）。

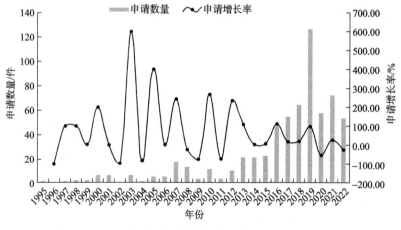

图 105　河北产区葡萄酒产业专利申请趋势

4.4.3.2　河北产区葡萄酒产业专利申请地域分布

河北产区地处华北生态圈，北纬 40 度这条酿酒葡萄黄金生长带穿省而过，怀抱首都的地缘优势，葡萄酒产业主要集中在西北部的沙城产区以及东北部的昌黎产区。河北省葡萄酒产业技术主要集中在张家口和秦皇岛市，张家口的怀来县和秦皇岛的昌黎均为葡萄酒产区，沙城葡萄和昌黎葡萄均为国家地理标志产品，吸引了国外葡萄酒商及国内长城、茅台、香格里拉等生产企业在这里投资建厂，形成了具有一定规模的葡萄酒产业集群（图 106）。

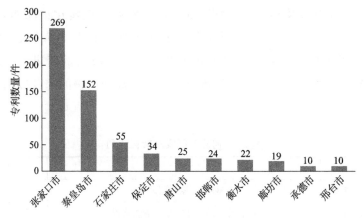

图 106　河北产区葡萄酒产业专利分布

4.4.3.3　河北产区主要专利申请人

河北产区主要专利申请人如图 107 所示，中国长城葡萄酒有限公司的专利申请最多；其次是中粮华夏长城葡萄酒有限公司；河北科技师范学院、河北龙泉葡萄酒股份有限公司、河北科技大学、秦皇岛博酿酒类技术服务有限公司、贵州茅台酒厂（集团）昌黎葡萄酒业有限公司和河北农业大学的专利申请在 10 件以上，剩余申请人的专利申请均在 10 件以下。中国长城葡萄酒有限公司和中粮华夏长城葡萄酒有限公司均隶属于中粮集团，为国内品牌葡萄酒生产企业。高校类的申请人主要有河北科技示师范学院、河北科技大学和河北农业大学。

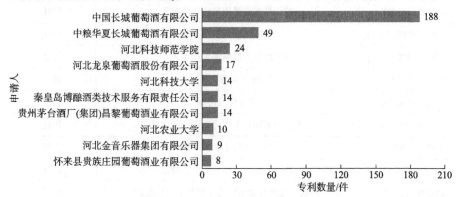

图 107　河北产区主要专利申请人排名

4.4.3.4 河北产区专利的实施转化情况

河北产区有效及实审的专利有 380 件，专利实施转化情况如表 39 所示，22 件专利被转让，转让形式多为公司内部转让和个人转让至企业；11 件专利发生权利变更，变更形式为企业名称更改后的变更。实施转化专利涉及葡萄酒的酿造工艺、设备、包装及葡萄副产物的综合应用等技术领域。

表 39 河北产区实施转化专利

公开（公告）号	主题	法律事件
CN110817271B	一种红酒瓶封瓶设备	转让
CN208019101U	一种葡萄酒大瓶特型瓶清洗装置	权利人变更
CN208022976U	一种生产起泡葡萄酒的设备	权利人变更
CN105713760A	一种葡萄酒的酿造方法	转让
CN207712833U	一种葡萄酒灌装线木塞提升机	权利人变更
CN207713696U	一种用于葡萄酒生产的皮渣泵	权利人变更
CN207713698U	一种提升葡萄酒发酵温度的装置	权利人变更
CN207713699U	一种葡萄酒旋转发酵罐	权利人变更
CN207713700U	一种葡萄酒无氧发酵装置	权利人变更
CN207713704U	一种葡萄酒反渗透脱醇装置	权利人变更
CN207713705U	一种葡萄酒除菌过滤装置	权利人变更
CN207713706U	一种红葡萄酒杀菌装置	权利人变更
CN207713709U	一种应用于葡萄酒生产工艺的脱醇装置	权利人变更
CN207512148U	一种干红发酵罐用自动排渣装置	转让
CN107988023A	一种保健酒及其应用	转让
CN104830636A	一种红枣干红酒的生产工艺	转让
CN303836746S	酒瓶（大香槟酒）	转让
CN204958872U	一种双层发酵罐	转让
CN103865637A	提多酚后葡萄籽生产葡萄籽油的方法	转让
CN204607963U	一种圆柱形干红发酵罐	转让
CN204607964U	一种圆台形自动循环喷淋发酵罐	转让
CN203866282U	一种旋转喷淋自动出渣式干红葡萄酒发酵罐	转让

公开（公告）号	主题	法律事件
CN102277251A	一种桑葚葡萄酒及其制备方法	转让
CN101058784A	一种干红葡萄酒橡木桶发酵工艺	转让
CN110817271B	一种红酒瓶封瓶设备	转让

4.4.3.5　河北产区葡萄酒产业技术构成

河北产区葡萄酒产业技术构成如图 108 所示，C12G1 葡萄酒或起泡酒的制备的专利申请有 68 件，C12G3 其他酒精饮料的制备的专利申请有 51 件，C12R1 微生物的专利有 34 件，C12H1 酒精饮料的巴氏灭菌、杀菌、保藏、纯化、澄清或陈酿的专利申请有 26 件；剩余专利量较少。

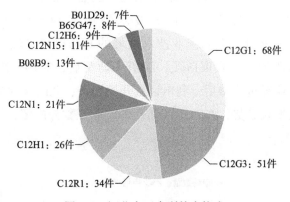

图 108　河北产区专利技术构成

4.4.4　东北产区

东北地区生产山葡萄酒的历史可以追溯到新中国成立前。1936 年成立的长白山葡萄酒厂和 1938 年成立的吉林通化葡萄酒厂，就是最早利用山葡萄酿酒的酒厂。新中国成立前，这里葡萄酒生产处于停产状况，新中国成立后才相继成立多家葡萄酒企业，主要有吉林、辽宁和黑龙江三个产区。

吉林产区的葡萄酒行业历史较早，至今吉林产区葡萄酒主要种植和生产集中在通化地区的通化市、集安、柳河、蛟河等地。辽宁产区葡萄酒主要种植和生产集中在桓仁、辽阳等地。黑龙江产区葡萄酒主要种植和生产集中在东宁市、双鸭山、齐齐哈尔等地。

目前，东北产区以生产山葡萄品种酿造的甜型葡萄酒为主和以北冰红、贝达（Bata）、威代尔（Vidal）为主酿造的冰酒，成为世界上最主要的甜型酒和冰酒产区。

4.4.4.1　东北产区葡萄酒产业专利申请趋势

东北产区的山葡萄作为中国本土的标志性品种，东北的葡萄酒产业早期凭借着山葡萄大力发展民族葡萄酒业。作为中国高品质甜型葡萄酒的唯一产区，20 世纪五六十年代，通化葡萄酒曾占据国内市场半壁江山。然而，受进口葡萄酒激增和其他产区发展挤压，葡萄酒消费市场不成熟等因素影响，山葡萄酒和甜型酒消费认可度不高、产区山葡萄酒品牌知名度不够，产业整体发展水平不高等问题逐渐显现，导致市场占有率低，产业亟待振兴发展。从专利申请趋势来看，东北产区葡萄酒生产技术的发展分为两个阶段，1997 年东北产区在该技术领域专利申请几乎为零，从1998—2008 年，东北葡萄酒产业技术领域的专利申请量经历了增长后开始下降，此阶段为第一发展阶段；经历了动荡后，2010—2022 年，东北产区葡萄酒产业经过修整后专利申请量开始增长，此阶段为第二阶段，专利申请呈稳定增长趋势，东北产区葡萄酒产业正蓄势酝酿，寻找新的发展路径（图 109）。

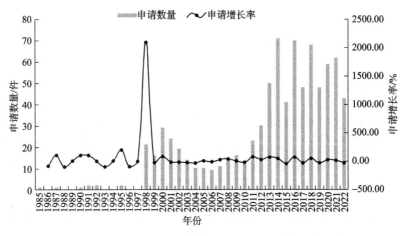

图 109　东北产区葡萄酒产业专利申请趋势

4.4.4.2　东北产区葡萄酒产业专利申请人及地域分布

东北产区葡萄酒生产技术主要申请人为哈尔滨膳宝酒业有限公司、吉林工程技术师范学院、通化葡萄酒股份有限公司和伊春市忠芝大山王酒业有限公司（图110）。东北产区葡萄酒产业的专利申请主要集中在通化市、哈尔滨市、大连市和长春市（图111）。

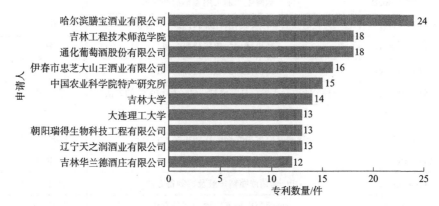

图110　东北产区主要专利申请人排名

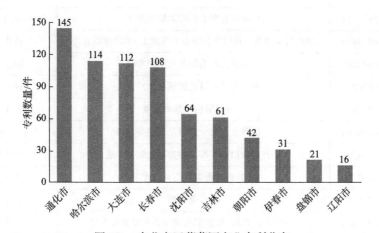

图111　东北产区葡萄酒产业专利分布

4.4.4.3　东北产区专利的实施转化情况

东北产区专利有效性不高，有效及审中专利252件，专利实施转化率不高，有17件专利转让，6件权利人变更，3件质押，3件保全（表40）。

表 40　东北产区实施转化专利

公开（公告）号	主题	法律事件
CN110817271B	一种红酒瓶封瓶设备	转让
CN108893496A	一种同化甘油的酿酒酵母细胞高密度发酵工艺	转让
CN213924750U	一种用于啤酒酿造的过滤装置	转让
CN110214962B	一种葡萄酒生产加工用葡萄清洗装置	转让
CN106754447A	重组酿酒酵母及其在合成丙谷二肽中的应用	权利人变更
CN211284311U	一种机械加工用原料粉碎机	转让
CN108204216B	一种套管修复装置的使用方法	转让
CN106399351A	一种分子改造手段提高酿酒酵母的乙醇耐受性的方法	转让
CN106221988A	一种含雪莲培养物的功能保健红酒	质押
CN109298100A	一种酿酒酵母培养物的代谢组学分析方法	权利人变更
CN109161451A	一种葡萄酒发酵罐	转让
CN104939257A	OPC 葡萄浓缩精华液及其制备方法	转让/保全
CN103992927A	一种葡萄皮籽养生酒的制备方法	转让/保全
CN104893886A	紫洋葱浓缩葡萄酒及其制备方法	转让/保全
CN106367252A	一种浓香型山葡萄酒酿造方法	转让/复审决定
CN103667090A	酿酒酵母菌及一种微生物制备高纯度 D-半乳糖的方法	转让
CN104293555A	一种黑蒜葡萄酒及其生产方法	转让
CN103923800B	一种山葡萄开胃健脾酒及生产方法	转让
CN104109595A	一种葡萄白兰地养生酒	转让
CN103243004A	一种野生蓝莓干红酒及其制备方法	权利人变更
CN102634429A	一种富含白藜芦醇红葡萄酒的制备方法	转让/权利人变更
CN101845373A	一种蓝莓冰葡萄酒及其制作方法	转让
CN101165153A	OPC 葡萄酒	转让
CN108893496A	一种同化甘油的酿酒酵母细胞高密度发酵工艺	转让

4.4.4.4　东北产区葡萄酒产业专利的技术构成

东北产区葡萄酒产业技术构成如图 112 所示，C12G1 葡萄酒或起泡酒的制备的专利申请有 244 件；C12G3 其他酒精饮料的制备的专利申请有 140 件；C12R1 微生物的专利有 118 件；剩余专利量较少。

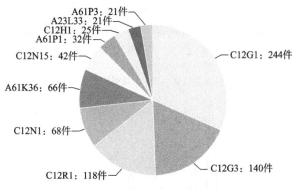

图 112　东北产区葡萄酒产业专利技术构成

4.4.5　西南产区

西南产区包括云贵高原的弥勒、东川、蒙自，广西的都安、罗城、永福，湖南西北部、长沙等葡萄酒产区，这是我国最具特色的新兴葡萄酒产区。这里野生葡萄资源丰富，境内多山、多河流、多湖泊，少数民族集居。该产区酿酒葡萄面积已达 3 万余亩，品种多为玫瑰蜜、美乐、赤霞珠、毛葡萄、刺葡萄及欧毛、欧刺杂种葡萄等适宜本地栽培的种类由于有着酿造精品酒的巨大潜质。

云南也受到不少国际上的关注。路威酩轩集团在德钦县建立了敖云酒庄，酿造的波尔多式混酿葡萄酒是中国目前价格最高的酒款之一；滴金酒庄（Chateau d'Yquem）及白马酒庄（Cheval Blanc）的酿酒师皮埃尔·露桐（Pierre Lurton）也曾表露对投资云南的兴趣。

4.4.5.1　西南产区葡萄酒产业专利申请趋势

西南产区葡萄酒产业起步较晚，2007 年以前，西南产区在该技术领域的专利申请为个位数，产业发展比较缓慢；2008 年西南在该技术领域的专利申请猛增至 30 件；2009—2018 年，西南产区专利申请迅速增长，2018 年达到峰值 136 件，近两年专利申请略有下降趋势，但专利申请量仍较高（图 113）。

4.4.5.2　西南产区葡萄酒产业专利申请地域分布

西南产区葡萄酒产业主要集中在广西南宁市、贵州遵义市、湖南长沙市和云南昆明市，怀化市、桂林市和贵阳市也有分布，广西、云南和湖南的刺葡萄和毛葡萄等野生葡萄资源丰富，南方省份充分利用这些野生葡萄资源培育优质而独特的酿酒葡萄新品种及生产优质特色葡萄酒，成为我国野生葡萄酒的一大亮点（图114）。

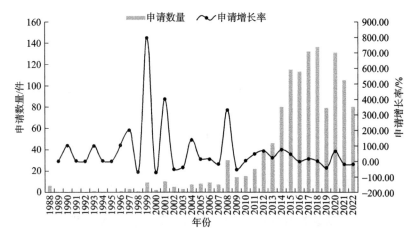

图113　西南产区葡萄酒产业专利申请趋势

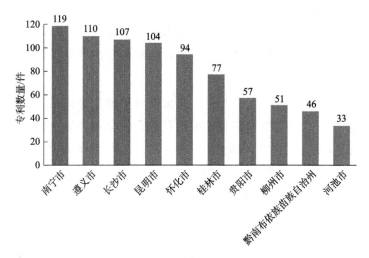

图114　西南产区葡萄酒产业专利分布

4.4.5.3　西南产区主要专利申请人

西南产区主要专利申请人如图115所示，茅台学院的专利申请最多；其次是贵州福泉开心农场生态发展有限公司、广西中天领御酒业有限公司和广西壮族自治区农业科学院葡萄与葡萄酒研究所，专利申请均在20件以上。

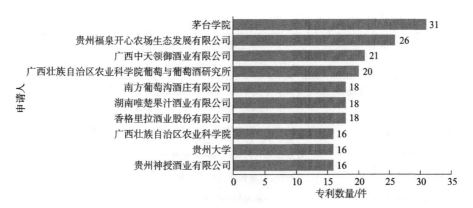

图 115　西南产区主要专利申请人排名

4.4.5.4　西南产区专利的实施转化及高价值专利

西南产区的专利六成以上失效，专利有效性较低，44 件专利被转让，9 件专利许可，7 件专利权利人变更，4 件质押（表 41）。

表 41　西南产区实施转化及高价值专利

公开（公告）号	主题	法律事件/状态
CN106893660A	一种红肉火龙果甜型果酒的酿造工艺	转让
CN209872908U	酿酒用发酵装置	权利人变更
CN209872911U	酿酒用过滤装置	权利人变更
CN110236205A	一种榨汁除渣的葡萄粒破碎机械装置	转让
CN110214962A	一种葡萄酒生产加工用葡萄清洗装置	转让
CN106962950A	用于加工葡萄的立式榨汁机	转让
CN105602778A	一种葡萄酒的埋沙酿造方法	转让
CN206887071U	一种酿酒用发酵提取装置	转让
CN107183441A	加工葡萄的榨汁设备	转让
CN107149379A	葡萄榨汁机	转让
CN105130941A	一种葡萄籽提取物的制备方法	转让
CN106272379A	一种智能酿酒机器人	转让
CN105925405A	葡萄酒的去酸醇化方法	转让/质押
CN103725468A	一种养颜红葡萄酒及其制备方法	转让
CN104004614A	冷冻干燥葡萄制备葡萄酒的方法	转让

公开（公告）号	主题	法律事件/状态
CN104059843A	一种葡萄籽发酵米酒的制备方法	转让
CN104560747A	汉逊德巴利酵母菌及其发酵液、混合发酵液和在二次发酵蔬菜中的应用	转让
CN103333758A	一种金槐槐米保健葡萄酒及其制作方法	转让/权利人变更
CN103805399A	一种樱桃葡萄保健酒及其制备方法	转让
CN102212431A	一种冰红葡萄酒的生产工艺	转让/权利人变更
CN102936546A	一种保健葡萄酒	转让
CN102936547A	保健葡萄酒	转让
CN102211980A	一种以葡萄酒厂废渣为原料制备白藜芦醇提取物的方法	转让/质押
CN101717737A	抗菌肽 buforin Ⅱ 和猪 INF-α 融合表达毕赤酵母菌及制备方法和应用	转让/权利人变更
CN101962620A	一株酿酒酵母菌株及其应用	转让
CN101586062A	一种刺葡萄干红酒酿造的工艺	转让
CN101602994A	一种美容养生酒的酿造方法	转让
CN101584292A	一种酿酒葡萄的种植技术	转让/权利人变更
CN1710042A	一种从刺葡萄种籽中提取刺葡萄籽油的方法	转让
CN1582791A	葡萄籽提取物作为烟草制品自由基清除剂的用途及相应烟草制品	转让
CN111363686A	一种酿制增香葡萄酒的酵母菌及用途和方法	有效
CN109943325A	一种用葡萄酒糟制备红光碳量子点的方法	有效
CN107325906A	一种刺葡萄酒的制备方法	有效
CN106906091A	一种玫瑰蜜葡萄起泡酒的酿造工艺	有效
CN106867740A	一种干红、桃红葡萄酒的联动酿造工艺	有效
CN106290756A	一种现场快速检测葡萄酒中有害物质的方法	有效
CN106045959A	一种利用葡萄籽提取物制备低聚原花青素的方法	有效
CN104974872A	一种桃金娘巨峰葡萄酒的酿造方法	有效
CN104263573A	一种贵腐葡萄酒的制备方法	有效
CN104031854A	一株提高对乙醇耐受性的酿酒酵母基因工程菌株及其构建方法	有效
CN103074185B	一种刺葡萄酒的酿制方法	有效

公开（公告）号	主题	法律事件/状态
CN103265520A	一种用酿酒后葡萄籽制备低聚原花青素和单宁色素的方法	有效
CN102660427A	甘蔗、菠萝、姜汁复合味美思及其酿造方法	有效
CN102415613A	一种利用葡萄酒提升烟梗品质的方法	有效
CN111363686A	一种酿制增香葡萄酒的酵母菌及用途和方法	有效

4.4.5.5　西南产区葡萄酒产业专利的技术构成

西南产区葡萄酒产业技术构成如图 116 所示，C12G1 葡萄酒或起泡酒的制备的专利申请有 481 件，C12G3 其他酒精饮料的制备的专利申请有 233 件，C12R1 微生物的专利有 151 件，A61K36 的专利有 115 件；剩余专利量较少。

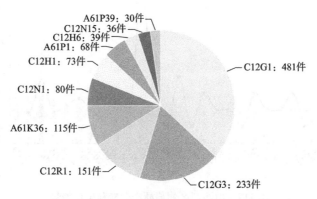

A61P39：30件
C12N15：36件
C12H6：39件
A61P1：68件
C12H1：73件
C12N1：80件
A61K36：115件
C12R1：151件
C12G1：481件
C12G3：233件

图 116　西南产区葡萄酒产业专利技术构成

4.4.6　徐清产区

"有客汾阴至，临堂睉双目。自言我晋人，种此如种玉。酿之成美酒，令人饮不足。为君持一斗，往取凉州牧。"这段节选自刘禹锡《葡萄歌》的诗句描述的正是自古就以葡萄酒而闻名的山西。

山西清徐产区包括山西的汾阳、榆次和清徐的西北山区。虽然山西地产葡萄酒数量不多，但是企业在全国都有影响力。山西的怡园酒庄是中国最具国际知名度的酒庄之一，得益于怡园的成功，许多小型酒庄在此建立，以小规模、高成本、精品化的方式酿造葡萄酒，使山西成为又一个颇具发展前景的产区。除怡园外，由波尔多（Bordeaux）酿酒师让·克劳德·贝汝艾（Jean Claude Berrouet）担任酿酒顾问的戎子酒庄也已开始崭露头角。

山西省葡萄酒产业起步较晚，2011年以前，山西省在该技术领域的专利申请为个位数，产业发展比较缓慢；2011年山西省在该技术领域的专利申请呈增长趋势，2022年专利申请量达到36件（图117）。山西省的专利申请主要集聚在太原市、临汾市和晋中市（图118），主要申请人为山西大晋升泰工贸有限公司和山西戎子酒庄有限公司，山西大晋升泰工贸有限公司主要产品为红酒杯具的设计，山西戎子酒庄有限公司专利申请涉及葡萄酒酿造工艺、设备及包装外观设计（图119）。

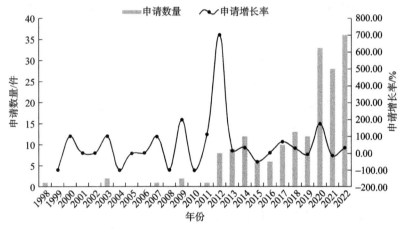

图117　山西产区葡萄酒产业专利申请趋势

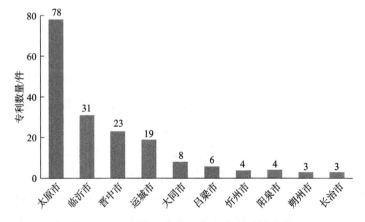

图118　山西产区葡萄酒产业专利地域分布

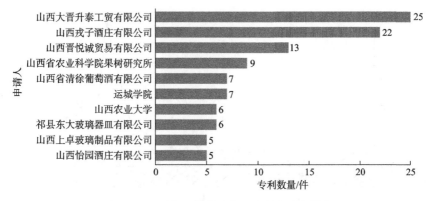

图 119　山西产区葡萄酒产业专利申请人排名

4.5　葡萄酒重点企业专利技术分析

4.5.1　长城葡萄酒

　　长城葡萄酒围绕美酒黄金线北纬 40°，在中国最好的葡萄产区河北沙城、河北昌黎、山东蓬莱、新疆天山北麓、宁夏贺兰山东麓拥有自己的产区，并在 2010 年和 2011 年相继完成对智利中央山谷和法国波尔多产区知名酒庄的收购，分布于海外产区。

　　长城葡萄酒企业中国长城葡萄酒有限公司、华夏葡萄酿酒有限公司、中粮长城葡萄酒（宁夏）有限公司、中粮长城葡萄酒（烟台）有限公司、烟台华夏长城葡萄酒有限公司、长城桑干酒庄和烟台时代长城葡萄酒有限公司均进行了专利布局。长城葡萄酒专利申请总量为 356 件，专利申请主要集中在 2007—2022 年（图 120），其中 67.45% 的专利申请为实用新型，63.25% 的专利有效，有效性较高（图 121）；主要申请人为中国长城葡萄酒有限公司；发明人主要有罗飞、杨晓兵、韩朝武和李永峰，专利申请在 40~90 件之间；专利技术构成中 C12G 葡萄酒的制备技术占比最高，其次是 B65G、B65D、B08BB 等与葡萄酒制备相关设备装置的技术；专利实施转化方面，2 件转让，9 件权利变更，64 件专利一案双申（表 42）。

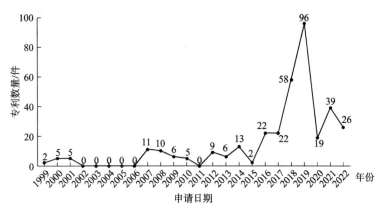

图 120　长城葡萄酒专利申请趋势

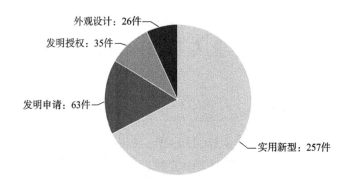

（a）专利类型

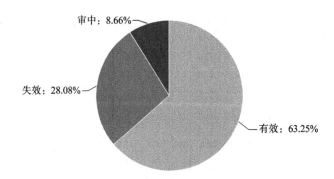

（b）专利有效性

图 121　长城葡萄酒专利类型及专利有效性

表 42　长城葡萄酒专利转化实施情况

转化实施形式	数量/件	重点专利公开号
转让	2	CN101058784A、CN110946295A
权利变更	5	CN106845579A、CN106047548A、CN103923783A、CN103911242A、CN102604767A
一案双申	64	CN105905338A、CN207235377U、CN205770320U

4.5.2　张裕葡萄酒

　　张裕所属的公司及酒庄中，只有烟台张裕葡萄酒酿酒股份有限公司、烟台张裕集团有限公司和烟台可雅白兰地酒庄进行了专利布局，专利申请总量为 70 件（图 122），其中关于酒瓶与酒标的外观设计专利有 19 件，发明专利申请 27 件，发明授权 20 件，实用新型专利 4 件；有效专利 35 件，32 件专利失效，3 件专利在审查中（图 123）；28 件专利发生转让（表 43），主要发明人有李记明、沈志毅、于英、姜文广和张葆春，他们的专利申请在 18 件以上。张裕葡萄酒外观设计和失效专利的占比较高，说明其专利稳定性较弱，有效性不高，专利的转让形式均为内部公司的转让。技术构成中，C12G 葡萄酒的制备技术和 C12H 葡萄酒灭菌、杀菌、保藏、纯化、澄清或陈酿技术占比较高。

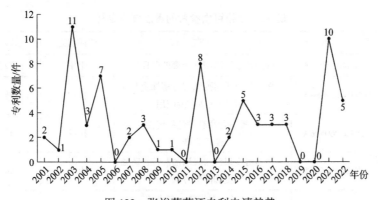

图 122　张裕葡萄酒专利申请趋势

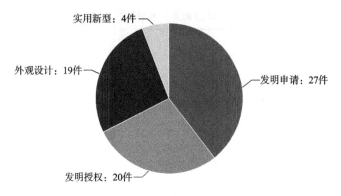

（a）专利类型

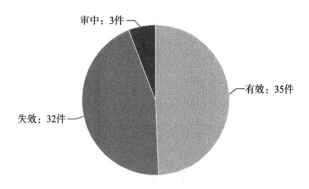

（b）专利有效性

图123　张裕葡萄酒专利类型及专利有效性

表43　张裕可供参考的重点核心专利

序号	公开（公告）号	主题	法律状态	法律事件
1	CN108516908A	一种酿酒葡萄园酸性土壤的改良方法	审中	转让
2	CN108239608A	一株戴尔凯氏有孢圆酵母菌株及其在葡萄酒酿造中的应用	授权	转让
3	CN107760506A	一种提高葡萄酒颜色稳定性的酿造方法	授权	转让
4	CN107156596A	一种易褐变果汁或果酒的脱苦、防褐变和降酸方法	审中	转让
5	CN106244474A	一株高产苯乙醇的酿酒酵母及其在干红葡萄酒酿造中的应用	授权	转让
6	CN105219574A	一种果香型干红葡萄酒的酿造方法	授权	转让

续表

序号	公开（公告）号	主题	法律状态	法律事件
7	CN105039047A	一种新鲜型干红葡萄酒的酿造方法	授权	转让
8	CN104017740A	一株高产甘油的酿酒酵母及其 在干白葡萄酒中的应用	授权	转让
9	CN102586018A	一种从白葡萄皮渣中提取葡萄香气 成分的方法及其应用	授权	转让
10	CN102586021A	一种从含有香气成分的溶液中回收 香气成分的方法	授权	转让
11	CN101144054A	一种冰葡萄酒的酿造方法	授权	转让
12	CN1891810A	一种葡萄酒的陈酿方法	授权	转让
13	CN1737097A	无低醇葡萄酒及其酿造方法	授权	转让

4.5.3　王朝葡萄酒

　　王朝葡萄酒企业中法合营王朝葡萄酿酒有限公司进行了专利布局。专利申请总量为 320 件（图 124），专利申请主要集中在 2012—2022 年，55.63% 的专利申请为发明，17.19% 的专利有效，专利稳定性和有效性都不高（图 125、图 126）。发明人主要有张军、张福庆、俞然和尹吉泰，专利申请在 90 件以上。专利技术构成中 C12G 葡萄酒的制备技术占比最高，其次是 A01G 葡萄种植技术；专利实施转化方面，有效与审中的 112 件专利中 24 件专利一案双申。王朝葡萄酒的重点核心专利见表 44。

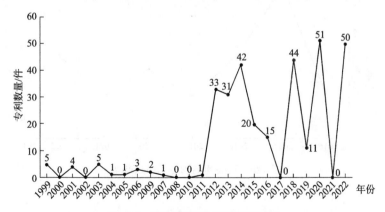

图 124　王朝葡萄酒专利申请趋势

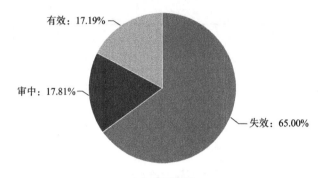

（a）专利类型

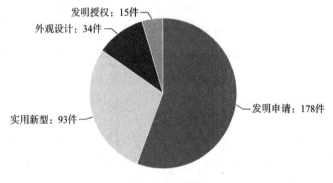

（b）专利有效性

图 125　王朝葡萄酒专利类型及专利有效性

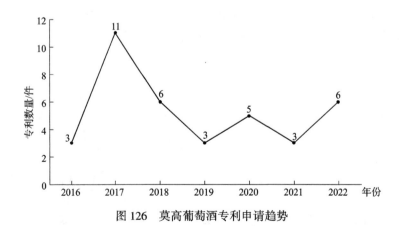

图 126　莫高葡萄酒专利申请趋势

表 44　王朝葡萄酒可供参考的重点核心专利

序号	公开（公告）号	主题	法律状态
1	CN109294788A	一种加香葡萄酒及其勾兑工艺	授权
2	CN102660424A	一种风干红葡萄酒及其酿造工艺	授权
3	CN102649923A	一种风干葡萄酒及其酿造方法	授权
4	CN1858177A	玫瑰香低醇起泡白葡萄酒及其酿造工艺	授权
5	CN210596005U	一种特殊葡萄酒处理用过滤装置	授权
6	CN214571794U	一种集成式葡萄酒生产设备	授权
7	CN214088443U	一种葡萄酒自发酵生产装置	授权

4.5.4　莫高葡萄酒

申请专利 37 件，其中外观设计占比 56.76%，有效专利占比 51.35%（图 127），专利有效性较高。主要发明人有宋茂华、牛育林和王玉洁，这三位发明人的专利申请均在 15 件以上。技术构成上，C12G 葡萄酒的制备占有一定比例，其他技术领域占比较少。专利实施转化能力较弱，无专利转让许可，1 件被引用，4 件被家族引证。

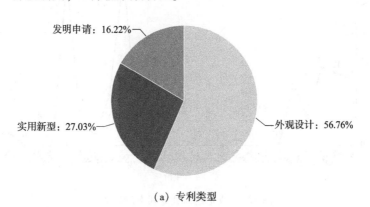

发明申请：16.22%
实用新型：27.03%
外观设计：56.76%

（a）专利类型

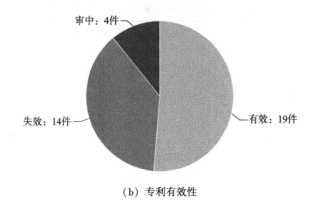

（b）专利有效性

图 127 莫高葡萄酒专利类型及专利有效性

4.5.5 威龙葡萄酒

威龙葡萄酒股份有限公司共申请专利 165 件，专利申请主要集中在 2013 年与 2017 年（图 128）。已申请专利中，外观设计占比 83%，失效专利占比 71.52%，专利稳定性和有效性较低（图 129）。主要发明人有王珍海、陈青昌和王庆堂，这三位发明人的专利申请均在 30 件以上。专利实施转化能力较弱，有效专利中有 8 件专利转让，1 件一案双申（表 45）。

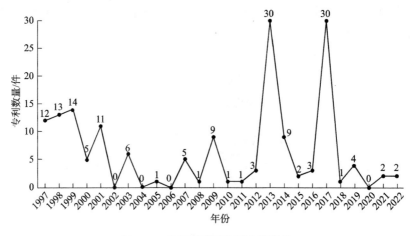

图 128 威龙葡萄酒专利申请趋势

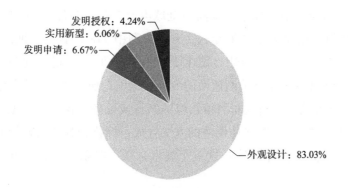

（a）专利类型

（b）专利有效性

图 129　威龙葡萄酒专利类型及专利有效性

表 45　威龙可参考重点专利

公开号	主题	法律事件
CN105879492B	一种酒渣过滤装置	一案双申/转让
CN105942803B	一种便于取酒的容器	转让
CN104523162B	葡萄酒快速醒酒调温装置	转让
CN105902116B	一种容积可变的酒提	转让
CN1524943A	葡萄白酒酿造方法	转让

4.5.6　贺兰山葡萄酒

保乐力加（宁夏）葡萄酒酿造有限公司是由保乐力加集团在银川全额

投资的外商独资企业，保乐力加集团全球申请专利 777 件（图 130），其在全球 37 个国家或地区布局了专利，有效专利中 118 件具有扩展同族专利，中国同族 8 件，1 件专利转让（图 131）。保乐力加（宁夏）葡萄酒酿造有限公司申请了 2 件关于葡萄酒瓶贴的专利。保乐力加公司的专利技术构成集中在 A23L（食品、食料或非酒精饮料的制备或处理及保存）、C12G（葡萄酒制备）和 C12P（发酵或使用酶的方法合成目标化合物或组合物或从外消旋混合物中分离旋光异构体）这三个技术领域。保乐力加集团重点专利见表 46。

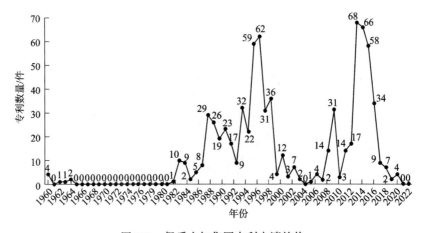

图 130　保乐力加集团专利申请趋势

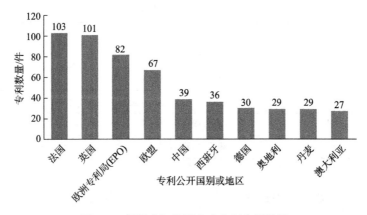

图 131　保乐力加集团全球专利布局数量

表 46 保乐力加集团可参考重点专利

公开号	主题	法律事件
CN108369187B	通过容器来控制酒精饮料的便携式设备、与其相关联的系统和方法	多国同族
CN107427052A	包括含有基于鱼子酱的食品的颗粒的酒精饮料	多国同族
FR2962840A1	Luminous label e. g. back light label, for bottle receiving e. g. wine, has luminous layer with LED to be supplied by power supply layer, and printed layer provided on upper diffusing layer	有效
CN108369187B	通过容器来控制酒精饮料的便携式设备、与其相关联的系统和方法	中国同族
EP3445704A1	BEVERAGE DISPENSER WITH BEVERAGE DISPENSING CONTAINERS AND METHOD FOR ILLUMINATING THE ACTIVIVE CONTAINER（具有饮料分配容器的饮料分配器和用于照亮活性容器的方法）	有效
US20170313568A1	Beverage Dispensing Apparatus and Method（饮料分配装置和方法）	转让
EP3445700A1	BEVERAGE DISPENSING MODULE WITH ACTIVATION SYSTEM FOR A PRESSURISING ROLLER（具有用于加压辊的致动系统的饮料分配模块）	多国同族
FR3080367A1	BOTTLE FOR STORING AND DISPENSING A BEVERAGE（用于储存和分配饮料的瓶子）	有效
US20160297666A1	Beverage Dispensing Container, Apparatus, System and Method（饮料分配容器、装置、系统和方法）	转让
EP3089927A1	BEVERAGE DISPENSING MODULE AND FLEXIBLE POUCH（饮料分配模块和柔性袋）	多国同族
FR3037570A1	BOTTLE HAVING A SAFETY CLOSURE（包括安全瓶塞的瓶子）	中国同族
CN103068258B	在含酒精的液体组合物中悬浮颗粒的方法及其对应的液体组合物	中国同族

续表

公开号	主题	法律事件
EP2739716A1	METHOD OF PRODUCING AN ALCOHOLIC BEV-ERAGE HAVING A FRUITY FLAVOR（生产具有果味的酒精饮料的方法）	转让/中国同族
FR3020005A1	FUT WOOD SPIRIT AND AGEING OF AN AGING PROCESS FOR SPIRITS	有效
FR2943771A1	DEVICE COOLING FOR DRINKS（装置用于饮料冷却）	中国同族
AU2008281321A1	Fluid blending system（流体混合系统）	有效
EP1389636A1	Method for preparing an alcoholic aniseed beverage containing anethole（方法用于制备一种含茴香脑醇八角饮料）	多国同族

4.5.7 中信国安葡萄酒

中信国安葡萄酒业股份有限公司申请专利 22 件（图 132），专利申请主要集中在 2015—2020 年，专利申请以发明实用新型和外观设计为主，专利稳定性不高，专利有效性较高（图 133），2 件转让，2 件权利人变更，4 件一案双申（表 47），转让形式为公司内部之间转让，权利人变更也是公司名称更改后的变更。

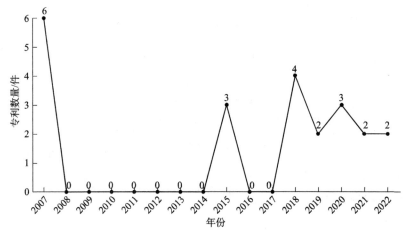

图 132　中信国安葡萄酒专利申请趋势

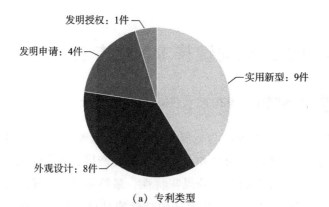

（a）专利类型

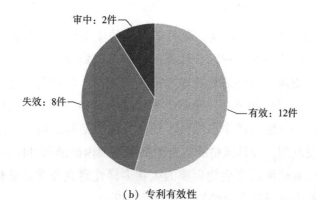

（b）专利有效性

图 133　中信国安葡萄酒专利类型及专利有效性

表 47　中信国安可参考重点专利

公开号	主题	法律事件
CN204897882U	一种蒸馏塔	有效
CN208218808U	红葡萄酒发酵全浸渍压帽装置	有效
CN215799432U	一种葡萄酒渗透汽化膜分离设备的供料装置	一案双申/有效
CN215799432U	一种蒸馏酒收集系统	有效
CN208200899U	一种用于规模化红葡萄酒发酵的酒渣分离设备	一案双申/有效

4.6 葡萄酒产业关键技术领域专利分析

4.6.1 葡萄酒酿酒酵母技术分析

葡萄酒"风土"可理解为包括土壤类型、地理地形、光照、降水量、昼夜温差等所有自然因素的总和。不同葡萄酒产区拥有相对特殊的先天条件，这些综合因素会影响葡萄的风味特性，最终体现在葡萄酒的地域风格上。影响葡萄酒质量与风格的因素还包括葡萄品种、栽培管理、采收方式、酿造微生物、后期陈酿等因素。

我国的葡萄栽培面积广阔，葡萄适栽区的生态地理条件复杂多样，蕴藏着丰富的酵母菌资源，我国葡萄酿酒的酵母菌资源被长期搁置，本土微生物对葡萄酒质量与风格的重要影响被长期低估。以前我国葡萄酒工业需要的酵母几乎全部依赖进口，受制于国外垄断，导致国产酒的同质化。酵母菌在葡萄酒的发酵生产中占据核心地位，优质葡萄酒的生产依赖于优良微生物的开发利用，独具风格的本土葡萄酒是国内酿酒师共同关心的话题，因此开展本土葡萄酿酒微生物资源的生物多样性研究非常必要和迫切。以下对葡萄酒酿酒酵母技术领域的专利进行分析。

4.6.1.1 葡萄酒酿酒酵母技术全球专利申请分析

在葡萄酒酿酒酵母技术领域，国外布局专利较早，1981 年以前专利申请量不足 10 件，1982—1997 年专利申请平缓增长，中国 1985 年开始布局专利，2013 年该技术领域的专利申请飞跃式增长，拉伸了全球在该技术领域的专利申请量，2021 年中国专利申请达到峰值，共有 288 件（图 134），2023—2025 年全球专利申请数量预计持续增长，该技术领域为葡萄酒产业中的研发热点，全球有 67 个国家在该技术领域内布局了专利，中国在该技术领域内的专利申请最多（图 135）。

葡萄酒酿酒酵母技术全球主要申请人如图 136 所示，江南大学在该技术领域的专利申请量最多，排在第一梯队；其次是天津科技大学，天津大学位居第三梯队，排在前十的申请人均为中国申请人，且多为大专院校或科研院所，企业申请人仅有中粮营养健康研究院有限公司和安琪酵母股份有限公司，说明该技术领域在我国是研发应用的热点领域，但市场应用及推广仍有较大差距。

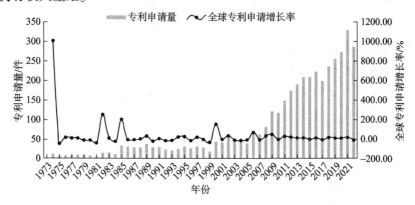

图 134　1973—2021 年葡萄酒酿酒酵母技术全球专利申请趋势

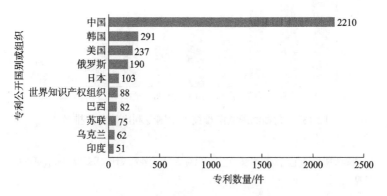

图 135　葡萄酒酿酒酵母技术全球地域排名

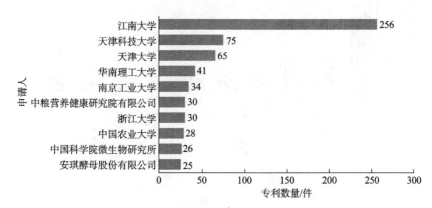

图 136　葡萄酒酿酒酵母技术全球主要申请人

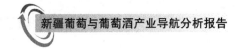

4.6.1.2 葡萄酒酿酒酵母技术中国专利申请分析

在葡萄酒酿酒酵母技术领域，江苏省在该技术领域的专利申请量最多；其次是北京市，天津市位于第三（图137）。主要申请人分布于沿海省份，新疆在该技术领域共有16件专利，其中5件有效；该技术领域的专利申请主要集中在沿海经济技术及人才密集的省份。从专利有效和专利申请类型来看，以发明申请和发明授权为主，发明申请较多，说明该技术领域是一个研究热点（图138）。

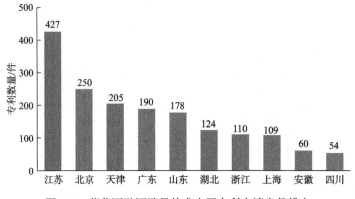

图137　葡萄酒酿酒酵母技术中国专利申请省份排名

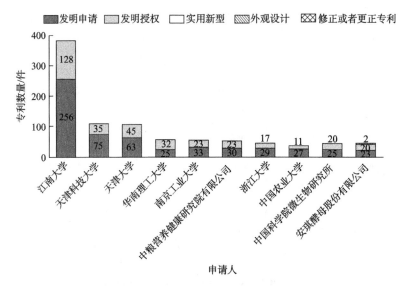

图138　葡萄酒酿酒酵母技术中国主要申请人及专利类型

葡萄酒酿酒酵母技术主要发明人见表48。

表 48　葡萄酒酿酒酵母技术主要发明人

主要申请人	主要发明人
江南大学	陈坚、堵国成、刘立明、周景文
天津科技大学	肖冬光、郭学武、陈叶福、张翠英、董健
天津大学	元英进、王颖、肖文海
华南理工大学	林影、韩双艳、郑穗平
南京工业大学	应汉杰、陈勇

4.6.1.3　葡萄酒酿酒酵母技术高价值专利

全国有效专利中145件专利转让，13件专利许可，12件专利质押，55件专利权利人变更，5件专利一案双申，1件保全（表49）。

表 49　葡萄酒酿酒酵母技术重点专利列表

序号	公开（公告）号	主题	申请人
1	CN107592884A	在乙酸的存在下具有提高的发酵木糖能力的酵母菌株	乐斯福公司
2	CN108603186A	共表达外源糖化酶的酵母菌株、获得所述酵母菌株的方法及其用于生产生物乙醇的用途	乐斯福公司
3	CN108473941A	用于发酵饮料，尤其是葡萄酒的酵母菌株	乐斯福公司
4	CN108401434A	新的婴儿假丝酵母菌株及其突变体菌株和转化体菌株以及使用该菌株生产二元酸的方法	乐天化学株式会社；韩国生物科学和生物技术研究院
5	CN103210080A	酵母菌株及其在脂类产生中的用途	帝斯曼知识产权资产管理有限公司
6	CN106890114B	包含异常毕赤酵母和菊苣根提取物的局部用组合物	强生消费者公司
7	CN107709540B	库德里阿兹威氏毕赤酵母 NG7 微生物及其用途	韩国生命工学研究院

序号	公开（公告）号	主题	申请人
8	CN106232811A	酿酒酵母菌株	斯堪的纳维亚科技集团公司
9	CN105121637A	酿酒酵母中替代甘油形成的消耗电子的乙醇生产途径	拉勒曼德匈牙利流动管理有限责任公司
10	CN105874056A	用于生产第一代乙醇的酵母菌株	乐斯福公司
11	CN105358694A	来自巴斯德毕赤酵母的酵母启动子	凯克应用生命科学研究生院
12	CN105829533A	对不甜或微甜生面团有效的新的制面包酵母菌株	乐斯福公司
13	CN104388326A	新型面包酵母	株式会社钟化
14	CN104427990A	用于预防和/或治疗阴道霉菌病的酿酒酵母	乐斯福公司
15	CN104640976A	能够代谢木糖且对抑制剂耐受的酵母菌株、其获得方法及其用途	乐斯福公司
16	CN107404913A	通过红葡萄酒提取物和包含至少一种产生细菌素的乳酸细菌菌株的培养物的组合降低发酵食品中革兰氏阴性细菌的浓度	科汉森有限公司
17	CN104126011A	由乙酸和甘油生产乙醇的工程化酵母菌株	帝斯曼知识产权资产有限公司
18	CN104411814A	新型面包酵母	株式会社钟化
19	CN102112596A	通过淀粉和木聚糖的降解酶的表达开发能进行淀粉和木聚糖的醇发酵的耐热酵母多形汉逊酵母菌株	阿彻丹尼尔斯米德兰德公司
20	CN102083958A	酵母菌株及其使用方法	奥克兰联合服务有限公司
21	CN103354836A	新型酿酒酵母菌株	斯堪的纳维亚科技集团公司
22	CN102803289A	用于高水平生产二十碳五烯酸的改善的优化的解脂耶氏酵母菌株	纳幕尔杜邦公司

序号	公开（公告）号	主题	申请人
23	CN104394890A	由毕赤酵母生物质制得的天然生物复合粉、制备方法及其作为赋形剂的用途	73 制药公司
24	CN102459566A	过表达 ATP 降解酶的重组酿酒酵母菌株中乙醇产量的提高和生物质积累的减少	阿彻丹尼尔斯米德兰德公司
25	CN102239246A	通过原生质体融合得到的乙醇抗性酿酒酵母（Saccharomyces cerevisiae）GP-01，其生产方法，通过利用酿酒酵母 GP-01 和作为锗来源的高水溶性偏锗酸钠生产包含高含量生物有机锗的酵母的方法	得瑞制药有限公司
26	CN102292429A	具有在厌氧培养条件下在戊糖糖类上生长的能力的酵母菌株	伦德 C5 利格诺科技公司
27	CN101903531B	用于蛋白质生产的酵母菌株	格利科菲公司
28	CN102046776A	木糖还原酶的改造和木糖醇脱氢酶与木酮糖激酶的过表达促进耐热酵母菌多形汉逊酵母中的木糖乙醇发酵	阿彻丹尼尔斯米德兰德公司
29	CN102858949A	用于增加在巴氏毕赤酵母中生产的治疗性糖蛋白上的 N-糖基化位点占据的方法	默沙东公司
30	CN101194011A	(S)-(+)-S-腺嘌呤核苷-L-甲硫氨酸高含量的干燥和/或微囊化酿酒酵母菌细胞、其制备方法及包含所述细胞的组合物	诺塞斯有限公司
31	CN1681915A	新的面包酵母以及使用该面包酵母的面包	日本烟草产业株式会社
32	CN101903531A	用于蛋白质生产的酵母菌株	格利科菲公司
33	CN1981029A	生产胆固醇的酵母菌株及其用途	艾文蒂斯药品公司
34	CN1839153A	来自荚膜毕赤酵母的氧化还原酶	IEP 有限责任公司
35	CN107592884A	在乙酸的存在下具有提高的发酵木糖能力的酵母菌株	乐斯福公司
36	CN108603186A	共表达外源糖化酶的酵母菌株、获得所述酵母菌株的方法及其用于生产生物乙醇的用途	乐斯福公司

4.6.2 葡萄酒酿造工艺及设备技术分析

4.6.2.1 葡萄酒酿造工艺及设备全球专利申请分析

葡萄酒酿造工艺及设备技术领域，国外布局专利较早，1880 年美国就有该技术领域的专利布局，1972 以前专利申请只有国外几个国家零星申请，1973—1997 年专利申请不足 10 件，该技术领域处于萌芽阶段；1998—2011 年，该技术领域的专利缓慢增长，该技术进入导入期；2011 以后，该技术领域快速发展；中国 1985 年开始在该技术领域布局专利，2013 年该技术领域的专利申请飞跃式增长，拉伸了全球在该技术领域的专利申请量，2019 年中国专利申请达到峰值，共有 199 件，2023—2025 年全球专利申请数量预计持续增长（图 139）。该技术领域为葡萄酒产业中的研发热点，全球有 51 个国家在该技术领域内布局了专利，中国在该技术领域内的专利申请最多，其次是美国 138 件，西班牙专利申请有 123 件，法国 74 件，剩余国家的专利申请均在 50 件以下（图 140）。

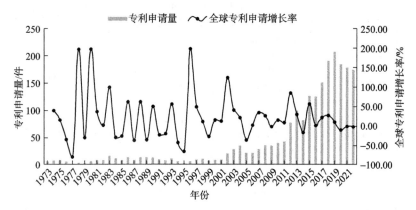

图 139　1973—2021 年葡萄酒酿造工艺及设备全球专利申请趋势

葡萄酒酿酒工艺及设备领域的专利主要集中在中国，主要申请人如图 141 所示，中法合营王朝葡萄酿酒有限公司在该技术领域的专利申请量最多，排在第一梯队；其次是宁夏方特达信息技术有限公司；银川特锐宝信息技术服务有限公司排在第三梯队；全球排名前十的申请人均来自中国，葡萄酒生产企业里中法合营王朝葡萄酿酒有限公司比较重视葡萄酒酿造工艺及设备，宁夏方特达信息技术有限公司和银川特锐宝信息技术服务有限公司重视葡萄酒酿造设备的研发，大学主要有中国农业大学、天津农学院、西北农林科技大学，甘肃农业大学和山东轻工业学院，说明该技术领域在我国是研发热点，同时还处于研究阶段。

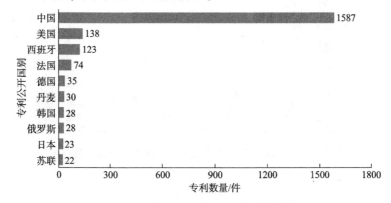

图 140　葡萄酒酿造工艺及设备领域全球地域排名

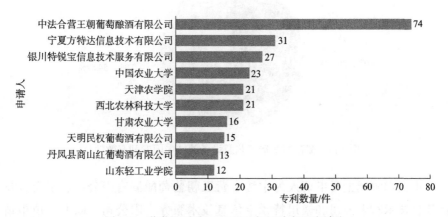

图 141　葡萄酒酿造工艺及设备领域主要申请人

4.6.2.2　葡萄酒酿造工艺及设备中国专利申请分析

在葡萄酒酿造工艺及设备领域，宁夏回族自治区在该技术领域的专利申请量最多；其次是山东省，天津市位于第三，该技术领域内专利申请的有效性不高，审中和失效专利申请占了近三分之二，主要分布于沿海省份，新疆在该技术领域有 63 件专利，位居第八；该技术领域的专利申请主要集中在沿海经济技术及人才密集的省份（图 142、图 143）。从专利申请类型来看，以发明申请和实用新型为主，发明申请较多，说明该技术领域是一个研究热点。

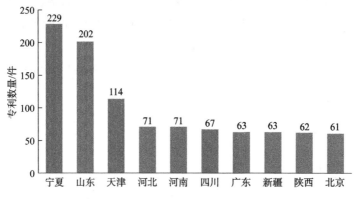

图 142   葡萄酒酿造工艺及设备领域中国专利申请省份分布

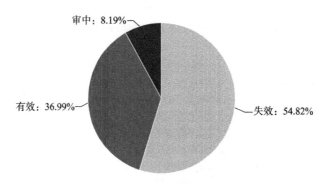

图 143   葡萄酒酿造工艺及设备领域中国专利有效性

本技术领域主要申请人为中法合营王朝葡萄酿酒有限公司、宁夏方特达信息技术有限公司和银川特锐宝信息技术服务有限公司，以上三位申请人专利数量较多，以发明为主，本领域主要申请人中，高校及科研院所有五位，分别为中国农业大学、天津农学院、西北农林科技大学、甘肃农业大学和山东轻工业学院，企业申请人中，中法合营王朝葡萄酿酒有限公司和丹凤县商山红葡萄酒有限公司比较重视葡萄酒酿酒工艺技术的研发，宁夏方特达信息技术有限公司、银川特锐宝信息技术服务有限公司和天明民权葡萄酒有限公司比较重视葡萄酒酿造设备的研发（图144）。

葡萄酒酿造工艺及设备领域主要发明人见表50。

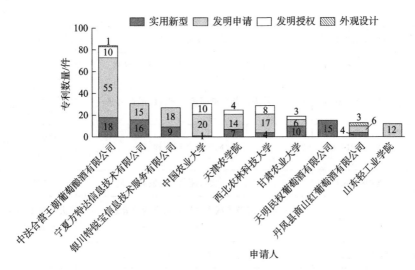

图 144 葡萄酒酿造工艺及设备领域中国主要申请人及专利类型

表 50 葡萄酒酿造工艺及设备领域主要发明人

主要申请人	主要发明人
中法合营王朝葡萄酿酒有限公司	俞然、尹吉泰、张福庆、周晓芳、王方
宁夏方特达信息技术有限公司	崔雷、李哲、李营、杨阳、祁锡、苏丽

4.6.2.3 葡萄酒酿造工艺及设备领域高价值专利

葡萄酒酿造工艺及设备领域全国有效专利中，72 件专利转让，5 件专利许可，8 件专利质押，2 件保全，24 件专利权利人变更，53 件专利一案双申。葡萄酒酿造工艺及设备领域重点专利见表 51。

表 51 葡萄酒酿造工艺及设备领域重点专利列表

序号	公开（公告）号	主题	申请人
1	CN101910773B	酿造处理和酿造装置	克朗斯股份公司
2	CN103314095B	处理葡萄并酿造葡萄酒方法	瑞士平科公司
3	CN114106951B	一种高浓度白藜芦醇红葡萄酒的制备工艺及其混液设备	西夫拉姆酒业集团有限公司
4	CN108264977A	一种低聚肽红葡萄酒的制备工艺	胡智广

序号	公开（公告）号	主题	申请人
5	CN110236205A	一种榨汁除渣的葡萄粒破碎机械装置	唐翠玲
6	CN107760506A	一种提高葡萄酒颜色稳定性的酿造方法	烟台张裕集团有限公司
7	CN213291436U	一种葡萄酒生产用压榨装置	宁夏安广恒信息科技有限公司
8	CN108264978A	一种小分子肽白葡萄酒的制备工艺	胡智广
9	CN106987490A	一种新鲜型玫瑰香桃红葡萄酒的酿造方法及用途	天津市设施农业研究所
10	CN108995271A	一种连续式葡萄用螺旋榨汁设备	甘灿琼
11	CN106967550A	一种寒香蜜干白葡萄酒的酿造方法及用途	天津市设施农业研究所
12	CN106987489A	一种香玉干白葡萄酒的酿造方法及用途	天津市设施农业研究所
13	CN110860176A	一种回收葡萄酒发酵过程中混合气体的装置及工艺	南京九思高科技有限公司
14	CN107791560A	一种新型葡萄压榨机	曾清民
15	CN106047548A	一种罐式起泡葡萄酒及其酿造方法	中粮长城葡萄酒（烟台）有限公司
16	CN106962950A	用于加工葡萄的立式榨汁机	符艺
17	CN109161451A	一种葡萄酒发酵罐	哈尔滨尚饮科技有限公司
18	CN106799082B	一种葡萄榨汁过滤设备	绍兴正印家纺有限公司
19	CN207713386U	一种葡萄酒成品灌装装置	新疆新雅葡萄酒业有限公司
20	CN207646185U	一种葡萄酒储藏密封装置	新疆新雅葡萄酒业有限公司
21	CN105586198A	一种葡萄酒发酵罐	张伟

序号	公开（公告）号	主题	申请人
22	CN207452063U	酒类发酵池的温控装置和制酒设备	北京百漾酒业科技股份有限公司
23	CN207376030U	一种制酒发酵罐	福建沉缸酒酿造有限公司
24	CN207210381U	一种酿造厂用废气捕捉发酵罐	天津维欧思洁环保科技有限公司
25	CN206858529U	一种发酵法酿造用液化罐	泰山恒信有限公司
26	CN105039047A	一种新鲜型干红葡萄酒的酿造方法	烟台张裕集团有限公司
27	CN105219574A	一种果香型干红葡萄酒的酿造方法	烟台张裕集团有限公司
28	CN104232390A	葡萄酒的酿造方法	麦巨和
29	CN103911242A	一种陈酿型甜白葡萄酒及其酿造工艺	中粮长城葡萄酒（烟台）有限公司
30	CN204848827U	红葡萄酒浸提发酵罐	泰山恒信有限公司
31	CN204824822U	分档式葡萄酒发酵罐	泰山恒信有限公司
32	CN101812389A	一种低醇冰葡萄酒及其酿造工艺	食品行业生产力促进中心
33	CN101285031A	一种专用于酿造荔枝酒的发酵罐	广州市从化顺昌源绿色食品有限公司
34	CN101696376A	青稞红曲葡萄酒及其酿造方法	西藏月王生物技术有限公司
35	CN101058784A	一种干红葡萄酒橡木桶发酵工艺	中国长城葡萄酒有限公司
36	CN1513970A	一种发酵枸杞葡萄酒及酿制方法	江西恒生西夏王贸易有限责任公司

4.6.3　葡萄酒包装技术分析

4.6.3.1　全球专利申请分析

葡萄酒包装技术领域，国外布局专利较早，1870 年西班牙就有该技术领域的专利布局，1973 年以前全球专利申请量在个位数，该技术领域处于萌芽阶段；1974—1993 年，该技术领域的专利申请维持在 50 件以下，该技术进入导入期；1994—2015 年，该技术领域开始缓慢增长，全球专利申请量在 100 件以下，2016 年该技术领域的专利申请增长突破 100 件，2022 年专利申请高达 168 件（图 145）。全球有 56 个国家在该技术领域内布局了专利，中国在该技术领域内的专利申请最多，其次是德国、法国和瑞典在该技术领域的专利申请有 200 件以上，西班牙、韩国、意大利和美国的专利申请在 100 件以上，剩余国家的专利申请均在 100 件以下（图 146）。

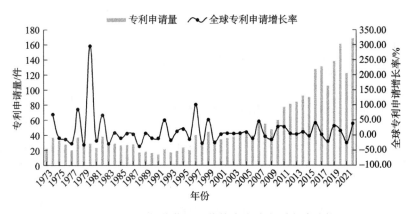

图 145　近 50 年葡萄酒包装技术全球专利申请趋势

葡萄酒包装技术领域的专利主要集中在中国，全球主要申请人如图 147 所示，中国长城葡萄酒有限公司在该技术领域的专利申请量最多，排在第一；中法合营王朝葡萄酿酒有限公司的专利数量在 15 件以上，排在第二；德国 Eugen Hofmeier 和福建省春秋刺明珠葡萄酒庄园有限公司数量在 10 件以上，排在第三。排名前十的全球申请人中，国外申请人有德国 Eugen Hofmeier、Schneider Ph Draht Metallfab，西班牙的 Alvarez Farrera Jose、澳大利亚的巴洛克斯酒庄和瑞典的 Grace W R Co。

葡萄酒包装技术领域，江苏省在该技术领域的专利申请量最多；其次是山东省,浙江省位于第三(图148)。在该技术领域内专利申请的整体有效性不高,一半的专利申请失效,新申请专利较少(图149),主要分布于沿海省份,新疆在该技术领域有20件专利。该技术领域的专利申请主要集中在沿海经济技术及人才密集的省份。从专利技术构成来看,B67D85(专门适用于特殊物件或物料的容器、包装元件或包装件)、B67C3(液体或半液体注入瓶中;用瓶子或类似器皿将液体或半液体注入罐或罐头内;将液体或半液体注入木桶内或桶内)、B01D29(过滤期间过滤元件不动的过滤器,例如压滤器或吸滤器;其过滤元件)、B65D81(用于存在特殊运输或贮存问题的装入物,或适合在装入物取出后用于非包装目的的容器、包装元件或包装件)和B65D25(其他种类或形式的刚性或半刚性容器的零部件)这五个技术分支的专利申请数量较多(图150)。

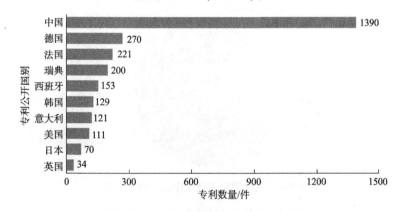

图 146　葡萄酒包装技术全球地域排名

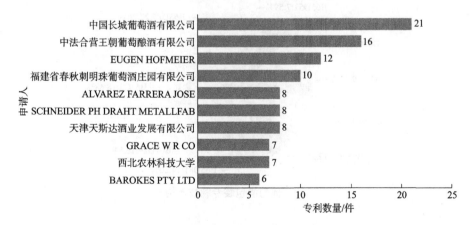

图 147　葡萄酒包装技术主要申请人

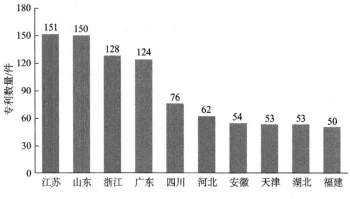

图 148　葡萄酒包装技术中国专利申请省份排名

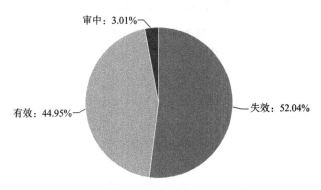

图 149　葡萄酒包装技术中国专利有效性

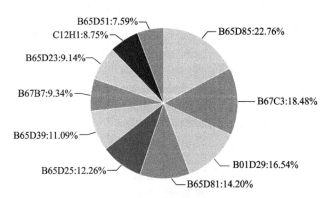

图 150　葡萄酒包装专利技术构成

葡萄酒包装技术领域主要发明人见（表 52）。

表 52　葡萄酒包装技术领域主要发明人

主要申请人	主要发明人	技术内容
中国长城葡萄酒有限公司	陶怀泉	葡萄酒瓶清洗、灌装
中法合营王朝葡萄酿酒有限公司	张军、张福庆	葡萄酒瓶、葡萄酒塞
福建省春秋刺明珠葡萄酒庄园有限公司	徐昌毅	葡萄酒包装盒、葡萄酒瓶清洗设备

4.6.3.2　葡萄酒包装技术领域高价值专利

葡萄酒包装技术领域全国有效专利中，43 件专利转让，23 件专利质押，1 件保全，2 件许可，43 件专利权利人变更，58 件一案双申，1 件海关备案。葡萄酒包装技术领域重点专利见表 53。

表 53　葡萄酒包装技术领域重点专利列表

序号	公开（公告）号	主题	申请人
1	US8899428B2	葡萄酒与软木塞永久接触的酒瓶	Gregorio Peñafiel Monteserin
2	CN110451443B	一种葡萄酒的瓶口软木塞封装设备	陕西紫元春酒庄有限公司
3	CN103829820B	一种葡萄酒醒酒专用瓶	赵东顺
4	CN105590549B	一种葡萄酒瓶身标贴及其用途	杨冀鑫
5	US20170103447A1	葡萄酒标签亲和系统和方法	Drinks Llc
6	CN107008821B	葡萄酒瓶螺旋盖及其制作方法	成都海川制盖有限公司
7	CN207713386U	一种葡萄酒成品灌装装置	新疆新雅葡萄酒业有限公司
8	US10611534B2	用于封闭香槟酒或其它泡腾饮料瓶的塞子的软木塞接线装置	Société Lorraine De Capsules Métalliquesmanufacture De Bouchage

续表

序号	公开（公告）号	主题	申请人
9	FR2899206A1	可展开的包装用于盛装香槟酒瓶，具有由柔性膜，其允许侧壁互连封装到液体容纳在密封的方式制成的合成材料	Veuve Clicquot Ponsardin Maiso
10	CN204138323U	一种葡萄酒瓶割锡纸结构	宋骁先
11	CN209974280U	一种葡萄酒酿造用的专用灌装设备	银川特锐宝信息技术服务有限公司
12	CN204917936U	葡萄酒倒酒倒罐装置	吐鲁番楼兰酒业有限公司
13	CN107161468B	一种葡萄酒快递物流用环保包装结构	汪纯；曲水流觞贸易（武汉）有限公司
14	CN205770771U	一种具有稳固作用的卧式双层葡萄酒包装箱内隔板	中国长城葡萄酒有限公司
15	CN207930157U	用于生产葡萄酒开瓶器的焊接工装	江苏顺航电子科技有限公司
16	CN209974716U	一种葡萄酒酿造用的专用输送泵	银川特锐宝信息技术服务有限公司
17	CN104169207B	装有葡萄酒的经灌装的铝容器及其灌装葡萄酒的方法	巴洛克斯有限公司
18	CN112707357A	一种带有蘑菇塞的起泡酒开瓶器及打开蘑菇塞的方法	珠海市启尔科技有限公司
19	CN205533176U	一种水果蒸馏酒生产用防堵塞果浆泵	内蒙古汉森酒业集团有限公司
20	CN212334547U	一种带有蘑菇塞的起泡酒开瓶器	珠海市启尔科技有限公司
21	CN207512152U	一种白兰地蒸馏灌	贵州加德邦机械有限公司
22	US7455082B2	用于用液体饮料材料如啤酒、葡萄酒、软饮料或果汁填充桶的桶填充设备及其操作方法以及桶的处理和处理站	Alois Monzel

续表

序号	公开（公告）号	主题	申请人
23	FR3058353B1	由热塑性树脂特别是用于蒸馏酒瓶制造这种高醇含量的方法瓶	Art Spirits International Ltd
24	US20140174259A1	用于盛有起泡液体瓶子的软木塞去除器	Yvan Van Den Bremt
25	CN111169801A	一种便于对酒瓶循环利用的酒品防伪防倒灌装置及方法	贵州三佳科技有限公司
26	CN211946203U	一种葡萄酒瓶气压开瓶器	郑羽彤
27	CN106697469B	一种香槟酒瓶	王永福
28	CN109733730B	一种葡萄酒瓶塞	永康市杰创工业产品设计有限公司
29	CN212681943U	一种冲洗式葡萄酒瓶清洗装置	福建省春秋刺明珠葡萄酒庄园有限公司

4.6.4　葡萄酒副产物综合利用技术分析

4.6.4.1　葡萄酒副产物综合利用技术全球专利申请分析

在葡萄酒副产物综合利用技术领域，国外布局专利较早，1880 年西班牙就有该技术领域的专利布局，中国于 1989 年申请第一件申请是关于葡萄皮生产醋的专利，1997 年以前全球专利申请量比较零星，该技术领域处于萌芽阶段；1998—2009 年，该技术领域的专利申请维持在 10 件以上，该技术进入导入期；2012 以后，该技术领域开始缓慢增长，2012 年该技术领域的专利申请增长迅速；中国拉伸了全球在该技术领域的专利申请量，2016 年中国专利申请高达 141 件之多，2017 年专利申请进入调整阶段，专利略有下降（图 151）。全球有 53 个国家在该技术领域内布局了专利，中国在该技术领域内的专利申请最多，其次是韩国和西班牙（图 152）。

葡萄酒副产物综合利用技术领域的专利主要集中在中国，主要申请人如图 153 所示，西北农林科技大学在该技术领域的专利申请量最多，排在第一；其次是青岛海隆达生物科技有限公司排在第二梯队；朝阳瑞得生物科技工程有限公司和乌鲁木齐上善元生物科技有限公司的专利申请数量较为接

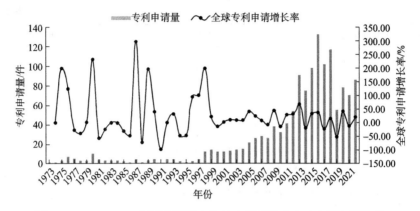

图 151 1973—2021 年葡萄酒副产物综合利用技术全球专利申请趋势

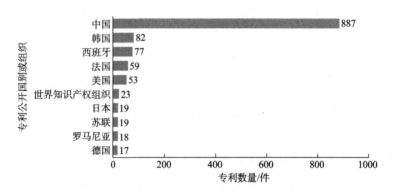

图 152 葡萄酒副产物综合利用技术全球地域排名

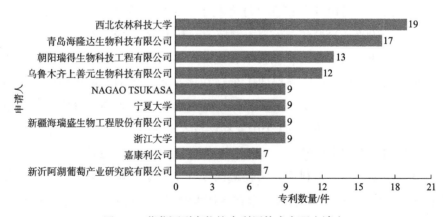

图 153 葡萄酒副产物综合利用技术主要申请人

近，排在第三梯队；全球排名前十的申请人，外国企业仅有日本的 NAGAO TSUKASA 公司，国内企业中朝阳瑞得生物科技工程有限公司、乌鲁木齐上善元生物科技有限公司、青岛海隆达生物科技有限公司、新疆海瑞盛生物工程股份有限公司、嘉康利公司和新沂阿湖葡萄产业研究院有限公司多为生物及环保公司，高校有西北农林科技大学、宁夏大学和浙江大学，说明该技术领域在我国是研发热点，同时还处于研究与试生产阶段。

4.6.4.2　葡萄酒副产物综合利用技术领域中国专利申请分析

在葡萄酒副产物综合利用技术领域，山东省在该技术领域的专利申请量最多；其次是江苏，安徽位于第三（图 154）。在该技术领域内专利申请的整体有效性较低，失效专利申请占了近七成，新申请专利较少（图 155），主要分布于沿海省份，新疆在该技术领域有 51 件专利，位居第五。该技术领域的专利申请主要集中在沿海经济技术及人才密集的省份。从专利技术构成来看，A23L（食品食料或非酒精饮料的制备或处理）、A61K（医用、牙科用或梳妆用的配制品占比）、A61P（化合物或药物制剂的特定治疗活性）、C11B（生产，例如通过压榨原材料或从废料中萃取，精制或保藏脂、脂肪物质例如羊毛脂、脂油或蜡；香精油；香料）、C07D（杂环化合物）、A61Q（化妆品或类似梳妆用配制品的特定用途）这六个技术分支的专利申请数量较多（图 156）。

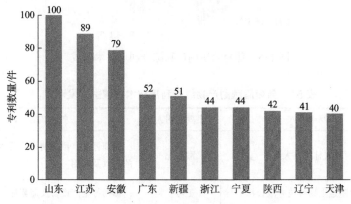

图 154　葡萄酒副产物综合利用技术中国专利申请省份分布

本技术领域主要申请人为西北农林科技大学、青岛海隆达生物科技有限公司、朝阳瑞得生物科技工程有限公司和乌鲁木齐上善元生物科技有限公司，以上三位申请人专利数量较多（表54）。企业侧重于葡萄籽油的加工生产，高校侧重于葡萄花青素、花色素及酚类的提取及在医药、化妆、食品及饲料领域的应用。

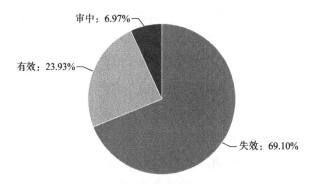

图155　葡萄酒副产物综合利用中国专利有效性

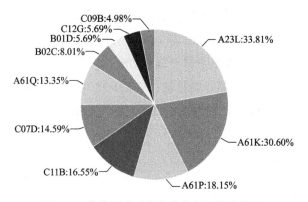

图156　葡萄酒酿副产物综合利用技术构成

表54　葡萄酒酿副产物综合利用技术领域主要发明人

主要申请人	主要发明人	技术内容
西北农林科技大学	袁春龙	葡萄籽油、原花青素和葡萄籽多酚的提取及应用
青岛海隆达生物科技有限公司	王可平	葡萄籽生产设备及葡萄籽油
朝阳瑞得生物科技工程有限公司	刘起达	葡萄籽油生产设备及保健品
乌鲁木齐上善元生物科技有限公司	陈建国、汪晶	葡萄籽生产设备及葡萄籽油

4.6.4.3　葡萄酒酿副产物综合利用技术领域高价值专利

葡萄酒副产物综合利用技术领域全国有效专利中，32 件专利转让，4 件专利质押，2 件保全，12 件专利权利人变更。本技术领域重点专利见表 55。

表 55　葡萄酒酿副产物综合利用技术领域重点专利列表

序号	公开（公告）号	主题	申请人
1	CN102164607A	麝香葡萄果渣提取物的制备方法	沙克利公司
2	CN102006880A	葡萄籽萃取物的制备方法及含该萃取物的用于预防或治疗类风湿性关节炎的药物组合物	天主教大学校产学协力团；HL基因学
3	CN1255357A	具有强力的抵抗酪氨酸酶活性的葡萄种子提取物及其应用	海太制果株式会社
4	CN101232865A	通过在树脂上分级分离可得到的葡萄籽提取物	因德纳有限公司
5	CN104379157A	使用葡萄籽提取物调节氧化应激、炎症和胰岛素敏感度降低	加利福尼亚大学董事会
6	CN102573834A	用于治疗动脉粥样硬化等心血管功能失调疾病的如碧萝芷或葡萄籽的原花色苷元和积雪草的复合制剂	贺发研究IP（PYC）公司
7	CN106455637A	霞多丽葡萄籽提取物	嘉康利公司
8	CN105188419A	制备圆叶葡萄果渣提取物的方法	嘉康利公司
9	CN108471795A	含有葡萄籽提取物、缬草提取物和红花籽提取物的用于预防和缓解女性绝经期症状的食品组合物	富仑生物
10	CN109248117A	含菠萝蛋白酶、假叶树、葡萄籽、山金车和香蜂草的化妆品组合物	株式会社韩国化妆品制造
11	CN111432660A	抗衰老健康食品和化妆品以及源自葡萄籽的抗衰老成分的制造方法	永尾司

序号	公开（公告）号	主题	申请人
12	CN113795259A	葡萄果皮提取物	日本筑波大学；日本产业技术综合研究所；日本瑞翁株式会社；
13	CN114377067A	葡萄籽提取物在制备靶向清除肿瘤微环境衰老细胞及抑制肿瘤的药物中的用途	中国科学院上海营养与健康研究所
14	CN215508164U	一种化妆品用的葡萄籽加工装置	邳州英久建材有限公司
15	CN112169372A	一种葡萄籽原花青素提取纯化装置	广州今盛美精细化工有限公司
16	CN106726949A	一种葡萄籽发酵原浆化妆品及其制备方法与应用	北京工商大学；上海全丽生物科技有限公司
17	CN107058041A	利用枸杞葡萄皮渣酿造保健醋饮料的方法	宁夏职业技术学院；张存智
18	CN109575640A	一种葡萄籽染料微胶囊及其制备方法和用途	罗莱生活科技股份有限公司；上海罗莱家用纺织品有限公司
19	CN107137952A	一种葡萄籽花青素的亚临界注入方法	河南雍华生态农业科技有限公司；焦作市云台山农业科技有限公司
20	CN104974194A	一种葡萄皮渣多酚的提取工艺	广西大学
21	CN105130941A	一种葡萄籽提取物的制备方法	桂林茗兴生物科技有限公司
22	CN104529990A	一种从葡萄籽中提取原花青素的方法	白心亮
23	CN103536461A	一种葡萄籽油嫩肤霜及其制备方法	苏州威尔德工贸有限公司
24	CN103520023A	一种富含葡萄籽油和原花青素的防晒霜	西北农林科技大学

序号	公开（公告）号	主题	申请人
25	CN104287048A	葡萄果渣精华复合果蔬粉冲调剂的制备方法	西华大学
26	CN103865637A	提多酚后葡萄籽生产葡萄籽油的方法	邯郸晨光珍品油脂有限公司
27	CN103536495A	一种葡萄籽原花青素防晒霜的制备方法	西北农林科技大学
28	CN104120534A	富含葡萄籽提取物原花青素保健家纺面料及其制备方法	江苏工程职业技术学院
29	CN104740112A	番茄红素和葡萄籽组合物在制备治疗关节炎药物中的应用	上海宣泰生物科技有限公司
30	CN103103063A	一种利用葡萄皮渣生产蒸馏酒的工艺	新疆西部牧业股份有限公司
31	CN102491880A	从葡萄皮中提取白藜芦醇和色素的工艺	宁夏大学
32	CN104171566A	一种山葡萄籽鲫鱼饲料及其制作方法	安徽日上食品科技有限公司
33	CN102860507A	一种新型葡萄籽提取物及其制法	北京康健仁人电子商务有限公司
34	CN103305372A	一种用葡萄皮渣生产原白兰地的方法	宁夏红中宁枸杞制品有限公司
35	CN203333632U	葡萄皮渣的综合提取罐	新疆西部牧业股份有限公司
36	CN102511821A	番茄红素葡萄籽提取物复合降脂软胶囊制剂及其生产方法	新疆医科大学
37	CN102550921A	一种葡萄籽多酚口服液的制备方法	西北农林科技大学
38	CN102366371A	一种葡萄籽贴布式面膜及其制备方法	西北农林科技大学
39	CN102579294A	一种葡萄籽超微粉面霜面膜的原料组成及其制备方法	西北农林科技大学
40	CN101555359A	一种葡萄皮红色素的制造方法	青岛鹏远天然色素研究所
41	CN102586018A	一种从白葡萄皮渣中提取葡萄香气成分的方法及其应用	烟台张裕集团有限公司

序号	公开（公告）号	主题	申请人
42	CN202478886U	汽爆葡萄籽及提取原花青素的预处理装置	青岛利和萃取科技有限公司
43	CN101849693A	一种葡萄籽原花青素保健饮料的制备方法	浙江圣氏生物科技有限公司
44	CN101787010A	一种从葡萄籽中提取原花青素的方法	浙江大学
45	CN102433125A	一种改性葡萄籽多酚及其制备方法	新疆富润贸易有限公司
46	CN101779705A	一种葡萄籽油的生产方法	北京市科威华食品工程技术有限公司
47	CN1872243A	护肝降脂软胶囊及其用葡萄皮和葡萄籽制备葡萄护肝降脂软胶囊生产方法	新疆医科大学
48	CN1710042A	一种从刺葡萄种籽中提取刺葡萄籽油的方法	长沙桑霖生物科技有限公司
49	CN1943679A	一种刺葡萄籽提取物制剂及其制备方法	长沙桑霖生物科技有限公司

4.7　葡萄酒产业专利总结

葡萄酒在中国虽有过"葡萄美酒夜光杯，欲饮琵琶马上催"的灿烂过往，但早已淹没在尘封的历史长河中。于现实中国来说，葡萄酒文化氛围严重缺乏，犹如国外缺乏中国几千年的白酒文化一样。国外葡萄酒的过剩，为寻求新的市场，开始关注中国葡萄酒市场，除法国、意大利等传统葡萄酒生产国外，一些新兴葡萄酒生产国如澳大利亚、新西兰、智利等大规模开拓中国市场，我国也出台各种政策法规，鼓励葡萄酒产业的发展，葡萄酒行业迎来一片繁荣，专利申请呈快速增长趋势，促进产业快速发展。目前，中国市场的潜力即将全面爆发，同时伴随着白热化竞争态势。

从全球地域分析可知，中国在葡萄酒产业的专利申请量遥遥领先（表56）。法国居于第二位，美国位居第三，法国、西班牙、意大利等"旧世界"的葡萄酒生产国家注重传统葡萄酒酿造技术及葡萄酒的地域保护，美国、澳大利亚注重葡萄酒生产技术的创新。新疆在葡萄酒产业的专利申请全国排名第 14 位，处于比较落后的位置，比起新疆葡萄干产业，新疆葡萄酒产业要逊色许多，新疆葡萄酒产业起步较晚，在规模、整体知名度、产业集群、人才技术及知识产权保护等方面仍需较大投入，深耕产业，精心培育。

表 56　葡萄酒产业专利技术主要产出区域及申请人、发明人一览表

地域	申请人	主要发明人	技术领域	重点专利
全球	美国 E J GALLO WINERY（嘉露酒庄）美国嘉康利公司 法国 LESAFFRE CIE（乐斯福）法国保乐力加公司 澳大利亚巴洛克斯酒庄	桑迪普·卡塔穆里 劳勒尔·A. 费舍 帕斯卡·范德克 尔科夫 玛蒂娜·勒卢 G. J. C. 斯托克斯	葡萄酒包装展示、葡萄酒酿酒酵母、葡萄酒稳定处理、葡萄副产物综合利用	CN105026272B CN102164508B CN108473941B CN103068258B CN104136362B
中国	中法合营王朝葡萄酿酒有限公司 江南大学 中国长城葡萄酒有限公司 西北农林科技大学 安琪酵母股份有限公司	张军 陈坚 罗飞 李华 李知洪	葡萄酒酿造方法、设备、葡萄酒包装设计、葡萄酒酿酒酵母、保健葡萄酒	CN108251318A CN104371937A CN101633896A CN102746964A CN107760506A CN108239608A
新疆	吐鲁番楼兰酒庄股份有限公司 吐鲁番市驼铃酒业有限公司 新疆新葡王国际葡萄酒业有限公司 乌鲁木齐上善元生物科技有限公司 新疆中信国安葡萄酒业有限公司 石河子大学	许志良 陈宜斌 潘迅 陈建国 陈新军 坎杂	葡萄酒酿造方法及设备、葡萄酒包装设计、葡萄酒副产物的综合利用	CN207713386U CN103642620A CN101381659A CN106755162A CN103243037A
山东产区	烟台张裕集团有限公司 烟台凯斯蒂隆葡萄酒有限公司 威龙葡萄酒股份有限公司 烟台海市葡萄酒有限公司 青岛瑞佳庄园葡萄酒业有限公司	李记明 张自强 王珍海 仲崇沪 孙维	葡萄酒酿造方法、装置、酿酒酵母、葡萄酒包装设计	CN110946295B CN105219574A CN104789402A CN101555359A CN102146345A

地域	申请人	主要发明人	技术领域	重点专利
宁夏产区	银川特锐宝信息技术服务有限公司 宁夏农产品质量标准与检测技术研究所 中粮长城葡萄酒（宁夏）有限公司 宁夏大学	李玉凤 葛谦 闫梅玲 张军翔	葡萄酒酿造设备、葡萄酒检测方法、葡萄酒酿造方法及设备、葡萄酒酿酒酵母及葡萄皮副产物的综合利用	CN107354048A CN213172275U CN103305372A CN102491880A
河北产区	中国长城葡萄酒有限公司 中粮华夏长城葡萄酒有限公司 河北科技师范学院 河北龙泉葡萄酒股份有限公司	罗飞 庞建 李军 李艳	葡萄酒酿造方法及设备、葡萄酒包装设计	CN101058784A CN203866282U CN105713760A CN110358690B
东北	哈尔滨膳宝酒业有限公司 通化葡萄酒股份有限公司 吉林工程技术师范学院 中国农业科学院特产研究所	尹凤琴 王军 张培刚	葡萄保健酒、葡萄酒包装设计、葡萄酒酿造设备、葡萄酒酿造方法	CN103923800B CN109251868B CN109609540B CN108893496B CN109401991A
西南	广西壮族自治区农业科学院葡萄与葡萄酒研究所 南方葡萄沟酒庄有限公司 香格里拉酒业股份有限公司 云南高原葡萄酒有限公司	张劲 吕志豪 张言志 徐丹	葡萄酒包装设计葡萄酒酿造方法及设备	CN102212431B CN106906091B CN109943325A
徐清产区	山西戎子酒庄有限公司 山西大晋升泰工贸有限公司 山西省农业科学院果树研究中心	张会宁 李东升 刘政海	葡萄酒酿造工艺及设备、包装设计及酒具、葡萄酒副产物综合利用	CN109874838B CN105039048B CN107904097B

在全球申请人中，国外申请人以葡萄酒庄园、葡萄酒相关生产企业和葡萄酒酿造设备的企业为主，国内申请人中专利技术集中在知名葡萄酒生产企业及科研院所和高校手中，由此看出，我国在葡萄酒产业的专利申请量虽然很高，但葡萄酒产业的专利技术实施转化及推广应用的水平不高。

新疆在葡萄酒产业领域申请的专利申请以葡萄酒酿造方法及设备装置

为主，开始关注葡萄酒副产物的综合利用以延伸葡萄酒产业链，在葡萄酒整个生产链还没有形成完整的研究体系，新疆申请人主要为吐鲁番楼兰酒业、驼铃酒业及新疆中信国安葡萄酒酒业。由中国申请人分析可知，江南大学、西北农林科技大学、天津科技学院、天津农学院、天津大学和中国农业大学等高校在葡萄酒产业领域取得了一定研究成果，新疆可与高校及科研院所共同开展葡萄酒产业的技术研发，进行技术的协同创新，从而将中国葡萄酒产业领域的人才资源、企业的产业资源进行充分集成，实现资源效益最大化，从而切实带动新疆葡萄酒生产水平。

葡萄酒产业，中国及新疆专利申请类型以发明为主，专利稳定性较好，但是专利的有效性不高，几乎一半以上为失效专利，新申请的专利申请量也不高，专利申请集中在沿海经济发展迅速、葡萄酒主产区及注重知识产权保护的沿海省份。

竞争葡萄酒产区方面，山东产区作为我国葡萄酒主要产区在我国葡萄酒产业的发展中发挥着重要作用；专利技术主要集中在烟台、青岛和济南，山东葡萄酒产区申请了"烟台葡萄酒"地理标志，在商标局申请 4 件葡萄酒地理标志证明商标，有效专利申请 919 件，专利类型以关于葡萄酒包装的外观设计居多；宁夏葡萄酒产区是葡萄酒产业发展的新生力量，申请"贺兰山东麓葡萄酒"地理标志保护产品，在商标局申请 1 件葡萄地理标志证明商标，有效专利申请 471 件。

河北葡萄酒产区申请了"沙城葡萄酒"和"昌黎葡萄酒" 2 个地理标志，有效专利申请 380 件；东北葡萄酒产区申请"通化山葡萄酒"和"恒仁冰酒" 2 个地理标志，在商标局申请"柳河山葡萄酒""恒仁冰酒"和"东宁冰酒" 3 件葡萄地理标志证明商标，有效专利申请 252 件；西南葡萄酒产区申请"都安山野生葡萄酒" 1 个地理标志，385 件专利有效；山西徐清葡萄酒产区申请"戎子酒庄葡萄酒" 1 个地理标志，130 件专利有效。

葡萄酒酿酒酵母、酿造工艺及设备为葡萄酒生产的关键技术领域，新疆在葡萄酒产业领域的专利数量不高，专利实施转化能力较弱，在葡萄酒酿酒酵母技术领域，江南大学、天津大学、天津科技大学和华东理工大学的专利申请较多，葡萄酒酿造工艺及设备技术领域，天津农学院、中国农业大学和西北农林科技大学的专利申请量较高，新疆可以同以上申请人进行技术合作，协同创新，提高新疆葡萄酒酿酒酵母培育及筛选水平，促进

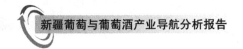

新疆葡萄酒产业进一步发展。

葡萄酒包装技术领域，我国的专利申请量较多，但重要技术掌握在德国、美国及日本等国家，德国的克朗斯、科埃斯饮料机械有限公司、美国可口可乐公司及日本大日本印刷株式会社在我国布局了大量的专利，国内的凯麟斯智能设备有限公司和中国长城葡萄酒有限公司的专利申请较多。新疆在该技术领域内仅有 11 件专利，多为饮料灌装装置，只有新疆新雅葡萄酒业有限公司和吐鲁番市雅尔香酒庄有限公司各有 1 件关于葡萄酒灌装技术的专利申请。

葡萄酒副产物的综合利用技术领域，我国的专利申请量较多，韩国和美国主要致力于副产物提取物在医药与化妆品领域的应用，我国企业中朝阳瑞得生物科技工程有限公司、青岛海隆达生物科技有限公司及乌鲁木齐上善元生物科技有限公司的主要技术涉及葡萄籽油的生产以及饲料等初级产品的生产及应用，国内大高校及科研院校如西北农林科技大学和宁夏大学比较重视葡萄籽多酚及花青素等高价值产物的提取及在医药、化妆及食品领域的应用，对于葡萄酒副产物的综合利用整体来说，还处于研究与试生产阶段，与专利技术的高附属价值实施转化及推广存有差距。

4.8　新疆葡萄酒产业定位

4.8.1　新疆葡萄酒产业发展存在的问题

新疆是我国葡萄酒的重要产区，也是葡萄酒产量较高的产区，受地理位置、产业整体规划、营销策略、品牌推广以及创新技术水平的限制，使得新疆葡萄酒产业的发展存在诸多问题。

4.8.1.1　酿酒葡萄供给不稳定

大型葡萄酒企业投资建设酿酒葡萄种植基地，与合作农户签订长期购销协议，并提供农资供应和种植技术指导等服务，在葡萄种植与酿造环节间形成较稳定的原料供给关系。新疆众多分散经营的小种植户出产新疆绝大部分的酿酒葡萄，小种植户普遍缺乏现代酿造工艺知识，欠缺先进经营理念，市场意识不强，往往采取"种植传统"或"随大流"方式选择葡萄品种，不规范的种植管理方式影响酿酒葡萄品质。造成新疆酿酒葡萄品种单一。葡萄酒产品结构同质化，市场定位低端。

4.8.1.2　新疆产区品牌特色缺失

长期以来产区建设不到位、缺乏整体规划、优质酿酒葡萄发展滞后等问题，直接导致产区缺乏典型的品牌产品。葡萄酒生产讲究"七分种植，三分酿造"。新疆葡萄酒行业种植技术比较薄弱、投入不足、技术创新能力不足是制约新疆葡萄酒企业成长壮大的主要因素。另外，新疆地区虽然拥有吐鲁番、玛纳斯、焉耆、伊犁等几大产区，但多数仍是小户经营模式，产量不高，且人工成本较高，导致种植成本也相对增加，影响了葡萄酒产业的核心竞争力。

4.8.1.3　新疆中小规模葡萄酒生产企业多，龙头企业少

新疆葡萄酒产业在 50 多年间经历了现代化工业化、规模化发展、酒庄群发展和工业化量产与酒庄酒同步高速发展的四个阶段。新疆葡萄酒企业数量多，但规模较小，与世界大型葡萄酒企业和国内大型企业相比，新疆葡萄酒产业长期实行一种追求数量增长的外延式扩张战略，2019 年，新疆葡萄酒行业的企业就有 196 家之多，不仅很难获得较大利润，而且更难实现行业的升级换代，尤其是在当今竞争日趋激烈的条件下，小规模企业更是面临严峻挑战。中信国安作为新疆第一大葡萄酒企业，年产 13 万吨，占据新疆葡萄酒市场 72.71% 的市场份额，中粮长城（新疆）、楼兰、驼铃、伊珠等年生产能力 1 万吨以上的企业，新疆份额达到 20.36%。一百余家生产能力不足 5000 吨的小型企业市场份额仅占 6.93%。

4.8.1.4　葡萄酒产业"集群效应"初现

新疆葡萄酒生产企业数量多而分散，主要分布在吐鲁番、昌吉州和巴州地区，新疆各产区的葡萄企业都在凭自身实力"单兵作战"，与产区剥离，产区缺乏整体推介，市场开拓滞后，全国知名品牌少，高附加值的精品和个性化产品少。《新疆维吾尔自治区葡萄酒产业"十四五"发展规划》发布后，新疆葡萄酒产业开始调整结构，纷纷抱团，巴州葡萄生产企业以精品酒庄集群发展，形成以乡都、芳香、天塞为主的规模化品牌企业，培育了以天塞、中菲、元森、国菲、瑞峰、佰年等为主的精品酒庄集群，葡

萄酒生产企业（酒庄）发展到40家，占全区的30%。中信国安专注于玛纳斯小产区的生产，吐鲁番产区开始向酒庄酒的方向发展，昌吉州葡萄酒生产将葡萄酒和旅游进行有机结合。

4.8.1.5　产品地位不清，远离核心消费市场，市场开拓难度大

新疆葡萄酒产业近30年来，一直存在产业定位不清、定位不准的问题，对发展原酒还是成品酒、大众佐餐酒还是酒庄型酒争议较多。受地理位置的限制，新疆葡萄酒产业无法进入葡萄酒核心消费市场。新疆距离中国东部葡萄酒主要消费市场很远，因此葡萄酒的运输及营销成本很高，在与东部企业的竞争中处于明显劣势。在此情况下，新疆将一部分希望放在了原酒上，试图整合现有资源，推进新疆葡萄原酒交易中心建设，提高新疆原酒市场话语权。过度强调原酒，反而弱化了产区品牌建设。最后新疆葡萄酒产业以原料酒为主的产品结构，将70%葡萄原酒输送至国内知名葡萄酒企业，为知名品牌做"嫁衣"。

4.8.1.6　葡萄酒全产业链的发展及延伸

新疆旅游资源丰富，旅游和葡萄酒具有天然的亲和力，葡萄酒产地利用区域旅游的特点，将葡萄酒酿造产业区域当作一个旅游景区，将葡萄酒的原材料生产、加工到酿造全过程进行全景化展示，在酿造地进行全覆盖，让资源得到优化、空间秩序更加稳定，从而让葡萄酒产业科学系统地布置，当地居民也参与到葡萄酒旅游的发展中，可实现城乡发展一体化，推动当地经济社会的发展。葡萄酒生态生产及副产物的综合利用，使得葡萄酒产业链闭环发展，延伸了葡萄产业链，提高产品附加值，增加了经济创收点。

4.8.2　新疆葡萄酒产业链定位

4.8.2.1　新疆葡萄酒产业结构不优

新疆葡萄酒产业与国家葡萄酒产业结构一致，专利技术构成主要为葡萄酒或起泡酒的制备，以葡萄酒产品为主，围绕着葡萄酒产品的其他技术领域，如酿造设备、灌装设备、酿造过程中酵母及辅料、包装设备、产业链延伸等相关专利申请较少。产品主要为原酒系列，产品附加值整体偏低，产业结构不优。

4.8.2.2　龙头企业不具备专利控制力

新疆葡萄酒产业的龙头企业主要有新疆中信国安葡萄酒业有限公司、吐鲁番楼兰酒业有限公司、吐鲁番市驼铃酒业有限公司和新疆新葡王国际葡萄酒业有限公司，专利申请量较低，并且过半的专利失效，新疆中信国安葡萄酒专利数量不高仅有 19 件，吐鲁番楼兰酒业和驼铃酒业专利多为葡萄酒的包装的酒瓶、包装盒等外观设计，专利稳定性较低，缺少核心高价值专利。

整体来说，龙头企业的产品主要依靠传统产量优势来支撑产业地位，产品和应用环节企业规模较小，不具备技术和产品优势，专利数量不多，质量不高，未形成合理的布局，在行业竞争中缺乏专利控制力。

4.8.2.3　专利对产业竞争地位无支撑

新疆专利以实用性和外观设计为主，专利的价值和层次较低，技术先进性的专利权稳定性相对薄弱；一半以上的专利失效，仅有 33% 的专利有效，专利有效性较低；专利技术主要为在产品的包装的外观设计及生产过程装置优化的实用新型，功能产品开发领域较为薄弱。高校、个人及科研院校葡萄酒专利技术占一定比例，企业创新及创造作用发挥不明显。专利实施转化程度较低。在葡萄酒酿酒酵母及酿造工艺及设备等关键技术领域的专利申请量不高，技术及产品仍比较单一，企业间同质化竞争倾向明显，高校及科研院所的专利的转化实施程度较低，基本没有体现出专利对产业竞争地位的支撑作用。

4.9　新疆葡萄酒产业发展路径

（1）产业结构优化路径。各葡萄酒产区大力发展拥有自己原料生产的葡萄酒企业或者酒庄，向特色酿酒葡萄、精品酿酒葡萄、生态酿酒葡萄和有机酿酒葡萄的快速发展，加快土地流转，实现酿酒葡萄的规模化种植，保证酿酒葡萄品种改进和质量的提高。积极探索"葡萄酒+"融合发展，延伸产业链，提高产品附加值。

（2）企业整合培育引进路径。区域内以产区、酒庄集群、联盟的形式，加强企业间的有效合作，企业间进行正当竞争和友好交流合作，有利于促进企业知识和技术转移扩散，形成良好的创新氛围，以提高生产率（表57、表58）。引导和鼓励企业通过产业或技术并购扩大规模，优化资源配置，发挥规模效益，整合形成一批具有较长产品链的重点企业，针对特定环节或潜力企业强强联合，培育特定环节的骨干企业。对外，加大国内外优势企业或机构的引进及合作力度，激活产业集群，提高知名度，激活创新活力，促进企业和集群的健康快速发展。

（3）技术创新引进提升。从新疆产区来看，未来应当引导企业或研究机构着力突破共性关键技术，推动技术瓶颈的突破，促进企业技术的升级发展。葡萄酒酿酒酵母技术领域，非酿酒酵母和本土酵母是葡萄酒微生物领域近些年的研究热点，国外主要酿酒酵母品牌有法国的乐斯福和英联马力，英联马利专利布局较少，法国乐斯福、安琪酵母为主要专利申请人，高校主要有江南大学、天津科技大学和天津大学，国内西北农林科技大学的刘延琳教授在葡萄酒微生物领域科研与推广工作，负责优良葡萄酒酿酒酵母基因工程菌株的构建，在该技术领域有深入的研究。

表57　新疆葡萄酒创新联盟企业及高校成员

		新疆高校
新疆规模较大品牌	尼雅 —NIYA— 产地生态葡萄酒	新疆农业大学
	理由：聚集在新疆主要葡萄酒产区，规模较大，在新疆市场占有率高，新疆葡萄酒产业龙头企业	
新疆地方品牌	楼兰　仪尔乡都　伊珠 YIZHU　天塞酒庄 TIANSAI VINEYARDS　SANDY LAND 沙地葡园　纳鲁河谷	石河子大学
		塔里木大学
	理由：在新疆有一定的市场占有率，在新疆具有一定知名度，获奖企业，需走出去开拓市场	理由：新疆农业大学和石河子大学开设葡萄酒专业，塔里木大学对新疆特色葡萄饮品慕萨莱思有深入研究，以上高校是新疆葡萄酒产业重要的产学研合作对象和人才输出单位

表58　国内葡萄酒创新联盟企业及高校成员

		国内高校成员
国内核心品牌		 中国农业大学
	理由：聚集在国内主要葡萄酒产区，在国内各葡萄酒产区开设分公司，国内市场占有率高，专利、商标申请量高，同时开始在国外布局葡萄酒产业	
国内骨干品牌		 西北农林科技大学 江南大学
	理由：国内各葡萄酒产区龙头企业，在各葡萄酒产区的市场占有率高，在国内有一定的市场占有率，专利、商标持有量较高	
国内创新品牌		
	理由：小容量、罐装、免杯即饮、快消品形式的小支葡萄酒品牌，年轻、休闲，品类也更加多元，针对年轻消费者多场合情况下佐餐酒，营销、包装技术的创新，葡萄酒新锐、赛道酒饮品牌	理由：新疆农业大学和石河子大学开设葡萄酒专业，塔里木大学对新疆特色葡萄饮品慕萨莱思有深入研究，以上高校是新疆葡萄酒产业重要的产学研合作对象和人才输出单位

葡萄酒酿造工艺及设备技术领域，当前国内最主流的葡萄酒酿造设备是意大利与法国进口的，其次是德国，这些国家具有悠久的葡萄酒酿造工艺，设备配套完善，酿酒品质高，如意大利的迪艾姆、法国的布赫瓦斯林公司，橡木桶有法国布艮底、维卡等品牌，这些国家注重葡萄酒工艺及设备的国际化服务，在国内服务机构多、价格相对低廉，在市场占有率较高，这些企业致力于全球葡萄酒生产技术的服务，在该技术领域专利布局不多，国内大多数葡萄酒酿造设备制造商由于技术水平低，缺乏专业的研发团队，

都采取了模仿国外设备的策略，酿造设备质量整体较低。国内在该技术领域内，中法合营王朝葡萄酿酒有限公司和银川特锐宝信息技术服务有限公司为主要申请人，主要为大的葡萄酒生产企业，或者是以某个产区的葡萄酒生产服务商。

在以上技术领域中，国内葡萄酒酿酒酵母、酿造工艺及设备多以进口为主，国内对以上技术研发不够重视，国内葡萄酒市场正在迅速扩大，国际市场对国内葡萄酒酿造行业也越来越关注，想要在激烈的葡萄酒竞争中充分获取国际先进工艺和设备，除了立足自身积极进行技术创新之外，还可以通过技术引进加速技术积累，通过暂时与国际市场先进技术合作，发挥本土优势，尽快打造属于自有的葡萄酒酿造关键技术。

同时要加大公用公知技术的应用，注重专利风险预警，对于国外或失效的专利，积极参考利用这些技术，提高研发起点，防止重复研发，关注可能的专利风险，积极跟踪跨国企业专利布局动向，加强专利的预警，通过规避涉及或技术引进等方式化解风险。

（4）创新人才引进培养路径。人才是重要的创新资源，新疆要加大该技术领域人才的培养力度，迅速形成人才集聚效应，加大内部人才的培养同时，积极引进国内外高端人才。选送本地葡萄和葡萄酒人才出国深造，同时从国内外各大优秀产区引进国际一流的酿造、营销及文化旅游发展的专业人才，实现与全球葡萄酒市场的对接，迅速提升新疆葡萄酒产区专业人才储备。企业与高校及科研院所联合，加强产学研用平台的建设，通过技术服务、攻关、项目引进等方式促进葡萄酒产业健康发展及人才的输出。

4.10　新疆葡萄酒产业发展建议

（1）形成集群，抱团走出去。产业集群可以提高产业整体竞争力，加强企业间有效合作，提升企业创新能力，资源可以共享，有利于"区位品牌"形成，葡萄酒产业是一个新兴产业，除了自身形成一个产业集群外，还可以为葡萄酒相关的产业带来发展，新疆葡萄酒产业集群已初见成效，焉耆盆地高端葡萄酒酒庄集群成片，昌吉也在多措并举打造葡萄酒产业集群，石河子正在努力打造"红酒之都"。借助葡萄酒贸易促进会、展会、国际比赛及文化节等会展交流品牌，宣传品牌，提升新疆各葡萄酒的知名度。

（2）资源优势转成品牌优势。新疆葡萄酒产区应立足于得天独厚的自然风土资源，持续打造突出葡萄酒质量安全优势+小产区独特风格的葡萄酒产品，为消费者创造价值。以原酒为主的葡萄酒产品结构影响着新疆葡萄酒的发展，新疆加快品牌建设提升的过程，降低原酒比例提升商品酒的比例，同时以葡萄酒协会的名义统一对接国内渠道商，增加产区原酒品牌、葡萄酒文化与原酒销售融合增值能力，与国内企业合资共建原酒再酿造工厂，提升原酒的经济价值。

（3）葡萄酒产业协同创新。关注国家葡萄产业技术体系、中国食品科学技术学会葡萄酒分会，这些学术组织包括国内设有葡萄酒专业的高校、相关科研院所和大型葡萄酒企业技术中心，这些公共平台具有组织、协调、指导功能，相应资源、政策和资金要去争取与配置，新疆葡萄酒产业相关单位要依靠这些平台，积极主动地作为，争取资源为新疆葡萄酒产业服务，新疆也可依靠多方力量进行资源整合，产、学、研、企、政有机结合，比如新疆葡萄酒协会的成立，葡萄酒产业园区管委会等的建立。各葡萄酒企业实行优势互补，避免恶性竞争，构建有利于创新行为的激励体制。新疆葡萄酒企业应充分应用精神激励和物质激励相结合的有效手段，调动员工的积极性、主动性，激励员工不断焕发创新的生机和活力。

（4）提质增效，延伸葡萄产业链。新疆葡萄酒产量位居全国之首，所产生的葡萄皮籽等副产物较多，从中提取出有效物质并进行加工利用，既可以降低生产成本，又可以提高资源的利用率。将提取物应用在食品、医药保健及化妆品领域，提高产品的附加值。延伸葡萄酒产业链的同时，还形成葡萄酒产业的闭环发展。促进葡萄酒产业生态发展。

（5）"葡萄酒+"，合力打造新板块。葡萄酒产业是融合产业，拥有生态位宽、关联度高等特点，葡萄酒旅游在葡萄酒工业十分发达的国家已经成为休闲度假的潮流，融合发展"葡萄酒+文旅"在我国以惊人的速度发展兴起，葡萄酒旅游的影响葡萄酒旅游活动贯穿了从葡萄生长、葡萄酒酿制、葡萄酒品鉴的整个过程。将农业、工业和服务业三大产业的资源有效整合，从葡萄园观光、葡萄采摘、橡木桶作坊参观、酒窖参观、试饮到葡萄酒课程学习、葡萄酒与美食的搭配及品尝、葡萄酒理疗等衍生项目，使游客享受到丰富的体验内容和独特的葡萄酒文化。提升企业知名度、企业经济效益，增加核心产品销售和附加值及额外收益，与游客互动，深入了解客户需求动向，有利于改进产品；提升和改善企业形象与环境，游客们可以通过这些活动了解产酒地区的文化和当地居民的生活状态，进而带动周边地区的发展。

（6）多了解，多学习，树立自身标杆。世界上好酒非常多，如西班牙雪莉酒、葡萄牙波特酒、意大利低起泡酒，还有很多值得我们学习，新疆企业想要取得更大发展，一定要吸收国外先进酿酒理念，不但要走出去，还要请进来，聘请知名葡萄酒企业的酿酒师作为顾问，不但要走出去，还要请进来，加强和国外企业进行技术合作，提高企业含金量。我们的视野才能更加开阔，我们的见识才能让企业走得更远。

第 5 章

葡萄酒品牌及文化分析

5.1　葡萄酒品牌建设及相关载体

在葡萄酒领域，基于地域、酿酒历史及酿酒传统等方面的差异，各大产酒国被划分成了"旧世界"和"新世界"两大阵营。

从葡萄酒的发展史来看，有地域优势的酒庄酒在很长时间内不重视品牌营销，法国等老牌葡萄酒生产国家一向不屑于讲品牌，他们认为葡萄酒的精髓是上好的葡萄原料和高超的酿酒工艺，消费者只会重视他所购买的酒是哪里生产的，而不会在意是什么品牌。所以这些国家一直都在打地理概念。法国的勃艮第红葡萄酒（Burgundy）、克拉瑞红葡萄酒（Claret）、法国波尔多红葡萄酒（Bordeaux）、意大利的开安特红葡萄酒（Chianti）都是以原产地命名的葡萄酒。

而"新世界"葡萄酒生产国在技术设备上投入大量资金，他们不强调产地，而是大力打造品牌，重视规模，以价格和产量优势在全球市场中迅速扩大份额。

虽然葡萄酒的质量风味和等级在很大程度上取决于其产地，但是并不是所有的葡萄酒消费者都是品酒行家，真正能品尝出不同产地的葡萄酒在质量上孰优孰劣的人毕竟不多。对于普通葡萄酒消费者，特别是新兴市场国家的葡萄酒消费者来说，影响他们选购的主要因素还是品牌。因此在"新世界"国家的葡萄酒凭借其规模和宣传攻势席卷"旧世界"国家原有的"领地"后，"旧世界"国家也不得不开始注重起品牌建设。

国外葡萄酒公司开发中国市场的步伐日益加快，国外葡萄酒品牌正逐渐被中国消费者所接受和欢迎，国内葡萄酒品牌的市场地位正受到越来越多的挑战。葡萄酒的消费是一种高度品牌性的消费，品牌对消费者的购买起着决定性的作用。国外葡萄酒产业有着悠久的历史，蕴藏着深厚的葡萄酒文化。他们在葡萄酒品牌建设方面积累了丰富的经验，形成了行之有效的品牌推广模式，一旦他们熟悉了中国的文化、在中国掌握了营销渠道，其品牌魅力将在中国市场大放异彩。因此，中国的葡萄酒企业必须抓紧时间，努力打造中国葡萄酒品牌文化，以提升品牌竞争力，从而巩固市场。

5.2　国外葡萄酒品牌概述

"旧世界"产酒国拥有悠久的酿酒史和酿酒传统，在葡萄品种、葡萄种植和葡萄酒酿造上都有严格的法律规定，出品的葡萄酒也有比较细致的等级划分。在欧洲，葡萄酒并非生而平等，来自哪一块土地、哪一家酒庄，决定了一瓶酒在葡萄酒世界里的阶级。欧盟国家共同遵循着一套分级系统。

葡萄酒分级制度是指按照某种标准将葡萄酒从质量上进行分级的一项制度。欧盟葡萄酒法律要求每瓶葡萄酒都要标明其质量等级，但具体等级由各国自己制定，因此各国不同等级的酒较难直接比较。

最早发动革命推翻君权的法国却是最擅长于为葡萄酒分等级的国家。法国葡萄酒分级制度于 1855 年首次确立，至今发展为法国乃至全世界范围内最完善的葡萄酒分级制度之一。欧盟采用的分级系统，正是从法国的分级制度衍生出来的。

葡萄酒标是酒的身份证，上面标示了有关这瓶酒的重要信息，也是在选购葡萄酒时的重要依据。通常可以看到的葡萄酒标签有两种，一种是原产国酒厂的酒标签（就是一般所说的正标），另一种则是进口商或者是原产国酒厂按进口商及政府的规定附上的中文酒标签（背标）。当然，各国家、各产区或各法定命名产区对于酒标如何标示葡萄酒信息会有不同的规定。

国外葡萄酒的酒标是包装的"重中之重"，里面有着很深厚的文化内涵。从目前的情况来看，它也经过了一个长期发展的过程，目前可以分为两大类：

传统型：其中以酒庄标志性建筑作为酒标的占多数，比如说罗伯特·蒙大为就是典型的以酒庄作为背景。还有就是以家族徽章作为酒标，这些酒庄大多有着悠久的历史，在葡萄酒业的影响力巨大，比如大家所熟知的"两个狮子一个盾"等。

新潮型：比如法国波尔多地区木桐酒庄的图标就是选用艺术画。从1945 年开始，木桐酒庄的产品就在酒标的上半部分使用一些世界级绘画巨匠的作品，比如毕加索等，而且每年都不同。很多人仅仅是为了收藏酒标而要将木桐酒买齐，这一方法后来也被其他一些酒厂所效仿。

在美国、澳大利亚等国家，有一些比较现代的做法。美国的 Kendall-Jackson 的酒标主体就是一片葡萄叶，把酒庄的名字印在叶子上，美观大方。澳大利亚第二大葡萄酒生产商 Hardays 推出的、非常独特的 3 升装单品种酒采用了橡木桶包装，里面加上衬层，解决了橡木桶不够密封、容易漏的难题，利于保存。Hardays 开发的邮票系列葡萄酒，采用邮票上动物的图案作为酒标，醒目大方，在一定程度上改变了葡萄酒消费者对盒装酒的态度和期望。另外，澳大利亚的一些品牌还通过酒标展示本土风情，他们把澳大利亚的鸵鸟、蜥蜴、袋鼠等动物搬上了酒标，成为吸引当地消费者和外来游客的一种方式。

葡萄酒酒标的设计可谓是最能体现酒庄风格的了，有的比较简单，有的则显得优美，而一些酒庄的酒标也爱走新颖时尚风。通常，"新世界"葡萄酒的酒标信息都简单清晰且一目了然，而"旧世界"的则稍显复杂，需要掌握一定的葡萄酒知识才能解读。

5.3　"旧世界"葡萄酒品牌分析

表 59 列出了"旧世界"葡萄酒品牌代表。

表59 "旧世界"葡萄酒品牌代表

法国品牌	意大利品牌	西班牙品牌	德国品牌
Chateau Lafite Rothschild (拉菲庄)	Piemonte	Torres (桃乐丝酒庄)	艾菲尔
Chateau Latour (拉图庄)	VENETO (威呢托)	Bodegas Vega-Sicilia (贝加西西里雅酒庄)	塔尼史酒庄
Chateau Haut-Brion (奥比昂庄)	TOSCANA	Bodegas Alejandro Fernandez (费南德兹酒庄)	魏特曼酒庄
Chateau Margaux (玛高庄)	Emilia-Romagna (伊米利亚-罗马纳)	Alvaro Palacios (奥瓦帕乐酒庄)	布鲁尔
Chateau Mouton Rothschild (木桐庄)	Lombardia (伦巴第)	Dominio de Pingus (平古斯酒庄)	凯瑟勒
Chateau Cheval Blanc (白马庄)	Trentino-Alto-Adige (特伦提诺-阿尔托-阿迪杰)	Artadi (阿塔迪酒庄)	碧洛德
Chateau Ausone (欧颂庄)	Friuli-Venezia-Giulia (芙路利-威尼斯-朱力亚)	Erasmus (伊拉姆酒庄)	猴子谷
Petrus (柏图斯庄)	Lazio (拉慈歌)	Freixenet (菲斯奈特酒庄)	阿兰道夫
LEPIN (里鹏庄)	Umbria (安布里亚)	Marques de Riscal (瑞格尔侯爵酒庄)	露森
Chateau Pavie (柏菲庄)	Abruzzo (阿布卢卓)	Bodegas Nekeas (御酿酒庄)	伊贡米勒

5.3.1 法国葡萄酒品牌分析

5.3.1.1 水土气候条件得天独厚,波尔多、勃艮第、香槟区三大产区闻名世界

优质产区遍布全法,葡萄酒口味醇美、酸度较高、平衡感好。法国地

处北纬 42°~49.5°，南部为地中海气候，最适宜葡萄生长；西部地区海拔虽高，但受墨西哥湾暖流影响，温带海洋性气候亦是葡萄生长的理想环境；而东北部大陆性气候特征明显，气候较为寒冷，但可培育独特的香槟酒品种。虽然较高纬度使得葡萄糖分积累不如"新世界"地区的酒品，但可使酒精度更适中，利于香气合成，因而法国葡萄酒偏酸、口味醇美、平衡感极佳。目前，全法种植面积最大的葡萄品种为梅洛，其次为歌海娜和佳丽酿，并有赤霞珠、西拉、霞多丽、品丽珠等多个品种。

多样气候下，法国葡萄酒产区遍布全国（共有十大著名产区），其中又以波尔多、勃艮第、香槟区三大产区闻名世界（表 60）。

波尔多（Bordeaux）：全球最大优质葡萄酒产区，汇聚最著名八大酒庄。波尔多地区葡萄种植面积约 12 万公顷、年产量约 8.5 亿瓶（约 61 万千升），约占全法葡萄酒产量的 13%。地处海洋性温带气候，波尔多地区培养出全球最好的葡萄品种，其 AOC 葡萄酒产量可达全法 AOC 总量的 25%，世界最著名的八大酒庄均坐落于此。波尔多产区以出产红葡萄酒为主（占比约 87%），葡萄酒口感柔顺细雅，素有"法国葡萄酒王后"之称。

勃艮第（Burgundy）：浑厚坚韧的"法国葡萄酒之王"。勃艮第产区葡萄园面积约 2.5 万公顷，产区年产量约 1.8 亿瓶，其中 65% 为白葡萄酒、35% 为红酒。产区包含 101 个 AOC 法定产区（占全法总量的 1/4）、562 个一级葡萄酒园、33 个特级葡萄园，亦使该产区有着"勃艮第无低等酒"的称号。勃艮第主产黑皮诺与霞多丽两大葡萄品种。口感上，勃艮第红酒单宁较弱，但饱含山果活跃味道，力度浑厚坚韧，与波尔多酒的柔顺恰好对立，因而亦有"法国葡萄酒之王"称谓。

香槟产区（Champagne）：全球闻名的起泡酒之乡。香槟产区位于巴黎东北部，主要生产起泡葡萄酒，全产区葡萄酒面积约 3.5 万公顷，年产量约 2.5 亿瓶。整体葡萄酒风格为清爽、高酸度、低酒精量，但香气细逸。实际上，香槟（Champagne）为被保护商标地名，原产地命名法规下，只有在香槟产区生产的起泡葡萄酒才能称为香槟酒，其他地区生产的只能称作起泡葡萄酒。

表60 法国主要葡萄酒产区、品种、特点、产量概况

产区	著名子产区	葡萄园面积（公顷）	产量（万瓶）	主要品种	葡萄酒特点	备注
波尔多	梅多克（Medoc）	16 500	4000	赤霞珠、梅洛、品丽珠、马尔贝克、味而多	以赤霞珠品种为主，单宁含量高、酸度高、有着浓郁葡香与橡木香	最重要的红酒产区，不限制白葡萄酒
	格拉夫（Graves）	3000	2200	红葡萄：梅洛、赤霞珠、品丽珠；白葡萄：赛美蓉		75%红葡萄酒，25%白葡萄酒
	波美侯（Pomerol）	800	530	梅洛、品丽珠、赤霞珠、马尔贝克	以梅洛品种为主，单宁含量适中偏高，口感柔顺、风味丰富、酒精度高、带有果香	仅酿制红葡萄酒
	圣埃美隆（Saint-Emilion）	5500	3600	梅洛、品丽珠		仅酿制红葡萄酒
勃艮第	夏布利（Chablis）	25 000	3200	霞多丽	干白：果香突出	仅出产白葡萄酒
	夜丘（Cote de Nuits）	3806		黑皮诺、霞多丽	红酒：果香浓郁，酒体适中	
	伯恩丘（Cote de Beaune）	5980		黑皮诺、霞多丽	红酒：口感圆润，酸度适宜，具有陈年的潜力；干白：十分明快活泼，口感圆润柔顺，酸味适宜	
	夏隆内丘（Cote Chalonnais）	4350		黑皮诺、霞多丽	红葡萄酒质地紧实，酸和单宁十分均衡；白葡萄酒酒色明亮，口感丰厚	
	马贡（Maconnais）	6797		霞多丽、佳美娜	白葡萄酒酒体清淡；红葡萄酒酒体清淡，果香浓郁；桃红葡萄酒产量较少	
香槟产区		35 000	25 000	霞多丽、黑皮诺、莫尼耶皮诺	清爽、高酸度、低酒精量，主要生产起泡葡萄但香气适宜	

5.3.1.2　酒庄

拉菲、拉图、玛高、侯伯王、木桐为法国最闻名的葡萄酒酒庄。

拉菲古堡（Chateau Lafite Rothschild）：法国最大一级名庄，酿造世界最贵葡萄酒。拉菲古堡位于波尔多上梅多克产区波雅克村，最早经营始于 17 世纪的塞古尔家族，18 世纪至今由罗斯柴尔德家族经营。酒庄葡萄园占地 107 公顷，在法国五大列级酒庄中居首，主要种植赤霞珠及梅洛品种，葡萄树平均树龄 35 年。拉菲酒庄以高品质闻名世界，质量把控十分严格：一是树龄低于 10 年的葡萄不会用于酿酒；二是酿造顶级酒的葡萄平均树龄需达到 45 年；三是葡萄施肥需根据树龄而定，以保证产出最优秀的葡萄；四是严控产量，每 2~3 棵树才能产一瓶酒；五是所有酒必须在橡木桶发酵 18~25 天，且酒桶需来自自身造桶厂。拉菲酒的尊贵地位享誉新"旧世界"，其 1787 年所产的拉菲红酒于 1985 年在佳士得拍卖会以 10.5 万英镑拍卖价卖出，迄今仍保持着最昂贵葡萄酒的世界纪录。拉菲庄年产量约 2 万~3 万箱（24 万~36 万瓶）。

拉图城堡（Chateau Latour）：全球最昂贵的酒庄。拉图庄同样位于波尔多梅多克地区波雅克村，在 17 世纪时与拉菲庄一起同受塞古尔家族掌管，但因后期继承等错综关系，拉图庄转折到英国人手中。1989 年法国里昂联合集团以 2 亿美元天价从英国波森集团手中购回拉图庄（折合每株葡萄树 1800 法郎），因而其亦被世人称为"全球最昂贵的酒庄"。与拉菲庄一样，拉图庄有着严格的酿酒葡萄树龄与产量控制（平均树龄 35 年，葡萄单位产量每公顷不超 4500 公斤），所产的"一门三杰"均经过严格的分级挑选酿制，其中正牌酒为"Grand Vin de Chateau Latour"，产量约占 25%~55%，酒体强劲、厚实而不刺激；副牌酒为"Les Forts de Latour"，而三牌酒简称"Pauillac"。拉图庄年产量约 17 万瓶。

玛高酒庄（Chateau Margaux）：深受多国领导人喜爱的列级酒庄。玛高酒庄位于梅多克玛高村，1855 年便已列入一级酒庄。玛高酒庄因被多国领导人喜爱而名扬世界，如英国前首相罗伯特沃尔普每 3 个月便购买 4 桶玛高红酒、美国前总统杰弗逊将其评为波尔多五大名庄之首、中国前国家主席胡锦涛曾于 2001 年访法时参观玛高等。玛高酒庄现有葡萄园 100 公顷，平均树龄 45 年，酿酒特色在于恪守传统、坚持手工制作且百分之百采用橡木桶酿制，最突出的酒质特点在于酒香，复杂而富有层次，花香、果香、木香浑然一体。玛高庄年产量约 20 万瓶。

侯伯王酒庄（Chateau Haut-Brion）：红白双栖的波尔多列级酒庄。侯伯王酒庄位于波尔多佩萨克产区，是五大名庄中唯一不在梅多克的酒庄，现由美国克兰斯帝龙酒业集团拥有。因克兰斯帝龙后人曾任美国驻法大使，后又任副国务卿等职务，其在宴请时几乎都用侯伯王酒招待各国贵宾，因而酒庄声誉遍布全球。侯伯王酒庄为五大列级酒庄中最小的一个，葡萄园面积约 51 公顷，平均树龄 35 年。值得注意的是，它是五大酒庄中唯一的红、白葡萄酒均驰名的酒庄，正牌红酒为 Chateau Haut-Brion、副牌酒为 Clarencede Haut-Brion，同时也酿造波尔多最顶尖的白葡萄酒 Chateau Haut-BrionBlanc。侯伯王庄年产量约 13 万瓶。

木桐酒庄（Chateau Mouton Rothschild）：努力挤进五大名庄的励志酒庄。木桐酒庄位于波尔多梅多克产区波雅克村，由罗斯柴尔德家族掌管。在 1855 年波尔多分级中，木桐庄只被列为二级酒庄；1922 年起，著名的菲利普男爵接管酒庄，在环境设施、酿酒技术、管理制度等进行了为期 50 年之久的突破创新，终于使酒庄在 1973 年正式升级为一级酒庄。酒质上，木桐酒庄酒香独特，带有浓烈的咖啡香气，酒体丰厚纯净，余味悠长，唯一缺点在于缺乏稳定性，不同年份的酒质量可能存在较大差异。值得一提的是，木桐酒庄最大特色是每年均会邀请著名艺术家设计新酒标（在酒标上部以艺术家绘画作品作为标签），而毕加索所绘"酒神祭"为迄今最著名木桐酒标。木桐庄年产量约 30 万瓶。

表 61 列出了法国著名的酒庄。

表 61　法国著名酒庄概况

酒庄名称	所在地区	产量（万瓶）	主要特点
拉菲 （Lafite）	波尔多梅多克	24.36	法国五大列级酒庄之首，以高品质及昂贵闻名世界，生产赤霞珠、梅洛
拉图 （Latour）	波尔多梅多克	17.50	全球最昂贵酒庄，酒体强劲厚实，"一门三杰"经过严格分级
玛高 （Margaux）	波尔多梅多克	20.00	恪守传统、坚持手工制作及采用橡木桶酿制，最大特点在酒香

续表

酒庄名称	所在地区	产量（万瓶）	主要特点
侯伯王 （Haut-Brion）	波尔多梅多克	13.20	红、白葡萄酒均闻名海外，在五大列级酒庄中规模最小
木桐 （Mouton）	波尔多梅多克	30.00	带有浓烈咖啡香气，酒体丰厚纯净，每年均邀请艺术家设计新酒标
白马 （Cheval Blanc）	波尔多圣埃美隆	30.00	香气浓郁，口感细腻、优雅，陈年后风味更佳
奥松 （Ausoue）	波尔多圣埃美隆	2.40	产量极少，果香浓郁，口感层次丰富，单宁中等，色泽至美
柏图斯 （Petrus）	波尔多波美侯	6.00	以梅洛为主；严格控果，只选最好质量，是八大庄中唯一不产副品牌酒庄
罗曼尼康帝 （Romanee-Couh）	勃艮第	0.60	以厚重、复杂、耐存著称，以老藤葡萄作为原料，产量极低，售价极高
酩悦 （Moet et Chandon）	香槟产区	15.00	共生产10多种各等级与口味的香槟，果香清新，口感诱人

5.3.1.3　法国葡萄酒等级划分

法国葡萄酒等级划分如图 157 所示。

AOC：全称为"法定产区葡萄酒（Appellation d'Origine Controlee，简称 AOC）"，这个级别的葡萄酒需要遵守很多法律条文，包括法定葡萄园范围、酿酒葡萄品种、葡萄栽培方式及修剪方法、葡萄产量、酿造和陈酿工艺、陈酿储藏条件和最低酒精含量。

VDQS：指优良地区葡萄酒（Vins Delimites de Qualite Superieure，简称 VDQS 或 AO VDQS）。这些葡萄酒的生产酿造也需要符合很多条文规定，质量仅次于 AOC 级别葡萄酒。

VDP：指地区特色葡萄酒（Vins de Pays），这个级别以上的葡萄酒可以标示产区，并且必须使用该产区法定葡萄品种酿造。所酿出的葡萄酒需满足最低酒精度的要求，质量也需过关，葡萄酒品质次于 VDQS 级别。

VDT：全称日常佐餐葡萄酒（Vins de Table），可采用欧盟内不同国家的葡萄原料酿造或调配而成，酒标上不允许标注品种及产区名称，是法国

最低等级的葡萄酒。

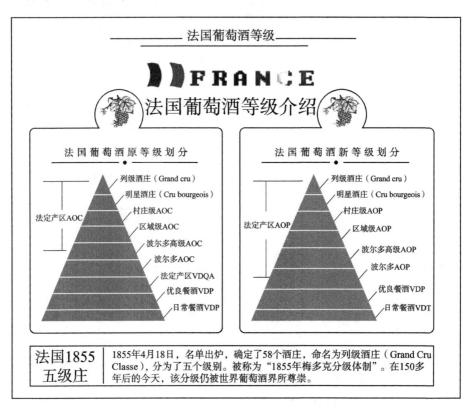

图 157　法国葡萄酒等级划分

　　2012 年，法国葡萄酒分级制度进行了重新改革，将 AOC 和 VDQS 级别合并为 AOP，VDP 改名为 IGP，VDT 改名为 VDF。新的葡萄酒不能还以旧的等级方式在市场上销售，不过已经在销售链中的酒不会被重新标识。

　　法国有太多的法定产区，普通法定产区葡萄酒和顶级的拉菲、拉图等名庄，不论是从品质还是价值上都不能相提并论。为了区分这些葡萄酒，AOC 级别中的产地区分同样很重要。

　　在酒标上，往往用 "Appellation+产区名+Controlee" 来表示 AOC，当中间的产区越小时，说明这款酒的品质越高。以波尔多为例，"Appellation Medoc Controlee" 质量比 "Appellation Bordeaux Controlee" 要好，因为梅多克是波尔多中的一个子产区；而 "Appellation Margaux Controlee" 则比 "Appellation Medoc Controlee" 更好，因为玛歌村是梅多克中的一个村庄。这样

以产地大小划分品质的情况只出现在 AOC 和 AOP 级别中，地区餐酒和日常餐酒不算在内。

以上是法国通用的分级制度，无论是哪个产区、怎样的葡萄酒，都被划入这个分级制度之中。但在法国的几个产区内，又有自己独特的分级，它们是 AOC 分级制度的补充。

波尔多（Bordeaux）：波尔多习惯将酒庄分级，并标注在酒标上，作为品质的象征，其中最著名的就是 1855 梅多克分级制度。这份顶级酒庄名单包含了 58 个酒庄，命名为"列级酒庄（Grand Cru Classe）"，分为五个级别。

这 58 个列级庄几乎都来自梅多克地区，唯一例外是侯伯王酒庄，其来自格拉夫产区，并且名列一级酒庄行列。在此后的 150 年间，原分级表只发生过两次变化：佳得美庄园补选五级庄、木桐酒庄晋级一级庄。

勃艮第（Burgundy）：与波尔多不同，勃艮第将产区内的葡萄园进行分级。波尔多 AOC 中的最高级别为村庄级，即 AOC 中产区最小可以标识为村庄。而在勃艮第，AOC 的最高级别是一块葡萄园。在勃艮第，AOC 分为四个等级，从上到下依次是：特级葡萄园（Grand Cru）、一级葡萄园（Premier Cru）、村庄级（Commune 或 Village）、大区级（Regional）。勃艮第共有 33 个特级园，包括 26 个红葡萄酒特级园和 7 个白葡萄酒特级园。

香槟产区（Champagne）：香槟产区（Champagne）和勃艮第相同，香槟的分级制度也是建立在葡萄园风土之上的。1911 年，法国政府制定了香槟产区村庄分级制度"échelle des Crus"（酒村分级阶梯制）。从高到低分为特级村庄（Grand Cru）、一级村庄（Premier Cru）、普通村庄。目前被列为特级葡萄村庄有 17 个，一级葡萄村庄有 44 个。但是，Grand Cru 对香槟质量的参考价值并不大，从 2010 年起，该制度被取消，香槟区的 Grand Cru 和 Premier Cru 不再有法律效应。

5.3.1.4　法国葡萄酒酒标解读

法国精品葡萄酒的生产商一般不会将较多的心思花在酒标的艺术设计上以吸引眼球，而会专注于遵守有关部门对产品信息内容的基本规定。

法国精品葡萄酒的酒标上有很多具体信息，根据酒商所在区域或产区法律的不同规定而有所差异。法国酒标出现的信息一般会包括名称、酒精含量、容量、年份、葡萄园、酒商、装瓶酒庄、法定产区名称、列级信息、葡萄酒类型、政府声明和亚硫酸盐含量（图158）。

图 158 法国葡萄酒酒标解读

5.3.1.5　法国葡萄酒产业巨头

（1）罗斯柴尔德家族。在欧洲有个神秘的家族，资产高达 50 万亿美元，相当于 800 个比尔·盖茨的身价，其生意遍布世界石油、银行、矿产以及酒店等多领域，也是大名鼎鼎《货币战争》的主角。这个家族就是罗斯柴尔德家族，徽章为远近闻名的 5 支箭。就连葡萄酒行业也有其身影，大名鼎鼎的拉菲和木桐酒庄也属于罗斯柴尔德家族。在葡萄酒行业，罗斯柴尔德又分为 3 个集团，每个集团分别掌管不同数量的顶级酒庄，这 3 个集团是拉菲罗斯柴尔德集团（DBR）、罗斯柴尔德男爵（BPRD）和埃德蒙罗斯柴尔德集团（Baron Edmond de Rothschild）。

① 拉菲罗斯柴尔德集团（Domaines Barons de Rothschild Lafite）：拉菲古堡是拉菲罗斯柴尔德集团（DBR）旗下的酒庄之一，拉菲罗斯柴尔德集团是欧洲金融帝国—罗斯柴尔德家族在葡萄酒行业的一大分支，其在葡萄酒行业的影响力不可谓不大，除了拉菲古堡，拉菲罗斯柴尔德集团还拥有杜哈米隆（Chateau Duhart Milon）、莱斯古堡（Chateau Rieussec）、乐王吉古堡（Chateau I' Evangile）、岩石古堡（Chateau Peyre-Lebade）和凯萨天堂古堡（Chateau Paradis Casseuil）五大古堡，奥希耶庄园、巴斯克酒庄、凯洛酒庄和珑岱酒庄四个酒庄。

② 罗斯柴尔德男爵：不少人知道波尔多一级名庄木桐酒庄（Chateau hlouton Rothschild），但不知道木桐酒庄属于罗斯柴尔德男爵（BPDR）。BPDR 只是罗斯柴尔德家族的另一大葡萄酒业务分支。除了拥有大名鼎鼎的一级庄大桐酒庄外，BPDR 还在法国以及世界其他产区开拓了葡萄酒业务。

集团知名葡萄酒品牌包括木桐酒庄、活灵魂酒庄（Alrnaviva Winery）、作品一号酒庄（Opus One）、克拉米隆酒庄（Chateau Clerc Milon）和麦达酒庄（Chateau d'Armailhae）等。

③ 埃德蒙罗斯柴尔德集团：埃德蒙罗斯柴尔德集团目前掌管着克拉克酒庄（Chateau Clarke）、劳蕾丝酒庄（Chateau des Laurets）、安第斯之箭（Flechas de Los Andes）、麦肯（Macan）、瑞梅皮尔（Rimapere）和鲁伯特 & 罗斯柴尔德酒庄（Rupert & Rothschild Vignerons）。这些酒庄个个都是精品，其中最知名的莫过于克拉克酒庄。埃蒙德集团的重心并不在法国，而更专注于"新世界"，以此来确保自己的竞争力。

（2）路威酩轩 LVMH。法国的路威酩轩 LVMH（迪奥是其控股公司）是全球第一大奢侈品集团，酒类业务占总营收的 13%，全球最大的香槟公司，拥有六大著名香槟品牌。2010 年 10 月，购入爱马仕 Hermes 集团 14.2% 的股份，并于 2013 年 7 月增持至 23.1%；2011 年，因盈利遭遇 67% 的严重下滑，宝格丽 Bvlgari 的 52% 的股权最终被 LVMH 集团以 52 亿美元收购，是奢侈品行业中数额最大的一笔交易；2013 年，LVMH 斥资高达 20 亿欧元（约合 25.8 亿美元），收购意大利羊绒衣服生产商 Loro Piana 80% 的股权；2014 年，收购兰布莱园葡萄酒庄园 Clos des Lambrays，进军高档葡萄酒领域，这一举动对葡萄酒行业或将形成一定的影响。集团拥有多个葡萄酒与烈酒知名品牌，包括酩悦香槟（Moet & Chandon）、唐培里侬香槟王（Dom Perignon）、凯歌香槟（Veuve Clicouat）、库克香槟（Krug）、汝纳特香槟（Ruinart）、白马酒庄（Chateau Cheval Blanc）、滴金酒庄（Chateau d'Yquem）、云雾之湾（Glaudy Bay）和香桐酒庄（flomaine Chandon）。

（3）卡思黛乐。法国的卡思黛乐集团 Castel Group，成立于 1949 年，欧洲第二大葡萄酒生产商，在法国拥有 29 个酒庄，其足迹遍布在波尔多（Bordeaux）、普罗旺斯（Provence）、朗格多克（Languedoc）和卢瓦尔河谷（Loire Valley）等产区，出产众多世界知名葡萄酒产品，销往世界 130 多个国家或地区。卡思黛乐集团旗下有龙船酒庄（ChateauBeychevelle）、宝梦酒庄（Chateau Beaumont）、蜜台花酒庄（Chateau Mirefleurs）和佰瑞酒庄（Chateau Barreyres）等知名酒庄。

2007 年，在卢瓦尔河谷地区收购 Sautejeau Beauquin 公司（第一大慕斯卡黛）以及 Friedrich 公司（第一大 Bag in Box）；2008 年，收购波尔多十大批发商之一奥诺联盟 Oenoalliance；2010 年，收购波尔多最古老的葡萄酒公司 Barton & Guestier；2011 年，收购致力于勃艮第葡萄酒、博若莱以及 Kriter 起泡酒的 Patriarche 公司，之后收购 50% 名庄酒 Barrière、Beychevelle 酒庄以及 Beaumont 酒庄；2015 年，旗下蜜合花酒庄的 90% 股权被张裕以 2260 万元人民币收购。

卡思黛乐拥有 8 个葡萄酒酿造中心，14 个装瓶和物流中心，26 个海外分部；在法国拥有 1400 公顷葡萄园，在法国有 21 个酒庄，其中波尔多有 17 个酒庄，在非洲拥有 1600 公顷葡萄园，在摩洛哥、突尼斯及俄罗斯等有 55 家葡萄酒连锁店。

（4）保乐力加。法国的保乐力加 Pernod Ricard，世界三大烈酒和葡萄酒集团之一，总部设在法国，是一家在世界上具有强势地位的酒业巨子，由法国两家最大的酒类公司——保乐公司和力加公司于 1975 年合并而成。1978 年 Patrick Ricard 掌权，开始战略性收购，包括 1981 年收购 Wild Turkey bourbon，1988 年收购爱尔兰威士忌的主要生产商爱尔兰制酒公司 Irish Distillers，1989 年收购澳大利亚的红酒生产商奥兰多云咸集团；2001 年，与帝亚吉欧合作收购加拿大酒业公司施格兰 Seagram 红酒和烈酒业务，包括芝华士威士忌 Chivas Regal Scotch whisky 和马爹利干邑红酒 Martell cognac；2005 年，联合美国富俊 Fortune Brands 以 76 亿欧元收购当时全球第二大烈性酒公司英国联合多美 Allied Domecq，获得百龄坛、玛姆、巴黎之花、必富达、甘露、马利宝等品牌，规模增长一倍；2008 年，以 56 亿欧元收购瑞典葡萄酒与烈酒集团 Vin & Sprit，绝对伏特加 Absolut Vodka 的制造商；2014 年，收购加州索诺玛 Kenwood Vineyards 葡萄酒庄园。

保乐力加集团旗下酒类品牌皆为名牌产品，葡萄酒包括巴黎之花香槟（Perrier-Jauet）、玛姆香槟（Champagne Mumm）和杰卡斯（Jocobs Creek）等。烈酒包括之富达金酒（Beefeater gin）、绝对伏特加（Absolut Vodka）和芝华士（Chivas Regal）等。

5.3.2　意大利葡萄酒品牌分析

5.3.2.1　产区

普天之下，皆为产区，皮埃蒙特、托斯卡纳、威尼托为意大利著名外销产区（表 62）。

表 62　意大利主要葡萄酒产区、品种、特点、产量概况

产区	著名子产区	葡萄园面积/公顷	产量/万升	主要品种	葡萄酒特点	备注
皮埃蒙特	巴罗洛（Barolo）	57 487	34 050	白葡萄：莫斯卡托、柯蒂斯、阿内斯；红葡萄：内比奥罗、内贝拉、多姿桃	内比奥罗的经典酒款更为浓郁饱满	意大利顶级红酒多集中于此
	巴巴拉斯高（Barbaresco）				香味浓烈持久、颜色深沉、单宁强劲、酸性较高	

续表

产区	著名子产区	葡萄园面积/公顷	产量/万升	主要品种	葡萄酒特点	备注
托斯卡纳		63 633	21 560	白葡萄：雷比奥罗、玛尔维萨、莫斯卡德洛；红葡萄：桑娇维塞、绮丽叶骄罗、卡内奥罗	葡萄酒混酿居多，酸度及单宁较高，并带有水果香味；基安蒂份三类： 1）普通：简单清淡、易于入口、不耐久存； 2）传统：单宁强、浓郁厚实、可存放 10 年以上； 3）陈年：在传统基安蒂基础上再用木桶存放三年才能上市，深红、浓郁、口感复杂	不容忽视超级托斯卡纳
威尼托	瓦波切利拉（Valpolicella）	73 314	67 850	白葡萄：卡尔卡耐卡、特雷比奥罗、托凯；红葡萄酒：梅洛、赤霞珠、科维纳、罗蒂内拉	量产红酒，酒体轻盈、偏淡	55% 白葡萄酒，45% 红酒；白葡萄酒更闻名
	索阿维（Soave）				盛产不甜白葡萄酒及甜酒，香气高雅、口感清新	
	巴多力诺（Bardolino）				生产早饮型红酒	

顶级好酒基本集中于中北部地区。意大利自北到南跨越 10 个纬度，叠加山脉及海洋影响，整体气候类型复杂、土壤多样，葡萄品种十分丰富（超过 2000 种），其中又以桑娇维塞（Sangiovese）作为标志品种。意大利几乎全境是葡萄产区，20 个产区与行政划分一致，其中顶级好酒基本集中于中北部地区，南部地区多生产日常餐酒，销量较大但基本由国内消化。品质较高、用于外销的较知名产区包括位于西北部的皮埃蒙特、中部的托斯卡纳及东北部的威尼托。

皮埃蒙特（Piemonte）：意大利顶级红酒集中地。皮埃蒙特位于意大利西北部地区，属大陆性气候，葡萄成熟期昼夜温差大，因而葡萄酒香味浓烈持久、酸性较高。皮特蒙特区内共有 16 个 DOCG、44 个 DOC，数量位于全国之首；年产量约 3.4 万升，其中 56% 为 DOC 级，几乎集合了意大利所有的顶级红酒，其中巴罗洛产区所产内比奥罗经典酒款素有"王者之酒，酒中之王"的美誉，酒质浓郁饱满。

托斯卡纳（Tuscarry）：DOCG虽美，不容错过"超级托斯卡纳"。托斯卡纳位于意大利中部，属地中海气候，为意大利独有品种桑娇维塞的最优产地。产区葡萄酒以混酿居多，酒体适中、酸度及单宁较高。产区内有11个DOCG、34个DOC。值得注意的是，由于意大利酒法对DOC以上级别鉴定标准中限定不能使用外国葡萄，因而产区内某些因使用外国葡萄而被列为较低等级的红酒实际上有着极高酒质（被称为"超级托斯卡纳"），最著名的西施佳雅便为此类。

威尼托（Veneto）：意大利产量最高的产区。威尼托位于意大利东北部，气候温和稳定，整体酒质轻盈、清新淡雅，适合即开即饮。产区拥有14个DOCG和11个DOC，年产量约6.8万升，是意大利葡萄酒产量最大的产区。

5.3.2.2　酒庄

圣圭托、嘉雅、安东尼世家、卓林为意大利较为著名的酒庄（表63）。

圣圭托酒庄（Tenuta San Guido）：盛产"意大利的拉菲"——西施佳雅。酒庄地处托斯卡纳博格利海滨地区，葡萄园占比70公顷，主要种植赤霞珠和品丽珠，平均树龄25~30年，葡萄酒年产量约30万瓶。自酒庄创始人开始，便一直致力于酿造一款堪比拉菲的极品红酒，1968年西施佳雅首次面世，并在国际盲品评比中打响名堂，成为托斯卡纳酒王之王，被称为"意大利的拉菲"。

嘉雅酒庄（Angelo Gaja）：出色庄主不走寻常路。嘉雅酒庄位于皮埃蒙特巴贝拉斯高产区内，由嘉雅家族掌管。葡萄园面积约101公顷，主要种植品种为内比奥罗、巴贝拉、霞多丽等，平均树龄约20年。嘉雅酒庄的亮点在于现任庄主安杰罗（嘉雅家族第五代传人）的出色经营思路，他是意大利第一个种植非皮埃蒙特产区葡萄品种的酿酒商、第一个意识到需削减产量才能提高质量的人、最先使用激进葡萄培植和酿酒技术的人。在其经营下，嘉雅酒庄酒质毫不逊色于法国名酒，在世界的品牌知名度亦位列意大利酒前列。

安东尼世家酒庄（Marchesi Antinori）：底蕴深厚的名酒世家。酒庄位于托斯卡纳产区，世代隶属安东尼家族，其酿酒历史已达600年，酒庄中心建筑"安东尼宫殿"即为文艺复兴时期瑰宝。安东尼家族世代均致力于提升葡萄酒质量，进行持续的调研活动，包括寻找葡萄新品种、试验种植技术、发酵操作、温度控制、传统与现代技术结合等，因而酒质呈现出稳定而又多样的风格。酒庄拥有多个葡萄园，包括天娜（Tignanello，最著名，主产桑娇维塞）、太阳园（Solaia，赤霞珠与品丽珠混酿）、碧波园（Peppoli Estate）等。酒庄年产量约50万瓶。

卓林酒庄（Zonin）：意大利最大酒庄。酒庄位于威尼托产区，占地面积1820公顷，年产量约2500万瓶，是意大利当之无愧的最大酒庄，也是最先进入中国市场的意大利知名品牌。与大多"旧世界"酒庄不同，卓林酒庄致力于将红酒向大众推广而非只留给小部分特权人士，因而酿造高质量、性价比高的葡萄酒是酒庄的整体经营理念。卓林酒庄葡萄品种达150种，红白葡萄酒系列繁多、风格多样，产品已畅销世界多个地区。

表63　意大利著名酒庄概况

酒庄名称	所在地区	产量/万瓶	主要特点
圣圭托 （Tenuta San Guido）	托斯卡纳	30	主要种植赤霞珠和品丽珠，其生产的西施佳雅为托斯卡纳酒王之王，被称为"意大利的拉菲"
嘉雅 （Angelo Gaja）	皮埃蒙特	—	主要品种为内比奥罗，在世界的品牌知名度位列意大利酒前列
安东尼世家 （Marchesi Antinon）	托斯卡纳	50~56	稳定而又风格多样，拥有多个葡萄园，最著名的为天娜（桑娇维塞）、太阳园（赤霞珠与品丽珠混酿）、碧波园、帕西诺修道院等
卓林 （Zonin）	威尼托	950	意大利最大酒庄，产品畅销多国，其中白葡萄酒系列繁多、风格多样

5.3.2.3　意大利葡萄酒等级分类

20世纪60年代之前，意大利尚未确立行之有效的葡萄酒分级制度，消费者难以在种类繁多的意大利葡萄酒中甄别出优质佳酿，这很大程度上阻碍了意大利葡萄酒在国际市场上的发展。于是从1963年开始，意大利便逐步建立并完善其葡萄酒分级体系，把葡萄酒划分为4个品质级别（图159）。

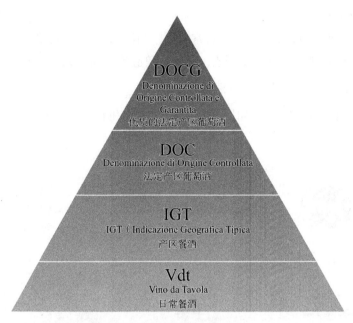

图 159　意大利葡萄酒等级划分

DOCG（Denominazione di Origine Controllata e Garantita）：指原产地控制保证葡萄酒，是意大利等级最高的葡萄酒。它的生产条件与规定最严格，是从法定产区中挑选品质最优异的产区再加以认证，接受更严格的葡萄酒生产与标识法规管制，代表了意大利葡萄酒的顶尖水平。

DOC（Denominazione di Origine Controllata）：指法定产区级葡萄酒，与法国 AOC 同级。必须在法定产区内，以法定葡萄品种，按照一系列规定好的栽培、酿造方法，出产出的葡萄酒才能被评选为 DOC 级别，质量仅次于DOCG，在意大利共有 200 多种。

IGT（Indicazione Geografica Tipica）：指地区餐酒，与法国 VDP 级别相同。85% 的葡萄原料需来自所标定的产区，并且需要由该地酒商酿制。值得一提的是，IGT 是 1992 年新加入分级制度中的，促使 IGT 出现的是那些对品质有高要求的酒商们。

他们用不符合规定的葡萄品种酿出了比 DOCG 水准还高的葡萄酒，但只能屈身于 VDT 级别下，致使很多 VDT 葡萄酒价格比 DOCG 还高，这些葡萄酒大多出产于托斯卡纳产区，人们称为"超级托斯卡纳"。为了缓解这一现象，意大利政府在 1992 年新增了 IGT 级别，如今，绝大多数超级托斯卡纳葡萄酒位列其中。

　　VDT（Vino da Tavola）：指日常餐酒，与法国 VDT 级别相同，泛指最普通品质的意大利葡萄酒，在产地、品种、酿造等方面均无太多要求。

5.3.2.4　意大利葡萄酒酒标及其解读

　　意大利著名酒庄酒标如图 160 所示。意大利葡萄酒酒标解读如图 161所示。

图 160　意大利著名酒庄酒标

(a)

(b)

图 161 意大利葡萄酒酒标解读

5.3.2.5 意大利葡萄酒产业巨头

优尼特联合酿酒集团（Cantine Riunite & CIV）是意大利知名的葡萄酒生产商及出口商，是全球最大的起泡葡萄酒生产商，占有意大利 51% 起泡酒市场。目前拥有 24 家合作社酒庄、4300 公顷葡萄园和先进的生产、罐装设施。优尼特联合酿酒集团拥有 8 个酿酒中心和 3 家装瓶中心，主要生产兰布鲁斯科（Lambrusco）、匹诺雷托（Pignoletto）和普洛赛克（Prosecco）等起泡酒。该集团不仅在意大利国内市场获得巨大成功，还将葡萄酒远销至70 多个国家。

此外，优尼特联合酿酒集团自 1988 年开始酿造有机葡萄酒，是艾米利亚-罗马涅（Emilia-Romagna）大区首批酿造有机葡萄酒的企业。优尼特联合酿酒集团旗下的品牌有 Riunite、Albinea Canali、Cantine Maschio、Maschio dei Cavalieri、Righi 和 Gaetano Righi 等。

5.3.3　西班牙葡萄酒品牌分析

5.3.3.1　老牌国家缺乏闪光点，最负盛名当数丹魄与雪莉酒

西班牙是缺乏闪光点的老牌葡萄酒国家。西班牙拥有全球最大的酿酒葡萄种植面积、全球第三的葡萄酒产量，且其酿酒历史不亚于法国、意大利，在世界葡萄酒业地位举足轻重。但由于当地人对葡萄酒质量要求不高（最早在葡萄酒中勾兑汽水的是西班牙人，葡萄酒等级制度严重晚于其他两国）、酒商缺乏对外营销，世界对西班牙葡萄酒并没法国酒、意大利酒般熟悉，优质西班牙酒亦未在世界范围内留下足够的闪光点。

丹魄葡萄及雪莉酒成为西班牙葡萄酒的重要标志。西班牙地处伊比利亚半岛，中部为大陆性气候、北部为海洋性气候、南部则为地中海气候，丰富的气候特征使得葡萄品种多样（达 600 多种），但用于酿酒的仅约有 20 种，包括丹魄（Tempranillo）、阿尔巴利诺（Albarino）、歌海娜（Garnacha）、帕罗米诺（Palomino）等，其中又以里奥哈丹魄最具代表性。此外，"开花"雪莉的轻快鲜美及"不开花"雪莉的甜美浓郁亦成为西班牙葡萄酒闻名世界的重要标志。西班牙共有十二大葡萄产区，其中较为著名的产区包括里奥哈、卡斯蒂利亚-莱昂及安达卢西亚等。

西班牙是所有产区中对陈酿方面酒标术语有着全面、严格要求的为数不多的产区之一，其细致之处甚至连三个月陈酿的术语都有，可见其对橡木桶的虔诚态度。

5.3.3.2　产区

里奥哈、卡斯蒂利亚-莱昂和安达卢西亚为西班牙享誉全球的葡萄酒产区（表 64）。

里奥哈（Rioja）：西班牙最重要的红葡萄酒产区。里奥哈位于西班牙中北部，在大西洋和地中海的影响下，西高东低的地势使得各层次气候呈现差异，葡萄生长环境多样。里奥哈盛产的丹魄为西班牙标志性葡萄品种，该品种早熟而皮厚，单宁含量高、带有浓郁果味、香气复杂、各具层次，陈年佳酿更是顺滑柔和。里奥哈产区为西班牙最早的两个 DOC 之一，葡萄园面积约 6.3 万公顷，年产量约 2.7 万升。产区内三大子产区葡萄酒各具特色，其中上里奥哈酸性较强，阿拉维萨多产年轻酒、果味浓郁，下里奥

哈酿成的桃红葡萄酒较为清新。

表 64　西班牙主要葡萄酒产区、品种、特点、产量概况

产区	著名子产区	葡萄园面积/公顷	产量/万升	主要品种	葡萄酒特点	出口占比/%
里奥哈	上里奥哈（Rioja Alta）	63 216	27 755	白葡萄：维奥娜、马尔维萨、白歌海娜；红葡萄：丹魄、歌海娜、格拉西亚诺	葡萄酒单宁含量较高、酸性更强	31
	里奥哈阿拉维萨（Rioja Alavesa）				多产年轻葡萄酒，色泽樱红，果香浓郁	
	下里奥哈（Rioja Baja）				桃红葡萄酒较为清新	
卡斯蒂利亚－莱昂	杜埃罗河岸（Ribera del Duero）	20 956	6 100	白葡萄：阿比洛；红葡萄：丹魄、歌海娜、赤霞珠、马尔贝克	红葡萄酒：带有成熟的水果香，浓烈浑厚，酒体明显，酒精和酸的平衡度较好。	27
	卢埃达（Rueda）	10 720	4 200	白葡萄：弗德乔、维奥娜、长相思；红葡萄：丹魄、赤霞珠、梅洛	白葡萄酒：口感清新，果香充盈，余味带苦；红葡萄酒：果香浓郁，有肉质感，极具风味	17
	托罗（Toro）	5 843	1 348	白葡萄：马尔维萨、弗德乔；红葡萄：红多罗、歌海娜	白葡萄酒：带有风土特色，余味略苦；红葡萄酒：酸度恰到好处，口感强劲，极具风味，有肉质感	40
安达卢西亚	赫雷斯（Jerez-Xeres-Sherry）	9 100	4 775	帕洛米诺、佩德罗-希梅内斯、麝香、赫雷斯帕洛米诺	按酿造过程中酒表面是否浮上白膜，分"开花"与"不开花"两种，分别名为菲诺雪莉（Fmo，有咸味苦味）和奥罗索（Oloroso，充分氧化而成）	75

313

卡斯蒂利亚-莱昂（Castilla y León）：西班牙最大的葡萄酒产区。由于产区属大陆性气候、昼夜温差大，土地相对贫瘠、葡萄必须深深扎根吸取养分，因而该地葡萄丰沛多汁、风味独特。产区葡萄园面积共约4.7万公顷，下属有9个子产区，酒庄约540家，年产量约1.38亿升，约占西班牙总量的一半。其中，产量最大的子产区为杜埃罗河岸（Ribera del Duero，6100万升），主要种植丹魄品种，其酿制出的红酒是该产区的顶尖葡萄酒，呈浓重樱桃色且带成熟果香。

安达卢西亚（Andalusia）：赫雷斯雪莉酒远近驰名。安达卢西亚位于西班牙南部，产区面积2.1万公顷，酒庄约有218个。雪莉酒是该产区标志性白葡萄酒产品，而赫雷斯（Jerez-Xeres-Sherry）所产雪莉酒最闻名（75%用于出口），其中菲诺雪莉酒（开花雪莉）质紧密细致、带有清淡香辣味，奥罗索（不开花雪莉）则酒精度较高（18°~20°），带有醇厚浓郁香味。

5.3.3.3 酒庄

桃乐丝、贝加西西利亚、伊修斯、橡树河畔、爱欧为西班牙著名酒庄（表65）。

表65 西班牙著名酒庄概况

酒庄名称	所在地区	主要特点
桃乐丝（Torres）	加泰罗尼亚	西班牙最大的葡萄酒生产商，最著名的为丹魄"黑牌"
贝加西西利亚（Bodegas Vega-Sicilia）	卡斯蒂利亚·莱昂	西班牙最知名与昂贵的葡萄酒之一，以珍藏型年份著称
伊修斯（Ysios）	里奥哈	里奥哈地区的标志性酒庄之一，以出产里奥哈风土特色优质葡萄酒著称
橡树河畔（La Rioja Alta S.A）	里奥哈	曾多次于世界获奖，后退出参评，但优质佳酿口碑名扬海外
希达哥（Bodegas Hidalgo）	安达卢西亚	产区最古老酒庄之一，已有300年历史，以雪莉酒最出名
爱欧公爵（Marques del Atrio）	里奥哈	里奥哈前五大生产商之一，推行规模化生产，年产量超1万吨、销售额约3500万欧元。已被中国葡萄酒龙头张裕控股并向中国推出单品，推广成效显著

　　桃乐丝酒庄（Torres）：西班牙最大的葡萄酒生产商。桃乐丝酒庄位于西班牙东北部产区加泰罗尼亚的佩内德斯子产区，在 19 世纪由桃乐丝家族创建并经营至今。酒庄第五代继承人米格尔为葡萄酒界明星，其实施的多种改革（包括引进进口葡萄品种、尝试法国酿造方法、提早装瓶等）使得酒庄酒质日益提升。1979 年桃乐丝酒庄"黑牌"（Mas La Plana）在法国"葡萄酒奥林匹克比赛"中击败法国拉图酒庄，从此西班牙桃乐丝名扬世界。除了在西班牙经营世代酒庄外，米格尔还分别在智利、加州、中国等建有葡萄园与酒庄，将丹魄等西班牙品种远播海外。

　　贝加西西利亚酒庄（Bodegas Vega-Sicilia）：西班牙最知名与昂贵的葡萄酒之一。酒庄位于西班牙西北部卡斯蒂利亚-莱昂产区，由莱坎达家族创建、现由阿尔瓦雷斯家族经营。贝加西西利亚酒庄起初名不见经传，直至 20 世纪 40 年代引入酿酒师阿纳多，酿制了极优质年份酒，从此闻名在外。酒庄追求高品质，平均树龄超过 30 年、种植密度极低，且采用人工采摘及传统酿造方式，独一珍藏型（Unico）年份酒酿制只在最优质年份才会酿造，且保证足够的陈年时间。

　　伊修斯酒庄（Ysios）：里奥哈地区标志性酒庄之一。伊修斯酒庄位于里奥哈阿拉维萨产区，目前隶属于保乐力加集团旗下多默酒庄。伊修斯酒庄以出产里奥哈风土特色优质葡萄酒著称，葡萄园只种植树龄在 30 年以上的丹魄葡萄，采用人工采摘方式并根据葡萄特性进行酿造。由于酒庄建筑较晚且极像寺庙，目前已成为著名的酒庄旅游景点，为里奥哈地区标志性酒庄。

　　橡树河畔酒庄（La Rioja Alta S. A.）：退出参评的里奥哈顶级佳酿。酒庄位于里奥哈产区，于 19 世纪末由 5 个家族合资建立。酒庄建立后陆续参加世界各种品酒比赛，并获得不俗成绩（如 1893 年哥伦布酒展金牌，以及随后的波尔多银牌、布宜诺斯艾利斯大奖等），1930 年后酒庄宣布不再参评，但优质佳酿经口口相传、名扬海外。目前，酒庄已发展成酒业集团，辖下包括橡树河畔、阿斯特尔（Aster）、施华乐（Lagar de Cervera）、托雷奥纳（Torre de Ona）等 4 个酒庄。

　　爱欧公爵（Marques del Atrio）：里奥哈前五大生产商之一。爱欧公爵位于里奥哈产区，由李威罗家族创立并经营，至今已 100 多年。酒庄以出产红酒为主，其中超过一半销往北美、欧洲、亚洲、大洋洲等地。与大多小酒庄不同，爱欧公爵推行规模化生产，现有产能约 2 万吨、年产量超 1 万吨、年销售额约 3500 万欧元。2015 年 8 月，爱欧集团与张裕达成协议，张裕以 2625 万欧元收购爱欧集团 70% 股权，并已于 11 月正式在中国发布爱欧公爵品牌 17 个系列 53 个单品。据渠道调研，推行一个多月以来爱欧单品在中国订货额已达 2000 万~3000 万元，经销商积极性较高。

5.3.3.4 西班牙葡萄酒等级划分

西班牙在 20 世纪 30 年代初期就拟定了原产地命名制度（Denominacion de Origen，简称 DO），但直到 70 年代才正式颁布实施。传统的西班牙葡萄酒分级体系和法国的等级划分大有不同，不过自 2003 年改革后，其框架已越来越接近于法国的分级体系。西班牙的葡萄酒分级包含以下 6 个级别（图 162）。

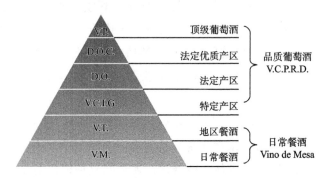

图 162　西班牙葡萄酒等级划分

VP（Vino de Pago）：2003 年西班牙的新增等级，也是西班牙分级中最特殊的一个等级。VP 不针对具体的产区，而是像波尔多一样，针对单一酒庄的葡萄酒。

这些酒庄被认为是西班牙最优秀的酒庄，拥有良好的声誉。截至 2014 年，西班牙共有 15 个 VP 酒庄，并且每个酒庄可以按照自己的方式酿造葡萄酒，充分体现了西班牙对酒庄的"不论黑猫白猫，抓到老鼠就是好猫"的态度。这在"旧世界"是很难得的。

DOCa（Denominacion de Origen Calificada）：是传统意义上西班牙最高等级的葡萄酒，意为"法定产区葡萄酒"，类似于意大利的 DOCG 级别。目前，西班牙共有两个 DOCa 产区，分别是大名鼎鼎的里奥哈和新晋鲜肉普奥拉托。

DO（Denominacion de Origen）：相当于法国 AOC，即法定产区葡萄酒。

这一级别的葡萄酒需要满足各种各样的生产法规，从栽培到酿造再到陈年，都需要符合一定标准。目前，西班牙大约有 70 个 DO 产区。

VCIG（Vinos de Calidad con Indicacion Geografica）：指有地理标志的优质葡萄酒，相当于法国的 VDQS，是一个过渡等级，未来也可能与 DO 合并在一起。

VdIT（Vino de Ia Tierra）：西班牙地区餐酒，类似于法国的 VDP。这类葡萄酒只限定原料来源产区，对葡萄酒的质量和风格并不做过多要求。

VM（Vino de Mesa）：M 指日常餐酒，相当于法国 VDT，是西班牙最低等级的葡萄酒，没有产区标识。

陈年时间的分级体系主要存在于里奥哈、杜罗河岸和纳瓦拉等法定产区。这个体系下所有分级适用于 DO 或 DOCa 葡萄酒，由下至上依次为 Joven（年轻）、Crianza（培养）、Reserva（珍藏）、Gran Reserva（特级珍藏）。

5.3.3.5　西班牙葡萄酒酒标及其解读

西班牙著名葡萄酒酒标如图 163 所示。西班牙葡萄酒酒标解读如图 164 所示。

图 163　西班牙著名葡萄酒酒标

5.3.3.6　西班牙葡萄酒产业巨头

桃乐丝（Torres）是西班牙最大的葡萄酒生产商。可以说，它是西班牙酒的代名词。如今，桃乐丝家族不仅在西班牙、智利和美国加州等地拥有自己的酒园，而且已经成为一个销往世界 140 多个国家或地区葡萄酒市场的国际品牌。

酒庄

酒庄商标

陈酿等级

容量：750mL

酒精度：13.5%

产区

等级

年份：1998年

酒庄装瓶

产自西班牙里奥哈

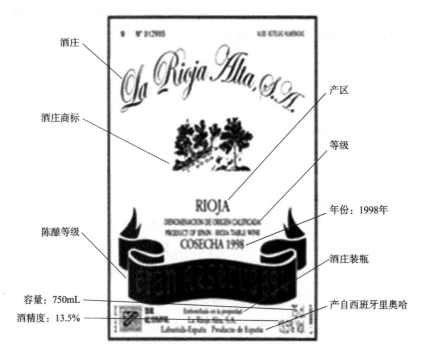

酒庄名

产区

优质法定产区

图 164　西班牙葡萄酒标解读

桃乐丝拥有殿堂（Atrium）、星空（Celeste）、清馨（Verdea）、公牛血（Sangre de Taro）、特选阳光（Gran Vina Sol）、王冠（Cronas）、圣歌（Salmos）、米尔昌达（Milmanda）和菲兰索（Fransola）等 20 多个品牌。其中公牛血、星空和圣歌等品牌在中国市场上都有很不错的表现。

5.3.4　德国葡萄酒品牌分析

纬度偏高的德国，气候寒冷，主要的葡萄酒产区都集中在西南部气候较温和的区域，德国以出产白葡萄酒为主，酒精浓度较低是其特色。德国的红葡萄酒以清淡型为主，白葡萄酒的类型较为丰富，除了一般干白，还有许多甜酒，德国葡萄酒大约有 85% 是白葡萄酒，主要以雷司令闻名。德国酿酒质量极高，追求品质，最好的酿酒师能够在酸度和残余甜度之间取得独一无二的平衡，使德国白酒具有芬芳的果香及清爽的甜味。向世人展示了炎热产区所不能及的优雅和细致。

著名产区有纳赫（Nahe）、莱茵高（Rheingon）、莱茵黑森（Rheinhesson）、法尔兹（pfalz）和莫舍河（Moselle）等产区。知名酒庄有 Christmann 酒庄、Robert Weil 酒庄、Wittmann 酒庄和 Weingut Josef Leitz 酒庄等。

德国在葡萄酒产品出厂前必须经过官方评酒小组的检查和鉴定，在原料种植、葡萄园地点、葡萄品种及该酒质量指标符合要求时，标签上印有 A. p. Nr+数字排列顺序是检验局管理号、葡萄酒装瓶地区号、装瓶注册号、装瓶批号、装瓶年份。

德国葡萄酒分级可谓是"旧世界"中的一股清流，除了产区外，葡萄的成熟度也十分重要。不过，这也是由德国的特殊地理位置导致的。在一个葡萄成熟或许都成问题的国家，对于葡萄酒质量来说，葡萄成熟度远远比产区和风土重要得多。

德国葡萄酒的分级制度比较与众不同，除了对产地作出要求，还要考虑葡萄采摘时的成熟度或葡萄汁的糖分含量（图 165）。

简单来说，德国葡萄酒分为日常餐酒（Deutscher Wein）、地区餐酒（Landwein）、优质葡萄酒（Qualitatswein bestimmter Anbaugebiete/QbA）和高级优质葡萄酒（Pradikatswein mit pradikat/Qmp）4 个等级。QmP 是最高等级的葡萄酒，葡萄原料需来自产区中特定的村庄。这个级别的葡萄酒禁止人工添加糖分，并且按照葡萄成熟度又细分了 6 个等级。

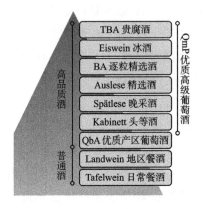

图 165　德国葡萄酒等级划分

QbA 的葡萄原料需来自德国划分的 13 个产区之一，禁止与其他产区葡萄酒相混合，所采摘的葡萄需要有较高的成熟度，但也可以向葡萄醪中加糖以提高酒精度。而 Landwein 则等同于法国的 VDP，属于地区餐酒，标示产区即可。Tafelwein 是德国最低级的葡萄酒，等同于法国 VDT，生产规定最少。

在 QmP 等级下，又根据葡萄成熟度分为以下 6 个等级。

Kabinett（珍藏）：QmP 级别中含糖最少的一种酒，至少也是半干型。用完全成熟的葡萄酿造，酒体轻、酸度高，带有青苹果和柑橘的气息。

Spatlese（晚收）：葡萄采收时间在 Kabinett 两周后，成熟度略高于 Kabinett。这个级别有甜白也有干白，通常带有核果和柑橘类水果的香气。

Auslese（精选）：在 Spatlese 级别上进行逐串精选，就成了 Auslese 级别，有时会遭到贵腐菌的感染。这是干型酒的最高级别，也是贵腐酒的入门级别，酒体更加丰满成熟。

Beerenauslese（逐粒精选葡萄酒，简称 BA）：Beerenauslese 采收时间更晚，并且经过人工逐粒精选，一般为贵腐，甜度很高，含有独特的香蜜气味。

Eiswein（冰酒）：所有德国冰酒都需要在酒标上标注 Eiswein。冰葡萄采收时间最晚，需要等葡萄在树上结冰后保留高糖分和酸度，再带冰压榨发酵。用于酿造冰酒的葡萄不能受贵腐菌感染，糖分与 Beerenauslese 相同，酿出的酒非常纯净。

Trockenbeerenauslese（逐粒精选贵腐葡萄酒，简称 TBA）：TBA 是德国最高等级的葡萄酒，价格非常昂贵，且只有在特定的年份才能酿造。这类葡萄需要等葡萄完全干枯后再采摘，甜度极高，通常需要陈年十年以上。

5.3.4.1　德国酒标解读

德国申请葡萄酒酒标类（图 166）外观设计 74 件，主要集中在 1986—2000 年，GS HANDELSGESELLSCHAFT MBH（汉斯布施酒庄）申请 19 件，EINIG ZENZEN GMBH CO KG（伊尼格·津津酒厂）申请 13 件，DEINHARD CO KGAA（丹赫酒庄）申请 11 件。

5.3.4.2　德国葡萄酒产业巨头

德国名庄联盟 VDP 是世界上最早的葡萄酒酒庄联盟。迄今 VDP 已有 200 多家酒庄，这 200 多家酒庄是德国顶尖酒庄的代表，这些酒庄多致力于酿造表达德国风土的优质葡萄酒，是德国顶尖酿造商的代表，酿制的葡萄酒通常品质优越。VDP 在德国拥有 5% 的葡萄园，葡萄酒产量仅占德国总产量的 2%，而其销售额却占到了全德国葡萄酒的 12%。

5.4　"新世界" 葡萄酒品牌分析

"新世界" 葡萄酒品牌代表见表 66。

图 166　德国葡萄酒酒标解读

表 66　"新世界"葡萄酒品牌代表

美国品牌	澳大利亚品牌	智利品牌	南非品牌
ScreamingEagle（啸鹰酒庄）	Penfolds（奔富酒庄）	Concha y Toro（干露酒庄）	A. A. Badenhorst（A. A. 拜登马酒庄）
HarlanEstate（哈兰酒庄）	Yalumba（御兰堡酒庄）	Cousino Macul（库奇诺酒庄）	Alheit Vineyards（遨海酒庄）
Stag'sLeapWineCellars，Cask23［鹿跃酒窖（23 号桶）］	Brown Brothers（布朗兄弟酒庄）	Vina Tamaya（大玛雅酒庄）	Boekenhoutskloof（博肯酒庄）
RobertMondavi（蒙大维）	Jacob's Creek（杰卡斯酒庄）	Viu Manent（喂玛酒庄）	Chamonix（榭蒙尼酒庄）
OpusOne（作品一号）	Yellow Tail（黄尾袋鼠酒庄）	Vina Errazuriz（伊拉苏酒庄）	Crystallum（水晶琳酒庄）
DiamondCreekVineyardsLake（钻石溪酒庄湖园）	Peter Lehmann（彼德利蒙酒庄）	Kingston Vineyards（金士顿酒庄）	Delaire Graff（德拉里格拉夫酒庄）
CaymusVineyards（佳慕酒庄）	McGuigan（麦格根酒庄）	Casa Silva（席尔瓦酒庄）	David & Nadia（大卫-纳蒂亚酒庄）
Shafer（思福酒庄）	Wolf Blass（禾富酒庄）	Vina Aquitania（百子莲酒庄）	Hamilton Russell（汉密尔顿酒庄）
JosephPhelpsVineyards（约瑟夫菲尔普斯）	Hardy's（哈迪斯酒庄）	Vina Santa Cruz（圣克鲁兹酒庄）	Hartenberg（哈登堡酒庄）
HeitzCellar，Martha'sVineyard［赫兹酒窖（玛莎园）］	Oxford Landing（牛津酒庄）	Milestii Mici（米列什蒂·米茨酒庄）	Kanonkop（炮鸣之地酒庄）

相比于"旧世界"纷繁复杂的分级制度，"新世界"则显得明朗很多，几乎没有国家对葡萄酒的等级有过多要求。但也正是因为如此，我们很难从酒标上识别出葡萄酒的好坏，只能根据酒评家评分、曾获奖项等方面来判断葡萄酒质量。

5.4.1　美国葡萄酒品牌分析

美国是世界第四大葡萄酒生产国，仅次于法国、意大利和西班牙。全国 50 个州都有生产葡萄酒，而加利福尼亚州生产的葡萄酒却占全国总量的 89%。美国作为"新世界"葡萄酒生产国，已有 300 年的产酒历史。

5.4.1.1 产区

美国葡萄酒主要产区在加利福尼亚、华盛顿、纽约、俄勒冈和得克萨斯。

美国几乎有 3000 家商业化的葡萄园，每个州至少有一家葡萄酒酿造厂。美国葡萄酒生产的主要区域集中在西海岸的加利福尼亚、华盛顿和俄勒冈，岩石山区的爱达荷和科罗拉多，西南地区的得克萨斯和新墨西哥，中西部地区的密苏里、伊利诺伊和明尼苏达，大湖区的密歇根、北纽约和俄亥俄，东海岸的新泽西、纽约、宾夕法尼亚、弗吉尼亚和北卡罗来纳。其中最主要的美国葡萄酒产区是：加利福尼亚、华盛顿、纽约、俄勒冈和得克萨斯。每个产区出产的葡萄酒均有自己独特的风味和风格。赋予了它们独特的风土乡情。用于制造美国葡萄酒的流行葡萄品种是红葡萄品丽珠、赤霞珠、美乐、西拉、黑皮诺、金粉黛；白葡萄霞多丽、长相思、琼瑶浆、灰比诺和雷司令。

加州是美国品质最优异，面积最大的葡萄酒产区，占据了该国西海岸 2/3 的面积，跨越 10 个纬度，地形和气候十分复杂，因此其葡萄种植区域的风土条件也丰富多样。美国很多著名的优质葡萄酒产区都集中在加州，如索诺玛县（Sonoma County）、纳帕谷（Napa Valley）、中央山谷（Central Valley）和蒙特利县（Monterey County）等。这些优质的葡萄酒产区是整个加州，乃至整个美国葡萄酒品质的代表。

5.4.1.2 酒庄

蒙大维酒庄、作品一号酒庄、啸鹰为美国著名的葡萄酒酒庄。

蒙大维酒庄（Robert Mondavi Winery）：美国最重要的酒庄，一直扮演美国葡萄酒业领导者的角色。蒙大维酒庄是加利福尼亚州最大的生产优质葡萄酒的酒庄，年产葡萄酒达 1 500 000 箱。现时蒙大维在纳帕谷拥有两个葡萄园，总面积达到 440 公顷，每个葡萄园均根据自己风土特色对应生长不同的葡萄，长相思（Sauvignon Blanc）和赤霞珠（Cabernet Sauvignon）占了大部分。酒庄酿造葡萄酒以传统手法为主，采用人手采摘和橡木桶陈酿。纳帕谷（Napa Valley）赤霞珠珍藏酒（Napa Valley Cabernet Sauvignon Reserve）是蒙大维酒庄的得意之作，其酒标的正中（或左上方）有"RESERVE"（珍藏酒）的字样。该酒所用的葡萄全部用人手采摘，放置于不锈钢桶和橡木桶内发酵，最后在法国橡木桶中陈年 14 个月左右，所用的橡木桶的新旧比例会根据不同年份做调整。

作品一号酒庄（Opus One Winery）：位于美国加利福尼亚州（California）纳帕谷（Napa Valley）的奥克维尔（Oakville），是一座专注于生产优质波尔多（Bordeaux）风格红葡萄酒的酒庄。其正牌酒作品一号红葡萄酒（Opus One，Napa Valley，USA）是全美顶级的酒款之一，有着"美国酒王"的美誉。和很多波尔多酒庄一样，作品一号酒庄除了生产正牌酒，也生产副牌酒。

啸鹰酒庄（Screaming Eagle）：位于加州纳帕谷（Napa Valley）的橡树村（Oakville），由简·菲利普斯女士（Jean Phillips）创立。啸鹰酒庄在一个面积微小的石头酒厂里面进行酿酒。该酒厂位于一个可以俯瞰山谷的石头山上。从菲利普斯1992年第一次出售葡萄酒开始，啸鹰酒庄出产的葡萄酒被称为加州葡萄酒产量有限、质量高、价格超级昂贵的代表。

5.4.1.3　美国葡萄酒等级划分

美国在1983年建立了葡萄酒产地管制条例，简称 AVA 制度。该条例以法国 AOC 分级制度为参考，但对葡萄酒少了很多限制。

AVA 只根据地理位置、自然条件、土壤类型及气候划分产区，对产区可栽种的葡萄品种、产量和酒的酿造方式没有限制。此外，AVA 的面积差距很大，经常是大包小，大产区中包含几个中产区，中产区又包含几个小产区，最小的 AVA 可以是一小块葡萄园或者一个酒庄的所在地。

能在酒标上注明 AVA 的葡萄酒需满足以下几个条件：95% 以上的葡萄原料来自指定年份，85% 以上的葡萄来自该 AVA，75% 以上的葡萄品种需要在酒标上注明，酒庄必须在该 AVA 内，且所有葡萄原料都需由酒庄控制。目前，美国共有170余个 AVA 葡萄酒产区。

5.4.1.4　美国酒标解读

美国葡萄酒酒标解读如图167所示。

5.4.1.5　美国葡萄酒产业巨头

（1）嘉露酒庄：美国的嘉露酒庄 E&J Gallo Winery，世界最大的家族经营式酒庄。也是按销量计全球最大规模的酒庄，同时是美国加州最大的葡萄酒出口商。其产品畅销全球近100个国家，年均产量达2460亿瓶。酒庄旗下包括嘉露家族庄园（Gallo Family Vineyards）、贝尔富特（Barefoot）

图 167　美国葡萄酒酒标解读

和加州乐事（Carlo Rossi）等 60 多个知名品牌。

（2）星座葡萄酒：美国的星座品牌公司 Constellation Brands，业务涉及葡萄酒、啤酒和烈酒领域，旗下拥有 100 多个品牌，其中葡萄酒品牌占 50 多个。是全球最大的葡萄酒公司，生产厂家遍布美国、加拿大、澳大利亚、新西兰、英国、南非和智利。2006 年，以 13 亿美元收购加拿大 Vincor International，得到加国第一大葡萄酒 Jackson-Triggs 和 Inniskillin 冰酒；2011 年，以 2.9 亿美元出售澳大利亚和英国业务 80% 的股份，另成立目前的美誉葡萄酒集团；2013 年，配合百威英博反垄断以 47.5 亿美元收购墨西哥莫德罗集团的美国进口业务的剩余一半股份，还包括 29 亿美元的墨西哥 Nava（Piedras Negras）的酿酒厂，同时获得继续制造莫德罗集团名下品牌产品的授权；2015 年，以 3.15 亿美元的价格收购 Copper Cane LLC 公司的葡萄酒品牌梅尔密（Meiomi）。

5.4.2　澳大利亚葡萄酒品牌分析

最初，澳大利亚并未种植葡萄。第一株酿酒葡萄是在 1788 年由欧洲殖民者带到澳大利亚的。如今，葡萄酒产业已经成为澳大利亚最主要的经济支柱产业之一，其葡萄酒出口量在全世界排名第四。澳大利亚现有2000 多个酒庄，大多数是小型的家族酒庄。

澳大利亚人一年生产超过 10 亿升葡萄酒，他们不仅是葡萄酒行业的创新者，而且由于软木质量的缺乏，他们还发明了螺旋瓶盖。他们生产设拉子、赤霞珠、霞多丽和大约 130 种其他葡萄酒品种。澳大利亚因其多样的地理和气候而闻名，这也是澳大利亚各州生产大量葡萄酒的原因。葡萄酒主产区有克莱尔谷、玛格丽特河、猎人谷、雅拉谷和库纳瓦拉等。

澳大利亚葡萄酒分级制度规定了葡萄酒产地的地理位置，将产区分为超级地区、州、大区、地区和子地区五种（图 168）。

和 AVA 一样，标注产区的葡萄酒，需要有 85% 的葡萄原料来自该产区，95% 以上葡萄原料来自所标注年份，80% 以上葡萄原料来自所标注品种。该制度只限定了葡萄酒基本信息，与葡萄酒质量并无太大关系。

澳大利亚葡萄酒产业巨头主要有富邑葡萄酒集团和美誉葡萄酒业。

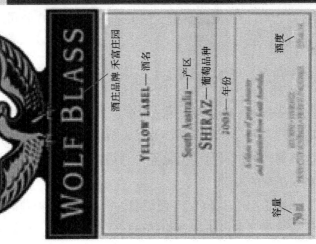

图 168　澳大利亚葡萄酒酒标解读

5.4.2.1　富邑葡萄酒集团

富邑葡萄酒集团（Treasury Wine Estates）是澳大利亚最大的葡萄酒集团，旗下的奔富酒庄家喻户晓。1995 年，该集团成立葡萄酒部，先后收购澳大利亚禾富酒庄和美国贝灵哲酒庄；2005 年，以 32 亿美元收购澳大利亚南方酒业（Southcorp），获得包括三大品牌 Penfolds、Lindemans、Rosemount 在内的近 10 亿澳元业务；2015 年，以 5.52 亿美元收购英国酒业巨头帝亚吉欧（Diageo）在美国和英国的大部分葡萄酒产业。富邑葡萄酒集团在全球拥有贝灵哲（beringer Vineyards）、奔富（Penfolds）、玫瑰山庄（Rosemount Estate）、禾富（Wolf Blass）、冷溪山（Coldstream Hills）、鹿跃酒窖（Stags′ Leap Winery）和酝思库拉瓦拉（Wynns CoonamarraEstate）等 80 多个品牌。

5.4.2.2　美誉葡萄酒业

美誉葡萄酒业是澳大利亚第二大葡萄酒集团。前身为 BRL 哈迪酒业，2003 年被美国星座集团收购，2011 年美国星座集团又将旗下澳大利亚葡萄酒及欧洲葡萄酒业务出售，才有了今天的美誉葡萄酒业。2012 年，重返美国收购加州 Geyser Peak、Atlas Peak、XYZin 三大品牌；2013 年，收购新西兰泥巴屋酒庄 Mud House 和 Waipara 酒庄；2014 年又收购了澳大利亚巴罗萨山谷的格兰特伯爵酒庄 Grant Burge Wines；2015 年，收购智利安娜肯纳酒庄 Vina Anakena，将业务扩展到"新世界"产区。

5.5　国外葡萄酒酒标的知识产权保护

葡萄酒是一种将农业与手工业集合于一体的产业，其生产要素、生产环境和生产模式比很多其他类别的工业品要复杂一些。在所有葡萄酒生产国家中，对酒标信息管理最精细的应该就是法国了。

200 年前，波尔多也曾假酒泛滥，和我们现在一样，勾兑、假冒年份层出不穷，严重影响了正派酒庄的声誉。法国人绞尽脑汁，在全世界首创"原产地命名保护制度"（简称 AOC），AOC 被证明是甄别假酒最有效的办法。

法国人发现，劣质酒和真酒最显著的区别，在于假的葡萄酒的种植、酿造、装瓶、储存地点的随机性和不一致性。高尚葡萄酒为了保持数十年甚至上百年品质的稳定，对于葡萄的栽培，酿造、灌装都有着苛刻的规定。收成不好的年份，绝不可以外购葡萄，外购的葡萄再好，也不能保证产品和往年一模一样。年份不好、灌瓶线出故障、储酒地窖的改造，都会造成正派酒庄当年葡萄酒的减产甚至停产。而劣质葡萄酒，会在各个环节追求成本最低的方式。所谓原产地命名保护制度，就是 AOC 制度，要求酒上使用标准格式，在 APPELLATION 和 CONTROLEE 两个单词之间，写上产地名称，即为 APPELLATION ××× CONTROLEE 的形式。翻译为"注册×××商标"的意思，×××为产地名称。

法国葡萄酒最早实施原产地命名保护制度，简称 AOC，后来被证明是对于高品质葡萄酒的最有效的保障制度。实施 100 年后，被西班牙，意大利、南非等葡萄酒大国沿用。该制度在意大利被称为 DOCG、DOC。在西班牙被称为 DOC 和 DO，在南非被称为 WO，甚至被引申到墨西哥的龙舌兰原产地保护制度 NOM，其要点都在其中的那个 O 上面。O 是法语 Origine、意大利语 Origine、西班牙语 Origen 的缩写，"原产地"的意思，AOC 制度或者 DO、DOC、NOM，意译成中文，就是"特许×××地区出品"的意思。

欧洲国家的葡萄酒，酒标图案可以任意改动，酒名可以变更，唯有 AOC 产地名称这个标识，是被法律严格限制，不许乱写。每个产区从镇一级到村一级都有各自的命名委员会，是非营利机构，委员一般不多，10~20 人，几年固定轮换，由该地行业内有名望的乡绅或者太平绅士出任。酒庄的产品申请应打上该产地出品的标志，不仅要符合产区对于种植生产流程的所有规定，还要经过委员们的评审投票。有某个产区 AOC 标志的葡萄酒，不仅要遵守该产区的生产流程的要求，种植生产装瓶甚至存储，都被严格限定在该产区境内。

相对于其他产品，葡萄酒地理标志保护可以说是在美国受到保护力度最大的一类产品。美国烟酒枪械炸药局（BATF）负责管理葡萄酒地理标志的使用，其保护的目的是使消费者获得葡萄酒来源的真实信息，免受虚假信息的欺骗。在 BATF 颁布的条例中，也使用了"原产地名称"的用语，但美国法中的"原产地名称"只限于葡萄酒，并不包括其他产品，而且对自然因素和人文因素的保护作出明确的规定。

　　BAFT 将葡萄酒地理名称分为通用名称、半通用名称、非通用非持有名称、非通用特有名称。葡萄酒原产地名称及其质量特征均可受到证明商标或集体商标的保护。

　　与欧洲传统的原产地名称制度相比，美国葡萄酒名称仅表明葡萄的原产地，并不涉及任何质量控制。美国关于葡萄栽培区的确认标准也并未涉及葡萄酒的风味、特征或质量，在美国的原产地名称制度中也没有任何有关葡萄酒感官品质的规定。此外，尽管在美国原产地名称制度中存在对葡萄栽培特征的要求，却看不到任何试图对葡萄品种或栽培工艺予以控制的意图。

5.5.1　葡萄酒地理标志

　　作为国际通畅型酒种的葡萄酒，世界各葡萄酒生产国，都相当重视对葡萄酒的原产地保护、地理标志的保护及商标保护。国外在我国申请葡萄酒地理标志 4 个，地理标志证明商标欧盟申请地理保护葡萄酒产品 55 个。具体见表 67~表 69。

表 67　国外申请国葡萄酒地理标志

名称	申请人	公告号
法国干邑（Cognac）、干邑葡萄蒸馏酒（Eau-de-vie de Cognac）或夏朗德葡萄蒸馏酒（Eau-de-vie des Charentes）	法国国家干邑行业办公室	2009 年第 117 号
波尔多（Bordeaux）45 个附属产区	法国波尔多葡萄酒行业委员会	2016 年第 43 号
雅文邑、托卡伊葡萄酒等	欧盟委员会	2021 年第 407 号
纳帕河谷（葡萄酒）〔Napa Valley（Wines）〕	纳帕河谷酿酒人协会	2012 年第 144 号

表 68　国外葡萄酒地理标志证明商标

证明商标名称	注册号	注册人
阿斯蒂葡萄酒、起泡酒	3391605	意大利阿斯蒂保护协会

续表

证明商标名称	注册号	注册人
产自美国葡萄种植区纳帕河谷的葡萄酒 （NAPA VALLEY NV）	4502959	美国纳帕河谷酿酒人协会
CONSORZIO DELL'ASTI D. O. C. G.	6553540	意大利阿斯蒂保护协会
葡萄酒（LIEBFRAUENMILCH）	2016471	德国德萨威福斯
VINTNERS QUALITY ALLIANCE；VQA	5919633	加拿大葡萄酒种植者组织
VQA	5919634	加拿大葡萄酒种植者组织

表 69　欧盟国家在华申请地理标志葡萄酒产品名录

序号	国家	中文名称	原文名称	申请人
1	塞浦路斯	塞浦路斯鱼尾菊酒	Ζιβανία / Tζιβανία / Ζιβάνα / Zivania	塞浦路斯农业农村和环境部农业局
2	德国	莱茵黑森葡萄酒	Rheinhessen	莱茵兰-法尔茨联邦州环境、农业、食品、葡萄种植和林业部
3	德国	摩泽尔葡萄酒	Mosel	巴伐利亚联邦州巴伐利亚州食品、农业和林业部、莱茵兰-法尔茨联邦州环境、农业、食品、葡萄种植和林业部
4	德国	弗兰肯葡萄酒	Franken	巴伐利亚联邦州巴伐利亚州食品、农业和林业部
5	希腊	萨摩斯甜酒	Σάμος/Samos	萨摩斯酿酒合作社联盟
6	西班牙	里奥哈	Rioja	里奥哈原产地名称监管委员会
7	西班牙	卡瓦	Cava	卡瓦原产地名称命名管理委员会
8	西班牙	加泰罗尼亚	Cataluña	加泰罗尼亚原产地名称监管委员会
9	西班牙	拉曼恰	La Mancha	拉曼恰原产地名称监管委员会
10	西班牙	瓦尔德佩涅斯	Valdepeñas	瓦尔德佩涅斯原产地名称管理委员会
11	西班牙	雪莉白兰地	Brandy de Jerez	雪莉白兰地原产地名称监管委员会
12	西班牙	赫雷斯-雪莉/雪莉	Jerez/Xérès/Sherry	雪莉原产地名称监管委员会

序号	国家	中文名称	原文名称	申请人
13	西班牙	纳瓦拉	Navarra	纳瓦拉原产地名称监管委员会
14	西班牙	瓦伦西亚	Valencia	瓦伦西亚原产地名称监管委员会
15	法国	阿尔萨斯	Alsace	阿尔萨斯葡萄种植协会-保护及管理机构
16	法国	雅文邑	Armagnac	雅文邑加斯科涅葡萄园命名工会
17	法国	博若莱	Beaujolais	博若莱及博若莱村联合会
18	法国	波尔多	Bordeaux	法国波尔多葡萄酒行业委员会
19	法国	勃艮第	Bourgogne	勃艮第联合会
19	法国	夏布利	Chablis	夏布利原产地名称保护联合会
20	法国	香槟	Champagne	法国波尔多葡萄酒行业委员会
21	法国	教皇新堡	Châteauneuf-du-Pape	教皇新堡原产地控制命名保护及管理组织
22	法国	干邑/干邑葡萄蒸馏酒/夏朗德葡萄蒸馏酒	Cognac/eau-de-vie de cognac/eau-de-vie des charentes	法国波尔多葡萄酒行业委员会
23	法国	普罗旺斯丘	Côtes de Provence	普罗旺斯丘葡萄酒联合会
24	法国	罗讷河谷	Côtes du Rhône	罗纳河谷区葡萄生产者联合会
25	法国	露喜龙丘	Côtes du Roussillon	露喜龙丘及露西龙村原产地监控命名保护联合会
26	法国	格拉夫	Graves	法国波尔多葡萄酒行业委员会
27	法国	朗格多克	Languedoc	法国波尔多葡萄酒行业委员会
28	法国	玛歌	Margaux	法国波尔多葡萄酒行业委员会
29	法国	梅多克	Médoc	法国波尔多葡萄酒行业委员会
30	法国	波亚克	Pauillac	法国波尔多葡萄酒行业委员会
31	法国	奥克地区	Pays d'Oc	奥克地区葡萄酒生产者联合会
32	匈牙利	托卡伊葡萄酒	Tokaj	托卡伊葡萄酒产区理事会
33	意大利	阿斯蒂	Asti	阿斯蒂保护联合会

序号	国家	中文名称	原文名称	申请人
34	意大利	巴巴列斯科	Barbaresco	巴罗洛巴巴列斯科阿尔巴朗格罗埃罗地区保护联合会
35	意大利	超级巴多利诺	Bardolino Superiore	巴多利诺原产地名称葡萄酒联合会
36	意大利	巴罗洛	Barolo	巴罗洛巴巴列斯科阿尔巴朗格罗埃罗地区保护联合会
37	意大利	布拉凯多	Brachetto d'Acqui	布拉凯多葡萄酒保护协会
38	意大利	布鲁内洛蒙塔奇诺	Brunello di Montalcino	布鲁内洛·蒙塔奇诺葡萄酒协会
39	意大利	圣康帝	Chianti	圣康帝葡萄酒协会
40	意大利	科内利亚诺瓦尔多比亚德尼-普罗塞克	Conegliano-Valdobbiadene-Prosecco	科内利亚诺瓦尔多比安德内-普罗塞克葡萄酒保护联合会
41	意大利	阿尔巴杜塞托	Dolcetto d'Alba	巴罗洛巴巴列斯科阿尔巴朗格罗埃罗地区保护联合会
42	意大利	弗朗齐亚科达	Franciacorta	弗朗齐亚科达，科特弗朗齐，赛比诺生产者联盟
43	意大利	格拉帕酒	Grappa	意大利全国蒸馏酒烈酒工业协会
44	意大利	蒙帕塞诺阿布鲁佐	Montepulciano d'Abruzzo	阿布鲁佐葡萄酒保护协会
45	意大利	意大利苏瓦韦	Soave	苏瓦韦葡萄酒保护协会
46	意大利	托斯卡诺/托斯卡纳	Toscano/Toscana	托斯卡纳葡萄酒保护促进中心
47	意大利	蒙特普齐亚诺贵族葡萄酒	Vino nobile di Montepulciano	蒙特普齐亚诺贵族葡萄酒联合会
48	葡萄牙	阿兰特茹	Alentejo	葡萄牙葡萄与葡萄酒研究院
49	葡萄牙	杜奥	Dão	葡萄牙葡萄与葡萄酒研究院
50	葡萄牙	杜罗	Douro	葡萄牙葡萄与葡萄酒研究院
51	葡萄牙	波特酒	Porto/Port/Oporto	葡萄牙葡萄与葡萄酒研究院
52	葡萄牙	葡萄牙绿酒	Vinho Verde	葡萄牙葡萄与葡萄酒研究院
53	罗马尼亚	科特纳里葡萄酒	Cotnari	科特纳里葡萄酒生产商协会

序号	国家	中文名称	原文名称	申请人
54	斯洛伐克	托卡伊葡萄酒产区	Vinohradnícka oblast′Tokaj	托卡伊协会
55	斯洛文尼亚	多丽娜葡萄酒	Vipavska dolina	斯洛文尼亚农业和林业商会

5.5.2　葡萄酒商标

　　随着经济的平稳增长、供给侧结构性改革的深入推进，消费需求的多元化和消费结构的转变，葡萄酒除了在商务场合等特殊领域流通外，越来越多地出现在大众消费者的日常餐饮中。国外的葡萄酒大量涌入国内，近些年来国外知名葡萄酒品牌在中国发生不少侵权事件，国外知名葡萄酒生产商均开始在中国申请注册商标。表 70 是世界各国及葡萄酒生产商在华注册商标情况。

表 70　国外主要葡萄酒品牌在华注册商标

国别/品牌	注册人	注册数量/件	国别/品牌	注册人	注册数量/件
法国	葡萄酒大赛（协会）	1	美国	葡萄酒集团有限公司	47
法国	葡萄酒直销推广有限公司	1	美国	葡萄酒联合公司	1
法国	葡萄酒品牌有限公司	2	美国	葡萄酒世界有限公司	1
DBR	拉菲罗斯柴尔德集团	121	美国	葡萄酒协会	1
BPDR	罗斯柴尔德·菲利浦男爵夫人农用土地集团	21	美国	葡萄酒爱好者公司	3
BPDR	SOCIETE DU CHATEAU RIEUSSEC（莱斯古堡公司）	7	美国	葡萄酒合集有限责任公司	2
BPDR	罗斯柴尔德男爵	12	美国	葡萄酒厂有限责任公司	1
BPDR	奥帕斯一号维尼有限责任公司	15	美国	E. & J. GALLO WINERY（嘉露酒庄）	52

国别/品牌	注册人	注册数量/件	国别/品牌	注册人	注册数量/件
BPDR	鲁斯切尔德·菲利浦男爵夫人葡萄种植农业土地集团	110	美国	Constellation Brands（星座）	90
卡思黛乐	SOCIETE CIVILE CHATEAU BEYCHEVELLE（龙船庄民用公司）	5	澳大利亚	葡萄酒套件有限公司	1
卡思黛乐	法国卡思黛乐兄弟简化股份公司	420	澳大利亚	葡萄酒经销庄园	1
卡思黛乐	蜜合花农业公司	6	澳大利亚	Treasury Wine Estates（富邑）	171
路威酩轩	云雾之湾酒厂	6	澳大利亚	Southcorp Brands Pty Limited（南社布兰兹有限公司）	251
路威酩轩	CHATEAU CHEVAL BLANC（白马酒庄）	13	澳大利亚	Bilyara Vineyards PtLtd（比尔耶拉葡萄酒有限公司）	16
路威酩轩	MHCS（酩轩仕）	146	澳大利亚	Accolade Wines Australia Limited（誉嘉葡萄酒）	295
路威酩轩	CLOUDY BAY（云雾之湾酒厂）	6	西班牙	MIGUEL TORRES, S. A.（麦吉尔. 托勒有限公司）	59
保乐力加	Pernod Ricard（保乐力加公司）	337	意大利	葡萄酒大众有限公司	3
摩尔多瓦	葡萄酒国际项目有限责任公司	1	意大利	葡萄酒大众有限公司	3
南非	葡萄酒人私人有限公司	1	意大利	CANTINE RIUNITE & CIV-SOCIETA'COOPERA TIVA AGRICOLA（优尼特）	44
英国	拉菲（有限合伙）	1	保加利亚	葡萄酒联盟股份公司	3
智利	葡萄酒和旅游有限公司	4	加拿大	拉菲斯凯诗派蒙公司	2

5.5.3　酒标类外观设计

以洛迦诺分类号 19-08（其他印刷品，注：包括印刷广告材料）对葡萄酒酒标的外观设计进行检索。

法国申请葡萄酒的酒标类专利共有 617 件，1994 年酒标类专利高达 284 件。其中法国的吉伦德河 GIRONDE IMPRIMERIE PUBLICITE SA 吉伦德印刷广告有限公司申请酒标类专利高达 201 件，其次是克洛斯杜的 CLOS DU MOULIN SA IMPRIMERIE 申请酒标类专利 80 件，BLEU 申请酒标类专利 27 件，其中仅有 71 件是有效状态。

欧盟申请葡萄酒的酒标类专利共有 54 件。其中 MATTHIAS ALDINGER 申请酒标类专利 8 件，其次是 DOMENIILE ADAMCLISI SRL 申请酒标类专利 7 件，ALDINGER MATTHIAS MATTHIAS ALDINGER、DILLIONS ESTATES LLP、ZAKRYTOE AKCIONERNOE OBSCHESTVO NESKO SANKT PETER-BURG 和 ПОЛТУРИСТ 均申请酒标类专利 4 件。

美国申请葡萄酒酒标类专利 21 件，主要集中在 1986—2000 年，DRY CREEK VINEYARD INC（干溪葡萄园公司）申请 2 件，BELL+HOWELL COM-PANY、CHARLENE MAYFIELD、DANA'S ORGANIC WINES INC 等均申请 1 件。

澳大利亚申请葡萄酒酒标类专利 47 件，主要集中在 2014—2018 年，PACIFIC VINTNERS PTY LTD（太平洋酒庄）申请 5 件，BIGLAND BREW-ING CO（米格兰酿酒）申请 3 件，DARREN PEARSON、JOHANNES ROS-SOUW、KOALA WINE ESTATES PTY LIMITED、LES VIGNERONS DE PFAFFENHEIM GUEBERSCHWIHR 和 MYOORI PTY LTD 均申请 2 件。

5.6　中国葡萄酒品牌分析

葡萄酒的消费程度以及葡萄酒产业的发展成熟度与一个国家或地区的经济、文化发展程度有着很大的联系。一般来说在经济发展不发达的地区中人们主要消费的是白酒等烈性酒；经济开始逐渐发展起来的时期中，啤酒开始大受欢迎；而在经济发展比较成熟的国家或地区，葡萄酒市场必然欣欣向荣。

随着中国在经济、文化上的日益丰富的成长和开放，消费者的经济收入和知识素养日益提高，人们对西方生活方式接纳、社会阶层的多样化以及社会生活的日益丰富使得葡萄酒所扮演的"社交角色"日益受到重视，人们对葡萄酒的需求尤其是对高档葡萄酒的推崇迅速带来了葡萄酒市场的繁荣。

目前，中国本土的葡萄酒品牌大致可划分为三个梯队：第一梯队由张裕、长城和王朝三大品牌组成，这三个品牌具有相对较长的生产历史，销售网络较其他品牌的葡萄酒密集，在国内拥有很广的消费者基础；第二梯队由莫高、威龙、通化、贺兰山、尼雅和香格里拉葡萄酒等品牌组成，这些品牌成长的时间较短，但也颇具在全国市场搏击的实力；第三梯队则由拥有一定区域市场份额的其他品牌构成。

5.6.1　山东产区及品牌

胶东半岛是中国第一大半岛，在中国葡萄产业中占有举足轻重的地位，山东产区最主要葡萄种植区域为胶东半岛，种植面积约占山东种植面积的90%。胶东半岛内核心产区分别是：烟台产区、蓬莱产区、青岛产区三大子产区。

山东是中国第一家现代葡萄酒企业——张裕诞生之地，全国总数 1/4 的酒庄在此扎根，葡萄酒产量占全国总量 40% 以上，山东无疑是目前中国最重要的葡萄酒产区。主要品种：蛇龙珠（Cabernet Gernischt）、赤霞珠（Cabernet Sauvignon）、雷司令（Riesling）、霞多丽（Chardonnay）等。

山东产区为典型的季风性气候，冬季温和少雨，夏季温暖湿润，东南季风保持气温凉爽，却也带来过多的降水，使得真菌病害成为困扰当地葡萄酒生产最大的挑战。山东大部分地区为沿海平原，坡度较陡的丘陵地区由于排水及光照条件更佳，因此能出产相对优质的葡萄酒。在三大子产区中，烟台酿酒历史悠久，有"中国葡萄酒之都"的美誉。当地地形以丘陵为主，降雨量适中，土壤富含矿物质，主要种植蛇龙珠；蓬莱则有最广阔的葡萄园，地势较平缓，主要种植赤霞珠、品丽珠（Cabernet Franc）和西拉（Syrah）等国际品种。

山东产区被誉为"七大葡萄海岸之一"，目前已发展葡萄种植面积 2 万多公顷，葡萄酒产量、产值居全国首位。从历史来看早在 1892 年，爱国华侨张弼士就在山东烟台投资建设了张裕酿酒公司，是中国近代第一家，也是当时远东地区最大的新式葡萄酒酿造公司。从近代看，山东集结了张裕、华东、威龙、中粮长城等一大批国内优秀酿酒企业（图169），2012年吸引法国拉菲集团落户烟台。

图169　山东产区主要葡萄酒品牌

5.6.1.1　张裕

张裕公司成立于1892年，是民族葡萄酒工业的发源地，曾于1915年获得巴拿马太平洋国际博览会获得金奖，并掌握了"解百纳干红"这一高端品牌的核心技术，在中国的葡萄酒产业中享有崇高的地位。张裕在某种程度上代表了中国葡萄酒业的发展水平，而且正在成为中国葡萄酒行业抗击洋品牌的旗帜性品牌。

张裕公司制定的以产品质量为核心的"葡萄酒综合质量分级体系"，针对葡萄园、葡萄原料、酿造工艺、橡木桶陈酿、调配和瓶贮六个环节，将葡萄酒产品划分为"大师级""珍藏级""特选级"和"优选级"四个级别，这一体系应用在"张裕烟台卡斯特酒庄"和"张裕·解百纳"两个主要品牌全系列产品中。

"解百纳干红"是张裕公司的一张"王牌"。它于20世纪30年代出自张裕人之手，20世纪80年代，张裕在原"解百纳干红"的基础上，研制出了新工艺，改进了配方，使"解百纳干红"的稳定性显著提高，结束了中国高端葡萄酒多年来缺乏核心技术的历史。此后张裕挥舞"解百纳干红"之剑，一路过关斩将，多次在布鲁塞尔等国际博览会上获奖，同时稳稳坐上了中国高档葡萄酒品牌的头把交椅。1937年，张裕在中华民国实业部商标局注册了"解百纳"商标，1959年向商标局申请商标注册并备案，1988年获得山东优质产品称号。经过一百多年的发展，张裕集团公司已经成长为中国乃至亚洲最大的葡萄酒生产经营企业，主要产品为葡萄酒、白兰地、香槟酒、保健酒四大系列数百个品种。其产品在国内市场的综合占有率为20%以上，连年保持行业第一，并于2008年进入世界葡萄酒业前10强，成为国际著名的葡萄酒企业集团。

由于"解百纳干红"凝聚了张裕几代人的心血，为了塑造该品牌，张裕更是投入了上亿元的资金。但是，由于种种历史的缘由，张裕"解百纳干红"的知识产权始终没有能够得到保护。众多价格低廉的"解百纳干红"葡萄酒充斥市场，各种低价低质的所谓"解百纳干红"系列汹涌流入市场，疯狂透支"解百纳干红"高端品牌价值，这对于中国高档葡萄酒市场而言无异于杀鸡取卵，最终将导致整个葡萄酒产业的信任危机。

张裕在新疆天山北麓、宁夏贺兰山东麓、山东烟台、陕西渭北旱塬、辽宁恒仁和北京密云有六大酿酒葡萄产区及原料基地，国内有烟台张裕卡斯特酒庄、烟台丁洛特葡萄酒酒庄、烟台可雅白兰地酒庄、北京张裕爱斐堡国际酒庄、辽宁张裕黄金冰谷冰酒酒庄、宁夏摩塞尔十五世酒庄、陕西张裕瑞那城堡酒庄和新疆张裕巴保男爵酒庄八大酒庄，国外有新西兰张裕凯利酒庄、意大利西西里先锋酒庄、法国勃艮第斐拉帝酒庄、法国波尔多拉颂酒庄、法国蜜合花酒庄和智利魔狮酒庄六大酒庄。

1987年，烟台成为亚洲唯一的"国际葡萄-葡萄酒城"。2008年，展示国际葡萄酒城烟台葡萄酒风情的标志性景观——张裕国际葡萄酒城落成并开放。葡萄酒城包括葡萄与葡萄酒研究院、葡萄酒生产中心、丁洛特葡萄酒酒庄、可雅白兰地酒庄、葡萄种植示范园、先锋国际葡萄酒交易中心、海纳葡萄酒小镇共七大主题功能区。烟台张裕国际葡萄酒城将打造葡萄酒现代大工业酿造示范区，打造中国原产地标准的种植酿造示范区，打造中国葡萄酒工业旅游5A级景区，是亚洲首座葡萄酒主题乐园。张裕酒文化博物馆，是全球葡萄酒行业中为数不多的专业博物馆，较系统、全面地介绍了张裕公司100多年的发展历史，企业文化及酒文化知识，是中国葡萄酒业和民族企业崛起的艰辛缩影。

张裕先锋国际酒庄联盟是张裕与十多个世界顶级酒庄结成的战略联盟，涵盖了各洲最著名的新旧葡萄酒产区，将世界上最优秀的、具有不同特色的葡萄酒提供给中国消费者。大量的国外名庄酒原瓶进口，直接进入张裕的专卖店，削减了中间的代理销售环节，杜绝了造假的可能性。至 2025 年，张裕先锋国际酒庄联盟计划建成 1000 家全国加盟连锁专卖店。其专卖店是张裕精心打造的国际葡萄酒、烈酒、食品、酒文化衍生品交易平台以及酒文化体验中心。其全球采购网络涵盖各洲最著名的"新世界"和"旧世界"葡萄酒产区，将全世界最优秀的、具有不同特色的葡萄酒提供给中国消费者，致力于打造全球最大葡萄酒产销平台和国际知名品牌交易中心。

张裕集团的主要产品为葡萄酒、白兰地、香槟酒、保健酒四大系列数百个品种。张裕酿酒葡萄主栽红葡萄品种为赤霞珠、蛇龙珠、美乐、玫瑰香、公酿一号，白葡萄品种为霞多丽、贵人香、雷司令、白玉霓和威代尔。干红葡萄酒多由赤霞珠或赤霞珠与其他红葡萄品种混酿，解百纳由蛇龙珠酿制而成，干白葡萄酒多由霞多丽、贵人香和雷司令酿制，冰葡萄酒由威代尔酿制，白兰地由白玉霓制备。

5.6.1.2　威龙

威龙葡萄酒是国内大型的葡萄酒生产企业，中国有机葡萄酒倡导者，先后获得"中国名牌"和"中国驰名商标"称号。威龙有机葡萄酒通过了中国、美国、欧盟等国家和地区的有机认证，以及瑞士通用公证（SGS）的农残项目检测。威龙传奇——葡萄特酿白酒拥有发明专利，开启了中国碱性健康白酒新品类。拥有有机葡萄酒/葡萄特酿白酒/白兰地/低泡酒等系列产品，数百个品种。

威龙在中国酿酒葡萄的黄金种植带上，从东到西已经建成了三大葡萄基地——山东龙湖威龙国际酒庄、威龙甘肃沙漠绿洲有机葡萄庄园和威龙新疆冰川雪山葡萄庄园，在澳大利亚维多利亚州墨累-达令产区，整合收购优良葡萄庄园，建设澳洲威龙考拉有机酒庄、澳洲威龙袋鼠有机酒庄、澳洲威龙有机酒庄和澳洲莫力河酒庄四大高品质酒庄。威龙葡萄酒顺利通过国际 ISO 9002 质量体系认证和产品质量认证，成为中国葡萄酒行业中第二家获此荣誉的企业；获得中国绿色食品发展中心颁发的绿色食品证书；全面启动了威龙 CIS 品牌形象工程，增加了对品牌建设的投入。成为我国葡萄酒产业的骨干企业。

威龙有机葡萄酒产自甘肃武威腾格里沙漠有机产地，拥有山东龙湖威龙国际酒庄、甘肃沙漠绿洲有机葡萄庄园、新疆威龙冰川雪山葡萄庄园和澳洲威龙有机酒庄四大酒庄。

5.6.2　河北产区及品牌

河北是葡萄酒产量和产值仅次于山东的重要产区，集结了众多葡萄酒国资企业，也是中国第一款干白和干红葡萄酒诞生的地方。虽然河北属于沿海省份，但大部分葡萄酒产区都偏向更适宜种植葡萄的大陆性气候，一大原因在于燕山阻隔了东南方向的部分湿润水汽。不过，河北的夏季降雨对葡萄种植来说仍旧过多，酒农们需要谨慎预防真菌病害。

河北有两大主要产区，一是位于沿海地带的昌黎，当地地势平缓，气候温暖湿润；另一个则是位于首都北京西北方的怀来，这里地形起伏较大，葡萄园海拔多在1000米以上，气候凉爽，夏季相对干燥，光照充足，风土条件优越。如图 170 所示为河北产区主要葡萄酒品牌。

图 170　河北产区主要葡萄酒品牌

5.6.2.1　长城

"长城"是中国第一个严格按照国际标准生产"干白"和"干红"葡萄酒的品牌。华夏长城牌葡萄酒曾经于 1989 年获得法国"第 29 届国际评酒会特别奖",开创了中国干红葡萄酒在国际评酒大会上得奖的先河。

最早使用"长城"牌的葡萄酒的是民权葡萄酒厂。其 1963 年启用"长城"商标两次代表中国参加莱比锡、新加坡国际酒类鉴评会,1979 年被评为"中国名酒",1982 年被评为"国家优质酒",1987 年被评为"中国出口名特产品金奖",为国内重要葡萄酒品牌。但该厂品牌观念淡薄,未正式注册"长城"商标,1988 年该品牌被中粮酒业有限公司获得。1988 年被国家工商部授予"中国轻工产品出口银奖"。"长城"牌葡萄酒为世界 500 强企业中粮集团旗下的驰名品牌,被誉为中国葡萄酒第一品牌,同时是国宴用酒,连续多年产销量居全国第一。

2004 年,"长城"商标被国家市场监督管理总局认定为中国驰名商标,2006 年,长城葡萄酒成为北京 2008 年奥运会正式葡萄酒产品。同年,以125.87 亿元的品牌价值荣登"2006 中国品牌 500 强"行业榜首。2009 年,长城葡萄酒成为 2010 年上海世博会唯一指定葡萄酒。长城葡萄酒拥有"中国出口名牌"称号,是国家免检产品。长城葡萄酒在中国最好的葡萄产区河北沙城、昌黎和山东蓬莱拥有三大生产基地,其旗下著名产品长城桑干酒庄系列、华夏葡园小产区系列、星级干红系列、海岸葡萄酒系列等产品多次在巴黎、布鲁塞尔、伦敦等多个国际专业评酒会上捧得最高奖项,远销法国等 20 多个国家或地区。长城葡萄酒亦是唯一荣登全球权威商业调查机构美国盖洛普"21 世纪奢华品牌榜之顶级品牌榜"的中国葡萄酒。

长城葡萄酒围绕美酒黄金线北纬 40 度,在中国最好的葡萄产区河北沙城、河北昌黎、山东蓬莱、新疆天山北麓、宁夏贺兰山东麓拥有自己的产区,同时在这些地区有 5 家葡萄酒工厂,具有长城桑干、长城华夏、宁夏天赋、蓬莱君顶、贺兰山东麓云漠和天露六大酒庄,并相继完成对智利圣利亚、中央山谷和法国波尔多产区雷沃堡酒庄的收购,分布于海外产区。长城葡萄酒产品包括干白、干红及传统法起泡酒,有星级系列、小产区系列、庄园系列和海岸系列等。

5.6.2.2　龙徽

北京龙徽酿酒有限公司始创于 1910 年,为中国最早的葡萄酒品牌之一,历经教会酒坊、公私合营、中法合营，现隶属于北京一轻控股有限责任公司，是国有控股企业。经过百年发展，已发展成为拥有自有品牌、知识产权、自主创新能力的专业生产、销售葡萄酒的专业化公司，拥有"龙徽""中华""夜光杯"三大品牌，在中外葡萄酒行业具有较高的知名度。

2001 年上海、2014 年北京 APEC 会议，2005 年全球财富论坛，龙徽葡萄酒是指定的宴会用酒，先后在葡萄酒大赛上荣获七十多项大奖。"中华"牌桂花陈金装 5 年陈酿葡萄酒在 2018 年"一带一路"国际葡萄酒大奖赛上斩获金奖殊荣，同年在比利时布鲁塞尔国际葡萄酒大奖赛作为分会场接待了数万名中外来宾。产品覆盖北京及国内主要城市，产品出口至法国、比利时、美国、日本、缅甸等三十多个国家或地区，是出口瓶装葡萄酒较多的中国葡萄酒厂之一，在国内外葡萄酒界享有较高声誉。

5.6.3　天津产区及品牌

天津在我国葡萄酒产业中有着举足轻重的地位，葡萄种植基地主要分布在天津蓟州区、汉沽区等，这里土质为稍黏重的滨海盐碱土壤，矿物质营养丰富，有利于香气和色泽的形成。汉沽是我国最大的玫瑰香葡萄生产基地，蓟州区主要种植赤霞珠。除以上两县外，天津市还有宁河、静海、北辰、武清等区县有零星酿酒葡萄种植。天津产区涌现出以"王朝"为代表的一批葡萄酒生产企业。

中法合营王朝葡萄酿酒有限公司始建于 1980 年，是我国第二家、天津市第一家中外合资企业，合资方为法国人头马亚太有限公司和中国香港国际贸易与技术研究社。

产品包括具有中国地域风格的三大系列，采用 80 多个葡萄品种的具有欧洲风格的葡萄酒，是亚洲地区规模最大的全汁高档葡萄酒生产企业之一。王朝葡萄酒曾获 14 枚国际金奖、8 枚国家级金奖，被布鲁塞尔国际评酒会授予国际最高质量奖。农业部首批将王朝酒确定为无污染、无公害、无病毒、营养丰富的绿色食品。目前王朝酒被指定为国宴用酒，供应 231 个我国驻外使、领馆，产品还远销美国、加拿大、英国、法国、日本、澳大利亚等二十多个国家或地区。

"DYNASTY 王朝"是具有自主知识产权的品牌，2000 年，被国家市场监督管理总局认定为中国"驰名商标"，2002 年王朝酒被国家市场监督管理总局认定为"免检产品"和"中国名牌"称号。王朝葡萄酒成立之初起点较高，国内传统葡萄酒企业产品主要以甜酒为主，王朝葡萄酒是第一家专业化生产干型酒的葡萄酒企业。

王朝拥有多元化的产品，以迎合不同的消费档次及消费者的口味与喜好。目前制造及销售超过 100 种葡萄酒产品，产品可分为红葡萄酒、白葡萄酒、起泡葡萄酒、冰酒，以及白兰地五大类别。

王朝公司在天津、山东、宁夏、新疆等产区建有国内高标准的酿酒葡萄基地，具有御苑酒堡和御马酒庄，主要葡萄品种有梅鹿辄、赤霞珠、品丽珠、霞多丽、玫瑰香、贵人香、白玉霓、雷司令等。

5.6.4　甘肃产区及品牌

甘肃酿酒葡萄种植基地和葡萄酒生产企业主要集中在河西走廊，已形成武威、张掖、嘉峪关三大产区，正在形成的有酒泉和天水产区。葡萄种植以农场、林场、农户和酿酒企业为主，种植基地的土地使用以农场和农民的耕地、林业部门的林地、三北防护林用地和开发沙荒地、戈壁滩为主。甘肃目前种植有众多优良酿酒品种，但真正适合当地特点，具有较高品质的是黑比诺、美乐、雷司令、霞多丽、法国兰、赤霞珠和赛美蓉等。武威产区是国内最好的黑比诺生产基地，美乐、霞多丽、法国兰也有较好的品质，赤霞珠在当地表现一般；张掖、酒泉、嘉峪关产区比较适合种植美乐、赤霞珠、霞多丽、法国兰和赛美蓉；天水最适宜种植的是赤霞珠。如图 171 所示为甘肃产区主要的葡萄酒品牌。

图 171　甘肃产区主要葡萄酒品牌

甘肃莫高实业发展股份有限公司是以农业产业化为龙头，以发展高效特色产业为主导的高新技术现代农业企业，莫高葡萄酒为中国驰名商标和中国著名品牌，在全国葡萄酒行业中位居第三，甘肃酒类品牌价值第一，是全国四家葡萄酒上市企业之一。

莫高葡萄酒是中国高端葡萄酒的代表，在全国葡萄酒行业首创"4S+5P"模式，4S 及最佳基地、最优品种、最优工艺和最严格保证体系，5P 即 100% 葡萄原料产自莫高自有庄园，100% 葡萄原汁酿在莫高酒庄，100% 葡萄酒灌装在莫高酒庄，100% 无农业残留，100% 绿色产品，开发了干红、干白、解百纳、特种酒、冰酒、白兰地等七大系列 200 多个产品，生产出中国第一支黑比诺干红和中国第一支冰酒，二者均被评为国家级优秀新产品。2005 年采用世界著名法国勃艮第产区黑比诺经典独特的工艺技术，出品了更高工艺的莫高金爵士黑比诺干红，被尊称为"中国红酒名士"，被指定为国家机关后勤采购全国唯一特供高档葡萄酒。2008 年，在第二届烟台国际葡萄酒质量大赛中，莫高黑比诺荣获金奖，第三届世界名酒节唯一葡萄酒干红品系"金橡木桶"大奖。2011 年，莫高生产的中国顶级干红—马扎罗、莫高 XO、莫高冰酒荣获"中国轻工精品展金奖"。莫高的崛起引领了西部葡萄酒业的快速发展，打破了中国不能生产高端葡萄酒的禁锢，给葡萄酒产业带来深远的影响。

莫高葡萄酒生产基地位于甘肃武威（古凉州），武威葡萄种植、葡萄酒酿造历史悠久，文化底蕴深厚。莫高庄园属于大陆性气候区，独特的气候条件有利于葡萄风味物质、糖分和酸度的积累，糖酸比平衡。莫高公司在甘肃武威建成万亩酿酒葡萄种植基地的莫高庄园和莫高生态酒堡，在兰州建成集参观、展览、品鉴、旅游、文化、体验为一体的高标准、多功能、艺术化的莫高国际酒庄，在北京、深圳、西安、兰州等城市建成集展示、品鉴、消费、文化等功能为一体的莫高城市酒堡。种植着"三比诺"系列（黑比诺、白比诺、灰比诺）、"三珠"系列（赤霞珠、蛇龙珠、品丽珠）、霞多丽、白玉霓等优良品种 20 多个品种。2021 年，莫高品牌价值 207.06 亿元，莫高核心产品黑比诺品牌价值 162.26 亿元。常年位居国内葡萄酒品牌价值第三。

莫高比较具有代表性的产品为"双金""三花"，双金指的是金爵士干红和金冰白葡萄酒，"三花"指的是黑皮诺干红、白皮诺干白和灰皮诺干红。

5.6.5　东北产区及品牌

东北产区主要集中在吉林通化和辽宁盘锦、恒仁地区，包括北纬45°以南的长白山麓和东北平原，这里严寒，温度−40～−30℃，土壤为黑钙土，较肥沃。在冬季寒冷条件下，部分欧洲种葡萄不能生存，而野生的山葡萄因抗寒力极强，已成为这里主栽品种。

吉林省拥有丰富的山葡萄资源，是我国重要的也是最具民族特色的葡萄酒产区。目前，葡萄酒产量位居全国各省份第二位。近年来，吉林省相关部门积极引导企业加大科技研发力度，大力实施品牌战略，涌现出了通化、长白山、通天、池之王、雪兰山、清木园、紫隆山、斯普瑞等一批在全国具有较高知名度的葡萄酒品牌（图172），吉林省已成为在我国具有一定竞争优势的甜型葡萄酒聚集区。

图 172　东北产区葡萄酒品牌

通化葡萄酒股份有限公司的前身是1937年成立的葡萄酒厂，是中国较早的葡萄酒生产企业之一。2009年，云南红酒业集团着手入主通化葡萄酒股份有限公司，给通化葡萄酒股份有限公司带来了新的机遇。2010年，推出全新产品，包括星级干葡萄酒、金雅士樽冰葡萄酒、甜葡萄酒及葡萄烈酒，从原料到酿造工艺、从酒体品质到新颖的包装，进行了全面的升级。2012年吉祥嘉德正式入主通化葡萄酒股份有限公司，成为通化葡萄酒股份有限公司的大股东，翻开其历史的崭新篇章。通化葡萄酒的"红梅"牌、"通化"牌和"天池"牌已经成为通化产区山葡萄酒代表。

通化葡萄酒股份有限公司系经吉林省体改委吉改股批〔1998〕55号文批准，并经吉林省人民政府吉政文〔1999〕113号文确认，由通化葡萄酒总公司、通化长生农业经济综合开发公司、通化石油工业股份有限公司、通化五药有限公司和通化新星生物提取厂共同发起设立通化葡萄酒有限责任公司，并于1999年1月整体改制为通化葡萄酒股份有限公司。

通化葡萄酒2002年被国家质检总局评定为"原产地保护标记"产品。通化葡萄酒地下大酒窖是中国最早的地下酒窖之一，也是世界最大的山葡萄大橡木桶地下集群式储酒窖。2013年5月被国务院列为全国重点保护文物。通化葡萄酒共申请注册商标85件，申请专利37件（目前仅有19件有效），其中外观设计有19件，专利的有效性和稳定性较低，有效专利多为葡萄酒的包装及瓶贴。

5.6.6　宁夏产区及品牌

宁夏葡萄产业起步于1984年。近年来，宁夏回族自治区党委和政府充分发挥区位优势和资源禀赋，大力推进葡萄酒产业发展，走出了一条具有宁夏特色的葡萄酒产业、文化旅游融合发展之路，推动了葡萄酒产业高质量发展，产区影响力、产业带动力、市场竞争力不断提升，得到了业界和消费者的广泛认可。截至2019年底，全区葡萄种植面积达到49.6万亩，占全国的1/4，是全国最大的酿酒葡萄集中连片产区，现有酒庄211家（其中已建成酒庄92家、在建酒庄119家），年产葡萄酒1.3亿瓶，综合产值达到261亿元。"贺兰山东麓葡萄酒"品牌价值位列全国地理标志产品区域品牌榜第10位，并列入中欧地理标志互相保护协定附录，为宁夏葡萄酒进入欧盟、提升市场知名度提供了有力保障。葡萄酒已成为宁夏耀眼的"新兴地标"和"紫色名片"，葡萄酒产业已成为宁夏扩大开放、调整结构、转型发展、促农增收的重要产业。

中国引以为傲的精品酒之乡——贺兰山东麓位于银川市西北部，葡萄园朝向为东、南，拥有极佳的日照条件，土壤以浅灰钙质土、含砾石砂壤土为主，种植的雷司令和霞多丽品质优异。自2003年成为中国首个法定产区后，贺兰山东麓逐渐在世界范围内受到关注。主要品种：赤霞珠、梅洛

（Merlot）、蛇龙珠、霞多丽、贵人香（Italian Riesling）、雷司令等。

　　包括保乐力加（Pernod Ricard）、路易·威登-酩悦·轩尼诗（Moet Hennessy-Louis Vuitton，简称路威酩轩）在内的国际葡萄酒巨头都在宁夏投资酿造葡萄酒，而中国精品酒庄在这里也非常活跃，贺兰晴雪、迦南美地和银色高地等著名酒庄已在国际葡萄酒赛场上多次获奖，向人们展现了中国精品葡萄酒的光明前景。如图 173 所示为宁夏产区主要葡萄酒品牌。

图 173　宁夏产区主要葡萄酒品牌

　　贺兰山葡萄酒的名字取自宁夏回族自治区贺兰山山脉，是产区内以贺兰山命名的葡萄酒，保乐力加集团旗下葡萄酒品牌。专门从事葡萄种植和葡萄酒生产、销售，凭借高水准酿造技术及严格的质量标准，在众多专业葡萄酒比赛中获奖，被国内外葡萄酒专业人士和消费者推崇。

　　保乐力加集团由法国两家最大的酒类公司，保乐公司（成立于 1805 年）和力加公司（成立于 1932 年）于 1975 年合并而成，目前是世界三大烈酒和葡萄酒集团之一。保乐力加集团总部设在法国，在全球拥有 72 家生产企业，是一家世界顶尖的洋酒生产商与销售商。集团通过长期发展与内部挖潜，成为世界上具有强势地位的酒业巨子。

　　保乐力加是全球唯一一家拥有研究中心的葡萄酒和烈酒生产商。集团位于法国克雷代伊的全球研究中心进行并支持集团及下属分公司的研究项目，主要聚焦于新产品、新工艺的开发，探索感官分析的新方法。中心还特别关注如何始终保证高水平的产品质量。此外，中心还致力于酒精依赖性的相关研究。集团参与发起建立了一家主要进行酒精相关医学研究的独立机构。该研究机构资助并开展涉及生物医学、流行病学和人类科学等领域的研究项目。这些研究活动由一个独立的科学委员会进行管理监督，受到了科学界、公众健康界的广泛尊重。

集团已拥有行业内最齐全的产品门类，产品畅销全球。在葡萄酒市场，保乐力加已成为全球第三大优质葡萄酒供应商。在全球市场上，保乐力加在亚太地区排名第一，在欧洲大陆和爱尔兰排名第一，在中南美洲排名第一，在北美（包括墨西哥）排名第二。强大的分销渠道和网络覆盖全球。作为欧盟内最大的酒类生产商，保乐力加在欧洲、亚洲和拉丁美洲均独占鳌头，在北美和非洲名列第二。旗下的马爹利、芝华士、皇家礼炮、百龄坛等品牌成为亚太区各种酒类的领导品牌，在全球旅游零售市场上处于领先地位。

保乐力加在中国拥有一家独资贸易公司—保乐力加（中国）贸易有限公司，总部位于上海。公司分销网络遍布全国100多个城市，6个分公司分别设在上海、北京、广州、厦门、武汉和成都。保乐力加贺兰山（宁夏）葡萄酿酒管理有限公司凭借集团世界领先的葡萄酒酿造工艺，负责管理合资企业的葡萄园和酿酒厂，并指导贺兰山葡萄酒的生产。

保乐力加（宁夏）葡萄酒酿造有限公司是由保乐力加集团在银川全额投资的外商独资企业。公司的葡萄园最早种植于1997年，是当地树龄最长的葡萄园之一。依托集团强大的渠道能力和品牌运营能力，公司用很短的时间就将"贺兰山"打造为中国葡萄酒中的知名品牌。其高端产品"贺兰山霄峰"干红年产量仅有13 000瓶，产于特殊的地块，并且只在最好的年份才有，"霄峰"干白则全部在橡木桶中发酵，拥有饱满的酒体和复杂香气。

5.6.7　西南产区及品牌

西南产区包括云贵高原的弥勒、东川、蒙自，广西的都安、罗城、永福，湖南西北部、长沙等葡萄酒产区，这是我国最具特色的新兴葡萄酒产区。这里野生葡萄资源丰富，境内多山、多河流、多湖泊，少数民族集居。该产区酿酒葡萄面积已达3万余亩，品种多为玫瑰蜜、美乐、赤霞珠、毛葡萄、刺葡萄及欧毛、欧刺杂种葡萄等适宜本地栽培的种类。西南产区的主要葡萄酒生产企业有云南红酒业有限公司、云南香格里拉酒业有限公司、云南神泉葡萄酒有限公司、云南太阳魄葡萄酒有限公司、广西都安密洛陀野生葡萄酒有限公司、广西罗城野生葡萄酒有限公司、广西永福野葡萄有限公司、湖南曙光酿酒有限公司、湖南神州刺葡萄酒业有限公司（图174）。

图 174　西南产区主要葡萄酒品牌

香格里拉酒业股份有限公司的葡萄酒品牌，创立于 2000 年。香格里拉酒业股份有限公司为香港金六福酒有限公司控股公司，是云南省重点支持的少数民族地区骨干企业，主要从事青稞干酒和葡萄酒系列的生产、销售及现代生物工程创新技术的研究开发，是国内唯一的青稞干酒生产企业，拥有"香格里拉·藏秘""天籁""恒美"等知名商标。先后在云南迪庆、河北秦皇岛和山东烟台投资建厂。

5.7　中国葡萄酒产品的知识产权保护

5.7.1　葡萄酒地理标志

我国葡萄酒产品地理标志总数逐年增加，但各个部门的审定个数不同，工商总局审定较多；不同省份之间申请数量也有差异；我国葡萄酒地理标志主要由葡萄酒产区申请，具体见表71。

表 71 中国葡萄酒产品地理标志保护产品列表

序号	地理标志名称	公告文号	公布时间
1	昌黎葡萄酒	2002 年第 73 号	2002 年 8 月 6 日
		2005 年第 105 号扩大范围	2005 年 10 月 17 日
2	烟台葡萄酒	2002 年第 83 号	2002 年 8 月 28 日
3	沙城葡萄酒	2002 年第 125 号	2002 年 12 月 9 日
4	贺兰山东麓葡萄酒	2003 年第 23 号	2003 年 4 月 11 日
		2011 年第 14 号扩大范围	2011 年 1 月 30 日
5	通化山葡萄酒	2005 年第 186 号	2005 年 12 月 28 日
6	桓仁冰酒	2006 第 221 号	2006 年 12 月 31 日
7	河西走廊葡萄酒	2012 年第 111 号	2012 年 7 月 31 日
8	都安野生山葡萄酒	2013 年第 167 号	2013 年 12 月 12 日
9	戎子酒庄葡萄酒	2013 年第 175 号	2013 年 12 月 23 日
10	盐井葡萄酒	2014 年第 136 号	2014 年 12 月 11 日
11	和硕葡萄酒	2015 年第 143 号	2015 年 12 月 4 日
12	吐鲁番葡萄酒	2015 年第 143 号	2015 年 12 月 4 日
13	郧西山葡萄酒	2017 年第 39 号	2017 年 5 月 31 日
14	东宁冰酒	2020 年第 380 号	2020 年 11 月 5 日

截至 2022 年底，我国在国家知识产权局申请葡萄酒地理标志保护产品共计 14 个，同时核准 115 家葡萄酒生产企业使用地理标志保护产品专用标志（表 72）。

表 72 中国葡萄酒产品地理标志证明商标

序号	地理标志证明商标名称	注册号	注册人
1	柳河山葡萄酒	10314123	吉林柳河山葡萄酒商会
2	蓬莱海岸葡萄酒	21539655	烟台市蓬莱葡萄酒行业协会
3	烟台葡萄酒 YAN TAI WINE YWINE	20274857	烟台市葡萄与葡萄酒局
4	贺兰山东麓葡萄酒	10709506	宁夏回族自治区葡萄花卉产业发展局
5	阿瓦提慕萨莱思；AWAT MUSALLES	5717691	新疆阿瓦提县慕萨莱思协会
6	阿瓦提慕萨莱思	5717692	新疆阿瓦提县慕萨莱思协会

序号	地理标志证明商标名称	注册号	注册人
7	恒仁冰酒	14568450	桓仁满族自治县农副产品行业市场协会
8	泰山南麓葡萄酒	17810446	泰安市葡萄酒协会
9	泰山南麓葡萄酒 TAISHAN SOUTH FOOTHILL WINE	19077608	泰安市葡萄酒协会

　　商标局批准注册 9 件地理标志证明商标，申请人均为葡萄酒产区的葡萄酒协会。

5.7.2　注册商标申请

　　葡萄酒作为商品，商品的商标对于葡萄酒来说尤为重要，葡萄酒生产企业非常重视葡萄酒商标的注册工作，表 73 是国内主要葡萄酒品牌已注册商标情况。

表 73　中国主要葡萄酒品牌注册商标数量

商标注册人	注册数量/件	商标注册人	注册数量/件
烟台张裕集团有限公司	134	中法合营王朝葡萄酿酒有限公司	136
烟台张裕葡萄酿酒股份有限公司	760	天津王朝酒业销售有限公司	5
中国长城葡萄酒有限公司	22	威龙葡萄酒股份有限公司	282
君顶酒庄有限公司	27	通化葡萄酒股份有限公司	85
烟台中粮海岸葡萄酒有限公司	7	甘肃莫高实业发展股份有限公司	95
中粮长城葡萄酒（宁夏）有限公司	3	香格里拉酒业股份有限公司	107
中粮长城葡萄酒（涿鹿）有限公司	5	中信国安葡萄酒业股份有限公司	115
中粮酒业有限公司	1	新疆中信国安葡萄酒业有限公司	40
华夏长城（北京）进出口有限公司	10	北京龙徽酿酒有限公司	69
定陶中粮长城葡萄酒有限公司	1	山西怡园酒庄有限公司	86

5.8　新疆葡萄酒品牌分析

5.8.1　新疆葡萄酒生产企业分布及品牌介绍

　　目前，新疆已培育形成尼雅、西域沙地、楼兰、乡都、芳香庄园、天塞、中菲、伊珠、唐庭霞露、新雅、驼铃等一批具有一定市场认知度和影响力的葡萄酒品牌。截至 2019 年末，新疆获得食品生产许可的葡萄酒生产企业超过100 家，全区葡萄原酒生产能力超过 50 万千升，规模以上葡萄酒生产企业实现产值在 20 亿元以上。葡萄酒产值已超过白酒，成为新疆酒类第一大行业。

　　截至 2022 年，在工商注册的葡萄酒生产及销售企业有 200 多家（图 175），有张裕、长城及中信国安等大品牌葡萄酒生产企业在新疆建的分公司，也有新疆培育的地方品牌企业及中小型民营葡萄酒生产企业，新疆葡萄酒生产企业主要分布在巴州的和硕、焉耆和博湖县，吐鲁番市及鄯善县，昌吉州的昌吉市、玛纳斯、阜康和呼图壁及石河子市和周边团场等沿天山一带的地区，哈密市、伊犁州、乌鲁木齐市等北疆地区也有分布，南疆的阿克苏、和田和喀什地区也有少量分布。新疆产区主要葡萄酒品牌如图 176 所示。

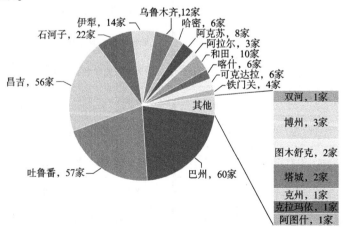

图 175　新疆葡萄酒生产企业地区分布

图 176　新疆产区主要葡萄酒品牌

5.8.1.1　尼雅

尼雅是中信国安葡萄酒业股份有限公司旗下核心品牌，中信国安葡萄酒业股份有限公司前身是新天国际葡萄酒业股份有限公司，是一家集葡萄种植、加工、贸易、科研为一体的大型葡萄酒企业，依托新疆独特的先天生态资源优势，大力发展以酿酒葡萄为中心的特色产业，利用新疆独有的生态产区条件，致力于成为中国产地生态葡萄酒的倡领者。公司现有玛纳斯、阜康、西域、霍尔果斯及烟台五家葡萄酒生产企业，是目前亚洲最大的葡萄酒生产企业。旗下主要产品尼雅产地生态葡萄酒系列、西域沙地典藏年份葡萄酒系列和西域烈焰葡萄蒸馏酒等产品在国际评酒大赛中屡次摘金夺银，至今获得 16 金 13 银。

中信国安葡萄酒业在新疆拥有 15 万亩亚洲最大的酿酒葡萄基地，分布在天山北麓和伊犁河谷及乌伊公路沿线，东起阜康，西至伊犁霍尔果斯，与美国加利福尼亚和法国波尔多两大世界知名产区同处于北纬 44 度同一纬度线上，新疆天山北麓的酿酒葡萄种植基地位于"博格达《人与生物圈》保护区"范围内，是以天山博格达生物圈原生态、零污染的先天生态环境优势围绕拥有天池葡园、玛河葡园、昌吉屯河葡园和伊犁河葡园 4 个精品小产区生态葡园，建立了中国目前唯一生态葡萄园产地，为酿造优质、生态、健康的葡萄酒提供了优质的葡萄原料。拥有尼雅、西域、新天三大国内知名葡萄酒品牌，是新疆第一家获得国家级"生态原产地产品保护区"认证的葡萄酒企业。

5.8.1.2 仪尔乡都（Les Champs D'or）

新疆乡都酒业有限公司是新疆仪尔高新农业开发有限公司的子公司，新疆仪尔高新农业开发有限公司控制的子公司中有四家从事葡萄酒酿造、加工业务：新疆净源堡酒业有限公司、墨玉乡都有限公司、新疆巴斯德酒业有限公司和新疆乡都酒业有限公司。新疆海瑞盛生物工程股份有限公司是新疆仪尔高新农业开发有限公司成立的一家致力于葡萄产业链下游产品的研究、开发、生产和销售的高新技术企业，可年处理 8000 吨酿酒葡萄副产物，年产葡萄籽食用油 1500 吨，OPC（原花青素）胶囊 20 万瓶，葡萄酒泥浴膏 20 吨，康立健牌银杏叶葡萄籽提取物胶囊（健字号：国食健字 G 20130677）、海瑞盛牌葡萄籽提取物胶囊（健字号：国食健字 G20150130）、海瑞盛牌葡萄籽提取物片（健字号：国食健字 G20150630）批件及生产许可。

新疆乡都酒业有限公司以葡萄酒生产为主，年葡萄酒生产能力 10 000 吨。乡都酒业目前拥有一条 1 万吨葡萄酒生产线、3 千平方米地下酒窖。乡都葡萄酒 4 万亩自有原料基地在其母公司"新疆仪尔高新农业开发有限公司"所在地的焉耆县七个星镇东、西戈壁，地处新疆天山南麓霍拉山洪冲积扇缘地带，平均海拔 1100 米，土壤质地大部分为粗砂、细砂和少量砾石构成，土壤通透性、氧化性强；该地属典型中温带气候，大气纯净，无工业污染，年日照时长 3400 小时；无霜期平均为 180 天；年降水 67mm，昼夜温差 15℃左右；无霜期平均为 180 天；采用高标准节水滴灌技术灌溉天山纯净的地下雪融水，使乡都葡萄拥有得天独厚、无法复制的天然优势资源。

经过十年努力，乡都葡萄酒在新疆市场建立了良好的口碑。2006 年 10 月获得"新疆著名商标"之后，2011 年 11 月得到"中国驰名商标"认定。目前，乡都葡萄酒在新疆高端消费市场占有率达 70% 以上，其品牌影响力已初见端倪。公司参加国际、国内和自治区举办的各类博览会、展览会、洽谈会、交易会等各项活动 40 余次。获得各种国际国内金银奖、称号等荣誉近 60 项次。乡都葡萄酒成为自治区 50 年大庆指定用酒、首届亚欧博览会首席战略合作伙伴及唯一指定用葡萄酒、新疆两会唯一指定用葡萄酒、新疆人民会堂专供酒等多项殊荣。

目前，乡都酒业已出产乡都干白、乡都干红、乡都金贝纳、乡都拉菲特、乡都安东尼、乡都典藏等数款不同风格的葡萄酒。

新疆乡都酒业有限公司注册了 66 件商标，仪尔高葡萄产业子公司共申请专利 18 件，其中 4 件为新申请专利在实质审查中，2 件失效，12 件专利有效，发明专利 9 件，实用新型专利 8 件，外观设计专利 1 件。专利申请涉及葡萄防寒填埋、葡萄副产物综合利用及白兰地酿造等技术领域。主要申请人是新疆海瑞盛生物工程股份有限公司和新疆仪尔高新农业开发有限公司。新疆海瑞盛生物工程股份有限公司与青岛大学有两项合作发明，乡都葡萄酒业无专利申请，主要发明人是李瑞琴、杨华峰和邹积赟。高价值的专利有 3 件，分别为"一种酶法制备脂溶性葡萄籽原花青素的方法"（CN106755162B）、"一种面贴式多效护肤面膜及其制备方法"（CN104873436B）和"一种天然色新疆香梨膏的制备方法"（CN101991069B）。

5.8.1.3　新疆伊珠（Xinjiang Yizhu Wine）

新疆伊珠葡萄酒股份有限公司位于新疆伊犁河谷葡萄酒产区，该地区引进了世界上最好的葡萄品种，伊犁河谷拥有富饶的土地，充沛的阳光，纯净的雪水，葡萄园位于海拔 600 米的向阳坡地，伊犁河谷"三角形态"独特的小气候圈，给了葡萄极佳的生长环境，伊犁河谷三角地形加上北纬 41°的绝佳地理位置，使得气候在葡萄成熟期保持零下 8℃的低温环境，并使这里可以出产品质优秀的冰葡萄酒，被称为"中国的冰葡萄酒之乡"。

新疆伊珠葡萄酒现拥有酿酒葡萄基地 12 000 亩，主要栽培的酿酒葡萄品种有赤霞珠、蛇龙珠、梅洛、白玉霓、霞多丽、雷司令、贵人香、佳丽酿、晚红蜜和白羽等十余个品种，新疆伊珠葡萄酒在自有葡萄基地的基础上开发公司+基地+农户的产业化发展模式，把葡萄酒质量控制迁移到种植环节，同时引进意大利加工设备，保证品质的加工工艺，开发研制冰葡萄酒酿造工艺，填补了自治区冰酒生产的空白。他们还起草了新疆冰葡萄酒食品安全地方标准，伊珠产品曾获得国家、自治区等 17 次荣誉称号和奖励，开发的伊珠冰酒系列、甜酒系列、干酒系列三大品类、数十款产品，销往全国 20 多个省份。

新疆伊珠葡萄酒股份有限公司共申请注册商标 8 件，申请专利 8 件，7

件瓶贴类的外观设计，1 件发明，目前专利均处于无效状态。新疆伊珠葡萄酒股份有限公司知识产权保护及应用意识较低。

5.8.1.4　楼兰葡萄酒（Loulan wine）

吐鲁番楼兰酒业股份有限公司位于吐鲁番盆地东侧神秘的火焰山脚下，美丽的丝绸之路重要商埠楼兰古国境内。公司始建于 1976 年，1988 年扩建，引进法国、德国、意大利等国家的先进的葡萄酒酿造设备，使每年生产各种葡萄酒的能力达到 5000 吨以上。拥有独立的科研、种植、生产及销售公司，专业技术人员占职工总数的 20%. 公司葡萄基地面积达 3 万亩，自有基地 1 万亩。

楼兰酒业的葡萄园有着独特的地理和自然条件，干旱少雨、人口稀少，使葡萄种植过程中不必使用农药及化肥，杜绝了农药对葡萄的污染，是国家认定的绿色食品基地和西北地区较大的酿酒葡萄种植基地。

吐鲁番楼兰酒业股份有限公司共申请注册商标 55 件，专利申请 69 件，其中外观设计专利占 49 件，实用新型专利 10 件，发明专利 10 件，专利稳定性较差；有效专利 24 件，65.22% 的专利失效。主要发明人为许志良，55 件专利权利人变更，专利申请涉及葡萄酒酿酒方法及装置和葡萄酒包装等技术领域，其核心专利为 CN104096692B 自动清洗装置及清洗方法、CN104096701B 可自动清洗式除菌过滤灌酒装置及其使用方法和 CN104099205B 甜白葡萄酒及其制备方法。

5.8.1.5　天塞酒庄（Tiansai Vineyards）

新疆天塞酒庄有限责任公司，成立于 2010 年 3 月。酒庄建筑风格为现代简约风格庄园，建筑面积 26 668 平方米，是一座集葡萄种植、葡萄酒酿造、主题旅游观光、葡萄酒文化推广等功能于一体的现代化高端体验式酒庄。

天塞酒庄被誉为"新疆最美的酒庄"，位于天山脚下，隶属于新疆望中酒业有限公司。天塞酒庄拥有自己的种植园，于 2010 年开垦种植，种植园面积 2000 亩，并规划种植了赤霞珠、梅洛、霞多丽等 12 个常规品种，也引进了马尔贝克和马瑟兰等新型品种，公司秉承科学化、标准化、机械化、人性化的理念，坚持有机种植，顺应自然风土，实施精细管理。天塞酒庄制定出一整套葡萄种植管理规范，并在产区得到了推广，于 2014 年 7 月被中国农学会葡萄分会、中国酒业协会葡萄酒分会联合授予"中国酿酒葡萄种植示范基地"和"中国干旱地区葡萄酿酒研究中心"。

新疆天塞酒庄申请注册商标 20 件，专利 5 件，均为葡萄酒包装类的外观设计，目前已全部失效。

5.8.1.6　纳兰河谷（Chateau Nalan Valley）

纳兰河谷酒庄位于美丽的新疆天山北麓、古尔班通古特沙漠南缘的梧桐沟地区，被誉为新疆最美风景区。

纳兰河谷是典型的温带沙漠气候，昼夜温差大，白天高温、干燥；夜晚凉爽、湿润。漫长的生长期为葡萄缓慢均匀地成熟提供了充分条件。纳兰河谷在天池地表水流域沙层冲积扇上，棕色沙漠土在河流浸蚀下形成沙垅与沟谷，沙丘延绵而植被丰饶，河川纵横，绿色萦绕。纳兰河谷自然生态保留完整，沟谷地表为原始的火山土、海洋土和冲积土，排水良好的沙质土壤和保湿的盐质黏土，是酿酒葡萄种植和生长的天然乐土，适宜赤霞珠（Cabernet Sauvignon）等葡萄品种的种植和生长。

1992 年，222 团与新天国际合作，在位于梧桐沟沙漠腹地的纳兰河谷开垦种植了两万多亩优质葡萄园，新天旗下的高端产品"沙地""尼雅"都来自这一产区。北纬 44 度线上最优质的葡萄原料，与国家级葡萄酿酒大师相遇，诞生了新疆最高端的葡萄酒新品"纳兰河谷"。纳兰河谷葡萄酒庄从 2012 年 4 月筹建，当年 9 月开始压榨、发酵，生产出第一批成形酒。酒庄坚持有机种植，培植的葡萄品种包括赤霞珠、品丽珠（Cabernet Franc）、霞多丽（Chardonnay）等。

在纳兰河谷酒庄，葡萄酒爱好者们不仅能遥望天山山顶白皑皑的积雪，体验戈壁风沙的凶猛无情，还能尽情享用新疆美食和纳兰河谷酒庄出产的佳酿，纯净而优雅，散发着天然的芬芳，北天山绚丽的妖冶之红，诉说着亘古而来的葡萄传奇。

新疆纳兰河谷葡萄酒庄有限公司申请注册商标 1 件，专利 2 件，2 件专利均失效。

5.8.1.7　沙地酒庄（Chateau Sandy Land）

新疆沙地葡萄酒业股份有限公司建造的沙地酒庄坐落在新疆天山北麓中段，玛纳斯河流域上游，准噶尔盆地的南缘的具西部风情的丝绸之路上——石河子经济技术开发区。沙地酒庄占地 30.6 万平方米，总投资额 5.5 亿元。拥有一个 10 000 吨的集发酵、储酒、冷冻处理为一体的联合车间（规划建设 4 个），葡萄酒庄一个，占地 100 亩、沙地地下酒窖约 5000 平方米，全套引进法国、意大利专业葡萄酒生产设备，与世界先进的工艺技术同步，葡萄酒生产能力达 4 万吨，是集葡萄种植、加工、贸易、科研为一体的大型葡萄酒生产企业。与国内众多葡萄酒企业建立了原酒合作关系，与中粮集团签订了 10 年的原浆酒供应合同。

2006 年新疆天珠酒厂建成，拥有亚洲最大原酒基地，主要供应众多葡萄酒品牌商原酒；2009 年张裕入股新疆天珠酒厂。2012 年由于公司规模的壮大和发展战略调整，第二家公司新疆沙地葡萄酒有限公司正式成立，斥资 5.5 亿建造沙地酒庄，占地 30.6 万平方米。2013 年沙地酒庄实现增资扩股，在激烈的市场竞争中又迈出前进的步伐。2014 年西区销售公司成立，针对新疆、西藏、甘肃等省份精准营销。2016 年由原酒业务正式转为品牌化运营；同时，上海沙地网络科技发展有限公司成立，全面负责沙地酒庄的品牌推广和市场拓展，是面向全国市场的营销中心。2017 年 6 月浙江和江苏的省级营销公司成立，2017 年 8 月江苏南通灌装厂协议签订，生产能力得到更大的保证（同时拥有新疆和江苏两家）。2018 年得益于新疆企业 IPO 即报即审的绿色通道政策，正式启动主板上市准备工作。沙地酒庄现已陆续抢滩全国 15 个省份的市场，建立了 70 余家酒庄。

公司充分利用兵团第八师石河子（北纬 44°，东经 85°）得天独厚的地理环境和自然条件，采用科学的栽培管理措施，精心培育了由法国引进的赤霞珠、美乐、雷司令、霞多丽等多种优良酿酒葡萄品种 5 万余亩，大力发展以酿酒葡萄为中心的特色产业，实现了葡萄规模化生产，建立了无病虫害、无污染的原生态基地。沙地酒庄酿造的葡萄酒产品包括"沙地""沙地酒庄酒"、"沙地皇家酒窖"三大系列 30 余款产品，涵盖干红、干白、白兰地、甜红、甜白起泡酒等高中低档产品线。

上海沙地网络科技发展有限公司是新疆沙地葡萄酒业股份有限公司全资子公司，全面负责沙地酒庄的品牌推广和市场拓展，是沙地酒庄面向市场的营销中心。

新疆沙地葡萄酒业股份有限公司申请注册商标 95 件，申请专利 9 件，专利均有效，其中 8 件实用新型专利为葡萄酒酿造装置，1 件外观设计专利为酒瓶。表 74 为新疆规模以上酒庄及品牌介绍。

表 74　新疆规模以上酒庄及品牌介绍

酒庄名称	建庄时间	占地	葡萄品种	地理位置
天山冰湖葡萄酒庄	2009 年	19 000 亩	赤霞珠、梅洛等	阜康
唐庭霞露酒庄	2012 年	3000 平方米	赤霞珠、梅洛等	五家渠
华兴酒庄	2012 年	1060 亩	赤霞珠、梅洛等	昌吉
张裕巴保男爵酒庄	2012 年	6000 亩+6000 平方米地下酒窖	赤霞珠、梅洛、西拉、霞多丽、贵人香、雷司令等	石河子
沙地酒庄	2012 年	6000 亩+6000 平方米地下酒窖	赤霞珠、梅洛、霞多丽、雷司令等	石河子
西域明珠酒庄	2012 年	147 亩	赤霞珠、梅洛等	石河子
香多里酒庄	2004 年	30 000 平方米	赤霞珠、梅洛等	石河子
中信国安尼雅酒庄	1998 年	300 亩	赤霞珠、梅洛、霞多丽、雷司令等	玛纳斯
欧博达酒业	2009 年	10 000 亩	赤霞珠、梅洛等	玛纳斯
大唐西域酒庄	2013 年	10 000 亩	赤霞珠、梅洛、霞多丽等	呼图壁
驼铃酒庄	1998 年	5500 平方米	赤霞珠、西拉、贵人香、无核白等	吐鲁番
蒲昌酒庄	2009 年	67 公顷	晚红蜜、白羽、北醇、麝香等	吐鲁番
楼兰酒庄	1976 年	150 亩	赤霞珠、梅洛、贵人香等	鄯善
芳香庄园	2001 年	34 000 亩	赤霞珠、梅洛、霞多丽、雷司令等	和硕
国菲酒庄	2016 年	2000 亩	赤霞珠、西拉、霞多丽、雷司令等	和硕
西丹庄园	2015 年	26 668 平方米	赤霞珠、梅洛等	和硕
米兰天使酒庄	2015 年	1000 亩	赤霞珠、梅洛等	和硕
新疆佰年庄园	2010 年	2000 亩	赤霞珠、梅洛等	和硕
冠龙葡萄酒业	2005 年	12 400 亩	赤霞珠、霞多丽、玫瑰香等	和硕
中菲酒庄	2012 年	3000 亩	赤霞珠、西拉、梅洛、品丽珠、霞多丽、维尔多、马瑟兰等	库尔勒

酒庄名称	建庄时间	占地	葡萄品种	地理位置
轩言酒庄	2010 年	16 000 平方米	赤霞珠、西拉、梅洛、霞多丽、贵人香、马瑟兰等	焉耆
乡都酒庄	1998 年	40 000 亩	赤霞珠、西拉、梅洛、霞多丽等	焉耆
天塞酒庄	2010 年	20 000 亩	赤霞珠、西拉、梅洛、霞多丽、马瑟兰等	焉耆
元森酒庄	2010 年	655 亩	赤霞珠、霞多丽、梅洛等	焉耆
丝路酒庄	2006 年	26 000 平方米	赤霞珠、蛇龙珠、品丽珠、美乐、马尔贝克、沙别拉维、小味儿多、马瑟兰、歌海娜、雷司令、霞多丽、贵人香等	伊犁
新雅酒业	2004 年	6000 亩	赤霞珠、梅洛、霞多丽等	哈密
裕润酒业	2010 年	66 666 平方米		拜城

5.8.2 新疆葡萄酒产品知识产权保护

新疆维吾尔自治区的和硕和吐鲁番市分别申请了葡萄酒的地理标志保护，和硕成为新疆首批受到国家地理标志保护的酿酒葡萄产区，国家质检总局核准芳香庄园、和硕冠龙、瑞泰青林、瑞峰、和顺、佰年、帝奥和楼兰酒庄 8 家酿酒企业使用"和硕葡萄酒"和"吐鲁番葡萄酒"国家地理标志保护产品专用标志。

和硕葡萄酒产地范围为新疆维吾尔自治区和硕县，北纬 42°01′55″至 42°22′39″，东经 86°45′20″至 87°27′40″，总面积 12.13 万公顷，和硕葡萄酒产地范围内的生产者，可向新疆维吾尔自治区和硕县质量技术监督局提出使用"地理标志产品专用标志"的申请，经新疆维吾尔自治区质量技术监督局审核，报国家质检总局核准后予以公告。和硕葡萄酒的检测机构由新疆维吾尔自治区质量技术监督局在符合资质要求的检测机构中选定。

吐鲁番葡萄酒产地范围为新疆维吾尔自治区吐鲁番市二堡乡、三堡乡、艾丁湖乡、亚尔乡、葡萄乡、红柳河园艺场、胜金乡、恰特喀勒乡、七泉湖镇、大河沿镇、兵团农三师 221 团、鄯善县七克台镇、辟展乡、迪坎乡、达浪坎乡、吐峪沟乡、鲁克沁镇、连木沁镇、东巴扎乡、托克逊县郭勒布依乡、博斯坦乡、夏乡、伊拉湖乡、阿乐惠镇、库米什镇共 25 个乡镇（团、农场）现辖行政区域。吐鲁番葡萄酒产地范围内的生产者，可向新疆维吾尔自治区吐鲁番市质量技术监督局提出使用"地理标志产品专用标志"的申请，经新疆维吾尔自治区质量技术监督局审核，报国家质检总局核准后予以公告。吐鲁番葡萄酒的检测机构由新疆维吾尔自治区质量技术监督局在符合资质要求的检测机构中选定。

新疆阿瓦提县慕萨莱思协会对新疆传统维吾尔族民族特色的饮品慕萨莱思产品申请了地理标志证明商标。表 75 为新疆葡萄酒生产企业商标注册情况。

表 75　新疆葡萄酒生产企业商标注册情况

产区	商标注册人	注册数量/件
伊犁	新疆伊珠葡萄酒股份有限公司	8
	新疆琥珀酒业有限公司	3
	新疆尊迈尼酒业有限公司	5
	霍城县石氏葡萄酒业有限公司	2
	霍尔果斯迪香农牧科技发展有限公司	6
巴州	新疆乡都酒业有限公司	66
	新疆天塞酒庄有限责任公司	20
	新疆瑞峰葡萄酒庄有限责任公司	7
	新疆米兰天使酒庄有限公司	3
	新疆中菲酿酒股份有限公司	10
	新疆望中酒业有限责任公司	11
	新疆瑞泰青林酒业有限责任公司	13
	新疆霍拉山庄园葡萄酒业有限公司	8
	新疆新北道葡萄酒有限公司	2
	新疆雪玫葡萄酒庄有限公司	2
	新疆金裕葡萄酒业有限公司	5
	新疆嘉禾葡萄酒有限公司	7
	新疆嘉恒葡萄酒有限公司	4

续表

产区	商标注册人	注册数量/件
巴州	新疆和静县巴音布鲁克酒业有限责任公司	2
	新疆和硕县拉慕酒业有限公司	1
	新疆冠颐酒业有限公司	3
	新疆西丹庄园酒业有限公司	3
	新疆鸣诗静心葡萄酒有限责任公司	1
	新疆乌夷凯蒙德莱恩葡萄酒有限公司	6
	新疆天硕酒业有限公司	1
	新疆中伟揽胜酒业有限公司	9
	新疆罗菲特果业科技有限公司	1
	新疆华夏第一州酒业有限公司	1
	新疆西丹沙菲酒业有限公司	1
	新疆甘露酒业有限责任公司	6
	新疆和硕域蕊林果业农民专业合作社	1
	新疆和硕域蕊林果业农民专业合作社	1
	新疆芮可澜酒业有限公司	1
	新疆和硕县帝奥葡萄酒业有限责任公司	7
	新疆轩言酒业有限公司	5
	巴州泰华葡萄酒有限公司	4
	巴州锡格沁葡萄酒有限公司	12
	巴州瀚海葡园葡萄酒有限公司	1
	巴州焉耆红庄葡萄酒有限公司	1
	巴州七星美乐葡萄酒业有限公司	16
	巴州戈壁英雄酒业有限公司	1
	巴州福园酒业有限公司	1
	和硕县贵基葡萄酒庄有限公司	5
	和硕冠龙葡萄酿酒有限公司	7
	和硕县欧吉雅生物科技有限公司	4
	和硕县致农葡萄种植农民专业合作社	2
	和硕县合硕特酒庄有限责任公司	1
	焉耆天都葡萄开发有限公司	5

产区	商标注册人	注册数量/件
五家渠	庄臣酿酒（福建）有限公司	34
	新疆唐庭霞露酒庄有限公司	6
	乌鲁木齐上善元生物科技有限公司	9
	新疆梅卡庄园葡萄酒有限公司	2
阿克苏	新疆盛世龟兹葡萄酒有限公司	9
	新疆裕润酒业有限公司	7
	新疆棉都慕萨莱思有限责任公司	2
	乌什县欣禧源葡萄酒业有限公司	5
	阿克苏枣乐生物科技有限公司	2
乌鲁木齐	新疆中信国安葡萄酒业有限公司	40
	新疆欧露庄园酒业有限公司	1
	新疆玫瑰缘酒业有限公司	6
	新疆华凌酒业有限公司	2
	新疆平安福酒业有限公司	3
	新疆伊犁马酒业有限公司	10
	乌鲁木齐恭喜酒厂	6
哈密	新疆新雅葡萄酒业有限公司	38
	新疆班超酒业有限责任公司	3
	新疆一品红葡萄酒有限公司	1
	哈密市古道酒业有限公司	6
克州	新疆恒谷酒业有限公司	20
阿拉尔	阿拉尔市沙漠狼酒业有限公司	1
	阿拉尔枣沐香酒业有限公司	2
喀什	喀什西域圣窖酒业有限公司	9
	新疆漠甘酒业有限责任公司	1
	喀什慕峰酒业有限责任公司	5
博州	博乐市红叶葡萄酒业酿造科技有限责任公司	2
	博乐市华丰农业科技发展有限公司	1
图木舒克	新疆澳伽酒业有限公司	4

产区	商标注册人	注册数量/件
克拉玛依	克拉玛依砾原酒业有限公司	1
石河子	新疆沙地葡萄酒业股份有限公司	95
	新疆怡然酒庄有限公司	10
	新疆西域明珠葡萄酒业有限公司	7
	新疆天沐葡萄酒有限公司	3
	石河子市清流葡萄科技有限公司	1
	石河子市万叶果业有限责任公司	5
	石河子市天醇果酒厂	2
昌吉	新疆纳兰河谷葡萄酒庄有限公司	1
	新疆欧博达生物科技开发有限公司	69
	新疆玉龙传奇酒业有限公司	86
	新疆重力庄园葡萄酒业有限公司	1
	新疆锡兰图酒业有限公司	1
	新疆葡金葡萄酒业有限公司	1
	新疆尼雅酒业有限公司	2
	新疆昌吉市宏业酿酒厂	1
	新疆山北红酒业有限公司	2
	新疆蓓露山葡萄酒业有限公司	6
	新疆凝霞庄园葡萄酒业有限公司	3
	新疆雪山果园食品有限公司	5
	新疆甘露酒业有限责任公司	6
	新疆桑悦葡萄酒业有限公司	3
	新疆一韵庄园葡萄酒业有限公司	1
	新疆瑶池西夜葡萄酒业有限公司	2
	新疆唐庭芳草酒庄有限公司	2
	新疆山北红酒业有限公司	2
	新疆红树莓果业有限公司	1
	新疆汇德源果酒有限公司	7
	新疆汉漠酒业有限公司	7
	新疆庄子实业有限公司	1

续表

产区	商标注册人	注册数量/件
昌吉	新疆华阳特酒业有限公司	2
	昌吉市阿尔金酒业有限责任公司	8
	玛纳斯县冰肌葡萄酒庄有限公司	2
	昌吉市聚隆葡萄酒有限责任公司	12
	昌吉市印象戈壁葡萄酒庄有限责任公司	2
	玛纳斯香海国际酒庄有限公司	2
	玛纳斯县西域烈焰酒业有限公司	6
	呼图壁县西域兴业农业科技有限公司	3
	呼图壁县广盛源葡萄酒酿造有限公司	1
	阜康市二二二团罗爵葡萄种植专业合作社	2
	阜康市阜北酒业有限公司	2
吐鲁番	吐鲁番楼兰酒庄股份有限公司	55
	吐鲁番市驼铃酒业有限公司	16
	吐鲁番市沙驼葡萄酒厂	1
	新疆车师酒庄有限公司	24
	新疆粤凯鹏酒业有限公司	1
	新疆吐鲁番葡萄园酒业有限公司	1
	吐鲁番葡城酒业有限责任公司	2
	吐鲁番天醴酒业有限公司	2
	新疆自由酿酒人酒业有限公司	4
	吐鲁番市丝路酒业有限责任公司	1
	吐鲁番市天露酒庄有限责任公司	6
	吐鲁番市乡醇酒业有限公司	2
	鄯善县伊迪力卡木斯酒业有限公司	1
	吐鲁番市火山红酒庄有限公司	1
	吐鲁番沙漠珍藏葡萄酒业有限公司	1
	吐鲁番冰玉冰葡萄酒业有限公司	2
	吐鲁番赤亭酒庄有限公司	2
	吐鲁番德源酒庄有限责任公司	4

产区	商标注册人	注册数量/件
吐鲁番	吐鲁番河岸庄园酒庄有限公司	1
	吐鲁番市高昌郡酒庄有限公司	4
	吐鲁番市中元酒业有限责任公司	1
	吐鲁番市雅尔香酒庄有限公司	3
	吐鲁番市圣哥安酒业有限公司	1
	吐鲁番葡城酒业有限责任公司	2
	吐鲁番枣尔康农业科技开发有限责任公司	5
	烟台皮雅曼葡萄酒有限公司	13
和田	和田波斯坦花果酒业有限公司	6
	新疆皮亚勒玛果品加工有限责任公司	1
	新疆昆仑生物科技有限公司	3
	和田市石榴酒业有限责任公司	4
	和田皮雅曼石榴庄园有限公司	1
	和田石榴酒业科技开发有限公司	1
可克达拉	新疆千回西域葡萄酒业有限公司	17
	新疆丝路酒庄有限公司	3
铁门关	新疆天之液生态酒庄有限公司	6
	新疆兵二十四葡萄酒业有限公司	8
	巴州正达绿源生物科技有限公司	1
	新疆云珠葡萄酒庄有限公司	1

5.9 乌鲁木齐市葡萄酒品牌分析

乌鲁木齐，通称乌市，旧称迪化，是新疆维吾尔自治区首府，国务院批复确定的中国西北地区重要的中心城市和面向中亚西亚的国际商贸中心，截至2018年，全市下辖7个区、1个县，总面积14 216.3平方千米，建成区面积436平方千米，常住人口350.58万人，城镇人口261.57万人，城镇化率71.61%。乌鲁木齐市地处中国西北地区、新疆中部、亚欧大陆中心、天山山脉中段北麓、准噶尔盆地南缘，毗邻中亚各国，是新疆的政治、经济、文化、科教和交通中心，是世界上距离海洋最远的大城市，有"亚心之都"的称呼，是第二座亚欧大陆桥中国西部桥头堡和中国向西开放的重要门户，并被列入吉尼斯世界纪录大全，是世界上最内陆、距离海洋和海岸线最远的大型城市（2500千米）。西汉初年，汉朝时期即置戊己校尉在乌鲁木齐近处的金满（吉木萨尔县）设营屯田，维护丝路北道安全；唐朝时期在天山北麓设置庭州；清朝乾隆二十年（1755年）因清朝在新疆驻军开始大规模开发乾隆二十八年（1763年）清乾隆扩建筑城，改称迪化；1884年迪化为新疆省的首府，从此成为新疆的政治中心；1954年迪化改称乌鲁木齐，蒙古语意为优美的牧场，乌鲁木齐市是全国文明城市、国家园林城市、全国双拥模范城市、中国优秀旅游城市、全国民族团结进步模范城市。

　　得天独厚的地理条件和位置使得乌鲁木齐成为优秀的葡萄酒生产地。乌鲁木齐市葡萄酒著名的生产企业包括新疆世纪楼兰酒业、法艺酒业、木塞来斯酒业和新疆欧陆庄园（图177）。

图177　乌鲁木齐市葡萄酒生产企业

5.9.1　新疆世纪楼兰酒业（Century Loulan Winery）

　　新疆世纪楼兰酒业坐落在美丽的新疆乌鲁木齐，始建于1995年，酒厂拥有固定资产500多万元，员工50余人，是专业葡萄酒生产性企业。

　　世纪楼兰酒业全称是新疆世纪楼兰酒业有限公司，公司具有多年的酿酒历史，凭借得天独厚的地理位置，先进的酿酒技术和设备，以及公司全体同仁的不懈努力，逐渐发展成为一家专业化的葡萄酒生产企业。

公司主营产品有库罗来纳葡萄酒、维酿系列葡萄酒、麦尔达那养生酒、蒸馏酒等系列产品。楼兰系列葡萄酒以中国著名的吐鲁番产区葡萄为酿酒原料，结合现代化生产工艺精心酿造而成，以其精美外包装和纯正的内在品质赢得了消费者的认可和信赖。公司以"以质成名、以价纳客、树立口碑、创立品牌"为理念，高品位、高质量，是公司一直追求的目标。

5.9.2　法艺酒业（Fayi Wine）

法艺酒业坐落在中国的新疆乌鲁木齐，是一家集葡萄酒原料种植、葡萄酒发酵、生产灌装与销售于一体化的葡萄酒生产企业，其年产规模达 1 万吨葡萄酒，专注打造高端品质的纯天然原汁葡萄酒。

法艺酒业在新疆天山南麓拥有自己的有机葡萄种植基地。新疆自然生态环境优越，该地区与法国波尔多和美国加利福尼亚两大世界知名产区同处于北纬 44 度线上，此区域富含矿物质的沙砾土壤，气候干燥，无病虫害，日照充足，昼夜温差大，这些都有利于糖分的积累；灌溉水源来自天山冰雪融水和地下水，水质清澈含氧量高，富含矿物质及微量元素；灌溉方式为节能滴灌，葡萄种植均为有机限产种植模式。独特的自然环境优越条件为法艺葡萄酒所需的高品质葡萄原料奠定了基石。

法艺酒业以"天然原味、品质高贵"为产品定位，以"重品质、优服务"为企业导向，以法艺艾菲尔干红、法艺登基干红和法艺干红三大系列葡萄酒为主打产品，产品面向全国市场，赢得了广大客户和世界各国著名葡萄酒专家的认可和好评，是国内外多个重要会议的指定用酒和战略合作伙伴，被国家机关和多家商业团体指定为商务和接待用酒。

5.9.3　木塞来斯酒庄（Merceles Wine）

木塞来斯酒庄位于乌鲁木齐市北郊，占地 810 亩，是集葡萄种植，葡萄酒酿造，旅游观光为一体的生态工业旅游园区。这是一家具有浓厚西域风情的民营股份制企业，以挖掘民族瑰宝和弘扬民族文化为主旨，致力于现代生物工程高新技术的研发，从事维吾尔族传统工艺"维秘"系列葡萄酒的生产和销售。

"维秘"葡萄酒是用维吾尔族传统工艺秘酿而成的葡萄酒。据文献记载，早在汉朝，天山南麓的葡萄酒已经逐渐发展起来，传统葡萄酒的酿造规模已初步形成。在阿克苏河、塔里木河、叶尔羌河绿洲地区，一个新的葡萄酒品种也在此时酝酿诞生，这就是木塞来斯。

目前居住在新疆的刀郎维吾尔人是维吾尔人中热情奔放的一支，在酿酒方面也体现出了他们惊人的创造性。公元 9 世纪前后，维吾尔人在塔里木河流域定居，他们继承了塔里木河流域悠久的葡萄酿酒的传统，在葡萄酒中加入了药物，"木塞来斯"在汉语意为"葡萄药酒"，是指酒中加入了枸杞、大芸豆、红枣、红花，甚至还有乳鸽等材料。还有另外一种说法认为"木塞来斯"的含义是"优中选优"，指的是一种酿制葡萄酒的方法：在所有的葡萄中选出三分之一最好的，煮熟发酵，在发酵好的酒液中选择三分之一，封坛贮存。这就是上好的木塞来斯特别贵重的原因。

木塞来斯·维密这种古老手工酿制葡萄酒，千年以来一直沉寂在天山南麓塔里木河绿洲的民间。清乾隆时期，新疆便有了酿制木塞来斯的记录资料，今天的新疆木塞来斯酒业有限公司组织酿酒专家、营养专家、医学专家，几番深入沙漠、细心挖掘整理秘方，改进工艺，将古老的工艺和秘方挖掘整理，在现代设备的支持下完成了"维秘"葡萄酒的标准化和产品化，续写了木塞来斯的传奇。

5.9.4　新疆欧露庄园

新疆欧露庄园酒业有限公司位于新疆维吾尔自治区首府乌鲁木齐，是隶属于中国石油集团的股份制企业。1997 年，该公司在乌鲁木齐经济开发区建厂投产，工厂占地面积 40 余亩，地处天山北坡的酿酒原料葡萄种植基地 7500 亩，种植世界名贵酿酒品种赤霞珠、蛇龙珠、品丽珠、梅鹿辄、雷司令等，并拥有意大利进口酿造、灌装先进生产设备，年生产高档干红、干白葡萄酒及保健酒（枸杞、红花、雪莲等）5000 吨。

新疆欧露庄园由著名酿酒大师主理，融合欧洲精湛的酿酒技术，传承西域古老的酿造方法，酿造出欧露精品系列葡萄酒，填补了新疆酿造高档葡萄酒的空白，欧露系列葡萄酒包括：欧露极品、欧露精品干红干白葡萄酒、欧露庄园葡萄酒、欧露贵族葡萄酒、欧露经典及欧露枸杞葡萄酒等，在 2003 年荣获自治区"十运会"指定产品称号。

乌鲁木齐市与葡萄酒相关的企业多为葡萄酒的销售企业，具备生产能力的企业数量及规模较小。中信国安葡萄酒业股份有限公司生产基地在阜康和玛纳斯。新疆新葡王国际葡萄酒业有限公司是新疆吐鲁番新葡王酒业有限公司在乌鲁木齐市设立的销售分公司。新葡王酿酒葡萄基地占地面积约8000亩，分布于吐鲁番鄯善县、玛纳斯县、石河子市、昌吉地区，年产量数万余吨。

乌鲁木齐不仅是我国在亚欧大陆桥西部的最大城市，也是西部地区东进西出的交通枢纽。从地理位置来看，乌鲁木齐的经济辐射范围不仅是新疆区域，以乌鲁木齐为圆心画圆，其经济商业圈可以辐射好几个国家，辐射面积较大，在一定程度上对西部中亚产生影响。乌鲁木齐作为首府城市，是连接天山南北、沟通新疆与内陆的交通枢纽，现已成为我国扩大向西开放的重要门户和对外经济文化交流的窗口。乌鲁木齐应充分利用自身地理位置，为新疆的葡萄酒品牌推广、宣传，营销、物流运输保驾护航。

5.10 葡萄酒产业链的延伸

葡萄酒产业从酿酒葡萄的种植、采收、酿造、灌装、销售，再到葡萄酒副产物综合利用等涉及农业、生物、工业等多个技术领域，葡萄酒产业的发展可以带动与之相关联产业的发展。近些年来，各大葡萄酒产区推出的"葡萄酒+"战略引领了葡萄酒产业的迅速发展，促进了葡萄酒产业融合发展。

国际葡萄酒文化旅游节、葡萄酒文创生活集市等活动广受欢迎，从流光溢彩的水晶杯到葡萄酒酒标，从葡萄酒瓶绘画到葡萄酒木塞工艺品，形式多样的葡萄酒文创产品不但弘扬着国际、国内葡萄酒文化，同时还强化着消费者的葡萄酒品牌认识。

葡萄酒+旅游，开发以葡萄酒为主题的大师研学班、高配游学、商务品鉴、婚庆旅拍、精品团建、亲子美育等多种小众定制化旅游产品形式，推进葡萄酒文化进景区、酒店和民宿；"葡萄酒+文化"，开发电影拍摄、文化展示、产品推介、销售于一体的葡萄酒会、评酒会、酿酒体验及葡萄酒博物馆参观等形式，将葡萄酒文化与休闲娱乐相结合的方式，推动葡萄酒产业发展；还可以通过葡萄酒与传统歌舞表演、音乐欣赏、美食品尝、体育等其他元素相结合的方式，吸引游客，扩大产区、企业和产品的知名度，进一步挖掘葡萄及葡萄酒历史文化，促进葡萄酒产业与文化旅游的深度融合。

葡萄酒生产副产物皮籽及酒泥中白藜芦醇、花青素、葡萄籽油等生物保健成分的提取及在医药、保健等方面的应用，葡萄酒保健酒类的生产，可以提升产品的附加值。曾经作为废渣处理的酿酒葡萄皮渣，经过技术研发变成面膜和保健品；一杯葡萄酒，通过新的工艺技术加工，使口感更柔顺；一块葡萄地，合理运用科学研究成果，可以成为国内葡萄生产示范基地。

5.11　葡萄酒品牌营销策划及创新

5.11.1　葡萄酒的品牌营销策划

葡萄酒作为一种个性化的商品，产品和品牌的定位十分重要。不同的葡萄酒，其综合素质和个性化特质有着非常大的差异，低端与高端的产品有着天壤之别。一个葡萄酒企业，想要做到从低到高大小通吃是不太现实的，任何一个品牌，想要在高端和低端通吃都是不可能的。

除了产品本身要受欢迎之外，市场营销手段也是一个巨大的推动力。酒香不怕巷子深的历史早已成为过去。现代品牌营销推广是产品取胜的重中之重。市场营销的成功运作会为企业创造丰富的利润资源。基于营销策略的重要作用，如何设计一套适宜的营销策略，对企业来讲至关重要。

葡萄酒生产企业生产出一种或一系列葡萄酒产品，进行系列包装和前期的广告操作，然后寻找区域代理商，利用代理商的通路资源铺货上市，最后通过大力度的终端促销推动销售或花巨资通过广告来拉动市场。

5.11.1.1　强势品牌营销模式

（1）重视品牌的塑造和概念传播：一线二线品牌在各大媒体通过广告进行品牌传播，为从产品与其他品牌区分开，各强势品牌都在产品概念上进行炒作，冰酒、酒庄酒、年份酒、葡萄品种概念、葡萄产地等概念层出不穷。

（2）侧重渠道建设和激励：在葡萄酒现行模式中，经销商起着至关重要的作用，各企业都投入资源建立了庞大的经销商网络，通过向经销商提供费用支持、渠道激励以及充足的利用空间推动产品销售。

（3）重视分渠道运作和终端操作：葡萄酒的销售终端包括零售和即饮两类，零售如商超、专卖店，即饮如酒店、KTV 等。国内一些企业率先实行了分渠道运作，在不同渠道使用不同代理商，部分厂家针对不同渠道推出渠道专供酒。

（4）重视体验营销和消费启动：体验营销是洋酒擅长采用的营销模式，随着国内葡萄酒行业的发展，部分领先企业开始尝试体验营销，建立 VIP 俱乐部或美酒美食俱乐部，通过俱乐部"一对一体验营销模式"培养葡萄酒高端用户。另外，品酒会、专卖店、红酒沙龙也被运用到消费启动中。

5.11.1.2 弱势品牌营销模式

（1）精耕二、三级市场：一级市场通常经济发达，葡萄酒消费习惯已形成，消费者品牌意识高，各类终端进入费用较高，加之强势品牌对终端资源垄断，二三线品牌受到规模与资金实力限制，避开一级市场转攻二、三级市场。通过对二、三级市场的精耕细作，形成优势点，再将点连成线，最后在区域市场与强势品牌抗衡。

（2）发展中小经销商：弱势品牌缺乏品牌号召力，没有充足的广告支持，大经销商难找，主要通过发展拥有一定网络的中小经销商来实现销售，对于餐饮和夜场中已有网络的经销商而言，用品牌树形象和走量，带销弱势品牌产品赚钱。

5.11.1.3 新型营销模式

（1）专卖店（两种形式）：一种是葡萄酒经销企业开设的葡萄酒专卖店，经营多品牌多品种葡萄酒，另外一种是葡萄酒企业开设的品牌专卖店，只销售自己的葡萄酒品牌，如张裕的先锋酒业和长城的名庄荟销售全球各大品牌的葡萄酒。专卖店提供品酒、洽谈、文化展示等个性服务。

（2）品酒会：葡萄酒的消费在中国日益盛行，但对葡萄酒知识的了解仍然很缺乏，品酒会成为中高端葡萄酒品牌重要的营销手段之一，尤其是进口葡萄酒。如品酒派对通过邀请一些演艺界、商界、政界及知名人士参加，以专家介绍葡萄酒知识、乐队演出形式开展品酒会，或者通过饭局、美食佳肴与葡萄酒的结合的形式品酒、交换品酒经验及领略红酒文化的精髓。

（3）俱乐部：以俱乐部为载体、文化灌输为实质是国际葡萄酒通行的营销方式，一对一的体验式营销将是俱乐部最大的特色。

5.11.2　葡萄酒品牌营销的创新

传统与新型的营销方式结合，葡萄酒产业与旅游业及文化等产业的充分融合，移动互联网以及消费者喜好等对葡萄酒品牌营销方式的创新均有帮助。

5.11.2.1　优化产品线，提升"产品力"

随着近年来消费升级的趋势，市场对产品提出了更高的要求，只有拥有更高竞争力的产品，才有机会获得消费者的青睐。因此，许多的葡萄酒生产企业开始对包装进行单独设计，补充产品线，依据场景需求推出新品。

5.11.2.2　线上线下联合"作战"，提升"品牌力"

想要实现品牌影响力的快速增长，提升品牌价值，品牌的打造和推广是重中之重，进口葡萄酒更是如此。明确品牌定位和品牌形象，跨界合作，进行匹配品牌定位的市场推广，利用媒体宣传，展现品牌实力，大规模广告投放，锁定消费人群。

5.11.2.3　优化合作模式，激发渠道活力

摒弃传统的省级代理、市级代理，转向以区县为单位，实行"超扁平化"合作；打破传统企业与代理商之间上下级的关系，成立"品牌合伙人俱乐部"，为合伙人提供平等合作的身份，增加互动与黏性。通过这种合作模式，一方面简化合作伙伴与企业之间的沟通成本、管理成本与中间商成本，提高品牌效益，另一方面也可以降低沟通成本，为消费者让利。在线下，以"品牌定制"模式进行终端网点布局。在线上，开启电商的全面布局策略。

5.11.2.4　葡萄酒休闲化发展

很长一段时间以来，葡萄酒都是高端、奢华的象征，常出现在高端商务、宴饮的场景，很多人只对葡萄酒有模糊的印象，或者耳闻过一些入门

级的知识，比如喝葡萄酒要用高脚杯、要醒酒、要喝前摇一摇，但是，分辨葡萄酒的优劣所需要的庞杂的专业知识，常会让人望而生畏。传统葡萄酒的品类属性，更接近农产品，而非快消品，贩卖的是稀缺性和文化积淀。国内的葡萄酒产业高度依赖进口，从业者大多以经销、贸易形式参与葡萄酒生意，少有自己的品牌。

葡萄酒休闲化（casual wine）的趋势也在崛起——葡萄酒的种类数以万计，外国消费者也同样会对酒单上花样繁多、种类丰富的葡萄酒感到迷茫，也同样为葡萄酒的"仪式感"所牵绊。而且，相比于"小清新"的白葡萄酒，口感相对更浓烈的红葡萄酒，也让不少不擅长喝酒的人望而却步，"新世界"葡萄酒生产国家更重视葡萄酒产业包装、营销等方面技术的创新，比如易拉罐装葡萄酒、免杯即饮、袋装等小包装葡萄酒产品，把葡萄酒作为配料添加其成分重新加工，制作会说话的葡萄酒标签、葡萄酒取酒神器，迎合年轻消费者所做的多元化选择消费等。

不少葡萄酒品牌选择从形式上突破，产品采用罐装的形式。近年来，随着90后及95后酒水消费群体的崛起，Z世代所崇尚的轻酒饮文化正迅速占据市场，引起了新一轮消费升级。各大酒企抢占小酒市场，相继打出轻包装、小容量定位。国内便涌现了葡刻（Wimo）、满赞（Mizzing）等新兴品牌。

5.12 新疆葡萄酒品牌建设建议

（1）开拓葡萄酒市场。新疆中小葡萄酒企业经营规模较小，销售渠道单一，渠道谈判能力和控制能力较差，对代理商、经销商存在较强依赖性，在营销活动中处于价值竞争的弱势地位。酒庄产品缺乏特色，同质化问题比较突出，产品市场竞争力低下。同质化竞争不仅是新疆葡萄酒行业的问题，也是整个中国葡萄酒行业的问题。从产业现状来讲，新疆酿造葡萄酒种植面积占全国的1/3，但是产量是全国的50%，新疆用1/3的土地承担了50%的国产葡萄酒产出，但在品牌建设和传播度上还有待加强。这一点宁夏、甘肃做得比新疆好。

（2）提高葡萄酒品质是关键。过硬的产品质量是提高知名度的基础。

新疆优质的葡萄原料为酿出优质葡萄酒创造了有利条件，但原料并不能完全决定一款葡萄酒的品质，无论是理念、技术还是工艺，都是影响质量的重要因素。尤其是现在许多酒庄都在发展全产业链，更需要以精细的模式、精良的工艺不断提升品质。一些企业通过改进种植模式、升级酿造工艺等途径，使新疆葡萄酒在整体质量上不断提高，这是新疆葡萄酒发展壮大、提升知名度必须突破的关口。

（3）培育具有新疆地域特色的葡萄酒。葡萄酒作为一种个性和特色十分鲜明的商品，在保证品质基础上走差异化特色发展之路必不可少。无论在种植、加工等生产环节，还是口味、包装等直观感觉，都要体现自身的特点，而不能完全成为某一款产品的复制品。目前，葡萄酒已成长为新疆优势初显的特色产业，更要在不断提升发展水平的同时，善于从本地资源中寻找结合点，体现新疆元素，彰显新疆特色。慕萨莱思作为新疆特有的葡萄饮品，慕萨莱思的生产带动了南疆葡萄酒产业的发展。

（4）加强自身管理，构建组织竞争优势。任何一个企业的成功，必然有独特的一面。可能是过硬的质量、独特而鲜明的个性形象、独到的品牌运作手段，但归根结底是企业组织的建设与管理，组织管理的核心在于人，人才的使用、激励问题直接决定着组织的竞争能力，企业核心竞争力还包括技术开发、战略决策、市场营销能力等，长远发展的根本是组织的竞争力。

（5）注重终端推广及消费者价值，构建符合自身的营销模式。对于市场而言，终端推广是产品进入消费者心智的必由之路，关系到消费者最直接购买产品的环节，所以要迎合消费者的需求，重视终端的陈列、终端形象的展示、终端促销等，真正的终端是消费者内心，使品牌价值深入消费者内心。一个品牌或一个企业的成功往往是"营销模式"的成功，企业卖出去的一瓶酒并不是单纯靠广告卖出，也不是某个人卖出的，而是靠一个体系卖出的，这个体系不断加强、完善以增加销量。营销模式没有固定的，必须结合企业资源、市场资源分析得出，可借鉴和创新。不同企业，营销模式不同。

（6）清晰品牌策略，塑造鲜明品牌个性。品牌策略是实现品牌发展目标的手段，品牌策略是企业战略的重要部分，清楚品牌定位，即品牌是什么不是什么，代表什么，一方面来自产品特性，一方面源于品牌自身特点，品牌定位的核心是消费者定位，只有明确品牌消费者是谁，才能提炼出品牌的核心价值。

（7）建立符合自身特点的传播手段。营销不断地向消费者传播信息并让消费者产生购买行为的过程，随着信息传播手段的多样化以及消费者对媒介的全方位接触，消费者对营销信息辨别能力正在进一步增强，单纯依靠广告不能起到企业所期望的理想结果。营销创新更多的是方法上的创新，非概念的制造，以常用传播手段，结合推广方式、促销地点、明星代言等。常规的广告表现和传播方式已不能有效解决问题。面对葡萄酒产品同质化进一步加剧，产品之间、品牌之间差异越来越小，如何吸引消费者再次购买，情感营销、品牌互动、感召营销成为营销重要手段。

参考文献

[1] 姜建福,孙海生,刘崇怀,等.葡萄新品种汇编[M].北京:中国农业出版社,2010.

[2] 刘崇怀,马小河,武岗.中国葡萄品种[M].北京:中国农业出社,2014:48-279.

[3] 孙庆山.中国葡萄志[M].北京:中国农业科学技术出版社,2004.

[4] 姜建福,孙海生,刘崇怀,等.2000年以来中国葡萄育种研究进展[J].中外葡萄与葡萄酒,2010(3):60-65,69.

[5] 钟延平,赵胜利,刘俊,等.我国酿酒葡萄引种及品种选育概况[J].农业科技通讯,2020(9)214-220.

[6] 龚玉梅,郑勇奇.引进酿酒葡萄品种的利用现状与基因资源保存策略[J].栽培技术,2007(4).

[7] 李凤英,李春华,高海生.不同葡萄品种酿酒特性的比较研究[J].中外葡萄与葡萄酒,2004(5):45-46.

[8] 张培安,张文颖,纠松涛,等.葡萄果皮颜色及果实着色性状分析[J].植物资源与环境学报,2017(4):8-17.

[9] 张春同.中国酿酒葡萄气候区划及品种区域化研究[D].南京:南京信息工程大学,2012.

[10] 李华,汪慧,王华.新疆地区酿酒葡萄栽培气候区划研究[J].科技导报,2011,29(2):70-73.

[11] 李晨光.葡萄酒分类说[J].养生大世界,2011(2).

[12] 热拉尔·高林.中国葡萄酒的特性和文化性产品、品牌和市场[A].国际化与中国风——2016中国葡萄酒论坛文集.

[13] 陈辰.新疆葡萄酒产业发展研究[J].农业科技,2018(9).

[14] 穆维松,吴晓情,齐建芳,等.中国葡萄酒产业发展形势及市场需求特

征分析[J].中外葡萄与葡萄酒,2022(4):81-89.

[15] 武运,田歌,陈新军,等.新疆葡萄酒产业发展趋势新视角探析[J].中国酿造,2018(10).

[16] 朱丽霞,侯旭杰,许倩.新疆慕萨莱思葡萄酒的发展对策探讨[J].酿酒科技,2008(7):111-113.

[17] 张锋.新疆葡萄酒产业价值链优化策略研究[J].中国酿造,2019(9).

[18] 覃楚翔.葡萄酒的知识产权保护路径探讨[J].中外葡萄与葡萄酒,2021(3):81-86.

[19] 刘世松.新常态下烟台葡萄酒产业转型升级的路径探析[J].中外葡萄与葡萄酒,2021(1):72-77.

[20] 孙文腾.葡萄酒传统酿造工艺与现代工艺的结合方式研究[J].食品安全导刊,2022(5).

[21] 李媛媛,王鲁泉,张栋.我国葡萄酒产业竞争力提升路径探析[J].中外葡萄与葡萄酒,2022(3):78-83.

[22] 王灿,杨晨露,王华,等.葡萄籽油生理功能及应用综述[J].中外葡萄与葡萄酒,2020(6).

[23] 苏莹.葡萄酒泥综合利用研究进展[J].中外葡萄与葡萄酒,2016(1).

[24] 韦公远.葡萄酒酿造副产物的开发利用[J].中国酿造,2005(4).

[25] 国际葡萄与葡萄酒组织(OVI).2022年全球葡萄酒行业最新数据报告.